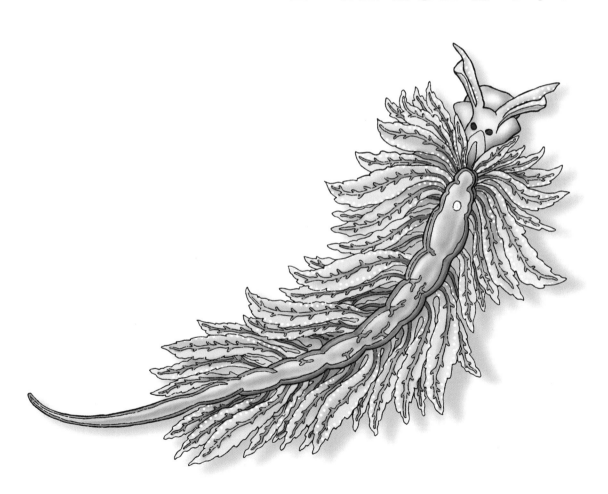

duction to
Machine Learning with
Web Optimization

머신러닝을 활용한 웹 최적화

O'REILLY® 한빛미디어
Hanbit Media, Inc.

지은이 · 옮긴이 소개

지은이 이쓰카 슈헤이 飯塚 修平

UX 엔지니어, 크리에이티브 테크놀로지스트. 공학 박사. 1989년 이바라키현 쓰치우라시 출생. 2017년 도쿄대학 공학계 연구과 기술경영전략학 전공 및 박사 과정을 수료했다. 재학 당시부터 다양한 웹 서비스를 구축 및 운영했으며 웹 최적화 연구에 매진했다. 현재 웹과 머신러닝을 융합한 작품 제작에 몰두하고 있다.

포트폴리오 사이트: https://tushuhei.com

옮긴이 김연수 yeonsoo.kim.wt@gmail.com

소프트웨어 엔지니어이자 번역가다. '나와 주변을 끊임없이 변화시키며 좋은 지식을 전달하는 것'과 '스스로 지속할 수 있는 삶'에 관심이 많아 번역을 시작했다. 옮긴 책으로는 『카이젠 저니』, 『알파 제로를 분석하며 배우는 인공지능』, 『파이썬으로 배우는 게임 개발 입문편 & 실전편』, 『다양한 예제로 배우는 CSS 설계 실전 가이드』, 『효율적 개발로 이끄는 파이썬 실천 기술』(이상 제이펍), 『IT, 전쟁과 평화』, 『팀 토폴로지』(이상 에이콘), 『마케팅 성공률을 높여주는 구글 애널리틱스』(이상 위키북스) 등이 있다.

Introduction to Machine Learning with Web Optimization

머신러닝을 활용한 웹 최적화

| 표지 설명 |

표지의 동물은 분홍돌기갯민숭붙이(학명: *Hermaea bifida*)로, 몸은 직선형이며 뒤쪽이 뾰족합니다. 둥근 머리에는 2개의 촉수가 있으며, 몸체 옆쪽으로 크기가 다른 다수의 부속지가 있습니다. 그중 세 쌍은 다른 부속지보다 훨씬 더 뛰어납니다. 머리의 촉수 뒤쪽에는 2개의 눈이 확실히 보입니다. 눈 아래로 분홍색 반점이 피부 아래쪽에서 움직이는 것이 관찰됩니다. 색은 희고 적갈색 선이 있습니다.

이 동물이 속한 낭설류는 설낭(혀 주머니)이라는 기관에 포함되어 있는 치설로 해조의 세포에 구멍을 뚫고 내부의 물질을 빨아들여 먹습니다. 그래서 체내에서 분기한 중장선이 선명한 색을 띠며 외부에서도 관찰할 수 있습니다. 낭설류에 속한 동물들 중에는 먹이에 포함된 엽록체를 살아 있는 그대로 중장선의 세포로 흡수한 뒤 잠시 살려둔 상태로 광합성에 이용하기도 합니다. 당초 이 현상은 단세포 해조류와의 공생이라고 여겨지기도 했으나 현재는 섭취한 해조의 엽록체인 것으로 확인되었습니다.

머신러닝을 활용한 웹 최적화

A/B 테스트, 메타휴리스틱, 슬롯머신 알고리즘에서 베이즈 최적화까지

초판 1쇄 발행 2021년 6월 7일

지은이 이쓰카 슈헤이 / **옮긴이** 김연수 / **펴낸이** 김태헌
펴낸곳 한빛미디어(주) / **주소** 서울시 서대문구 연희로2길 62 한빛미디어(주) IT출판부
전화 02-325-5544 / **팩스** 02-336-7124
등록 1999년 6월 24일 제25100-2017-000058호 / **ISBN** 979-11-6224-435-7 93000

총괄 전정아 / **책임편집** 홍성신 / **기획** 이윤지 / **교정·전산편집** 김철수
디자인 표지 최연희 내지 박정화
영업 김형진, 김진불, 조유미 / **마케팅** 박상용, 송경석, 한종진, 이행은, 고광일, 성화정 / **제작** 박성우, 김정우

이 책에 대한 의견이나 오탈자 및 잘못된 내용에 대한 수정 정보는 한빛미디어(주)의 홈페이지나 아래 이메일로 알려주십시오. 잘못된 책은 구입하신 서점에서 교환해드립니다. 책값은 뒤표지에 표시되어 있습니다.

한빛미디어 홈페이지 www.hanbit.co.kr / **이메일** ask@hanbit.co.kr

지금 하지 않으면 할 수 없는 일이 있습니다.
책으로 펴내고 싶은 아이디어나 원고를 메일(writer@hanbit.co.kr)로 보내주세요.
한빛미디어(주)는 여러분의 소중한 경험과 지식을 기다리고 있습니다.

옮긴이의 말

우리는 계획이 아닌 반응과 적응의 시대에 살고 있습니다. 우리가 접할 수 있는 거의 모든 것이 인터넷과 연결된 세계에 살고 있죠. 빠른 시간의 변화와 극한의 다양성은 반응과 적응의 필요성과 중요성을 한층 더 높입니다.

A/B 테스트라는 용어를 한 번 정도는 들어보셨을 것입니다. A/B 테스트는 A/B라는 두 가지 버전을 준비하고 사용자가 선호하는 것이 어느 쪽인지 사용자에게 직접 물어 테스트하는 것입니다. 최적화 기술, 그중에서도 웹 최적화 기술의 대표적인 기법입니다. 과거의 소위 기획 담당자의 '계획'이 아닌 사용자의 행동에 '반응'하며 제품과 서비스를 개발하는 그야 말로 '반응과 적응' 개발의 최선에 있는 기법이라고 말할 수 있습니다.

A/B 테스트를 준비하기는 쉽지 않습니다. 그런데 어렵게 준비해서 얻어낸 A/B 테스트의 결과는 어떻게 분석해야 할까요? 단순히 높은 선택을 받은 옵션이 올바른 것일까요? 무엇을 측정하도록 테스트를 설계해야 할까요? 얼마나 많은 사용자의 피드백이 있어야 결과를 신뢰할 수 있을까요? 어떤 점들을 더 고려해야 할까요? 어쩌면 A/B 테스트 자체가 잘못되었을 가능성은 없을까요?

이 책은 수학적 방법(통계학과 머신러닝)을 이용해 A/B 테스트로 대표되는 웹 최적화 테스트의 결과를 분석하고, 그 결과를 최적화에 적용하는 방법을 담고 있습니다. 그저 A/B 테스트에서 숫자로 나타난 사용자의 선택뿐만 아니라 그 이면에 숨겨진 데이터를 가설 검증에 활용해 보다 나은 최적화 설계를 수행할 수 있게 해줍니다. 이 책이 여러분이 가진 웹 최적화에 관한 고민을 조금이나마 덜어드릴 수 있다면 좋겠습니다.

책을 번역할 수 있는 기회를 주신 한빛미디어 김태헌 대표님께 감사드립니다. 책이 무사히 출간될 수 있도록 처음부터 끝까지 도와주신 이윤지 에디터님께도 감사드립니다. 그리고 보이지 않는 곳에서 이 책을 만들어내기 위해 수고하신 한빛미디어 모든 관계자분에게도 감사드립니다.

마지막으로 번역하는 동안 곁을 지켜준 아내와 세 아이에게 감사를 전합니다. 고맙습니다. 덕분에 삽니다.

_경기도에서 김연수 드림

서문

여러분이 매일 이용하고 있는 검색, 소셜 네트워크, 스마트폰 애플리케이션들이 매일 '최적화' 되고 있다는 사실을 알고 있는지요? 화려하게 보이는 인터넷, SaaS, DX와 같은 기술 뒤에는 '웹사이트 최적화' 기술이 자리 잡고 있습니다. 이는 '현대의 카이젠[Kaizen, 개선]'이라 말해도 과언이 아닌 숨겨져 있는 매우 중요한 기술입니다.

최적화 기술은 간단히 말하자면 A와 B라는 두 가지 버전을 준비한 뒤 사용자가 선호하는 것이 어느 쪽인지 테스트(A/B 테스트)하는 것입니다. 결과에 따라 제품을 사용자에 맞춰 최적화해 나갑니다. A/B 테스트는 GAFA[Google, Apple, Facebook, Amazon]를 비롯하여 대기업은 물론 네트워크 기업이나 실리콘 밸리의 스타트업에서도 매일 빠른 속도로 이뤄지고 있습니다.

이 기술을 습득하면 '내가 업무 시간에도 계속해서 스마트폰 애플리케이션을 조작하는', '아이들이 스마트폰에서 손을 떼지 못하는' 이유를 잘 알 수 있습니다. 우리가 아무리 '참으려 해도' 손은 어느새 스마트폰 위에 있습니다. '최적화'에 저항하는 것은 복싱 세계챔피언과 싸우는 것과 별반 다르지 않습니다. 그정도로 중요하고 강력한 기술입니다.

이제까지 베일에 가려져 있던 이 중요한 기술을 체계적으로 정리한 책은 많지 않습니다. 이 책은 이 기술을 수학적 배경에서 설명하고 코드를 통해 구체적으로 알기 쉽게 정리했습니다. 저자가 쓴 학위 논문을 한층 발전시킨 내용으로 수학 교과서로서의 완성도도 높습니다. 특히 이공계 및 엔지니어라면 쉽게 읽을 수 있는 내용입니다.

이 사고방식은 디지털화하고 있는 많은 산업에서 반드시 필요할 것입니다. 그리고 마케팅, 상품 개발, 디자인 등의 사고방식을 근본부터 바꿀 것입니다. 비록 독자 여러분이 이공계 출신이 아니더라도 한 번 정도는 반드시 데이터 기반 최적화라는 세계의 '분위기'를 느껴봤으면 합니다.

_마츠오 유타카
도쿄대학 대학원 공학계 연구과 인공물 공학연구센터 / 기술경영전략학전공 교수

들어가며

여러분은 최고의 사용자 경험 제공을 목표로 매일 프로그래밍하는 프로그래머입니까? 혹은 웹 서비스 성장을 목표로 하는 정책을 생각하고 실행하는 웹 마케터입니까? 여러분이 하는 일이 무엇이든 웹 서비스 개발에 참여한 이상 사용자에게 보다 좋은 체험을 제공하는 것은 무시할 수 없는 명제입니다. 다양한 웹 서비스가 시장의 요구에 맞춰 발전하고, 더 많은 사용자가 보다 훌륭한 서비스를 사용하는 것만큼 기쁜 일은 없습니다.

그러나 눈앞에 있는 사용자는 웹 서비스를 개발하는 여러분과 전혀 다른 사람입니다. 여러분이 좋을 것이라고 생각한 웹사이트의 변경이 일부 사용자에게 치명적인 악영향을 미칠 수도 있습니다. 또한 웹 서비스에 심은 버그를 보고 어떤 이들은 열렬하게 환영할 수도 있습니다. 사용자가 어떤 서비스를 이용하는 이유는 여러분이 상상할 수 없을 정도로 다양합니다. 결국 특정 웹 서비스를 너무 잘 알게 되어버린 여러분은 웹 서비스를 이용하는 일반 사용자로서의 기능은 적절히 수행하지 못합니다.

2010년 전후로 출시되었던 버븐^{Burbn}이라는 웹 서비스를 기억하십니까? 사용자는 위치 정보 기반 소셜 네트워크 서비스인 버븐을 이용해 가까운 레스토랑이나 쇼핑몰에 체크인하고 그곳에서 찍은 사진을 공유할 수 있습니다. 버븐을 개발한 2명의 개발자는 열심히 기능을 추가해 보다 많은 사용자가 서비스를 즐길 수 있도록 하고자 했지만 결과는 신통치 않았습니다. 사용자의 행동을 깊이 관찰해보니 대부분 위치 정보 기능을 활성화하지 않았던 것이었습니다! 오히려 부가 기능에 지나지 않았던 사진 공유 기능, 그중에서도 필터 기능을 가장 활발하게 사용했습니다. 당시 스마트폰 카메라의 화질은 현재처럼 좋지 않았기 때문에 사진을 예쁘게 편집해주는 기능이 필요했던 것입니다. 개발자들은 다른 기능을 모두 버리고 필터와 사진 공유 기능만 제공하는 웹 서비스를 다시 시작했습니다. 그것이 인스타그램^{Instagram}입니다. 지금은 전 세계에서 사용되고 있지만 인스타그램 개발자들도 사용자가 무엇을 원하는지 처음부터 완전히 알지는 못했던 것입니다.

여러분의 감각이 정확하지 않다면 어떤 방법으로 웹 서비스를 개발해나가는 것이 좋을까요? 최선의 방법 중 하나는 사용자에게 직접 물어보는 것입니다. 사용자가 무엇을 원하는지는 사용자만 알고 있을 것이기 때문입니다. 인스타그램의 이야기에서도 알 수 있듯이 만약 2명의 개발자가 사용자의 행동을 관찰하지 않았다면 지금과 같은 큰 성공을 거두지 못했을 것입니다.*

하지만 사용자가 말하는 것이 언제나 옳다고 할 수는 없습니다. 자신이 무엇을 원하는지 정확하게 이야기할 수 있는 사람은 많지 않기 때문입니다. 이런 기능이 있으면 편리할 것이라 생각했지만 실제로 조작을 해보고 나서야 의외로 사용하기 어렵다는 경험을 한 적도 있을 것입니다. 개발자인 여러분이 사용자 요구를 기능으로 구현했을 때 사용자들이 그 기능을 정말로 사용할 것인지는 누구도 보증할 수 없습니다.

만족시켜야 하는 요구 사항은 물론 그것을 만족시키는 방법조차 분명하지 않은 상황에서의 유일한 해답은 사용자가 실제로 취하는 **행동**입니다. 사용자의 행동이야말로 사용자의 체험이 결과로 표출된 것이기 때문입니다. 사용자의 행동 변화가 데이터로 표현되어야 비로소 웹 서비스 성장을 정량적으로 평가할 수 있게 됩니다. 이는 개발자는 물론 사용자도 보지 못했던 이상적인 웹 서비스의 형태에 관해 데이터를 통해 대화하면서 탐구하는 프로세스라고 생각할 수 있습니다. 개발자는 사용자의 행동을 관찰함으로써 얻은 통찰에 기반해 가설을 수립하고, 새로운 대책을 웹 서비스에 적용합니다. 그리고 사용자는 그 대책에 대해 반응함으로써 행동의 변화가 나타납니다. 개발자는 그 행동의 변화를 관찰함으로써 가설을 검증하고 새로운 통찰과 가설을 이어나갑니다. 이 **가설 검증**의 사이클을 반복하는 것이 문제는 물론 해결책도 명확하지 않은 상황에서 웹 서비스를 성장시키는 확실한 방법입니다.**

그리고 이 가설 검증의 가장 간단한 형태가 바로 **A/B 테스트**입니다. 웹 서비스에 방문하는 사용자를 무작위로 A, B 두 그룹으로 나눈 뒤 한 그룹에는 대책을 도입하지 않은 버전의 웹 서비스를 보여주고 다른 그룹에는 대책을 도입한 버전의 웹 서비스를 보여줍니다. 이 두 그룹 사이에서 일어나는 사용자 행동의 차이를 관찰함으로써 대책의 효과를 평가합니다. 사용자 인터페이스의

---

* 버븐의 예에서와 같이 서비스의 큰 방향성을 바꾸는 것을 피봇(Pivot)이라고 부릅니다. 피봇을 통해 성공을 거둔 웹 서비스에 관한 이야기는 참고문헌 [10]과 [23]을 참조하기 바랍니다.

** 가설 검정에 기반해 웹 서비스를 성장시키는 방법론은 린 스타트업(Lean Startup)이라는 용어로 널리 알려지게 되었습니다. 린 스타트업에 관한 자세한 내용은 참고문헌 [23]을 참조하기 바랍니다.

외관 변경뿐 아니라 표시 내용 자체를 결정하는 알고리즘의 변경 등 백엔드를 포함한 다양한 대책에 사용할 수 있습니다.

이렇게 설명하면 매우 간단하게 들리겠지만 사실 그 뒤편에는 매우 심오한 주제들이 숨어 있습니다. 얼마나 많은 사용자의 데이터를 기반으로 판단해야 하는지, 무엇을 측정해야 하는지, 지금 테스트하는 대책이 고려할 수 있는 모든 상황인지... 이런 많은 문제에 관한 명확한 대답은 아직 없습니다. 그보다는 엄격한 가정이 없다면 제대로 다룰 수 없다고 하는 편이 정확할 것입니다.

사용자의 행동에서 얻은 데이터로부터 조금이라도 도움이 되는 결과를 얻기 위한 강력한 무기가 통계학과 머신러닝 관련 지식입니다. 통계학과 머신러닝 관련 지식을 이용함으로써 다양한 요인(사용자의 개성도 포함됩니다!)으로 인한 편차가 포함되어 있는 데이터에서도 어떤 일정한 결론을 도출할 수 있습니다. 그리고 분석의 뒤편에 놓인 다양한 가정도 정량적으로 다룰 수 있으므로 분석의 한계를 이해하는 데도 도움이 됩니다.

이 책에서는 개발자와 사용자 사이에서 일어나는 가설 검증 사이클을 통해 웹 서비스가 가진 모종의 목표를 최대화 혹은 최소화하는 것을 **웹 최적화**라고 정의하고, 웹 최적화를 적절하게 수행하기 위한 수학적인 방법에 관해 설명합니다. '웹 최적화'라는 용어는 넓은 의미를 가지고 있으며, 웹페이지 표시 시간을 최소화(성능 최적화)하거나 검색 엔진에서 먼저 표시되도록(검색 엔진 최적화) 하는 것도 포함되기도 하지만 이 책에서는 그 내용은 다루지 않습니다.

나는 원래 기본적인 통계 지식의 통자도 모르는 웹 엔지니어였지만 사용자에게 보다 나은 경험을 제공하기 위해 데이터에 기반한 판단을 내리는 연구를 하면서 어느새 이 학문의 영역에 발을 들였습니다. 이 책은 웹 엔지니어였던 내가 A/B 테스트를 시작으로 하여 수리적인 가설 검증 방법을 연구하며 걸어왔던 길을 함께 돌아보면서 통계학과 머신러닝 기초에 입문하는 책입니다. 웹 서비스나 모바일 애플리케이션과 같은 제품 개발에 어떤 형태로든 참여하는 분들께 웹 최적화를 통해 머신러닝의 세계를 새롭게 보는 방법을 알려드릴 수 있다면 더없이 기쁠 것입니다.

대상 독자

이 책의 대상 독자는 다음과 같습니다.

- **통계학 또는 머신러닝에 입문하고자 하는 웹 엔지니어**

  일반적으로 웹사이트 프론트엔드 개발 또는 서버 사이드 개발을 중심으로 하고 있어 업무에서 직접 머신러닝을 다룰 기회가 없는 엔지니어를 대상으로 합니다. 샘플 코드를 직접 실행해보면서 이해하고 머신러닝 시스템을 응용해 웹사이트의 사용자 체험을 향상시킬 수 있는 지식과 감각을 얻는 것을 목표로 합니다.

- **웹 마케팅 관련 담당자, 웹 마케터**

  일반적으로 웹사이트 방문자 수 확대 혹은 수익률 향상을 위한 대책을 고안하고 실행하는 웹 담당자 및 마케터를 대상으로 합니다. 이 책에서 소개한 다양한 웹 최적화 시나리오를 참고하면 직면한 문제와 관련된 알고리즘이나 아이디어를 이해할 수 있을 것입니다. 보다 좋은 대책을 고안하거나 팀 안에서의 효율적인 커뮤니케이션에 도움이 된다면 좋겠습니다.

- **머신러닝 응용, 특히 사람과의 상호 작용에 대한 응용에 흥미가 있는 분**

  대표적인 머신러닝 응용 분야에는 이미지 인식이나 자연어 처리 등이 있습니다. 그러나 웹 최적화에 필요한 사람과의 상호 작용을 다루는 시스템에 대한 응용은 접할 기회가 그다지 많지 않을 것입니다. 이 책에서 소개하는 최적화 알고리즘과 그 발전의 흐름에 관해 이해함으로써 다른 책들과는 다른 각도에서 머신러닝 기술을 학습할 수 있다면 좋겠습니다.

이 책의 샘플 코드는 파이썬 3 기준으로 작성되어 있습니다. 파이썬 프로그래밍을 처음 하는 분은 '파이썬 튜토리얼'(참고문헌 [25]) 서적이나 웹사이트를 통해 간단한 학습을 한 후 이 책을 읽기 바랍니다. 이 책에서는 고등학교 수학시간에 학습하는 선형대수(벡터, 행렬), 미분과 적분 정도의 수학적 지식을 전제로 합니다. 필요한 부분은 보충해서 설명했으므로 안심하고 읽어도 좋습니다. 이 책을 이해하기 위해 필요한 선형대수 관련 내용은 부록 A '행렬 연산 기초'에 정리해두었으므로 참조하기 바랍니다.

이 책의 구성

이 책은 [그림 1]과 같이 구성되어 있습니다.

그림 1 이 책의 구성

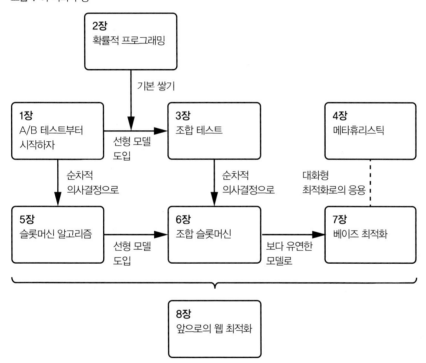

1장 'A/B 테스트부터 시작하자: 베이즈 통계를 이용한 가설 검정 입문'에서는 가설 검정의 가장 단순한 형태인 A/B 테스트를 사용해서 얻은 데이터에서 수학적 기법, 특히 베이즈 추론을 기반으로 의사 결정하는 방법을 설명합니다.

2장 '확률적 프로그래밍: 컴퓨터의 도움을 받자'에서는 수식 전개보다 프로그래밍을 중심으로 베이즈 추론을 하는 방법으로 마르코프 연쇄 몬테카를로 알고리즘^{MCMC, Markov Chain Monte Carlo}

method을 사용합니다. 이 장에서는 특히 MCMC 라이브러리인 PyMC3*를 이용한 유연한 통계 모델링 방법을 학습합니다.

3장 '조합 테스트: 요소별로 분해해서 생각하자'에서는 단순한 A/B 테스트를 전개한 뒤 그 대책이 가지고 있는 몇 가지 조합 구조를 설명합니다. 이 장에서는 선형 모델을 사용해 적은 수의 데이터로도 효율적으로 가설 검정을 하는 방법을 소개합니다.

4장 '메타휴리스틱: 통계 모델을 사용하지 않는 최적화 방법'에서는 이전 장까지 소개한 통계적 방법과는 다른 접근 방식을 이용해 최적의 대책을 탐색하는 방법으로 메타휴리스틱을 설명합니다. 특정한 모델을 가정하지 않는 접근 방식일지라도 높은 효율로 탐색이 가능함을 확인하고, 동시에 사람과 컴퓨터가 대화하면서 최적의 답을 발견해나가는 대화형 최적화에 응용하는 것도 고려해봅니다.

5장 '슬롯머신 알고리즘: 테스트 중의 손실에도 대응하자'에서는 앞서 사용한 A/B 테스트 문제로 돌아가 모든 실험 데이터가 제공된 뒤 의사 결정을 하는 것이 아니라 실험을 진행하면서도 순차적으로 의사 결정을 하는 접근 방식으로의 발상 전환을 설명합니다. 그리고 이런 문제를 정식화해서 다중 슬롯머신Multi-Armed Bandit, **MAB** 문제와 해법을 설명합니다.

6장 '조합 슬롯머신: 슬롯머신 알고리즘과 통계 모델의 만남'에서는 선형 모델을 도입한 슬롯머신 문제를 다룹니다. 이것은 3장에서 다루었던 내용을 순차적인 의사 결정을 내리는 슬롯머신 문제로 확장한 것입니다. 이를 통해 보다 빠른 최적화 그리고 개인화personalization로 그 방법을 확장할 수 있음을 설명합니다.

7장 '베이즈 최적화: 연속값의 솔루션 공간에 도전하자'에서는 선형 모델을 한층 유연한 모델인 가우스 과정으로 확장함으로써 보다 복잡한 문제에도 슬롯머신 알고리즘을 적용할 수 있음을 설명합니다. 그 결과 4장과 마찬가지로 특정한 가정을 하기 어려운 문제, 특히 사람의 감성을 다루는 것과 같은 대화형 최적화 문제의 해법으로서 베이즈 최적화에 거는 기대를 설명합니다.

8장 '앞으로의 웹 최적화'에서는 웹 최적화를 둘러싸고 있는 이후의 과제들을 설명합니다. 이

---

* PyMC3 공식 문서인 https://docs.pymc.io/ 참조

책에서 소개한 방법은 수리적인 문제로서 사람인 사용자와 웹사이트의 상호 작용을 다루기 위해 다양한 가정을 포함하고 있습니다. 그 가정들을 하나씩 풀어가면서 웹 최적화로 해결되지 않는 문제들을 설명합니다.

파이썬 설치

이 책의 샘플 코드는 모두 파이썬 3에서 작성되었으며, 구글 콜랩Google Colaboratory, Colab상에서 실행하는 것을 가정하고 있습니다. 콜랩은 웹 브라우저에서 동작하는 파이썬 실행 환경입니다. 무료로 이용할 수 있으며, 마크다운 형식으로 주석을 추가하거나 구글 드라이브를 통한 공유, GPU/TPU를 이용한 고속 실행 등 다양한 기능이 제공됩니다. 콜랩은 대화형 실행 환경이므로 샘플 코드를 조각 단위로 실행할 수 있고 그 결과를 확인하면서 학습을 진행할 수 있습니다.

콜랩을 이용하기 위해서는 https://colab.research.google.com/에 접속합니다. 콜랩에 접속하면 [그림 2]와 같은 화면이 표시되는데, 화면 하단에 보이는 '새 노트'를 클릭합니다.

그림 2 콜랩 첫 페이지

'새 노트'를 클릭하면 새로운 노트북이 표시되고, 파이썬 소스 코드를 입력할 수 있습니다. 콜랩에는 머신러닝에 필요한 대표적인 라이브러리가 사전에 설치되어 있으므로 환경 구축을 하지 않더라도 라이브러리를 호출해서 이용할 수 있습니다.

[그림 3]에 콜랩에서 간단한 그래프를 그린 예를 표시했습니다. 그래프를 그리기 위해 이용하는 넘파이와 맷플롯립 라이브러리는 이미 콜랩에 설치되어 있으므로 소스 코드 첫 부분에서 import 문을 이용해 불러들여 이용할 수 있습니다. 각각 np와 plt라는 이름으로 임포트한 점에 주의합니다. 넘파이는 효율적인 수치 계산, 맷플롯립은 그래프 그리기를 지원하는 라이브러리입니다. 여기에서는 넘파이를 이용해 가로축에 해당하는 수치 배열 xs를 생성하고 그들을 사인 함수에 입력한 np.sin(xs)를 plt.plot 메서드로 플롯합니다. 또한 plt.show 메서드를 이용해서 해당 위치에 그래프를 그릴 수 있습니다.

그림 3 구글 콜랩을 이용한 시각화의 예

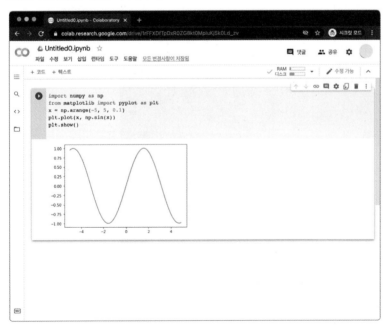

14

콜랩을 이용하면 소스 코드를 변경할 때마다 그 변화를 시각화해 확인하며 작업을 진행할 수 있습니다. 이 책의 샘플 코드는 맷플롯립을 이용해 시각화를 수행하는 것이 많으므로 콜랩은 최적의 도구 중 하나입니다. 그리고 소스 코드에 포함된 다양한 파라미터값을 변경하면서 동작을 확인하는 것 또한 책에서 설명하는 알고리즘의 동작을 보다 깊이 이해하는 데 도움이 될 것입니다.

이 책에서 이용한 파이썬 및 라이브러리 버전은 다음과 같습니다.

- Python 3.6.9
- Numpy 1.18.3
- Matplotlib 3.2.1
- PyMC3 3.9.3
- ArviZ 0.9.0

로컬 환경에서 실행 시

파이썬 실행 환경에 익숙하다면 콜랩이 아니라 로컬 환경에서 샘플 코드를 실행할 수도 있습니다. 먼저 다음과 같이 pip 명령어를 실행해서 필요한 라이브러리를 설치합니다. 앞에서 설명한 라이브러리와 함께 주피터를 설치한다는 점에 주의합니다.

```
pip install numpy==1.18.3 matplotlib==3.2.1 pymc3==3.9.3 \
         arviz==0.9.0 jupyter==1.0.0
```

라이브러리를 설치하였으면 다음 명령어를 실행해 주피터 노트북을 실행합니다.

```
jupyter notebook
```

주피터 노트북은 콜랩과 마찬가지로 웹 브라우저에서 동작하는 파이썬 대화형 실행 환경입니다.* 파이썬 3 노트북을 새로 만들고 샘플 코드 스니펫을 입력/실행함으로써 [그림 4]와 같은 결과를 확인하며 학습을 진행할 수 있습니다.

그림 4 주피터 노트북을 이용한 시각화의 예

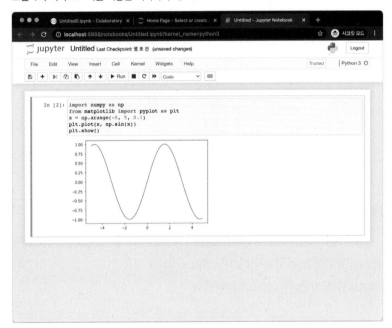

----

* 콜랩은 주피터 노트북을 콜랩 서버에서 호스팅하는 것으로 그 내부는 동일합니다. 주피터 프로젝트에 관한 자세한 내용은 https://jupyter.org를 참조하기 바랍니다.

참고 그림

본문에서 참고 그림으로 표기된 그림을 이곳에서 컬러로 확인할 수 있습니다.

참고 그림 1 2008년 미국 대통령 선거에서 버락 오바마가 공식 웹사이트 실험에 이용한 이미지와 버튼의 조합 예. 그림은 참고문헌 [7]에서 인용(그림 1-1)

참고 그림 2 3차원으로 표현한 베르누이 분포(그림 1-10)

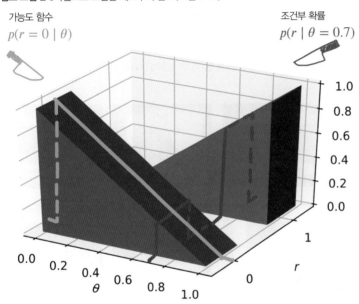

가능도 함수
$p(r = 0 \mid \theta)$

조건부 확률
$p(r \mid \theta = 0.7)$

참고 그림 3 배경 이미지에 따라 메시지가 바뀌는 배너 광고 예. 그림은 참고문헌 [1]에서 인용(그림 3-14)

참고 그림 4 대화형 진화 계산을 이용해 추상 예술을 생성하는 뉴럴 네트워크를 최적화한 데모. 그림은 http//blog.otoro.net/2015/07/31/neurogram/에서 인용(그림 4-19)

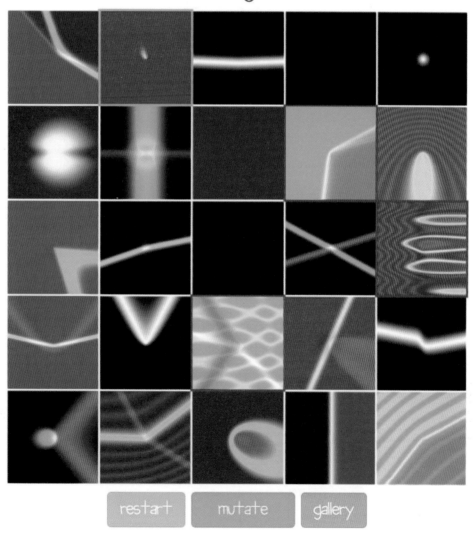

참고 그림 5 2013년에 실시한 A/B 테스트 결과에 따라 Bing 검색 결과 화면에 적용된 디자인 변경 예. 그림은 참고문헌 [17]에서 인용(그림 7-1)

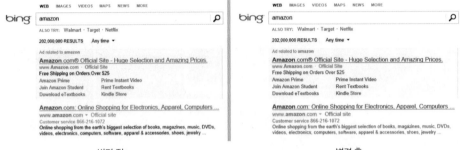

변경 전   변경 후

감사의 글

이 책은 많은 분의 도움이 없었다면 완성하지 못했을 것입니다. 이 책의 많은 부분은 제가 도쿄 대학 재학 중 다뤘던 웹사이트 최적화에 관한 연구를 기반으로 하고 있습니다. 재학 시 담당 지도 교수인 도쿄대학 공학계 연구과 교수 마츠오 유타카松尾豊 님은 제가 웹이라는 세계에 눈을 뜬 계기가 되었던 실리콘 밸리 연구 여행을 비롯해 학부, 박사 과정, 연구 지도에 이르기까지 정말 많은 도움을 주었습니다. 이 책의 서문까지 써 주신 점 지면을 빌려 깊이 감사드립니다.

주식회사 프리퍼트 네트웍스Preferred Networks의 미나미 켄타로南賢太郎 님은 이 책의 내용을 여러 차례 리뷰해주었습니다. 여러 조언 덕분에 많은 실수를 수정할 수 있었습니다. 깊이 감사드립니다. 아리가미 치아키有賀康顕 님, 나카야마 시게타中山心太 님, 니시바야시 타카시西林孝 님은 베이즈 추론 부분에 관한 리뷰를 해주었습니다. 정말 감사합니다.

이 책의 집필은 야마구치 노리디山口能迪 님이 제 연구 내용을 책으로 내는 것에 대한 제안에서 시작됐습니다. 이런 멋진 기회를 얻은 것은 야마구치 님 덕분입니다. 감사합니다. 그리고 책의 집필을 응원해준 친구와 인생 선배, 특히 클라우디아 크리스토바오Claudia Cristovao와 맷 클랙Matt Clack에게도 감사합니다. 책을 쓰는 동안 여러분 모두의 응원이 큰 힘이 되었습니다.

오라일리 재팬의 타키자와瀧澤 님은 이 책의 구성에 관한 상담부터 편집에 이르기까지 여러 면에서 도움을 주었습니다. 여러분 손에 이 책이 들려 있는 것은 모두 타기자와 님 덕분입니다. 정말 감사합니다.

마지막으로 3년이라는 오랜 기간 집필을 응원해준 가족에게 감사를 전합니다. 가족의 도움이 없었다면 이 책을 완성하지 못했을 것입니다. 아내 스즈나涼菜에게는 아무리 감사해도 부족하지 않습니다. 정말 고마워. 그리고 이 순간 새롭게 가족인 된 아들 이치요一遥에게도 감사합니다. 늘 건강해줘서 고마워.

_이쓰카 슈헤이

CONTENTS

CHAPTER 1 A/B 테스트부터 시작하자: 베이즈 통계를 이용한 가설 검정 입문

CONTENTS

CHAPTER 6 조합 슬롯머신: 슬롯머신 알고리즘과 통계 모델의 만남

CHAPTER 7 베이즈 최적화: 연속값의 솔루션 공간에 도전하자

CONTENTS

CHAPTER 8 앞으로의 웹 최적화

APPENDIX A 행렬 연산 기초

APPENDIX B 로지스틱 회귀상에서의 톰슨 샘플링

A/B 테스트부터 시작하자: 베이즈 통계를 이용한 가설 검정 입문

1.1 A/B 테스트의 영향

A/B 테스트와 같은 간단한 실험으로 정말 사용자의 행동에 큰 변화를 줄 수 있을까? 사람의 행동은 웹사이트 디자인을 조금 바꾸는 정도로 정말 영향을 받을까? 이러한 질문을 이해하기 위한 A/B 테스트 활용 사례를 하나 소개합니다.

2008년 11월에 실시되었던 미국 대통령 선거에서 민주당의 버락 오바마는 공화당의 존 맥케인에게 큰 차이로 승리를 거뒀습니다. 선거전에서는 인터넷이 선거 캠페인 수행에 중요한 역할을 했으며, 각 진영은 트위터나 페이스북 같은 소셜 미디어를 통한 프로모션 활동에 주력했습니다.

오바마 진영도 인터넷을 활용해 선거 활동을 전개했고, 버락 오바마 공식 웹사이트에는 오바마 진영의 최신 정보를 받기 위한 지원자 등록 기능이 구현되어 있었습니다. 사용자가 지원자로 메일 주소를 등록하면 오바마 진영의 자원봉사자 모집, 기여금 모집 등의 정보를 받을 수 있었습니다. 오바마 진영에서는 웹사이트의 지원자 등록률을 높여 많은 사람과 커뮤니케이션 수단을 확보하는 것이 중요 과제였습니다.

오바마 진영에선 지원자 등록률을 높이기 위해 모종의 실험을 시작했습니다. 홈페이지에 게재된 오바마의 이미지와 등록 버튼의 문구를 다양하게 조합해 그중에서 가장 등록률이 향상되는 조합을 찾아내는 것이었습니다. 오바마 진영은 [그림 1-1]에 표시된 6개의 이미지(동영상을 포함한 것도 있었습니다)와 4개의 등록 버튼을 준비해 합계 6×4 = 24개의 조합을 만들었습니다. 이 조합을 무작위로 방문자에게 보여준 뒤 그 때의 등록률을 집계했습니다. 다음 중 사용자의 등록률이 가장 높았던 것은 무엇이었을까요?

그림 1-1 2008년 미국 대통령 선거에서 버락 오바마가 공식 웹사이트 실험에 이용한 이미지와 버튼의 조합 예. 그림은 참고문헌 [7]에서 인용(참고 그림 1)

정답은 오바마가 가족과 함께 찍은 이미지와 LEARN MORE라고 적힌 등록 버튼의 조합이었습니다. 이 조합을 선택함으로써 등록률을 8.26%에서 11.6%까지 끌어올리는 데 성공했다고 알려져 있습니다. 만약 지원자에서 자원봉사자가 되는 사람의 비율 및 지원자당 기여 금액이 실험 전후에 이 비율과 같다고 한다면 이는 약 29만 명의 자원봉사자 혹은 6,000만 달러의 기여금 증가에 해당합니다. 웹사이트 디자인에서의 정말 작은 변경이 큰 영향을 미치는 것을 보여주는 좋은 예라고 할 수 있습니다.

캠페인을 운영하던 스태프들은 내부적으로 오바마 후보가 연설하는 동영상이 포함된 선택지에 꽤나 기대했던 것 같습니다. 하지만 실험 결과 이 선택지는 실험 전의 디자인보다 등록률이 오히려 더 하락했습니다. 이 예에서 알 수 있듯이 웹사이트 제작 전문가라 할지라도 사용자에게 어필할 방법을 강구하는 것은 어려운 일입니다. 그런 의미에서라도 실제로 사용자가 움직이게 함으로써 가설 검정을 수행하는 접근 방식이 중요함을 알 수 있습니다. 이 실험에 관한 자세한 내용은 당시 캠페인 분석을 담당했던 댄 시로커^{Dan Siroker}의 블로그 아티클(참고문헌 [7])을 참조하기 바랍니다.

1.2 앨리스와 밥의 보고서

A/B 테스트는 이처럼 간단하고 쉬운 구현만으로도 비즈니스에 큰 영향을 줄 수 있는 강력한 방법입니다. 그러나 이를 올바르게 실행하는 것은 그리 간단하지 않습니다. 여기에서는 다음과 같은 가상의 문제를 예로 들어 A/B 테스트를 이용해 수학적인 의사 결정을 하는 방법을 학습해봅니다.

모 전자상거래 사이트를 운영하는 주식회사 X에 근무하는 웹 마케터인 앨리스와 밥이 다음과 같은 A/B 테스트 보고서를 가지고 왔습니다. 이 보고서는 두 사람이 각자 담당하고 있는 상품 소개 페이지에 설치된 '자료 요청' 버튼의 클릭률을 높이기 위해 두 가지 디자인안(A안과 B안)을 준비하고 사용자에게 표시되게 하여 테스트한 데이터입니다. 앨리스와 밥은 다른 페이지를 담당하고 있으므로 두 사람이 이용한 A안과 B안도 서로 다릅니다.

앨리스의 보고서	A안	B안
표시 횟수	40	50
클릭 횟수	2	4
클릭률	5%	8%

밥의 보고서	A안	B안
표시 횟수	1280	1600
클릭 횟수	64	128
클릭률	5%	8%

양쪽 보고서 모두에서 B안의 클릭률이 A안의 클릭률보다 높은 결과가 나왔지만 앨리스와 밥의 보고서 각각에 대해 이 결과를 바탕으로 B안의 클릭률이 A안의 클릭률보다 높다고(그러므로 B안으로 적용해야 한다고) 결론 내릴 수 있을까요?

클릭률만 보면 앨리스와 밥의 보고서 모두 동일한 값(5%와 8%)이지만 표시 횟수와 클릭 횟수는 다릅니다. 밥의 보고서 쪽이 더 많은 사용자의 반응에 의해 클릭률이 뒷받침되고 있음을 알 수 있습니다. 이처럼 실험을 통해 측정된 데이터를 **표본** 혹은 **샘플**이라고 부릅니다. 또한 어떤 샘플에 포함되어 있는 데이터 포인트 수를 **샘플 사이즈** 혹은 **샘플 크기**라고 부릅니다. 여기에서는 표시 횟수가 샘플 크기에 해당합니다.

밥의 보고서 쪽이 표시 횟수가 많기 때문에 신뢰할 수 있는 것으로 보이지만 단지 그것만으로 밥의 보고서에 나타난 결과가 신뢰하기에 충분하다고 할 수는 없습니다. 어쩌면 앨리스의 보고서에 나타난 표시 횟수만으로도 충분히 신뢰할 수 있을지도 모릅니다. 그렇다면 보다 적은 사용자 수로 가설을 검증한 앨리스가 보다 우수하다고 말할 수도 있습니다. 이 보고서들이 B안을 적용하는(혹은 적용하지 않는) 결단을 내리기에 충분한지 판단하기 위해서는 어떻게 해야 할까요? 바로 이 지점에서 통계학이 그 힘을 발휘합니다.

1.2.1 데이터 생성 프로세스를 정리하라

먼저 이 보고서의 뒤편에서 일어난 상황을 정리해봅니다. 앨리스와 밥은 각자 담당하고 있는 웹페이지에 관해 2가지 디자인안을 가지고 있었습니다. 그리고 디자인안에 따라 클릭률이 달라진다는 주장을 하고자 했습니다. 디자인안에 따라 클릭률이 달라진다는 것은 각 디자인안이 고유한 클릭률을 가지고 있는 것으로 생각할 수 있습니다. 즉, 각 디자인안이 갖고 있는 잠재능력과 같은 것입니다. 정말로 A안보다 B안이 높은 클릭을 만들어내는 능력을 가지고 있을 수도 있으며, 2가지 안의 클릭을 만들어내는 능력은 같지만 우연히 보고서와 같은 결과를 얻은 것일 수도 있습니다. 우리는 데이터로부터 그 진위를 추론해볼 것입니다.

여기에서 어떤 디자인안이 가지고 있는 고유의 클릭률을 θ로 표시합니다. θ는 클릭의 비율, 즉 확률이므로 0에서 1 사이의 값($0 \leq \theta \leq 1$)을 가집니다.

이 디자인안이 사용자에게 표시되면 사용자는 반응을 합니다. 의도한 버튼을 클릭 혹은 클릭하지 않을 수 있습니다. 여기에서는 클릭 유무를 r로 표시하며 클릭했을 때 1, 클릭하지 않았을 때 0으로 표시합니다. 클릭을 한다는 것을 기본적으로 반가운 상황이므로 reward(보상)의 머리글자인 r로 표시했습니다.

만약 θ가 커지면 높은 확률로 $r = 1$이 되고, 반대로 작아지면 높은 확률로 $r = 0$이 됩니다. 극단적으로 $\theta = 1$이면 아무리 많은 사용자에게 표시해도 클릭이 되는, 즉 $r = 1$이 됩니다. 반대로 $\theta = 0$이면 아무리 많은 사용자에게 표시해도 클릭되지 않는, 즉 $r = 0$이 됩니다. 이 r과 같이 확률적으로 다양한 값을 갖는 변수를 **확률 변수**random variable라고 부릅니다.

그리고 사용자에게 어떤 디자인안을 표시하는 것, 즉 어떤 실험을 함으로써 확률 변수의 값을 측정하는 것을 **시행**^{trial}이라고 부릅니다. 모든 시행에는 반드시 결과가 따릅니다. 여기에서 결과는 클릭이 발생 혹은 발생하지 않는 것입니다. 즉, 값이 0이든 1이든 r의 구체적인 값이 관측됩니다.

이는 카지노의 슬롯머신을 작동하는 것과 비슷합니다. 슬롯머신의 팔(레버)을 당기면(시행) 동전이 나오는(혹은 나오지 않는) 결과를 얻습니다. 동전이 자주 나오는 배포 큰 슬롯머신이 있는가 하면 동전을 전혀 내주지 않는 인색한 슬롯머신도 있을 수 있습니다. 슬롯머신의 배포(동전이 나올 확률)를 클릭률 θ, 동전을 클릭 r로 나타내면 이 문제는 A/B 테스트와 정확히 같은 구조가 됨을 알 수 있습니다.

지금까지 설명한 것을 바탕으로 어떤 디자인안에 대한 클릭이 발생하는 과정을 [그림 1-2]에 표시했습니다.

그림 **1-2** 클릭 데이터 생성 과정

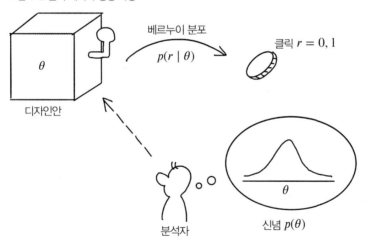

그림에서는 슬롯머신의 아날로지$^{analogy, 유추}$를 이용해 디자인안을 슬롯머신 형태로 표현했습니다. 이 디자인안은 고유의 클릭률 θ를 가지고 있으며, 사용자에게 표시하는 시행마다 클릭 여부 r을 생성합니다. 그림에서는 앞서 설명한 아날로지에 맞춰 클릭을 동전 모양으로 표시했습니다. 이처럼 결과가 0 또는 1, 두 가지로 표시되고 성공 확률 θ가 몇 번을 반복해도 변하지 않는 시행을 **베르누이 시행**$^{Bernoulli\ trial}$이라고 부릅니다. 그리고 아래쪽에서 이 모습을 관찰하는 것이 실험 주체인 우리에 해당하는 **분석자**입니다 여기서 우리는 하나의 큰 발상 전환을 하고 있다는 점에 주의하세요. 실제로 클릭하는 주체는 사용자인데 마치 **디자인안이 클릭을 만들어내는 것처럼 본다**는 점입니다. 디자인안에 관계없이 버튼이라면 무엇이든 누르는 사용자도 있을 것입니다. 집에 돌아와 편안히 쉬면서 웹브라우징을 하는 사용자와 업무 중 정보를 모으기 위해 서두르는 사용자의 행동이 보이는 경향은 크게 다를 것입니다. 그런 정보들은 그림의 어느 부분에 표현되어 있을까요?

한마디로 답하자면 앞의 그림에서 그런 정보들은 일단 **무시**했습니다. 이 데이터를 통해 우리가 알고자 하는 것은 각 디자인안이 가진 고유의 클릭률입니다. 물론 사용자마다 행동 경향이 다르며, 클릭을 하는 것은 사용자임에도 불구하고 그림에 표현하지 않은 것이 이상할 겁니다. 하지만 여기에서는 관심이 있는 사항에만 주목함으로써 논의를 간단하게 하고자 했습니다.

확실히 사용자마다 그 행동 경향이 다르고 시간대나 장소 등 다양한 요소가 복잡하게 얽혀 있겠지만 각 디자인안을 무작위로 사용자에게 표시함으로써 그와 같은 요소들을 원래 알고자 하던 효과와는 관계없는 불규칙한 요소로 처리하는 것입니다. 이는 실험을 설계할 때 매우 중요한 발상입니다. 그 외에 비교에 있어 어떤 효과를 추론할 때의 원칙에 관해서는 이 장 마지막에 있는 칼럼을 참조하기 바랍니다.

> **NOTE_** 사용자의 특징을 무시하고 생각한다면 사용자의 특징을 고려한 A/B 테스트를 할 수 없는 것일까요? 사용자의 특징을 고려한 최적의 대책을 제시하는 프레임은 소위 **추천**recommendation이나 **개인화** personalization와 연결됩니다. 사용자의 특징을 고려한 실험은 6장의 칼럼에서 다룹니다.

[그림 1-2]를 보면 분석자가 디자인안을 관찰하고 있습니다. 디자인안 내부에 고유의 클릭률 θ가 감춰져 있기 때문에 분석자는 이를 직접 확인할 수 없습니다. 디자인안을 시행한 횟수와 그 결과로 얻은 클릭 횟수만 알고 있습니다. 그러므로 실제로 측정된 이 데이터들로부터 θ를 추측해야 합니다.

분석자가 감춰져 있는 클릭률 θ에 관해 가지고 있는 생각, 즉 '분명 $\theta = 0$ 정도일 확률은 0.1, $\theta = 0.5$ 정도일 확률은 0.3 가량일 것이다'와 같은 생각을 정량적으로 표시한 것이 말풍선 안에 있는 **신념**belief $p(\theta)$입니다. 이 신념은 **확률 분포**probability distribution의 형태로 표시됩니다.

1.3 확률 분포

확률 분포란 확률 변수가 특정한 값을 가질 확률을 정해놓은 것입니다. 지금까지 확률이라는 단어가 앞에 붙어 있는 용어가 많이 소개되었기 때문에 다소 혼란할 수도 있습니다. 몇 가지 예를 보면서 정리해봅니다.

1.3.1 이산값의 확률 분포

주사위가 하나 있습니다. 특별한 조작을 하지 않는 한 주사위에서 각각의 면이 나올 확률은 같을 것입니다. 주사위를 던졌을 때 나오는 면 X를 확률 변수라고 하면 확률 변수 X의 확률 분포는 [그림 1-3]과 같이 표시할 수 있습니다.

그림 1-3 이상적인 주사위에서 각 면이 나오는 확률

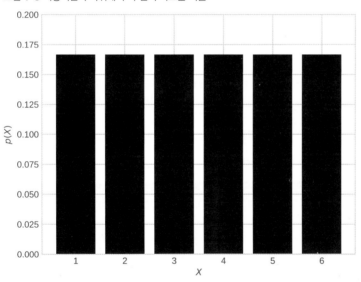

1에서 6의 각 면이 나올 확률은 동일하게 1/6입니다. 이렇게 모든 값이 같은 확률을 가지는 확률 분포를 **균일 분포**uniform distribution라고 부릅니다.

다른 예로 어떤 상점에서의 제비뽑기의 상품 X = (꽝, 3등, 2등, 1등)의 확률 분포에 관해서도 생각해봅시다. 1등은 거의 나오지 않게 되어 있을 것이므로 이 경우는 균일 분포가 아니라고 생각하는 것이 자연스럽습니다. 예를 들면 [그림 1-4]와 같이 표시된다고 가정해봅시다.

그림 1-4 제비뽑기에서 상품의 확률 분포

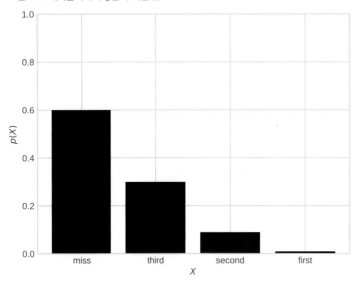

주사위나 제비뽑기의 예처럼 여러 선택지에 대해 정의된 확률 분포를 일반적으로 **카테고리컬 분포**categorical distribution, **범주형 분포**라고 부릅니다. 제비뽑기에서 상품의 카테고리컬 분포는 각 상품이 나오는 확률 $p_꽝=0.6$, $p_{3등}=0.3$, $p_{2등}=0.09$, $p_{1등}=0.01$로 나타낼 수 있습니다. 이처럼 어떤 확률 분포를 대표하는 변수를 **파라미터**parameter라고 부릅니다.

파라미터는 확률 분포에 관해 커뮤니케이션할 때 매우 편리한 도구입니다. 제비뽑기 예에서 '파라미터 p = (0.6, 0.3, 0.09, 0.01)인 카테고리컬 분포'라고 표현하면 누구나 동일한 확률 분포를 재현할 수 있습니다. 단, 확률 분포를 구성하는 파라미터는 확률 분포의 종류에 따라 다르므로 주의합니다.

> **NOTE_** 파라미터 p를 굵은 글씨로 표기한 것은 **벡터**vector임을 표현하기 위해서입니다. 카테고리컬 분포의 파라미터를 벡터로 표현하는 이유는 2.2절에서 자세히 설명합니다.

확률 분포가 가지는 형태는 결정되어 있지 않지만 만족해야 할 조건은 있습니다. 먼저 확률 분포가 1, 2, 3, …과 같이 유한한 개수의 비연속적인 값, 즉 이산값으로 표시되는 경우를 생각해 봅니다.

이산값에 관한 확률 분포를 **이산 확률 분포**discrete probability distribution라고 부릅니다. 이산 확률 분포가 만족해야 하는 조건 중 하나는 확률 변수가 여러 가지 값을 가질 확률의 총합이 1이 되어야한다는 것입니다. 즉, 확률 분포 X가 가지는 값이 $X_1, \cdots, X_n$의 n가지일 때 다음 식을 만족해야 합니다.

$$p(X = X_1) + \cdots + p(X = X_n) = \sum_{k=1}^{n} p(X = X_k) = 1$$

여기에서 $p(X = X_i)$는 확률 변수 X가 특정값 X_i를 가지는 확률을 의미합니다.

또 다른 조건은 어떤 현상이 일어날 확률은 음수가 되지 않는다는 것입니다. 즉, 다음 식을 만족해야 합니다.

$$p(X = X_i) \geqq 0 \quad (i = 1, \cdots, n)$$

반대로 위 규칙들을 만족하는 함수는 이산 확률 분포로 이용할 수 있습니다.

1.3.2 연속값의 확률 분포

지금까지 확률 변수가 이산값인 경우의 확률 분포를 설명했습니다. 마찬가지로 확률 변수가 연속값일 때의 확률 분포, 즉 **연속 확률 분포**continuous probability distribution를 생각해볼 수 있습니다. 예를 들어 [그림 1-5]에 표시한 것과 같은 연속값의 균일 분포(연속 균일 분포)를 생각해봅니다. 이 예에서는 $a = 0$, $b = 1$일 때(실선)와 $a = 0$, $b = 0.5$일 때(점선)의 연속 균일 분포를 표시했습니다.

연속값의 확률 분포 역시 이산값인 경우와 마찬가지로 확률 변수가 가지는 모든 값의 확률을 합하면 그 값이 1이 되는 조건을 만족해야 합니다. 하지만 연속값의 확률 분포에서는 전체 합을 구하는 $\sum$ 대신 적분을 구하는 $\int$을 이용해서 정의하는 것에 주의합니다.

$$\int_{-\infty}^{+\infty} p(x)dx = 1$$

적분이 특정 영역의 넓이를 구하는 계산이라는 점에 착안하면 이 식은 확률 분포를 표시하는 함수와 가로축 사이의 영역 넓이가 1이 되는 조건으로 바꿔 말할 수 있습니다. [그림 1–5]를 보면 $a = 0$, $b = 1$인 연속 균일 분포에서는 실선 아래에 칠해진 사각형의 넓이가 여기에 해당하므로 폭 1, 높이 1인 사각형의 넓이가 1임을 확인할 수 있습니다. 마찬가지로 $a = 0$, $b = 0.5$인 연속 균일 분포에서도 점선 아래에 칠해진 사각형의 넓이가 이 식에 해당하므로 폭 0.5, 높이 2인 사각형의 넓이가 1임을 확인할 수 있습니다.

그림 1-5 연속 균일 분포의 예

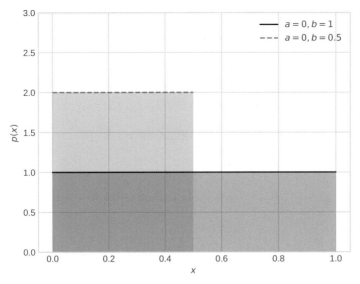

또 다른 확률 분포의 조건에 대해서도 마찬가지며, 연속값의 확률 분포에서도 모든 확률 변숫값 x에 대해 다음 식을 만족해야 합니다.

$$p(x) \geqq 0$$

연속값의 확률 분포의 경우 주어진 확률 분포로부터 확률 변수가 특정값을 가질 확률을 직접 읽을 수 없다는 점에 주의해야 합니다. 이산값의 확률 분포 예에서는 확률 분포가 각 현상이 발생하는 확률에 대응했습니다. 예를 들어 주사위의 눈 2가 나오는 확률은 [그림 1–3]에서 $X = 2$에 대응하는 막대의 높이인 1/6이라고 판단할 수 있었습니다. 그러나 연속값의 확률 분포에서는 그런 방식을 이용할 수 없으며, 확률 변수가 특정 범위에 포함될 확률을 읽는 데 사용합니다. 예를 들면 $a = 0$, $b = 0.5$인 균일 분포에서 확률 변수 x가 0.2에서 0.3 사이에 들어갈 확률은 폭 0.1, 높이 2인 직사각형의 넓이인 0.2가 됩니다.

이산값의 확률 분포에서는 세로축에 해당하는 값을 확률이라고 바꿔서 읽어도 문제가 없습니다. 그러나 연속값의 확률 분포의 세로축에 해당하는 값은 확률의 **밀도**이며, 관심 대상 확률 변수가 취하는 값의 범위를 생각해야 비로소 확률을 얻을 수 있습니다. $a = 0$, $b = 0.5$인 균일 분포에서 함숫값이 1을 넘는 것도 그 값이 확률이 아니라 밀도를 나타낸 것이기 때문입니다. 같은 확률 분포라도 확률 변수가 이산값인지 연속값인지에 따라 다르게 나타나므로 이산 확률 분포를 나타내는 함수는 **확률 질량 함수**^{probability mass function, PMF}, 연속 확률 분포를 나타내는 함수는 **확률 밀도 함수**^{probability density function, PDF}로 구별해서 부릅니다.

1.3.3 이산화를 이용한 확률 밀도 함수의 근사화

컴퓨터에서 연속 밀도 함수를 다룰 때는 이산화^{discretize}를 이용해 근사화하면 쉽게 다룰 수 있습니다. 즉, 연속값의 확률 밀도를 특정 간격으로 근사화해 확률 질량 함수로 다루는 것입니다.

다음 함수를 생각해봅시다.

$$f(x) = \begin{cases} x + 1 & (-1 \leq x \leq 0) \\ -x + 1 & (0 \leq x \leq 1) \end{cases}$$

단, 이 함수는 $-1 \leq x \leq 1$ 범위로 정의되어 있다고 가정합니다. 이 함수와 가로축 사이의 면적은 폭 2, 높이 1인 삼각형에 해당하며 그 넓이가 1이 되는 것(즉, 확률 밀도 함수의 조건을 만족)을 확인할 수 있습니다.

먼저 이 범위를 여러 영역으로 분할한 뒤 각 영역의 중앙에 대응하는 확률 밀도 함숫값을 계산합니다. 분할된 영역을 폭, 확률 밀도 함숫값을 높이로 하는 사각형으로 그리면 [그림 1-6]과 같이 가느다란 여러 사각형의 배열을 이용해 원래 함수 $f(x)$의 근삿값을 구할 수 있습니다.

그림 1-6 확률 밀도 함수 $f(x)$와 이산화를 이용해 근사화한 함수

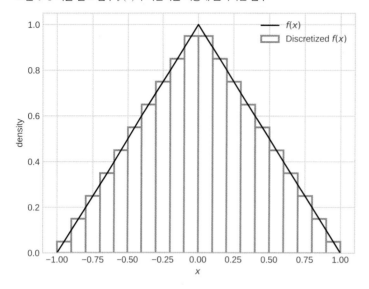

이 그림에서는 $-1 \leq x \leq 1$ 범위를 0.1의 폭을 가진 20개 영역으로 분할했습니다. 따라서 각 영역은 다음과 같이 분할된 것을 알 수 있습니다.

- 영역 1: $-1 \leq x \leq -0.9$ (중앙: $x = -0.95$)
- 영역 2: $-0.9 \leq x \leq -0.8$ (중앙: $x = -0.85$)
- ...
- 영역 20: $0.9 \leq x \leq 1$ (중앙: $x = 0.95$)

각 영역 중앙에서 $f(x)$의 값을 계산하고, 그 값을 해당 영역에 대응하는 가느다란 직사각형의 높이로 합니다. 이 분할 폭이 좁을수록 보다 좋은 근삿값을 얻을 수 있습니다. 이는 어디까지나 근삿값이므로 직사각형의 넓이의 합이 완전한 1은 되지 않는, 즉 확률 밀도 함수의 조건을 만족하지 않는 점에 주의합니다.

다음으로 이 함수를 확률 질량 함수로 변환하기 위해 각 영역의 중앙을 새로운 이산 확률 변수로 하고 그 영역에 대응하는 직사각형의 넓이를 해당 확률 변수의 값에 대응하는 확률 질량으로 합니다. 즉, 각 영역의 중심 위치에 해당 영역에 대응하는 확률 질량을 **응축**시킨 형태입니다.

앞에서 설명한 것처럼 이 가늘고 긴 직사각형들의 넓이의 합이 1과 일치한다고 할 수는 없으므로 각 확률 변수의 값에 대응하는 확률 질량 전체의 합으로 각각의 확률 질량을 나누어 확률 질

량의 합이 1이 되도록(즉, 확률 질량 함수의 조건을 만족하도록) 조정합니다. 이처럼 어떤 함수가 확률 분포의 조건을 만족하도록 그 합으로 나누는 조작을 **정규화**^{normalization} 라고 부릅니다. 이 기법은 이후 다양한 곳에서 사용됩니다.

앞의 과정을 거쳐 확률 밀도 함수 $f(x)$를 확률 질량 함수로 근삿값을 구한 결과를 [그림 1-7]에 표시했습니다. 시각화 결과로부터 원래 함수 $f(x)$와 거의 비슷한 형태를 유지한 확률 질량 함수를 얻어냈음을 알 수 있습니다. 한편 세로축의 값에 착안하면 [그림 1-6]에 비해 값이 작아져 있음을 알 수 있습니다. 이는 [그림 1-6]에서는 확률 **밀도**, [그림 1-7]에서는 확률 **질량**을 다루고 있기 때문입니다.

원래의 확률 밀도 함수 $f(x)$는 $-1 \leq x \leq 1$ 범위의 모든 값에 대해 정의되어 있었습니다. 그러나 근삿값으로 얻은 확률 질량 함수는 각 영역의 중앙에 대응하는 20개 값만으로 정의되어 있다는 점에 주의합니다. 예를 들어 이 확률 질량 함수에 '$x = 0.72$일 확률은 얼마인가?'라는 질문에는 대답할 수 없습니다. 왜냐하면 $x = 0.72$라는 값은 20개의 값(-0.95, -0.85, $\cdots$, 0.95)에 포함되어 있지 않기 때문입니다. 언뜻 불편해보이지만 충분히 잘게 나눈다면 분석하는 과정에서 우리가 흥미를 가진 값에 대해서는 실용적인 관점에서 다룰 수 있게 됩니다. 또한 확률 질량 함수로 다룸으로써 확률 계산을 위해 적분을 하지 않아도 되는 것도 장점입니다.

그림 1-7 $f(x)$를 확률 질량 함수로 근사화한 결과

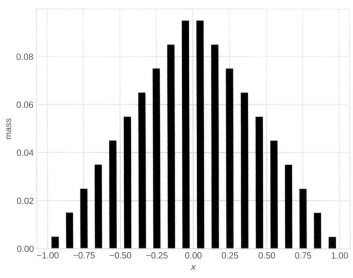

1.3.4 덧셈정리와 곱셈정리

지금까지는 단일 확률 변수에 관한 확률 분포를 생각했습니다. 유사하게 여러 확률 변수에 관한 확률 분포도 생각해볼 수 있습니다. 우선 이산값의 확률 변수 X와 Y에 관해 생각해봅니다. 그리고 이 확률 변수들은 각각 $X_1, \cdots, X_n$과 $Y_1, \cdots, Y_m$의 값을 가진다고 가정합니다. 두 확률 변수가 동시에 어떤 특정한 값 $X = X_i$, $Y = Y_j$를 가질 확률을 $p(X = X_i, Y = Y_j)$로 나타내기로 정의합니다. 이처럼 $X = X_i$, $Y = Y_j$라는 두 사건이 동시에 발생할 확률 $p(X = X_i, Y = Y_j)$를 **결합 확률**joint probability, 그 분포 $p(X, Y)$를 **결합 분포**joint distribution라고 부릅니다.

여기서 이 결합 확률을 확률 변수 X가 가질 수 있는 모든 값에 대해 더하는 계산을 생각해봅니다. 즉, 다음 식의 값을 구하는 것입니다.

$$p(X = X_1, Y = Y_j) + \cdots + p(X = X_n, Y = Y_j) = \sum_{i=1}^{n} p(X = X_i, Y = Y_j)$$

위 식에서 확률 변수 X에 관한 모든 사건을 다루었으므로 이 값은 확률 변수 X의 값과 관계없이 확률 변수 Y가 특정한 값 Y_j를 가질 확률 $p(Y = Y_j)$와 같다고 볼 수 있습니다. 따라서 다음 식이 성립합니다.

$$p(Y) = \sum_{X} p(X, Y) \qquad \text{[식 1.1]}$$

이 관계식은 확률의 **덧셈정리**addition theorem라고 부르며, 확률 계산의 기본 법칙 중 하나입니다. 이 식은 확률 변수가 가지는 구체적인 값에 관계없이 성립하기 때문에 여기에서는 확률 변수의 값(X_i나 Y_j 등)을 생략하고 확률 분포($p(X)$나 $p(X, Y)$ 등)에 대해 관계식이 성립한다고 표기한 점에 주의합니다. 이후 설명하는 확률에 관한 식들은 확률 변수의 구체적인 값에 관계없이 성립하므로 종종 이렇게 생략합니다.

다음으로 이 결합 분포 $p(X, Y)$를 하나의 확률 변수 Y의 확률 분포 $p(Y)$로 나누어 그 결과를 얻을 수 있는 분포를 $p(X \mid Y)$라고 나타내기로 합니다.

$$p(X \mid Y) = \frac{p(X, Y)}{p(Y)} \qquad \text{[식 1.2]}$$

$p(X \mid Y)$는 **조건부 분포**^{conditional distribution}라고 부르며, 확률 변수 Y의 값이 주어진 상태에서의 확률 변수 X의 확률 분포를 의미합니다. 이 조건부 분포 정의식은 확률의 **곱셈정리**^{multiplication theorem}라고 부르며, 이 역시 확률 계산의 기본 법칙 중 하나입니다.

이 정리들에 관해 보다 깊이 이해하기 위해 간단한 게임을 생각해봅니다.

> 여러분은 트럼프와 주사위를 이용한 어떤 게임에 참가했습니다. 먼저 트럼프 덱에서 한 장의 카드를 꺼냅니다. 단, 트럼프 덱은 조커 카드를 포함하지 않으며 13개 숫자(1~13)와 4가지 모양(하트, 스페이드, 다이아, 클로버)의 조합으로 총 52장의 카드로 구성되어 있습니다. 선택한 카드가 그림(즉, 11(J), 12(Q), 13(K)) 중 하나라면 주사위를 굴려 2 이상의 숫자가 나오면 여러분이 승리합니다. 반대로 선택한 카드가 그림이 아니라면 주사위를 굴려 5 이상의 숫자가 나오면 여러분이 승리합니다. 승리하면 10만원을 받지만 패배하면 10만원을 빼앗깁니다. 여러분은 이 게임에 참가하겠습니까?

이런 문제는 [그림 1-8]과 같이 플레이어의 상태가 변하는 상태를 트리로 표현하면 게임 구조를 이해하는 데 도움이 됩니다. 사각형은 사용자의 상태, 화살표는 그 상태 사이의 이동, 숫자는 그 이동이 발생할 확률을 의미합니다.

그림 1-8 트럼프와 주사위 게임 구조를 그린 트리

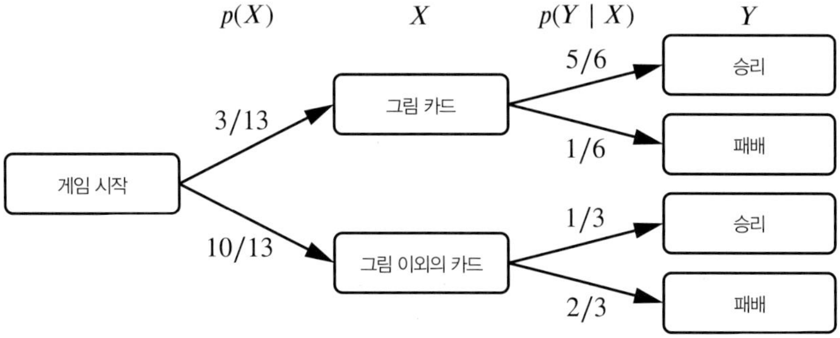

게임을 시작하고 트럼프 덱에서 카드를 한 장 꺼내면 3/13의 확률로 그림 카드를 가진 상태, 10/13의 확률로 그림 카드 이외의 카드를 가진 상태로 이동합니다. 이후 주사위를 던져 그림 카드를 가진 상태라면 5/6의 확률로 승리 상태로 이동하고, 그림 이외의 카드를 가진 상태라면

1/3의 확률로 승리 상태로 이동합니다. 여기에서 플레이어가 그림 카드를 가진 상태인지 아닌지를 X, 승리했는지 아닌지를 Y라는 확률 변수로 나타내면 게임 시작 상태에서 시작한 화살표에 표시된 확률은 $p(X)$, 그림 카드 혹은 그림 이외의 카드에서 시작한 화살표에 표시된 확률은 X가 주어졌을 때의 조건부 확률 $p(Y \mid X)$를 의미합니다.

여기서 최종 승리 상태로 이동하는 경로는 몇 가지일까요? 게임 시작 → 그림 카드 → 승리 (경로 1), 게임 시작 → 그림 이외의 카드 → 승리(경로 2)의 두 가지를 생각해볼 수 있습니다. 경로 1을 따라 승리 상태로 이동할 확률은 경로에 있는 확률들을 곱해서 나타낼 수 있으며 $3/13 \times 5/6 = 5/26$입니다. 한편 경로 2를 따라 승리 상태로 이동할 확률은 마찬가지로 $10/13 \times 1/3 = 10/39$입니다. 따라서 플레이어가 승리할 확률은 $5/26 + 20/39 = 35/78$라는 것을 알 수 있습니다. 이는 0.5보다 작은 값이므로 플레이어에게 꽤 불리한 승부임을 알 수 있습니다.

지금까지의 논의 중에 이미 덧셈정리와 곱셈정리를 이용했습니다. 예를 들어 예시의 경로 1을 통해 최종적으로 도착하는 것은 그림 카드를 선택해서 이기는 상태입니다. 이 상태로 이동할 확률은 $p(X = 그림 카드, Y = 승리)$로 나타낼 수 있습니다. 이 확률을 계산할 때 $p(X = 그림 카드)$와 $p(Y = 승리 \mid X = 그림 카드)$를 곱했습니다. 즉, 다음과 같이 계산한 것입니다.

$$p(X = 그림 카드, Y = 승리) = p(X = 그림 카드)p(Y = 승리 \mid X = 그림 카드)$$

이것은 [식 1.2]에 나타낸 곱셈정리와 같습니다. 경로 2에 관해서도 마찬가지로 곱셈정리를 이용해 결합 확률 $p(X = 그림 이외의 카드, Y = 승리)$를 계산했습니다.

또한 최종적으로 플레이어가 승리할 확률 $p(Y = 승리)$를 구하기 위해 각 경로의 확률을 더했습니다. 즉, 다음과 같이 계산했습니다.

$$p(Y = 승리) = p(X = 그림 카드, Y = 승리) + p(X = 그림 이외의 카드, Y = 승리)$$

이것은 [식 1.1]에 표시한 덧셈정리와 같습니다. 이렇게 생각해보면 덧셈정리와 곱셈정리는 확률에 관해 자연스럽게 성립하는 정리임을 알 수 있습니다.

[그림 1-8]과 함께 각 사건의 결합 확률 $p(X, Y)$를 표시한 [표 1-1]을 함께 보면 이해하는 데 도움이 됩니다.

표 1-1 각 사건의 결합 확률

$p(X, Y)$	Y = 승리	Y = 패배	$p(X)$
X = 그림 카드	5/26	1/26	3/13
X = 그림 이외의 카드	10/39	20/39	10/13
$p(Y)$	38/78	43/78	1

표의 각 셀에는 각 경로를 지날 때 얻을 수 있는 결합 확률 $p(X, Y)$가 표시되어 있습니다. 또한 그 주변에 각 행과 열의 합계를 표시했습니다. 이것은 확률의 덧셈정리를 적용한 것에 해당하므로 행 방향의 합계는 $p(X)$, 열 방향의 합계는 $p(Y)$에 해당합니다. 이처럼 덧셈정리를 이용해 다른 하나의 확률 변수를 제거하는 조작은 표 **주변**^{margin}에 소계를 산출하는 것에 해당하기 때문에 **주변화**^{marginalization}라고 부릅니다. 또한 이렇게 얻은 확률 분포 $p(X)$, $p(Y)$를 **주변분포**^{marginal distribution}라고 부릅니다.

마지막으로 지금까지는 이산값의 확률 변수 X, Y에 관해 생각했지만 연속값의 확률 변수 x, y에 관해서도 동일하게 덧셈정리와 곱셈정리가 성립하므로 각각 다음과 같이 나타낼 수 있습니다.

- **덧셈정리**

$$p(y) = \int_{-\infty}^{\infty} p(x, y) dx$$

- **곱셈정리**

$$p(x \mid y) = \frac{p(x, y)}{p(y)}$$

1.3.5 베이즈 정리

덧셈정리는 확률 변수를 교환해도 성립하므로 다음 식이 성립합니다.

$$p(x, y) = p(x \mid y)p(y) = p(y \mid x)p(x)$$

이 식 전체를 $p(y)$로 나누면 두 번째 식에서 다음 식을 얻을 수 있습니다.

$$p(x \mid y) = \frac{p(y \mid x)p(x)}{p(y)}$$

이 관계식은 **베이즈 정리**^{Bayes' theorem}라고 부릅니다. 베이즈 정리를 이용해서 어떤 확률 분포의 알려지지 않은 파라미터를 관측한 데이터로부터 추론을 하는 것을 특히 **베이즈 추론**^{Bayesian inference}이라고 부릅니다.

베이즈 추론에 관해 보다 분명한 이미지를 그릴 수 있도록 x, y와 같은 추상적인 변수명이 아닌 관측된 데이터를 의미하는 확률 변수 D와 알려지지 않은 파라미터를 의미하는 확률변수 θ를 다음과 같이 베이즈 정리를 이용해 표기해봅니다.

$$p(\theta \mid D) = \frac{p(D \mid \theta)p(\theta)}{p(D)}$$

[식 1.3]

베이즈 정리는 각 확률 변수의 관측 여부와 관계없이 항상 성립하지만 여기에서는 관측된 확률 변수 D와 관측되지 않은 확률 변수 θ를 이용해 의미를 부여해서 응용하는 것이 베이즈 추론임에 주의합니다.

이 베이즈 추론식을 이용해 구하려는 것은 $p(\theta \mid D)$인 조건부 분포입니다. 이는 데이터 D가 주어진 상태에서 파라미터 θ의 확률 분포이므로 **사후 분포**^{posterior distribution}라고 부릅니다.

베이즈 정리에 따르면 이 사후 분포는 $p(D \mid \theta)$인 조건부 확률과 $p(\theta)$인 확률 분포를 곱한 뒤 이를 $p(D)$인 확률 분포로 나누어 구할 수 있습니다. $p(\theta)$는 **사전 분포**^{prior distribution}라고 부르며, 데이터를 관측하기 이전의 파라미터 θ의 확률 분포를 의미합니다. $p(D \mid \theta)$는 **가능도 함수**^{likelihood function}, **우도 함수**라고 부르며, 파라미터 θ에 대해 데이터 D가 관측될 당연함의 정도를 의미합니다.

마지막으로 $p(D)$는 **증거**^{evidence} 혹은 **정규화 상수**^{normalizing constant}라고 부르며, 사후 분포가 확률 분포로서의 조건을 만족하도록 정규화하는 역학을 합니다. 이 값은 $p(D \mid \theta)p(\theta)$를 θ에 관해 주변화하여 얻을 수 있으므로 **주변 가능도**^{marginal likelihood}라고도 부릅니다.

이후 파라미터 θ를 추론하기 위해 베이즈 정리를 이용할 때는 데이터 D가 주어진 것으로 취급합니다. 따라서 확률 변수 θ의 확률 분포에만 흥미가 있을 때는 베이즈 정리를 구성하는 요소 중에서 유일하게 θ를 포함하지 않는 $p(D)$는 상수로 간주해 다음 식과 같이 비례 $\propto$를 이용해 생략하기도 합니다.

$$p(\theta \mid D) \propto p(D \mid \theta)p(\theta)$$

[식 1.4]

이 베이즈 정리와 관측된 데이터 D를 이용해 관심 대상 파라미터 θ에 관해 유용한 사후 분포 $p(\theta \mid D)$를 얻는 프레임이 베이즈 추론입니다. 또한 여러 데이터가 순차적으로 주어질 때는 이전 데이터에 따라 얻을 수 있는 사후 분포를 사전 분포로 하여 베이즈 정리를 다시 적용함으로써 여러 데이터를 고려한 θ의 사후 분포를 얻을 수 있습니다. 이처럼 반복해서 베이즈 정리를 적용하는 프레임을 특별히 **베이즈 업데이트**라고 부릅니다.

1.4 베이즈 정리를 이용한 클릭률 추론

다시 앨리스와 밥의 보고서 이야기로 돌아가 봅니다. [그림 1–2]에서 표시한 것처럼 디자인안이 클릭을 발생시킬 확률, 즉 디자인안 고유의 클릭률 θ는 분석자에게는 알려지지 않았지만 그에 관한 신념이라고 불리는 확률 분포 $p(\theta)$는 존재했습니다. 이것이 분석자가 생각하는 파라미터 θ의 확률 분포이며, 베이즈 추론 프레임의 사전 분포 혹은 사후 분포에 해당합니다. 이미 분석자가 가진 신념을 관측된 데이터와 베이즈 정리를 이용해 업데이트함으로써 보다 유용한 신념을 얻을 수 있습니다.

최초에는 분석자가 임의로 사전 분포를 결정합니다. 사전에 단서가 될 만한 정보를 가지고 있다면 이를 신념에 반영할 수 있습니다. 여기에서는 단서로 삼을 사전 정보가 전혀 없다고 가정하고, 모든 값에 대해 동일한 확률을 생각하는 균일 분포를 사전 분포로 적용합니다. θ는 클릭률을 나타내는 확률 변수로 0 이상 1 이하의 값을 가지므로 이 균일 분포의 파라미터는 $a = 0$, $b = 1$이 됩니다. 따라서 $0 \leq \theta \leq 1$ 구간에서의 확률 밀도는 항상 $p(\theta) = 1$이 됩니다.

다음으로 [그림 1–2]의 디자인안에서 클릭으로 이어지는 화살표에는 $p(r \mid \theta)$라고 쓰여 있습니다. 이는 클릭 r이 어떤 조건부 분포 $p(r \mid \theta)$에 따라 생성되었음을 의미합니다. 1.2.1절에서 설명한 것처럼 클릭 r은 성공 확률(클릭률) θ에 대한 베르누이 시행으로 만들어집니다. 클릭률이 θ라면 해당 디자인안을 표시했을 때 클릭이 발생할 확률은 θ, 반대로 클릭이 발행하지 않을 확률은 $1 - \theta$가 됩니다. 따라서 이 조건부 확률을 다음과 같이 나타낼 수 있습니다.

$$p(r = 1 \mid \theta) = \theta$$
$$p(r = 0 \mid \theta) = 1 - \theta$$

[식 1.5]

이 식은 지수를 이용해 다음과 같이 정리해서 나타낼 수 있습니다.

$$p(r \mid \theta) = \theta^r (1 - \theta)^{(1-r)} = \text{Bernoulli}(\theta) \qquad \text{[식 1.6]}$$

이 이산 확률 분포를 **베르누이 분포**^{Bernoulli distribution}라고 부르며, 베르누이 시행에 따르는 확률 변수에 관한 확률 분포입니다. 베르누이 분포를 의미하는 파라미터는 성공 확률 $0 \leqq \theta \leqq 1$ 뿐입니다. 여기에서는 파라미터 θ를 가진 베르누이 분포를 $\text{Bernoulli}(\theta)$라고 나타냅니다. 베르누이 분포에 대한 이미지를 그리기 위해 파라미터 θ를 다양하게 바꾸었을 때의 베르누이 분포를 [그림 1-9]에 표시했습니다.

그림 1-9 다양한 베르누이 분포의 예

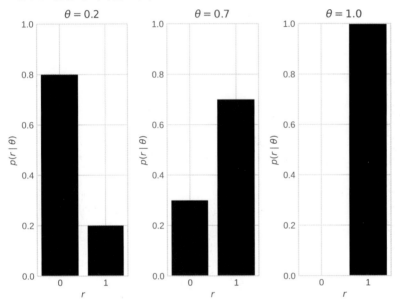

베이즈 추론 프레임으로 시점을 돌려보면 이 조건부 분포 $p(r \mid \theta)$는 가능도 함수로 간주할 수 있습니다. 즉, '파라미터 θ가 주어졌을 때 클릭 r이 발생할 조건부 확률을 생각하는 것'에서 '클릭 r이 관측된 사실을 자연스럽게 설명하는 파라미터 θ를 생각하는 것'으로 시점을 옮긴다는 의미입니다. 이때 조건부 분포 $p(r \mid \theta)$는 확률 변수 r의 함수인 것에 비해 가능도 함수는 파라미터 θ의 함수라는 점에 주의합니다. 또한 가능도 함수는 일반적으로 확률 분포로서의 조건을 만족하지 않습니다.

어떤 함수를 r의 함수에서 다른 변수 θ의 함수로 바꾸어 읽는다는 의미는 무엇일까요? 다음과 같이 시각화해서 이 문제를 다른 각도에서 생각해봅니다. [그림 1-10]에 베르누이 분포의 확률 질량 함수 $\theta^r (1 - \theta)^{(1-r)}$을 r과 θ로 만들어지는 공간에 그린 것을 표시했습니다. 이 함수를 r의 함수로 다룬다는 것은 다른 한 변수 θ를 고정하고, 그 단면에 대해 생각하는 것과 같습니다. 이 그림에서는 $\theta = 0.7$로 고정한 경우의 함수를 오른쪽 위의 나이프(조건부 확률)에 의한 단면으로 표시했습니다. 이 단면의 형태는 [그림 1-9] 가운데의 $\theta = 0.7$일 때의 베르누이 분포와 일치합니다. 이것은 θ가 주어졌을 때의 조건부 분포 $p(r \mid \theta)$이며, 확률 변수 r의 확률 분포입니다. $p(r = 0 \mid \theta = 0.7) + p(r = 1 \mid \theta = 0.7) = 0.3 + 0.7 = 1$로부터 확률 분포의 조건을 만족하고 있음을 확인할 수 있습니다.

그림 1-10 3차원으로 표현한 베르누이 분포(참고 그림 2)

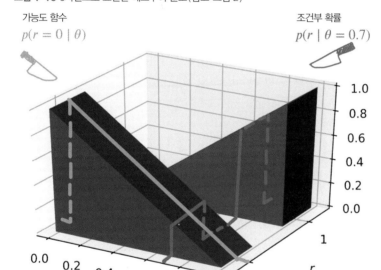

한편 이 함수를 θ의 함수로 보는 것은 다른 변수 r을 고정시킨 단면을 생각하는 것과 같습니다. [그림 1-10]에서는 $r = 0$으로 고정했을 때의 함수를 왼쪽 위의 나이프(가능도 함수)를 이용한 단면으로 표시했습니다. 이 삼각형의 단면이 $r = 0$의 데이터를 얻었을 때의 가능도 함수 $L(\theta) = p(r = 0 \mid \theta)$에 해당합니다. 그 값은 θ가 커질수록 작아집니다. 이것은 θ가 작을 때 $r = 0$이라는 결과를 얻기 쉬우며, 다시 말해 θ가 작을수록 데이터를 당연하게 설명할 수 있음을 의미합니다. 또한 이 단면은 폭 1, 높이 1인 삼각형이므로 그 넓이는 1/2입니다. 이로부터 가능도 함수는 확률 분포가 아님을 확인할 수 있습니다. 즉, 가능도 함수는 데이터 r을 생성하는 확률 분포 $p(r \mid \theta)$를 θ에 관한 함수로 본 것입니다.

지금까지의 논의를 통해 이제 사전 분포 $p(\theta)$와 가능도 함수 $p(r \mid \theta)$가 정해졌으므로 베이즈 정리를 이용해 사후 분포를 구해봅니다. 사전 분포 $p(\theta) = 1$과 [식 1.6]에 표시된 가능도 함수를 [식 1.4]의 베이즈 정리에 대입해 다음 식을 얻을 수 있습니다. 여기에서는 클릭 r이 데이터 D에 해당하므로 D를 r로 치환했음에 주의합니다.

$$p(\theta \mid r) \propto p(r \mid \theta)p(\theta)$$
$$\propto \theta^r (1 - \theta)^{(1-r)}$$

이번에는 사전 분포로서 균일 분포를 설정했으므로 결국 가능도 함수가 그대로 남는 형태가 되었습니다. 이 함수를 그림으로 표시하면 [그림 1-11]과 같이 되며, [그림 1-10]의 $r = 0$ 및 $r = 1$에 대한 단면과 일치함을 확인할 수 있습니다.

그림 1-11 사전 분포와 가능도 함수의 곱

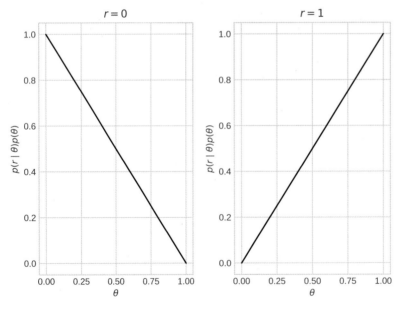

이 함수와 가로축 사이의 영역은 폭 1, 높이 1인 삼각형에 해당하므로 그 넓이는 1/2이 됩니다. 따라서 이 함수는 확률 분포의 조건을 만족하지 않습니다. 사후 분포를 얻기 위해서는 이 넓이로 함수를 나누어서 정규화하고 확률 분포의 조건을 만족시켜야 합니다. 가능도 함수와 사전 분포의 곱이 그리는 영역의 넓이를 구하는 것이 정규화 상수 $p(r)$을 구하는 것에 해당하는 것을 아래 과정을 통해 확인할 수 있습니다.

$$
\begin{aligned}
p(r) &= \int_{-\infty}^{\infty} p(r \mid \theta) p(\theta) d\theta \\
&= \int_0^1 \theta^r (1 - \theta)^{(1-r)} d\theta \\
&= \begin{cases} \int_0^1 (1 - \theta) d\theta & (r = 0) \\ \int_0^1 \theta d\theta & (r = 1) \end{cases} \\
&= \frac{1}{2}
\end{aligned}
$$

따라서 [식 1.3]의 베이즈 정리를 이용해 다음과 같이 사후 분포를 구할 수 있습니다.

$$
\begin{aligned}
p(\theta \mid r) &= \frac{p(r \mid \theta) p(\theta)}{p(r)} \\
&= 2\theta^r (1 - \theta)^{(1-r)}
\end{aligned}
$$

이상의 과정으로 얻은 사후 분포를 [그림 1-12]에 표시했습니다. [그림 1-11]과 세로축의 단위가 다른 것에 주의합니다.

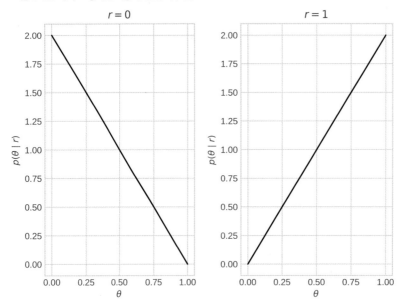

그림 1-12 베이즈 정리를 이용해 얻은 사후 분포

사후 분포는 데이터 r을 관측해서 업데이트된 신념을 의미합니다. 데이터를 관측하기 전에는 균일 분포에 따라 표현되었던 신념이지만 데이터를 관측한 후 기울기를 가진 함수로 바뀌었습니다. $r = 0$인 때는 $\theta = 0$에서 $\theta = 1$을 향해 작아지고, 반대로 $r = 1$인 때는 $\theta = 0$에서 $\theta = 1$을 향해 커지는 직선을 그리고 있음을 알 수 있습니다. 즉, $r = 0$일 때는 작은 θ, $r = 1$일 때는 큰 θ에 의해 큰 확률을 할애한다는 신념을 가지게 된다는 것입니다.

이 과정은 어디까지나 한 번의 베르누이 시행에 관해 베이즈 정리를 적용한 것에 지나지 않습니다. 이렇게 얻은 사후 분포를 다음 사전 분포로 하여 베이즈 정리를 반복해서 적용함으로써 여러 데이터를 고려한 신념을 얻을 수 있습니다. [그림 1-13]에 균일 분포로 표현된 사전 분포에 이와 같은 과정으로 베이즈 업데이트를 시행했을 때의 사후 분포 변화를 표시했습니다. 몇 차례나 $r = 0$이라는 관측을 하게 되면 성공 확률 θ는 0에 가깝다는 신념이 강해지고, 반대로 $r = 1$이라는 관측을 하게 되면 성공 확률 θ는 1에 가깝다는 신념이 강해지는 형태임을 알 수 있습니다. 한편 한 차례 $r = 0$이라는 데이터를 관측한 뒤 $r = 1$이라는 데이터를 관측하게 되면 세 번째 단의 가운데 그림과 같이 $\theta = 0.5$를 중심으로 하는 신념을 가지는 것을 알 수 있습니다.

그림 1-13 베이즈 업데이트를 통해 얻은 사후 분포

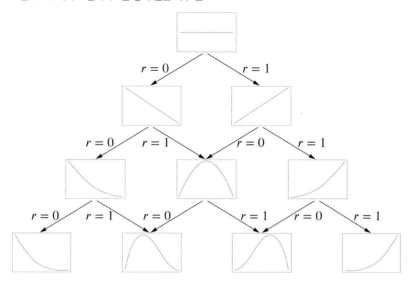

예를 들어 밥의 보고서에서는 디자인안을 사용자에게 1,600번 표시했습니다. 이는 데이터 r을 1,600번 관측한 것에 해당합니다. 따라서 앞에서 설명한 과정을 1,600번 반복해서 얻은 사후 분포가 밥의 보고서의 디자인 B안 고유의 클릭률 θ에 관한 우리의 신념이 됩니다.

1.4.1 베이츠 추론 프로그램하기

베이즈 업데이트를 반복함으로써 사후 분포를 얻을 수 있음을 알았지만, 역시 손으로 계산해서 업데이트를 반복하는 것은 어려우므로 이제부터는 컴퓨터의 힘을 빌리도록 합니다. 파이썬을 이용해 앞에서 설명한 절차를 작성해봅니다. 여기에서는 넘파이(numpy) 모듈을 이용합니다. 또한 파이썬 실행 환경을 준비하지 않은 분이나 넘파이 모듈을 설치하지 않는 분은 '들어가며'의 '파이썬 설치'(17쪽)를 참조해 환경을 설정하기 바랍니다.

먼저 넘파이 모듈을 np로 임포트합니다. 넘파이는 수치 계산을 지원하는 확장 모듈입니다. 파이썬에 내장되어 있는 표준 모듈에서는 지원하지 않는 확률 분포, 난수 생성, 벡터나 행렬에 관한 계산 등을 간단한 인터페이스로 제공합니다. 다음 코드를 실행했을 때 ModuleNotFoundError가 발생하지 않는다면 문제없이 넘파이 모듈이 임포트된 것입니다.

```
import numpy as np
```

다음으로 클릭률 θ에 해당하는 배열을 만듭니다. θ는 0 이상 1 이하의 연속값이지만 컴퓨터에서는 연속값을 그대로 다룰 수 없습니다. 그렇기 때문에 1.3.3절에서 설명한 것처럼 가능한 한 세세하게 간격을 나눈 확률 변수의 배열을 준비해서 신념 $p(\theta)$를 확률 질량 변수로 근사화해서 다루도록 합니다.

여기서는 0 이상 1 이하의 범위를 1001개로 분할한 배열 thetas를 준비합니다. np.linspace 메서드는 범위의 최솟값과 최댓값, 그리고 나눌 수를 지정해서 지정된 범위를 같은 간격으로 나눈 배열을 반환합니다. 이 배열은 넘파이 배열이라고 불리며 파이썬의 리스트 타입과는 다르므로 주의하기 바랍니다.

```
thetas = np.linspace(0, 1, 1001)
print(thetas)

# [0. 0.001 0.002 ... 0.998 0.999 1. ]
```

다음으로 가능도 함수 likelihood를 작성합니다. 클릭 r의 함수로 [식 1.5]를 그대로 쓴 형태입니다. 간단하게 표기하기 위해 람다식을 이용했습니다. r에는 0 또는 1 값이 입력되며 r == 1이면 thetas, r == 0이면 1 - thetas가 됩니다.

```
likelihood = lambda r: thetas if r else (1 - thetas)
```

마지막으로 사후 분포를 계산하는 함수인 posterior를 작성합니다. 사후 분포는 가능도 함수와 사전 함수의 곱의 합계가 1이 되도록 정규화한 것입니다. 가능도 함수와 사전 분포의 곱을 lp로 정의하고, 그것의 합계 lp.sum()으로 나눕니다.

```
def posterior(r, prior):
    lp = likelihood(r) * prior
    return lp / lp.sum()
```

이제 프로그램을 이용해 베이즈 추론을 수행할 준비가 되었습니다. 앞에서 우리는 신념 $p(\theta)$, 즉 사전 분포를 균일 분포로 했습니다. 따라서 각 theta가 같은 확률을 갖도록 확률을 나눕니다.

```
p = np.array([1 / len(thetas) for _ in thetas])
print(p)

# [0.000999 0.000999 0.000999 ... 0.000999 0.000999 0.000999]
```

여기에 앞에서 구현한 posterior 메서드를 이용해 베이즈 추론을 합니다. 먼저 클릭이 한 번 일어났을 때, 다시 말해 r = 1이 주어졌을 때의 사후 분포를 계산합니다.

```
p = posterior(1, p)  # 클릭
print(p)

# [0.00000000e+00 1.99800200e-06 3.99600400e-06 ... 1.99400599e-03
#  1.99600400e-03 1.99800200e-03]
```

posterior 메서드에 의해 신념 p가 변화한 것을 알 수 있지만 아직 윤곽이 그려지지 않으므로 맷플롯립(matplotlib) 모듈을 이용해 시각화해봅니다. 맷플롯립은 그래프를 그리기 위한 모듈로, 다음과 같이 plt로 임포트합니다. 넘파이와 마찬가지로 ModuleNotFoundError가 발생하지 않는 것을 확인합니다.

```
from matplotlib import pyplot as plt
```

plt 모듈의 plot 메서드에 가로축과 세로축에 해당하는 값의 배열을 전달하면 그 관계를 그래프로 시각화할 수 있습니다. 우리는 파라미터 θ에 대한 신념 $p(\theta)$를 시각화할 것이므로 가로축에는 thetas, 세로축에는 p를 전달합니다. 또한 xlabel과 ylabel 메서드로 그래프의 각 축에 라벨을 붙일 수 있습니다. plt.show 메서드를 실행하면 [그림 1-14]와 같은 그래프가 그려집니다. [그림 1-12]의 오른쪽에 표시한 사후 분포와 마찬가지로 오른쪽 위로 올라가는 직선을 얻을 수 있습니다.

```
plt.plot(thetas, p)
plt.xlabel(r'$\theta$')
plt.ylabel(r'$p(\theta)$')
plt.show()
```

그림 1-14 맷플롯립을 이용한 사후 분포 시각화

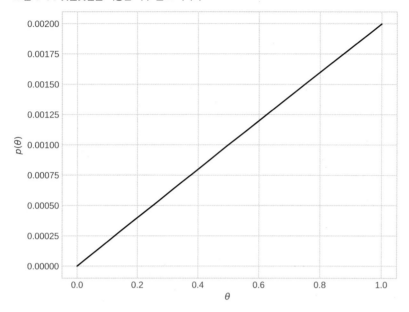

같은 절차를 반복해 초반에 소개한 앨리스와 밥의 보고서에 표시된 각 디자인안의 클릭률 θ의 사후 분포를 추론할 수 있습니다. 먼저 앨리스의 보고서의 디자인 A안을 다루어봅니다. 디자인 A안을 표시했을 때의 클릭 수를 clicks, 미클릭 수를 noclicks에 대입합니다.

```
clicks = 2
noclicks = 38
```

다음으로 앞에서와 마찬가지로 균일 분포의 사전 분포를 정의합니다. 그리고 clicks의 횟수 $r = 1$, 반대로 noclicks 횟수 $r = 0$을 부여해 베이즈 업데이트를 합니다.

```
p = np.array([1 / len(thetas) for theta in thetas])
for _ in range(clicks):
  p = posterior(1, p)
for _ in range(noclicks):
  p = posterior(0, p)
plt.plot(thetas, p)
plt.xlabel(r'$\theta$')
plt.ylabel(r'$p(\theta)$')
plt.show()
```

그림 1-15 앨리스의 보고서의 디자인 A안의 클릭률 θ의 사후 분포

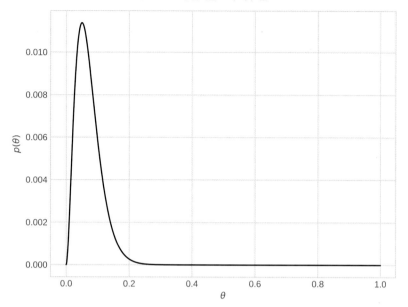

시각화 결과 [그림 1-15]와 같이 0.05 부근을 중심으로 폭이 넓어지는 곡선을 얻었습니다. 이로부터 앨리스의 디자인 A안의 클릭률 θ는 0.05 주변에 있다고 생각하는 것이 타당하다는 신념을 얻을 수 있음을 알 수 있습니다.

마찬가지로 다른 디자인안에 대해서도 사후 분포를 구해보면 [그림 1-16]과 같습니다. [그림 1-15]와는 가로축 θ의 범위가 다르니 주의합니다. 앨리스의 디자인안은 밥의 디자인안에 비해 평평하며 폭이 넓게 퍼진 분포를 보입니다. 그렇기 때문에 앨리스의 디자인 A안과 B안은 겹치는 영역이 넓다는 것도 알 수 있습니다. 한편 밥의 디자인안은 보다 날카로운(좁은) 피크를 가진 사후 분포를 가지며, A안과 B안이 겹치는 영역 또한 적습니다. 이를 통해 밥의 보고서에서는 특정 클릭률 θ 주변에 강한 신념을 가진 사후 분포를 얻을 수 있음을 알 수 있습니다. 클릭률에만 착안하면 앨리스의 A안과 밥의 A안, 앨리스의 B안과 밥의 B안이 각각 같습니다. 그러나 베이즈 추론을 이용해 사후 분포를 계산하면 그 숫자를 만들어내는 샘플의 크기를 반영한 신념을 얻을 수 있습니다.

그림 1-16 앨리스와 밥의 보고서에 기반한 클릭률 θ의 사후 분포

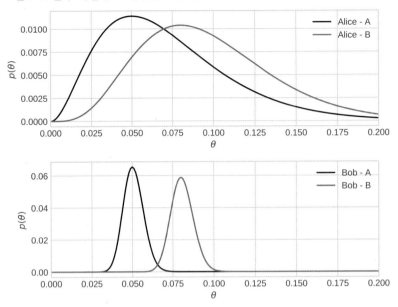

베이즈 추론의 편리한 점은 바로 이 확률 분포가 **퍼지는 형태**를 볼 수 있다는 것입니다. 클릭률은 단순히 클릭 수를 표시 횟수로 나누어서 계산할 수 있지만, 그것만으론 그 배경에 있는 확신의 강하기를 표현할 수 없습니다. 앨리스와 밥의 보고서에서도 볼 수 있듯이 비율이라는 **점**의 숫자만 보게 되면 얼마나 많은 데이터에 기반한 숫자인지 구별할 수 없습니다. 그러나 베이즈 추론을 이용해 **확률 분포**로 결과를 얻음으로써 그 결과가 우연히 얻어진 것인지 아니면 확신의 정도가 높은 것인지 평가할 수 있습니다.

앨리스와 밥 두 사람이 'A안의 클릭률은 5%, B안의 클릭률은 8%'라고 보고했다고 하더라도 그 숫자를 뒷받침하는 샘플의 크기가 다르면 그 주장을 뒷받침하는 증거의 강도도 달라집니다. 그리고 그 주장을 뒷받침하는 신념의 차이는 베이즈 추론 프레임에서는 사후 분포의 퍼지는 정도로 나타납니다. 표시된 사후 분포를 보면 앨리스의 보고서에서는 A안의 사후 분포와 B안의 사후 분포가 겹치는 부분이 크기 때문에 오히려 A안이 B안보다 나을 가능성도 있을 수 있다고 보입니다. 한편 밥의 보고서에서는 A안의 사후 분포와 B안의 사후 분포에는 겹치는 부분이 거의 없고, 적어도 B안이 A안보다 클릭이 낮을 일은 없을 것이라는 점이 보입니다. 시각화를 통해 알 수 있는 이런 통찰을 정량적으로 평가하기 위해서는 어떻게 해야 할까요? 이제 **통계적 가설 검정**에 관해 알아봐야 할 때입니다.

하지만 여기에서는 구체적인 통계적 가설 검정에 관한 이야기에 들어가 전에 이 사후 분포를 얻기 위한 두 가지 다른 해결책을 소개합니다. 같은 결과를 다양한 각도에서 조명해봄으로써 이 문제를 보다 깊이 이해할 수 있을 것입니다.

1.5 다른 해결책 1: 반복 모으기

1.5.1 통계 모델링

지금까지는 1.2.1절의 논의를 기반으로 데이터가 생성되는 과정을 생각해봤습니다. 그 과정을 확률 분포를 이용해 표시하면 다음과 같습니다.

$$\theta \sim p(\theta) = \text{Uniform}(0, 1)$$
$$r \sim p(r \mid \theta) = \text{Bernoulli}(\theta)$$

[식 1.7]

$\sim$는 좌변의 값이 우변의 확률 분포로부터 샘플링된 것을 나타냅니다. 분석자는 디자인안의 클릭률 θ에 관한 어떤 신념 $p(\theta)$를 가지고 있으며, 이를 파라미터 $a = 0$, $b = 1$이라는 균일 분포로 나타내서 사전 분포라고 불렀습니다. 이것은 디자인안의 클릭률 θ가 균일 분포 $\text{Uniform}(0, 1)$을 따름을 의미합니다. 단, 여기에서는 파라미터 a, b의 균일 분포를 $\text{Uniform}(a, b)$라고 표시하기로 합니다.

그리고 클릭률 r은 θ를 파라미터로 가진 베르누이 분포 $\text{Bernoulli}(\theta)$에서 파생(샘플링)된 것으로 생각했습니다. 이처럼 데이터가 생성되는 과정을 확률 분포의 관계에 따라 표시한 것을 **통계 모델**이라고 부릅니다. 또한 통계 모델을 설계하는 작업을 **통계 모델링**이라고 부릅니다.

1.2.1절에서도 다루었듯이 여기에서 우리는 데이터가 생성되는 프로세스를 정리하면서 다양한 가정을 세웠습니다. 구체적으로는 각 사용자가 가진 다양한 특징을 무시했고, 특정한 디자인안이 고유의 일정한 클릭률을 가지고 있다고 가정한 상태에서 논의를 진행했습니다. 이런 가정을 포함해 분석자가 눈앞의 상황을 어떻게 다루는지 표현한 것이 통계 모델입니다. 따라서 이것은 어떤 의미로는 분석자의 주관적인 시각이며, 반드시 현실을 올바르게 다루고 있다고는 할 수 없다는 점에 주의합니다. 그러나 이처럼 확률 분포를 이용해 데이터가 생성되는 과정을 표현함으로써 베이즈 통계와 같이 단순하고 강력한 도구를 이용해 다양한 추론을 할 수 있게 됩니다.

1.5.2 데이터 생성 과정에 대한 새로운 견해

베이즈 추론을 반복 적용해 클릭률의 사후 분포를 얻을 수 있었습니다. 하지만 보통 A/B 테스트는 한 가지 디자인안을 여러 번 표시해서 판단하기 때문에 표시한 횟수만큼 베이즈 추론을 반복하는 것은 다소 번거롭게 느껴집니다. 베르누이 시행 횟수만큼 베이즈 추론을 반복하지 않고 한 번에 모아서 사후 분포를 얻는 방법은 없을까요?

즉, [그림 1-17]과 같은 데이터 생성 과정에 대한 새로운 견해를 이용하고자 하는 것입니다. 지금까지는 디자인안을 한 번 표시하고 거기에서 얻은 한 번의 클릭 유무 r을 고려했습니다. 이와 달리 이번에는 어떤 디자인안을 N번 표시했을 때 얻어지는 클릭 횟수 합계 a를 고려해 봅니다.

그림 1-17 클릭 횟수 합계 데이터가 생성되는 과정

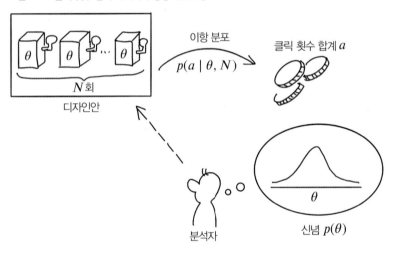

단, 여기에서도 분석자는 디자인안 고유의 클릭률 θ를 여전히 알지 못한다는 점에 주의합니다. 그리고 N번 모두 동일한 디자인안을 표시하고, 각 시행 사이에는 아무런 관련이 없다고 가정합니다. 즉, 매번 같은 확률 분포이므로 이전 시행 결과와 관계없이 데이터가 생성된다는 것입니다. 이처럼 데이터가 생성되는 성질을 **독립 동일 분포**independent and identically distributed, i.i.d라고 부릅니다.

우리가 이미 알고 있는 베르누이 분포부터 생각해봅니다. 예를 들어 θ의 확률로 동전이 나오는 슬롯머신을 3번 당기면 어떤 결과가 일어날까요? 동전이 나오는 것을 1, 동전이 나오지 않는 것을 0으로 나타내면 [표 1-2]와 같이 8가지 경우를 생각할 수 있습니다.

표 1-2 슬롯머신을 3회 당겼을 때 동전이 나오는 형태

결과	동전 수	확률
1, 1, 1	3	θ^3
1, 1, 0	2	$\theta^2(1-\theta)$
1, 0, 1	2	$\theta^2(1-\theta)$
1, 0, 0	1	$\theta(1-\theta)^2$
0, 1, 1	2	$\theta^2(1-\theta)$
0, 1, 0	1	$\theta(1-\theta)^2$
0, 0, 1	1	$\theta(1-\theta)^2$
0, 0, 0	0	$(1-\theta)^3$

베르누이 분포에 따라 1이 나올 확률은 θ, 0이 나올 확률은 $1-\theta$이므로 이들을 곱해서 각 사건의 확률을 계산했습니다. 이 확률을 동전이 나온 숫자별로 모으면 [표 1-2]는 [표 1-3]과 같이 바꿔 쓸 수 있습니다.

표 1-3 동전이 나온 숫자별로 모은 확률

동전 수	확률
3	$\theta^3 = {}_3C_3\theta^3$
2	$3\theta^2(1-\theta) = {}_3C_2\theta^2(1-\theta)$
1	$3\theta(1-\theta)^2 = {}_3C_1\theta(1-\theta)^2$
0	$(1-\theta)^3 = {}_3C_0(1-\theta)^3$

순서는 무시하고 동전이 나온 숫자만 착안하면 조합 계산이 되므로 조합의 수를 곱해서 각각의 발생 확률을 구합니다. 이것을 일반화하면 θ의 확률인 사상(시행)이 발생하는 베르누이 시행을 N회 반복했을 때 그 사상(시행)이 발생한 합계 횟수 a는 다음 확률 분포를 따릅니다.

$$p(a \mid \theta, N) = {}_NC_a\theta^a(1-\theta)^{N-a} = \text{Binomial}(\theta, N) \qquad \text{[식 1.8]}$$

이 이산 확률 분포는 **이항 분포**binomial distribution라고 부르며 베르누이 시행을 N번 수행했을 때의 성공 횟수 a가 따르는 확률 분포입니다. [표 1-3]의 예는 $N = 3$일 때의 이항 분포 자체입니다. 이항 분포 $\text{Binomial}(\theta, N)$은 베르누이 시행의 성공 확률 θ, 시행 횟수 $N > 0$을 파라미터로 가집니다. $N = 1$일 때 베르누이 분포와 일치하므로 베르누이 분포는 이항 분포의 특별한 형태라고 생각할 수 있습니다.

여기에서 다시 [그림 1-17]을 보면 슬롯머신에서 동전으로 향하는 화살표에 이항 분포 $p(a \mid \theta, N)$이라고 쓰여 있습니다. 여기에서는 데이터가 생성되는 과정으로서 이항 분포를 가정하고 있음을 의미합니다. 그리고 그 이항 분포는 베르누이 분포를 확장한 것으로 자연히 유도되는 것을 알았습니다. 마지막으로 이항 분포에 관한 이미지를 다지기 위해 몇 가지 이항 분포의 예를 [그림 1-18]에 표시했습니다.

그림 1-18 다양한 이항 분포 예

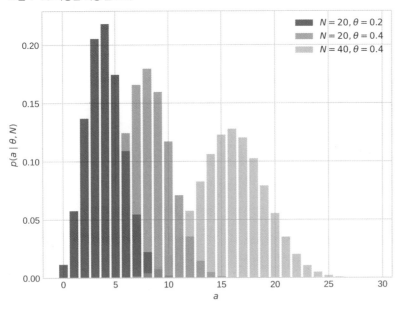

이항 분포를 이용하면 [식 1.7]에 표시된 통계 모델을 다음과 같은 식으로 나타낼 수 있습니다.

$$\theta \sim \text{Uniform}(0, 1)$$
$$a \sim \text{Binomial}(\theta, N)$$

[식 1.9]

θ의 사전 분포에 균일 분포 $\text{Uniform}(0, 1)$을 이용하는 점은 동일하지만 데이터를 생성하는 분포에 이항 분포 $\text{Binomial}(\theta, N)$을 이용함으로써 베이즈 추론을 표시 횟수만큼 반복 적용하지 않아도 한 번의 연산으로 사후 분포를 추론할 수 있게 되었습니다.

이 통계 모델을 이용해 베이즈 추론의 프로그램도 수정해봅니다. 가능도 함수는 베르누이 분포에서 이항 분포로 바뀌었으므로 [식 1.8]에 따라 다음과 같이 작성할 수 있습니다.

```python
likelihood = lambda a, N: thetas ** a * (1 - thetas) ** (N - a)
```

여기서 [식 1.8]의 조합의 수 $_NC_a$를 생략한 점에 주의합니다. 1.4절에서 논의한 것처럼 가능도 함수는 추론하고자 하는 파라미터 θ에 관한 함수이므로 확률 분포의 조건을 만족할 필요는 없습니다. 베이즈 정리에 따라 사후 분포를 계산할 때는 정규화를 하므로 그 스케일의 차이가 최종 결과에 영향을 주지 않습니다. 따라서 여기에서는 θ를 포함하지 않는 계수는 생략해도 문제가 없습니다.

다음으로 이항 분포의 파라미터 a와 N을 받도록 사후 분포 posterior를 수정합니다. 가능도 함수와 사전 분포의 곱을 정규화하는 과정은 이전과 같습니다.

```python
def posterior(a, N, prior):
    lp = likelihood(a, N) * prior
    return lp / lp.sum()
```

준비가 다되었으므로 균일 분포의 사전 분포 prior를 정의하고, 각 보고서의 데이터를 이용해 사후 분포를 구하면 [그림 1-19]와 같은 결과를 얻을 수 있습니다. 통계 모델에 베르누이 분포 대신 이항 분포를 이용하도록 변경했음에도 [그림 1-16]과 동일한 결과를 얻을 수 있습니다. 보고서에 기록된 숫자 N, a를 직접 이용할 수 있다는 의미에서 보다 세련된 해결책이라고 할 수 있습니다.

```python
prior = 1 / len(thetas)
plt.subplot(2, 1, 1)
plt.plot(thetas, posterior(2, 40, prior), label='Alice - A')
plt.plot(thetas, posterior(4, 50, prior), label='Alice - B')
plt.xlabel(r'$\theta$')
plt.ylabel(r'$p(\theta)$')
plt.xlim(0, 0.2)
plt.legend()
plt.subplot(2, 1, 2)
plt.plot(thetas, posterior(64, 1280, prior), label='Bob - A')
plt.plot(thetas, posterior(128, 1600, prior), label='Bob - B')
```

```
plt.xlabel(r'$\theta$')
plt.ylabel(r'$p(\theta)$')
plt.xlim(0, 0.2)
plt.legend()
plt.tight_layout()
plt.show()
```

그림 1-19 앨리스와 밥의 보고서에 기반한 클릭률 θ의 사후 분포(이항 분포를 이용한 다른 해결책)

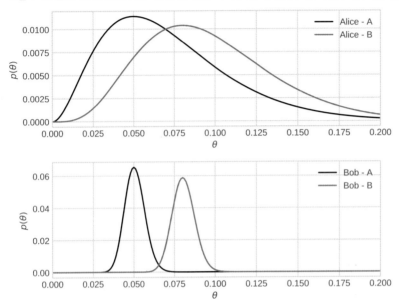

1.6 다른 해결책 2: 베타 분포

[식 1.4]에서 소개한 것처럼 사후 분포는 사전 분포와 가능도 함수의 곱에 비례한 형태로 주어집니다. 사전 분포는 균일 분포였으므로 1.4절에서 수행한 베이즈 업데이트는 베르누이 분포의 가능도 함수 $\theta^r(1-\theta)^{1-r}$을 계속해서 곱해나가는 조작에 해당합니다. [그림 1-20]에 표시한 것처럼 새로운 데이터 r을 얻는 동안 θ 또는 $1-\theta$가 계속 곱해지는 것입니다.

그림 1-20 데이터 r을 얻음에 따라 형태가 바뀌는 사전 분포와 가능도 함수의 곱

$$1 \xrightarrow{r=1} \theta \xrightarrow{r=1} \theta^2 \xrightarrow{r=0} \theta^2(1-\theta) -\cdots\to \theta^a(1-\theta)^{N-a}$$

이것을 일반화하면 N번의 시행에서 $r = 1$이 a번 관측되었을 때의 사전 분포와 가능도 함수의 곱을 $\theta^a(1-\theta)^{N-a}$으로 표시할 수 있습니다. 이를 정규화한 것이 사후 분포이므로 다음 식으로 나타낼 수 있습니다.

$$p(\theta \mid a, N) = \frac{\theta^a(1-\theta)^{N-a}}{\int_0^1 \theta^a(1-\theta)^{N-a}d\theta} \qquad \text{[식 1.10]}$$

사후 분포에 나타난 이 확률 분포는 **베타 분포**^{beta distribution}라고 부릅니다. 베타 분포는 $\alpha > 0$과 $\beta > 0$의 두 파라미터를 받는 연속 확률 분포로, 0 이상 1 이하의 연속값의 확률 변수에 대한 확률 분포입니다. 베타 분포는 다음 식으로 나타냅니다. 또한 참고로 [그림 1-21]에 베타 분포의 예를 몇 가지 표시했습니다.

$$p(\theta \mid \alpha, \beta) = \text{Beta}(\alpha, \beta) = \frac{\theta^{\alpha-1}(1-\theta)^{\beta-1}}{\int_0^1 \theta^{\alpha-1}(1-\theta)^{\beta-1}d\theta} \qquad \text{[식 1.11]}$$

그림 1-21 다양한 베타 분포 예

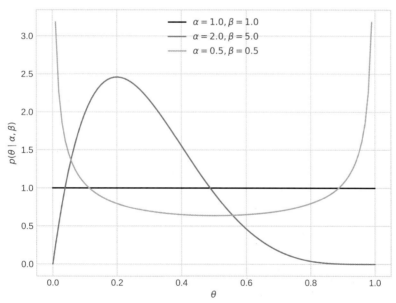

특히 $\alpha = 1$, $\beta = 1$일 때 $p(\theta \mid \alpha, \beta) = 1$이 되어 균일 분포와 일치합니다. 따라서 이번 분석에서의 사전 분포도 베타 분포로 나타나게 됩니다. 사후 분포와 사전 분포 모두 베타 분포로 나타낼 수 있으므로 이번 분석에서 우리가 가진 신념을 모두 베타 분포로 나타낼 수 있게 됩니다. 그러므로 [식 1.9]에서 표시한 통계 모델을 다음과 같이 바꾸어 나타낼 수 있습니다.

$$\theta \sim \text{Beta}(1, 1)$$
$$a \sim \text{Binomial}(\theta, N)$$

[식 1.12]

이번 예의 경우 수차례 베이즈 추론을 반복하더라도 신념을 의미하는 확률 분포는 베타 분포로 나타나지만 일반적으로는 사전 분포와 사후 분포가 같은 종류의 확률 분포로 표시된다고 단정할 수는 없습니다. 어떤 가능도 함수에 대해 사후 분포와 사전 분포가 같은 종류의 확률 분포로 나타낼 수 있는 특징을 가진 사전 분포를 **켤레 사전 분포**^{conjugate prior distribution}라고 부릅니다.

[식 1.10]과 [식 1.11]을 비교해보면 사후 분포는 $\alpha = a + 1$, $\beta = N - a + 1$이라는 베타 분포로 나타낼 수 있음을 알 수 있습니다. 지금까지 확률 도구를 이용해 이 문제를 다양한 각도에서 다루어봤습니다. 수학의 힘을 약간 빌려 최종적으로 이런 단순한 결론에 다다를 수 있었습니다.

마지막으로 앞서 논의한 내용을 프로그램으로 작성해 가시화한 결과를 [그림 1-22]에 나타냈습니다. betaf는 베타 분포를 구현한 것입니다. 여기에서도 이산 확률 분포에 의한 근사화 기법을 이용했으므로 적분 계산이 아니라 합산인 sum을 이용한 정규화를 수행했습니다. 그리고 사후 분포 posterior는 $\alpha = a + 1$, $\beta = N - a + 1$이 되는 베타 분포를 호출하기만 합니다. 소스 코드는 간략해졌지만 [그림 1-16] 및 [그림 1-19]와 같은 결과를 얻을 수 있음을 알 수 있습니다.

```python
def betaf(alpha, beta):
    numerator = thetas ** (alpha - 1) * (1 - thetas) ** (beta - 1)
    return numerator / numerator.sum()

def posterior(a, N):
    return betaf(a + 1, N - a + 1)

plt.subplot(2, 1, 1)
plt.plot(thetas, posterior(2, 40), label='Alice - A')
plt.plot(thetas, posterior(4, 50), label='Alice - B')
plt.xlabel(r'$\theta$')
plt.ylabel(r'$p(\theta)$')
```

```
plt.xlim(0, 0.2)
plt.legend()
plt.subplot(2, 1, 2)
plt.plot(thetas, posterior(64, 1280), label='Bob - A')
plt.plot(thetas, posterior(128, 1600), label='Bob - B')
plt.xlabel(r'$\theta$')
plt.ylabel(r'$p(\theta)$')
plt.xlim(0, 0.2)
plt.legend()
plt.tight_layout()
plt.show()
```

그림 1-22 앨리스와 밥의 보고서에 기반한 클릭률 θ 의 사후 분포(베타 분포를 이용한 다른 해결책)

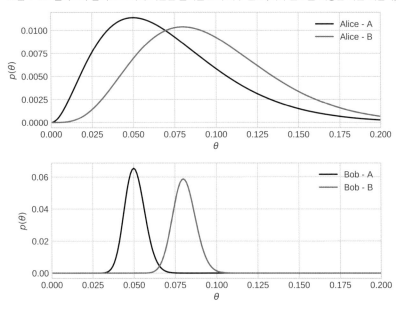

1.7 사후 분포를 이용한 결단 내리기

지금까지 다양한 접근 방식을 이용해 각 디자인안의 클릭률 θ의 사후 분포를 추론했습니다. 베이즈 추론을 이용해 얻은 지식은 사후 분포에 모두 포함되어 있으므로 이를 보는 것만으로도 다양한 결단을 내리는 데 도움이 됩니다.

하지만 실제 애플리케이션에서는 이 사후 분포를 어떤 방법으로든 정량적으로 평가해 결정을 내려야 할 때도 있습니다. 이때 이 사후 분포를 시각화한 결과로부터 '앨리스의 디자인 A안과 B안의 클릭률 사이에는 차이가 있다'고 결론을 내려도 될까요? 베이즈 추론으로 얻은 사후 분포의 특징을 **요약 통계량**으로 수치화하거나 사후 분포로부터 얻은 샘플을 활용함으로써 이런 질문에 대해 정량적인 평가를 내릴 수 있습니다.

1.7.1 요약 통계량

먼저 확률 분포의 특징을 나타내는 대표적인 요약 통계량에 관해 설명합니다.

기댓값

기댓값expected value, mean은 확률 변수에 확률의 가중치weight를 곱해서 평균을 낸 값입니다. 연속 확률 분포, 이산 확률 분포의 기댓값은 각각 다음과 같이 정의됩니다. 단, 여기에서는 확률 변수 x의 확률 밀도 함수 및 확률 질량 함수를 $p(x)$, 그 기댓값을 $\mathbb{E}[x]$로 나타냈습니다.

$$\mathbb{E}[x] = \int_{-\infty}^{\infty} xp(x)dx \quad \text{(연속 확률 분포)}$$

$$\mathbb{E}[x] = \sum_{x} xp(x) \quad \text{(이산 확률 분포)}$$

기댓값은 확률 변수 x에 확률 밀도 또는 확률 질량 $p(x)$를 곱한 값을 더한 것이지만 확률 변수에 어떤 함수 $f(x)$를 시행해 변환한 것에 대해서도 같은 형태로 정의할 수 있습니다.

$$\mathbb{E}[f(x)] = \int_{-\infty}^{\infty} f(x)p(x)dx \quad \text{(연속 확률 분포)}$$

$$\mathbb{E}[f(x)] = \sum_{x} f(x)p(x) \quad \text{(이산 확률 분포)}$$

예를 들어 복권을 사서 얻을 수 있는 상금의 기댓값을 구하는 경우에는 확률 변수 X를 당첨된 상품, 함수 $f(X)$를 그에 대응하는 상금이라고 계산할 수 있으며, 이는 상금 예상 금액을 의미합니다.

분산

분산^{variance}은 확률 변수와 그 기댓값 사이의 거리에 관한 기댓값입니다. 확률 변수 x의 분산 $\mathbb{V}[x]$는 다음과 같이 정의됩니다.

$$\mathbb{V}[x] = \mathbb{E}[(x - \mathbb{E}[x])^2]$$

어떤 확률 분포에 따르는 확률 변수 x의 대부분이 기댓값 $\mathbb{E}[x]$ 주변에 모여 있으면 그 사이의 거리 $(x - \mathbb{E}[x])^2$은 작아지며, 반대로 기댓값에서 떨어져 있을수록 그 거리는 커집니다. 분산은 그 거리의 기댓값으로 대부분의 경우 '확률 변수가 얼마나 퍼져 있는지' 알기 위한 지표로 사용됩니다. 또한 분산의 양의 제곱근을 **표준 편차**^{standard deviation}라고 부르며 이 역시 자주 이용됩니다.

표본 평균, 표본 분산

지금까지는 확률 분포 $p(x)$를 요약하는 통계량을 다루었지만 확률 분포로부터 얻은 샘플에 대해서도 같은 통계량을 정의할 수 있습니다. 이처럼 샘플에 대해 정의된 통계량을 **표본 통계량**이라고 부릅니다. 여기에서는 확률 분포 $p(x)$에서 얻은 n개의 샘플 $x_1, \cdots, x_n$을 생각해봅니다.

표준 통계량의 대표적인 것 중 하나는 **표본 평균**입니다. 이는 얻은 샘플을 샘플 수로 나눈 값 $\bar{x}$, 즉 평균입니다.

$$\bar{x} = \frac{x_1 + \cdots + x_n}{n} = \frac{\sum_{i=1}^{n} x_i}{n}$$

이 샘플들이 독립 동일 분포고 n이 매우 크면 표본 평균 $\bar{x}$는 그 샘플을 생성한 확률 분포 $p(x)$의 기댓값 $\mathbb{E}[x]$에 수렴합니다. 이 정리를 **큰 수의 법칙**^{law of large numbers}(또는 **대수의 법칙**)이라고 부릅니다. 여기에선 화살표를 이용해서 수렴을 나타내며 수렴 조건을 화살표 위에 표기합니다.

$$\bar{x} \xrightarrow{n \to \infty} \mathbb{E}[x]$$

이 책에서는 어떤 확률 분포에서 대량의 샘플을 생성해서 인공 데이터를 만들고, 그 데이터로부터 지식을 얻는 기법을 여러 곳에서 이용합니다. 큰 수의 법칙은 실제로 우리가 손으로 다룰 수 있는 샘플과 그 뒤편에 있는 확률 분포를 연결하는 매우 중요한 정리입니다.

표본 분산 s^2은 확률 분포의 분산과 같이 샘플과 그 표본 평균 사이의 거리의 평균을 나타내며, 다음 식으로 정의됩니다.

$$s^2 = \frac{(x_1 - \bar{x})^2 + \cdots + (x_n - \bar{x})^2}{n} = \frac{\sum_{i=1}^{n}(x_i - \bar{x})^2}{n}$$

HDI

확률 변수의 값이 높은 확률로 나타나는 구간을 가리키는 통계량으로 HDI^{highest density interval} * 가 있습니다. HDI는 연속 확률 분포에 대해 정의되는 값으로, 다양한 확률 변수의 값을 확률 밀도가 높은 순으로 어떤 확률에 이를 때까지를 커버한 것입니다. 그러므로 HDI 안의 확률 변 숫값의 확률 밀도는 다른 확률 밀도보다 큽니다. 예를 들어 확률 0.95에 이를 때까지 확률 밀 도가 높은 것부터 채운 영역을 95% HDI라고 부릅니다.

일반적으로 확률 분포 $p(x)$의 $\alpha\%$ HDI는 어떤 한계값 t보다 확률 밀도가 높은 구간 $p(x) > t$ 로 나타납니다. 그리고 이 한계값 t는 다음 식을 만족합니다.

$$\int_{p(x)>t} p(x)dx = \alpha/100$$

참고로 [그림 1-23]에 다양한 확률 분포의 95% HDI를 나타냈습니다. 그림 가운데 아래쪽의 분포의 예를 봐도 알 수 있듯이 표준 분포에 여러 피크(최고점)가 있을 때는 HDI가 여러 구역 으로 나눠지는 점에 주의합니다. 이렇게 확률 분포를 구간으로 요약해서 표현함으로써 어떤 수 치나 다른 분포와 쉽게 비교할 수 있습니다.

---

* 베이즈 추론을 이용해서 얻은 사후 분포의 HDI를 특별히 HPD(highest posterior density) 혹은 HPDI(highest posterior density interval)라고 부르기도 하며 소프트웨어나 문헌에 따라 이 용어를 더 많이 사용하기도 합니다.

그림 1-23 다양한 HDI의 예

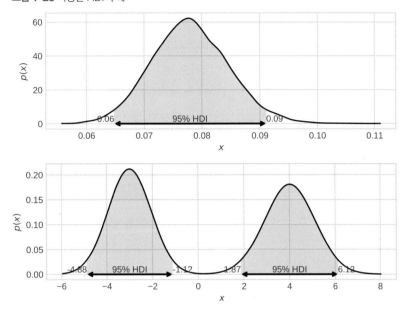

1.7.2 HDI를 이용한 가설 검정

사후 분포로부터 이 HDI를 구하는 것만으로도 다양한 의사 결정에 활용할 수 있습니다. 그럼 바로 앨리스와 밥의 보고서로 돌아가 각 디자인안의 클릭률의 사후 분포의 HDI를 구해봅니다. 지금까지 클릭률을 추론할 때는 클릭률의 연속 확률 분포 $p(x)$를 이산화하여 확률 질량 함수로 근사화해서 생각했습니다. 여기에서는 이 이산화한 확률 분포를 이용해서 HIS 추정값을 계산하는 것을 생각합니다.

본래 HDI는 확률 밀도 함수에 대해 정의되는 것이지만 확률 질량 함수에 대해서도 확률 질량이 큰 확률 변숫값을 큰 순서로 커버하는 절차는 실행할 수 있습니다. 여기에서는 확률 질량이 큰 순서대로 상윗값을 반환하는 메서드인 hmv$^{\text{highest mass values}}$를 생각해봅니다.

```python
def hmv(xs, ps, alpha=0.95):
    xps = sorted(zip(xs, ps), key=lambda xp: xp[1], reverse=True)
    xps = np.array(xps)
    xs = xps[:, 0]
    ps = xps[:, 1]
    return np.sort(xs[np.cumsum(ps) <= alpha])
```

hmv 메서드는 이산화된 확률 변수 배열 xs, 그에 대응하는 확률 질량 배열 ps 및 HDI를 이용해 커버할 확률 alpha를 인수로 받습니다. 먼저 확률 변수와 대응하는 확률 질량을 하나로 모은 뒤 확률 질량의 내림차순으로 순서를 바꿉니다. 이 시점에서 파이썬 배열이 반환되므로 이후 계산을 위해 넘파이 배열로 변환합니다. 그리고 여기로부터 확률 변수의 넘파이 배열 xs와 확률 질량의 넘파이 배열 ps를 추출합니다. 그 후 정렬된 확률 질량의 누적합인 np.cumsum(ps)를 얻어 확률 alpha를 만족할 때까지 대응하는 확률 변수를 추출해나갑니다. 이렇게 해서 얻은 확률 변수 배열을 이후에 사용하기 쉽도록 정렬해서 출력합니다.

이 메서드의 출력은 구간이 아니라 확률 변숫값 배열임에 주의합니다. 일반적으로 HDI는 여러 구간으로 나눠지기도 하지만 이미 확률 분포의 피크가 하나뿐이며 여러 구간으로 나눠지지 않는다는 것을 알고 있는 경우에는 이 배열의 최솟값과 최댓값이 구간의 양끝이 됩니다.

이 방법을 이용해 앨리스와 밥의 보고서로 돌아가 각 디자인안의 클릭률의 HDI를 시각화해봅니다. 먼저 앨리스의 디자인 A안에 적용해봅니다. 여기에서는 1.6절에서 소개한 방법을 기반으로 베타 분포를 이용해 사후 분포 ps를 계산합니다.

```python
thetas = np.linspace(0, 1, 1001)

def posterio(a, N):
    alpha = a + 1
    beta = N - a + 1
    numerator = thetas ** (alpha - 1) * (1 - thetas) ** (beta - 1)
    return numerator / numerator.sum()

ps = posterior(2, 40)
```

이렇게 해서 얻은(이산화된) 사후 분포와 앞에서 정의한 hmv 메서드를 이용해서 얻은 배열을 hm_thetas로 정의합니다. 여기에서 구간은 여럿으로 나누어지지 않은 것으로서 이 배열의 최솟값과 최댓값을 구간의 양끝으로 하고, 원래 확률 분포와 함께 시각화하면 [그림 1-24]와 같이 됩니다.

```python
hm_thetas = hmv(thetas, ps, alpha=0.95)
plt.plot(thetas, ps)
plt.annotate('', xy=(hm_thetas.min(), 0),
             xytext=(hm_thetas.max(), 0),
```

```
                    arrowprops=dict(color='black', shrinkA=0, shrinkB=0,
                                    arrowstyle='<->', linewidth=2))
    plt.annotate('%.3f' % hm_thetas.min(), xy=(hm_thetas.min(), 0),
                 ha='right', va='bottom')
    plt.annotate('%.3f' % hm_thetas.max(), xy=(hm_thetas.max(), 0),
                 ha='left', va='bottom')
    plt.annotate('95% HDI', xy=(hm_thetas.mean(), 0),
                 ha='center', va='bottom')
    hm_region = (hm_thetas.min() < thetas) & (thetas < hm_thetas.max())
    plt.fill_between(thetas[hm_region], ps[hm_region], 0, alpha=0.3)
    plt.xlabel(r'$\theta$')
    plt.ylabel(r'$p(\theta)$')
    plt.xlim(0, 0.3)
    plt.tight_layout()
    plt.show()
```

그림 1-24 앨리스의 디자인 A안의 HDI 추정값

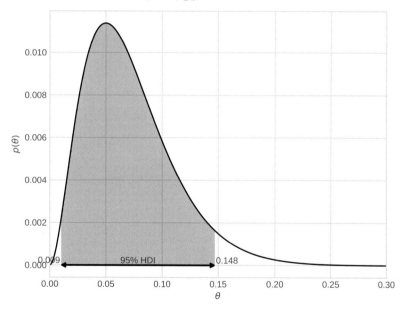

이 결과로부터 앨리스의 디자인 A안의 클릭률의 95% HDI는 대략 0.009에서 0.148의 구간이 되는 것을 알 수 있습니다. 즉, 클릭률 0.9~14.8% 사이에서 95%의 확률을 차지한다는 것입니다.

마찬가지 순서로 다른 디자인안에 관해서도 HDI를 구해보면 [그림 1-24]와 같은 결과를 얻을 수 있습니다.

```python
def plot_hdi(ps, label):
    hm_thetas = hmv(thetas, ps, 0.95)
    plt.plot(thetas, ps)
    plt.annotate('', xy=(hm_thetas.min(), 0),
                 xytext=(hm_thetas.max(), 0),
                 arrowprops=dict(color='black', shrinkA=0, shrinkB=0,
                                 arrowstyle='<->', linewidth=2))
    plt.annotate('%.3f' % hm_thetas.min(), xy=(hm_thetas.min(), 0),
                 ha='right', va='bottom')
    plt.annotate('%.3f' % hm_thetas.max(), xy=(hm_thetas.max(), 0),
                 ha='left', va='bottom')
    hm_region = (hm_thetas.min() < thetas) & (thetas < hm_thetas.max())
    plt.fill_between(thetas[hm_region], ps[hm_region], 0, alpha=0.3)
    plt.xlim(0, 0.3)
    plt.ylabel(label)
    plt.yticks([])

plt.subplot(4, 1, 1)
alice_a = posterior(2, 40)
plot_hdi(alice_a, 'Alice A')
plt.subplot(4, 1, 2)
alice_b = posterior(4, 50)
plot_hdi(alice_b, 'Alice B')
plt.subplot(4, 1, 3)
bob_a = posterior(64, 1280)
plot_hdi(bob_a, 'Bob A')
plt.subplot(4, 1, 4)
bob_b = posterior(128, 1600)
plot_hdi(bob_b, 'Bob B')
plt.xlabel(r'$\theta$')
plt.tight_layout()
plt.show()
```

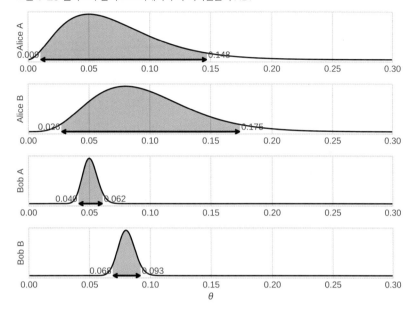

그림 1-25 앨리스와 밥의 보고서에서의 각 디자인안의 HDI

전체적인 경향을 볼 때 밥의 디자인안은 앨리스의 디자인안에 비해 클릭률의 HDI가 좁습니다. 즉, 밥의 디자인안의 클릭률은 앨리스의 디자인안보다 특정값 주변에 확신을 갖고 추론되었음을 알 수 있습니다. 앨리스의 A안과 B안의 HDI는 겹치는 영역이 넓지만, 밥의 A안과 B안에서는 2개의 HDI가 겹치지 않음을 알 수 있습니다.

그럼 이 결과를 이용해 다양한 가설을 검증해봅니다. 먼저 다음 가설을 생각해봅니다.

가설:

디자인 B안의 클릭률은 5%보다 높다.

여기에서는 이 가설을 다음과 같은 정량적 평가로 바꿔 읽어보도록 합니다.

정량적 평가:

디자인 B안의 클릭률의 95% HDI의 최솟값은 5%보다 크다.

일반적으로 95%나 99%라는 값을 '충분히 높은 확률'로 취급하는 경우가 많으므로 여기에서도 95% HDI를 가설 검정에 이용했습니다. 그러나 적절한 값은 대상 분야나 애플리케이션마다 다르기 때문에 이와 같은 방식으로 바꿔서 읽을 경우에는 팀 안에서 합의가 되어 있어야 합니다.

예를 들어 가설 검정 결과가 생명을 다루는 의료 및 신약 개발 분야에서 요구되는 확률과 보다 빠른 개선을 필요로 하는 마케팅 현장에서 요구되는 확률이 다를 것이기 때문입니다. 동일한 웹 서비스 개발 분야라 하더라도 서비스의 규모나 성장 단계 등의 요인에 따라 허용 가능한 확률이 달라질 수 있습니다. 여기에서는 95%를 단지 하나의 기준으로 사용했을 뿐입니다.

앨리스의 보고서에서의 디자인 B안의 HDI는 [0.026, 0.175], 밥의 보고서에서의 디자인 B안의 HDI는 [0.068, 0.092]입니다. 즉, 앨리스의 보고서에서는 5%(0.05)가 HDI에 포함되어 있으나 밥의 보고서에서는 HDI가 5%보다 높은 영역에 있습니다. 그러므로 앨리스의 보고서에서 디자인 B안의 클릭률은 5%보다 높다고 결론을 내릴 수 없지만 밥의 보고서에서 디자인 B안의 클릭률이 5%보다 높다고 결론을 내릴 수 있습니다.

한편 이 논의에서는 설령 HDI의 최솟값이 0.0501이라 하더라도 5%보다 높다는 결론을 내릴 수도 있습니다. 웹사이트나 애플리케이션에 따라서는 이 정도 차이는 오차 범위라고 생각할 수 있을 것입니다. 그러므로 5%의 전후 0.05%, 다시 말해 [4.5, 5.5]는 5%와 실제로 같다고 생각하고 이 구간과 HDI를 비교하는 방법도 고려할 수 있습니다. 이처럼 특정 수치 주변에 정의한 '실질적으로 같은' 구간을 ROPE^{region of practical equivalence}, **실질적 동등 구간**이라고 부릅니다.

ROPE와 HDI에 관해 다음과 같은 의사 결정 규칙을 적용함으로써 어떤 파라미터가 어떤 대상값(이 예에서는 5%)과 같다는 가설을 검증할 수 있습니다. ROPE와 HDI를 이용한 의사 결정 규칙은 참고문헌 [18]의 방법을 참조했습니다.

- 대상값의 ROPE 전체가 HDI 밖에 있는 경우에는 그 대상값을 기각(배제)한다. 즉, 다르다고 결론을 내린다.
- 대상값의 ROPE 안에 HDI 전체가 포함되는 경우에는 그 값을 채용(선택)한다. 즉, 같다고 결론을 내린다.
- 그 외의 경우에는 결론을 내리지 않는다.

앞의 내용을 이번 가설을 위한 정량적 평가로 바꿔 읽으면 다음과 같습니다.

정량적 평가:
- ROPE[4.5, 5.5]가 디자인 B안의 클릭률의 95% HDI 밖에 있다면 디자인 B안의 클릭률은 5%가 아니다.
  - 특히 95% HDI의 최솟값이 5.5보다 크다면 디자인 B안의 클릭률은 5%보다 높다.
  - 특히 95% HDI의 최댓값이 4.5보다 작다면 디자인 B안의 클릭률은 5%보다 낮다.
- ROPE 안에 디자인 B안의 클릭률의 95% HDI가 포함된다면 디자인 B안의 클릭률은 5%다.
- 그 외의 경우에는 결론을 내리지 않는다.

이 의사 결정 규칙에 따르면 앨리스의 경우에는 대상값의 ROPE 전체가 HDI 바깥에 있을 뿐만 아니라 ROPE에 HDI가 포함되지도 않기 때문에 다르다고 또는 같다고 결론을 내릴 수 없습니다. 한편 밥의 경우에는 95% HDI의 최솟값이 5.5보다 크므로 디자인 B안의 클릭률은 5%보다 높다고 결론을 내릴 수 있습니다.

또한 다음과 같은 가설도 생각해봅니다.

> **가설:**
> 디자인 B안의 클릭률은 디자인 A안의 클릭률보다 높다.

HDI를 이용하면 이런 가설을 다음과 같은 정량적 평가로 바꿔 읽을 수 있습니다.

> **정량적 평가:**
> - 디자인 B안의 클릭률의 95% HDI 전체가 디자인 A안의 클릭률의 95% HDI 바깥에 있을 때 두 클릭률은 다르다.
>   - 특히 전자의 최솟값이 후자의 최댓값보다 크면 디자인 B안의 클릭률은 A안의 클릭률보다 높다.
>   - 특히 전자의 최댓값이 후자의 최솟값보다 작으면 디자인 B안의 클릭률은 A안의 클릭률보다 낮다.
> - 그 외의 경우에는 결론을 내리지 않는다.

앨리스의 보고서에서는 디자인 A안의 95% HDI는 [0.009 0.148], 디자인 B안의 95% HDI는 [0.026, 0.175]였습니다. 그러므로 앨리스의 보고서에서는 양쪽 사이의 클릭률의 크고 작음에 대한 결론을 내릴 수 없습니다. 한편 밥의 보고서에서는 각각 [0.040, 0.062], [0.068, 0.093]이므로 B안의 최솟값이 A안의 최댓값보다 크므로 밥의 보고서에서는 디자인 B안의 클릭률이 A안보다 크다고 결론을 내릴 수 있습니다.

1.7.3 새로운 확률 변수 도입하기

지금까지는 관심 있는 파라미터의 사후 분포의 HDI를 구사해 다양한 결론을 내렸지만 이 파라미터의 간단한 변환을 통해 얻을 수 있는 확률 변수의 분포에 착안할 수도 있습니다. 즉, 가설 검정을 위해 새로운 확률 변수를 도입하고, 그 통계량을 판단에 이용하는 것입니다. 설명을 위해 앞에서와 같이 먼저 가설을 세우도록 합니다. 이 접근 방식은 참고문헌 [6]에 기반을 두고 있습니다.

가설:

디자인 B안의 클릭률은 디자인 A안의 클릭률보다 높다.

여기에서 우리가 알고자 하는 것은 A안과 B안 사이의 차이입니다. 그러므로 이 차를 나타내는 새로운 확률 변수를 정의하면 도움이 될 것입니다. 디자인 A안의 클릭률을 의미하는 확률 변수를 θ_A, 디자인 B안의 클릭률을 나타내는 확률 변수를 θ_B라고 정의하면 그 차를 의미하는 새로운 확률 변수 δ는 다음과 같이 정의됩니다.

$$\delta = \theta_B - \theta_A$$

그럼 이 확률 변수 δ가 따르는 확률 분포 $p(\delta)$를 구하려면 어떻게 해야 할까요? 이 확률 분포만 알 수 있다면 그 95%의 HDI를 계산해서 클릭률의 차이를 얻는 범위를 고려하거나 0(즉, 클릭률의 차이가 없음)과의 차이를 검토할 수 있습니다. 여기에서는 컴퓨터의 힘을 빌려 대량의 값을 샘플로 하여 클릭률의 차이 δ의 확률 분포를 추론하도록 합니다.

1.6절에서의 논의 결과 우리는 각 디자인안의 클릭률 θ가 다음 파라미터를 가진 베타 분포를 따른다는 것을 알고 있습니다.

보고서	디자인안	$a = a + 1$	$\beta = N - a + 1$
앨리스	A	3	39
	B	5	47
밥	A	65	1217
	B	129	1473

확률 분포를 알고 있으므로 난수를 이용해 확률 변수 θ의 샘플을 얻을 수 있습니다. 확률 분포로부터 샘플을 얻는 다양한 기법이 있지만 베타 분포 및 뒤에서 설명할 정규 분포 등의 대표적인 확률 분포로부터의 샘플 생성은 여러 라이브러리가 지원하고 있습니다. 물론 넘파이도 이런 라이브러리에 해당합니다.

예를 들어 앨리스의 보고서에서의 A안의 클릭률 θ_A의 샘플을 대량으로 생성해 **히스토그램** histogram, 도수분포표을 그려봅니다. 시각화 결과를 [그림 1-25]에 표시했습니다.

```
data = np.random.beta(3, 39, size=100000)
plt.hist(data, range=(0, 0.3), bins=60)
plt.xlabel(r'$\theta$')
```

```
plt.ylabel('Frequency')
plt.show()
```

히스토그램은 값을 분류하는 도수별로 그 숫자를 집계한 것입니다. 말하자면 값의 크기별로 바구니(bins)를 준비해서 분류하고, 각각의 바구니에 분류된 값의 숫자를 세어 표시한 것입니다. 히스토그램의 세로축에 해당하는 값은 **빈도**frequency라고 부릅니다. 히스토그램을 보면 생성된 샘플의 값의 경향을 알 수 있습니다. 넘파이에서는 np.random.beta 메서드를 이용해 베타 분포로부터 난수를 생성할 수 있습니다. 여기에서는 우선 10만 개의 샘플을 생성해봅니다. 또한 plt.hist 메서드는 데이터의 히스토그램을 편하게 시각화할 수 있습니다.

시각화한 히스토그램의 형태를 보면 [그림 1-24]에 표시한 사후 분포의 형태와 상당히 비슷한 것을 알 수 있습니다. 전자는 확률 분포이며, 후자는 샘플 수를 도수별로 세어서 나타낸 히스토그램이므로 이들은 명확하게 다른 것입니다. 하지만 만약 대량의 샘플이 그리는 히스토그램과 샘플을 생성한 사후 분포의 형태가 비슷하다면 반대로 샘플로부터 모종의 방법으로 샘플을 만들어낸 원래 데이터의 확률 분포를 추론할 수 있지 않을까요?

그림 1-26 앨리스의 보고서의 디자인 A안의 클릭률의 사후 분포로부터 얻은 샘플의 히스토그램

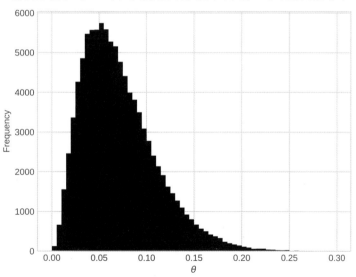

1.7.1절에서 다루었던 큰 수의 법칙을 생각하면 샘플의 열이 독립 동일 분포고, **샘플 수가 충분히 많다면** 샘플의 표본 평균을 이용해 샘플을 생성한 원래 데이터의 확률 분포의 기댓값을 추정할

수 있습니다. 이 법칙을 어떤 확률 변수의 도수(바구니)에 들어 있는 샘플에 적용하면 그 샘플의 표본 평균을 이용해 그 확률 변수의 값에 대응하는 확률 질량을 추정할 수 있습니다. 이를 모든 확률 변수의 값에 대해 적용하면 가지고 있는 샘플로부터 샘플을 생성한 원래 데이터의 확률 분포를 추론할 수 있게 됩니다.

그럼 이 아이디어를 사용해 클릭률의 차이를 나타내는 확률 변수 δ의 확률 분포를 추론해봅니다. 여기에서는 먼저 앨리스의 보고서의 디자인 A안의 클릭률의 사후 분포 Beta(3, 39)와 B안의 클릭률의 사후 분포 Beta(5, 47)에서 각각 10만 개씩 샘플을 생성해 각각 theta_a와 theta_b라고 합니다. 그리고 이 두 샘플의 차이를 구한 새로운 샘플을 delta로 정의합니다. 마지막으로 이 delta의 히스토그램을 [그림 1-27]에 표시합니다.

```python
theta_a = np.random.beta(3, 39, size=100000)
theta_b = np.random.beta(5, 47, size=100000)
delta = theta_b - theta_a
plt.hist(delta, range=(-0.3, 0.3), bins=60)
plt.xlabel(r'$\delta$')
plt.ylabel('Frequency')
plt.show()
```

그림 1-27 앨리스의 보고서의 디자인안의 클릭률 차이를 나타내는 확률 변수 δ의 히스토그램

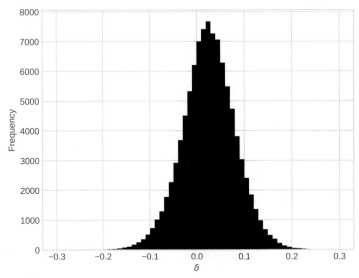

히스토그램의 형태를 보면 좌우 대칭의 날카로운 종 모양의 도수 분포를 그리고 있음을 알 수 있습니다. 그리고 확률 변수는 −0.2 ~ 0.2 사이에 넓게 분포되어 있는 것으로 보입니다. 이 히스토그램의 빈도를 샘플 수로 나누면 원래 확률 분포를 추론하는 확률 질량 함수를 얻을 수 있지만 형태를 확인하기 위한 목적으로는 이 결과로도 충분합니다.

이제 클릭률의 차이를 나타내는 확률 변수 δ의 확률 분포 $p(\delta)$를 추론할 수 있으므로 앞의 가설을 검증해봅니다. 클릭률의 차이 δ를 이용하면 이 가설은 다음의 정량적 평가로 바꿀 수 있습니다.

정량적 평가:

δ가 95%의 확률로 양수가 된다.

여기에서는 앞서 HDI를 이용한 평가에서와 마찬가지로 95%를 충분히 큰 값이라고 가정했습니다. 이 평가는 다음과 같이 실행할 수 있습니다.

```
print((delta > 0).mean())  # 0.6823
```

이것은 δ의 10만 개 샘플 중에서 양수인 샘플의 비율을 구하는 것입니다. 큰 수의 법칙에 따라 확률 밀도 함수 $p(\delta)$가 0보다 큰 영역의 넓이를 구하는 것에 해당합니다. 필자 환경에서는 이 소스 코드를 실행하여 0.6823이라는 수치를 얻었습니다. 이는 95%를 만족하지 못하는 값이므로 앨리스의 보고서에 대해서는 B안의 클릭률이 크다고 결론을 내릴 수 없습니다. 마찬가지로 밥의 보고서에 대해서도 $\delta > 0$인 확률을 구했을 때 0.9995라는 값을 얻었습니다. 그러므로 밥의 보고서에 대해서는 B안의 클릭률은 A안의 클릭률보다 크다고 결론을 내릴 수 있습니다.

이것을 수식으로 정리해서 생각해봅니다. 여기에서는 $\delta_1, \cdots, \delta_n$을 δ의 샘플, $\mathbb{1}(x)$를 **지시함수**^{indicator function}라고 정의합니다. 지시함수란 주어진 조건 x를 만족하면 1, 그렇지 않으면 0을 반환하는 함수입니다.

$$\mathbb{1}(x) = \begin{cases} 1 & (x\text{가 참}) \\ 0 & (x\text{가 거짓}) \end{cases} \qquad \text{[식 1.13]}$$

이때 양숫값의 샘플 비율을 구하는 것은 각 샘플의 지시함수 $\mathbb{1}(\delta > 0)$의 표본 평균을 구하는 것과 같습니다. 그리고 이는 큰 수의 법칙에 따라 기댓값 $\mathbb{E}[\mathbb{1}(\delta > 0)]$에 수렴합니다.

$$\frac{\mathbb{1}(\delta_1 > 0) + \cdots + \mathbb{1}(\delta_n > 0)}{n} \xrightarrow{n \to \infty} \mathbb{E}[\mathbb{1}(\delta > 0)] = \int_{-\infty}^{\infty} p(\delta)\mathbb{1}(\delta > 0)d\delta$$

$$= \int_{0}^{\infty} p(\delta)d\delta$$

그러므로 이것은 확률 분포 $p(\delta)$의 양의 영역의 넓이를 구하는 것에 해당함을 알 수 있습니다.

[그림 1-28]에 클릭률의 차이의 확률 밀도 함수를 추론한 것을 나타냈습니다. 세로축을 보면 알수 있듯이 확률 밀도 함수로서 히스토그램을 정규화했다는 점에 주의합니다. 클릭률의 차이가양수가 되는 확률을 구하는 것은 그림에서 0 이상의 영역의 넓이를 구하는 것에 해당합니다.

그림 1-28 클릭률의 차이의 확률 밀도 함수 $p(\delta)$의 추론 결과. 0 이상인 영역을 옅은 색으로 나타냈음

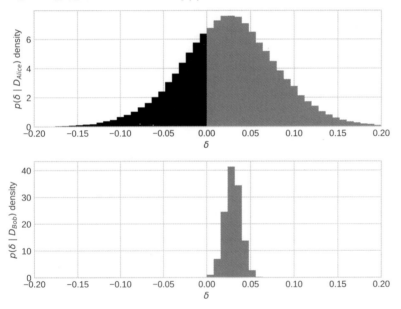

또한 여기에서는 클릭률의 차이를 나타내는 확률 변수를 정의했지만 보다 유연한 가설 검정을위한 확률 변수를 정의할 수도 있습니다. 예를 들어 클릭률에 3포인트 이상의 차이가 있는 것을 평가하고 싶다면 다음과 같이 새로운 변수를 정의할 수 있습니다.

$$\delta = \theta_B - \theta_A - 0.03$$

그리고 이 변수의 확률 분포의 0 이상인 영역의 넓이를 구해서 평가할 수 있습니다. 한편 상대적인 증가량을 알고 싶을 때는 다음과 같은 변수를 정의할 수도 있습니다.

$$\delta = \frac{\theta_B - \theta_A}{\theta_A}$$

그리고 클릭률의 차이 δ와 특정값의 일치 여부를 평가하고 싶을 때는 ROPE를 설정해서 의사 결정 규칙을 정하는 것도 좋습니다.

클릭률의 차이 이외에도 수익성에 관련된 여러 확률 변수의 사후 분포를 추론한다면 그 확률 변수들을 조합해 최종 수익성을 나타내는 확률 변수를 정의할 수도 있습니다. 기대 수익의 가설 검정에 관한 자세한 내용은 참고문헌 [6]을 참조하기 바랍니다.

지금까지 'B안의 클릭률이 A안의 그것보다 높다'는 가설을 검증하는 접근 방식으로서 확률 분포의 요약적 통계인 HDI를 이용하는 방법과 클릭률의 차이를 나타내는 새로운 확률 변수 δ를 이용한 방법을 소개했습니다. 같은 가설이라도 그것을 정량적으로 평가하는 방법은 여러 가지임을 알 수 있습니다. 단, 이 방법들이 모두 반드시 같은 결과를 보이지 않는다는 점에 주의합니다. 95%라는 '큰 확률'의 설정이나 ROPE의 폭과 마찬가지로 검증하고자 하는 가설을 정량적 평가로 바꾸는 방법에 관해서도 팀 안에서 공통의 인식을 가져야 합니다. 베이즈 추론은 파라미터의 사후 분포라는 의사 결정 재료를 제공하지만 그 재료를 바탕으로 하는 의사 결정 규칙의 설정은 베이즈 추론 프레임 범위 밖에 있으며, 대상이 되는 도메인 지식이나 허용 가능한 오차의 크기 등을 고려해서 결정해야 합니다. 베이즈 추론의 결과를 의사 결정과 연결하는 방법에 관한 자세한 내용은 참고문헌 [18]을 참조하기 바랍니다.

1.8 정리

이 장에서는 A/B 테스트라는 간단한 소재를 통해 베이즈 추론을 이용한 가설 검정 방법을 살펴봤습니다. 먼저 A/B 테스트라는 간단한 실험 프레임워크를 이용해 사용자의 행동에 큰 영향을 미칠 수 있음을 설명했습니다. 그리고 A/B 테스트에서 데이터가 생성되는 과정을 통계 모델의 형태로 정리했습니다.

잘 알려져 있는 확률 분포를 이용해 통계 모델을 구성할 수 있다면 우리가 풀고 싶은 문제를 그 파라미터를 구하는 문제로 바꿀 수 있습니다. 이 과정에서 베이즈 추론이 힘을 발휘합니다. 베이즈 추론에서는 관측된 데이터와 베이즈 정리를 이용해 우리가 파라미터에 대해 가진 신념(이 또한 확률 분포로 나타남)을 업데이트합니다. 파라미터 자체도 어떤 확률 분포에 따른 확률 변수이므로 그 샘플을 대량으로 생성해서 큰 수의 법칙을 적용하고 그 배경에 있는 어떤 확률 분포를 추론함으로써 우리의 가설을 검증하기 위한 재료를 얻었습니다.

여기에서는 클릭 유무를 대상으로 한 베이즈 추론 프레임을 소개했지만, 마찬가지로 결과가 0 또는 1로 나타나는 것(계약 유무 등)이라면 이 접근 방식을 그대로 적용할 수 있습니다. 또한 체류 시간(음수가 아닌 연속값)이나 구입 횟수(0 이상의 정수)에 대해서도 통계 모델을 구성하는 확률 분포를 적절한 것으로 치환하는 것만으로 같은 접근 방식을 적용할 수 있습니다. 적절한 확률 분포를 도입해서 통계 모델을 기술하고 베이즈 정리를 이용해 사후 분포를 계산한 뒤 얻어진 사후 분포로부터 생성된 샘플에 대한 고찰을 추가해 검정한다는 작업의 흐름은 변하지 않습니다. 이 장에서 학습한 것만으로도 다양한 일을 할 수 있을 것이라는 생각이 들지 않으셨습니까?

단, 여기에서 사후 분포를 얻기 위해 몇 가지 계산을 한 것도 사실입니다. 이번에는 베르누이 과정이라는 간단한(그러면서도 심오한) 현상에 대해 다양한 고찰과 계산을 함으로써 최종적으로 베타 분포라는 깔끔한 형태로 사후 분포를 기술할 수 있었습니다. 하지만 모든 통계 모델에서 사후 분포가 이처럼 깔끔한 형태로 기술된다고 단정할 수는 없습니다. 다음 장에서는 보다 유연한 통계 모델링을 하기 위해 계산을 덜 필요로 하는 프로그램 중심의 접근 방법을 소개합니다.

칼럼: 실험 설계의 기본 원칙

어떤 조작을 했을 때의 효과를 알고 싶다는 문제의식은 그 역사가 깊습니다. 어떤 비료를 뿌리면 작물의 수확량이 늘어나는지 알고 싶다, 어떤 약물에 병증을 경감하는 효과가 있는지 알고 싶다는 등의 구조를 가진 문제는 셀 수 없을 만큼 많습니다. **대조 실험**control experiment 은 어떤 조작에 의해 주어지는 결과들을 비교해서 검증하는 것으로, 이런 질문에 대답하는 실험 방법입니다.

일반적으로는 어떤 조건을 가한 실험 그룹treatment과 조건을 가하지 않은 대조 그룹control 의 두 그룹을 준비하고, 두 그룹에 나타난 결과를 비교함으로써 조작의 효과를 검증합니다. 웹사이트를 대상으로 실시하는 A/B 테스트도 어떤 디자인이나 기능의 변경이 주는 효과를 비교해 검증한다는 점에서 사용자를 샘플로 하여 대조 실험을 수행하는 것과 같습니다(참고문헌 [16]).

그리고 비교 대조 실험을 효율적으로 수행하기 위한 기술을 통칭해서 **실험 설계**design of experiments, **DoE**라고 부릅니다. 실험 설계는 원래 농업에서 적절하게 비료의 효과를 평가하기 위해 피셔Fisher가 고안한 것입니다(참고문헌 [37]). 실험 설계는 다음과 같은 국소 관리, 반복, 무작위화의 3가지 원칙을 바탕으로 합니다.

국소 관리의 원칙

대상의 조작 원인만 평가하기 위해 실험 환경을 작게 나누는 것을 의미합니다. 예를 들어 어떤 비료를 사용하는 것에 의한 수확량의 영향을 평가할 때 같은 토양을 이용해 조작을 하기 전과 조작을 한 후를 비교하는 것은 연작에 의한 장해나 계절적인 원인이 결과에 영향을 주기 때문에 올바른 효과를 검증할 수 없습니다. 한편 토양을 두 구역으로 나누어 비료를 준 실험군과 주지 않은 실험군을 동시에 비교하면 이런 시간적인 원인을 제거한 효과를 검증할 수 있습니다. 이와 같이 실험 환경을 작게 나누어서 평가하고 싶은 효과 이외에는 동일한 조건으로 억제하는 것이 국소 관리의 원칙입니다.

웹 최적화의 컨텍스트로 바꾸어 말해보면 사용자를 작은 그룹으로 나누어 각각 다른 안을 보여주는 것에 해당합니다. 만약 오전에는 모든 사용자에게 디자인 A안을 보여주고, 오후에는 디자인 B안을 보여주는 것과 같은 방법을 사용하면 평가하고자 하는 안의 변화와 시간적인 변화가 겹치게 되어 어떤 것이 원인이 되어 나타나는 효과인지 구별할 수 없게 됩니다. 이런 일이 일어나지 않도록 사용자를 작게 나누어 동시에 평가함으로써 시간적인 원인이 끼어들지 않도록 해야 합니다.

반복의 원칙

같은 조건 하에 여러 샘플을 배치하는 것을 의미합니다. 이를 통해 그룹 안의 샘플 사이의 변동(오차 변동, 그룹 내 변동)과 조작에 의해 발생하는 그룹 사이의 변동(요인 변동, 그룹 간 변동)을 나누어 평가할 수 있게 됩니다. 예를 들어 어떤 디자인안을 채용하는 것에 관한 클릭률의 변화를 평가하고자 한다면 여러 사람에게 보여줘야 그 결과를 알 수 있습니다. 각각의 안에 한 사람의 사용만 할당하면 우연히 디자인 A안을 본 사용자가 무조건 클릭을 하는 경향이 있는 사람이고, 우연히 디자인 B안을 본 사용자가 절대로 클릭을 하지 않는 경향이 있는 사람인 경우 디자인안이 달라서 얻은 결과인지, 사용자 특성의 차이에 의한 결과인지 구별할 수 없게 됩니다. 사용자에 따라 행동에 차이가 있는 한 각각의 안에 여러 사용자를 할당해야 합니다.

무작위화의 원칙

국소 관리를 통해 제어할 수 없는 원인의 경우에는 무작위화를 하는 것을 의미합니다. 국소 관리의 원칙에 따라 사용자를 작은 그룹으로 나누고, 각각 다른 디자인안을 보여주었다 하더라도 그룹을 나눈 방법에 어떤 규칙성이 있으면 결과를 올바르게 평가할 수 없습니다. 예를 들어 데스크톱에서 웹사이트를 이용하는 사용자는 디자인 A안을 표시하는 그룹에 할당하고, 스마트폰에서 웹사이트를 이용하는 사용자는 디자인 B안을 표시하는 그룹에 할당하면 그 두 그룹 사이에 어떤 차이가 발생해도 표시한 안이 다른 것에 의한 영향인지, 이용하는 디바이스의 차이에 의한 영향인지 구별할 수 없게 됩니다.

한편 웹사이트를 방문한 사용자를 무작위로 그룹에 할당하면 사용자가 이용하는 디바이스의 차이나 다른 속성의 차이를 우리가 인식하지 못한 원인을 포함해 무작위로 각 그룹에 분배할 수 있습니다. 그 결과 그룹 안에서의 편차는 크지만, 그룹 사이에는 표시된 디자인안이 다르다는 점 이외의 요인에는 편차가 없으므로 그 결과를 보다 정확하게 평가할 수 있게 됩니다.

1.2.1절에서 각 사용자의 특성을 무시하고 모델을 설정한 것은 사용자 행동의 배경에는 분석자가 상상도 하지 못한 여러 가지 원인이 관련되어 있기 때문입니다. 이 모든 것을 파악해 적용하는 것은 절대적으로 불가능하므로 무작위화를 통해 편차가 없어진다고 생각할 수 있습니다.

웹 최적화에는 물론 그 이외의 분야에서의 비교 대조 실험에서도 자신을 갖고 가설 검정을 하기 위해 명심해야 할 원칙입니다.

## CHAPTER 2

확률적 프로그래밍: 컴퓨터의 도움을 받자

1장에서는 간단한 A/B 테스트를 소재로 베이즈 추론의 흐름과 통계적 가설 검정 방법을 학습했습니다. 특정한 확률로 데이터가 0 또는 1을 갖는 간단한 베르누이 시행에서 출발해 확률 계산을 통해 다양한 지식을 이끌어낼 수 있었습니다.

하지만 모든 일이 이처럼 간단하게 진행된다고 할 수는 없습니다. 지금까지는 비교적 간단한 계산으로 사후 분포를 얻었지만 대상이 되는 데이터의 종류가 달라지면 처음부터 다시 계산을 해야 합니다. 예를 들어 전자상거래 사이트에서 사용자별 구입 점수를 최대화하고자 하는 경우에는 데이터가 0 이상의 정수(0점, 1점, ...)로 나타납니다. 한편 사용자의 체류 시간을 최대화하고자 하는 경우에는 데이터가 0 이상의 연속값(5.3초, 10.8초 등)으로 나타나는 것을 생각할 수 있습니다. 이처럼 최적화 대상이 바뀔 때마다 새로 계산을 하는 것은 상당한 부담입니다.

여기에서는 1.5절에서 다루었던 통계 모델이 강력한 무기가 됩니다. 데이터가 생성되는 과정을 통계 모델의 형태로 기술함으로써 구체적인 문제를 추상화하고, 다른 대상 및 컴퓨터와 공유할 수 있게 됩니다. 또한 통계 모델을 **확률적 프로그래밍 언어**probabilistic programming language, **PPL**로 기술하면 컴퓨터가 사후 분포를 추론해 다양한 통계량을 계산해서 출력할 수 있습니다. 즉, 분석자는 미리 구체적인 계산에 관해 생각하지 않고, 직면한 문제를 통계 모델로 변환하는 창조적인 작업에 집중할 수 있게 됩니다!

확률적 프로그래밍이란 통계 모델을 소스 코드로 기술해서 자동으로 추론을 수행하는 구조를 의미합니다. 특히 그러한 프로그래밍을 지원하는 언어나 라이브러리를 확률적 프로그래밍 언어라고 부릅니다. 이 장에서는 그중에서도 파이썬에서 이용할 수 있는 확률적 프로그래밍 라이브러리인 PyMC3를 이용해 소프트웨어 주도$^{software\ driven}$의 베이즈 추론 방법을 소개합니다. 이 장을 읽고 나면 클릭률 이외의 지표를 최적화하는 A/B 테스트도 자신 있게 설계, 분석할 수 있게 될 것입니다.

2.1 통계 모델 기술과 샘플링 실행

앨리스와 밥의 보고서로 다시 돌아가서 확률적 프로그래밍을 이용한 통계적 가설 검정을 수행해 봅니다. 가장 먼저 필요한 모듈을 임포트해야 합니다. PyMC3 시각화 메서드를 최대한 이용하기 위해서는 베이즈 통계 모델을 편리하게 해석할 수 있는 기능을 제공하는 ArviZ 모듈을 임포트해야 합니다. 콜랩의 기본 실행 환경에는 ArviZ 모듈이 설치되어 있지 않으므로 노트북의 첫 셀에 다음 명령어를 실행해서 ArviZ와 PyMC3를 설치합니다.

```
!pip install -U arviz==0.9.0 pymc3==3.9.3
```

콜랩 및 주피터 노트북에서는 셀 앞에 !를 붙여 쉘 명령어를 실행할 수 있습니다. pip를 이용해 파이썬 패키지를 설치하는 쉘 명령어를 실행해서 지정한 버전의 PyMC3와 ArviZ를 실행 환경에 설치하고 노트북에서 이용할 수 있습니다.

이후 다음 코드를 실행해 PyMC3 이외에 필요한 모듈을 임포트하고 MoludeNotFoundError가 발생하지 않는 것을 확인합니다. 여기에서는 pymc3 모듈을 pm으로 임포트했습니다.

```
import numpy as np
from matplotlib import pyplot as plt
import pymc3 as pm
```

다음으로 [식 1.9]에 표시한 통계 모델을 기술해나갑니다. 여기에서 다루는 통계 모델의 사전 분포는 균일 분포이며, 가능도 함수는 이항 분포이므로 그것을 그대로 코드로 옮깁니다. 먼저 앨리스의 보고서의 디자인 A안의 클릭률의 사후 분포에서 샘플을 구하겠습니다.

```
N = 40   # 앨리스의 디자인 A안 표시 횟수
a = 2    # 앨리스의 디자인 A안 클릭 횟수
```

```
with pm.Model() as model:
    theta = pm.Uniform('theta', lower=0, upper=1)
    obs = pm.Binomial('a', p=theta, n=N, observed=a)
    trace = pm.sample(5000, chains=2)
```

가장 먼저 pm.Model 메서드를 실행해 통계 모델 객체인 model을 생성합니다. 이 컨텍스트
에서 통계 모델을 구성하는 확률 분포와 그 관계를 기술해나갑니다. pm.Uniform은 균일 분포
를 나타내는 클래스로, 여기에서는 확률 변수 θ가 존재하는 범위를 $0 \leq \theta \leq 1$로 지정합니다.
물론 이 부분을 $\alpha = 1$, $\beta = 1$인 베타 분포(1.6절에서 설명한 것처럼 이것은 균일 분포와 일치
합니다)를 사전 분포로 기술할 수도 있으므로 이 경우에는 다음과 같이 표현할 수 있습니다.

```
theta = pm.Beta('theta', alpha=1, betal=1)
```

여기에서는 사전 분포를 베타 분포로 바꿔 쓸 수 있다는 것을 모르는 상태라고 가정하고 이야
기를 이어갑니다.

다음으로 가능도 함수는 이항 분포이므로 pm.Binomial로 이를 표현합니다. 이항 분포
Binomial(θ, N)은 시행의 성공 확률 θ와 시행 횟수 N의 2개 파라미터로 표현됩니다. 이들을
각각 pm.Binomial의 인수 p와 n에 전달해서 확률 분포를 설정합니다. 마지막으로 이 이항
분포로부터 생성된 확률 변수 a, 즉 합계 클릭 수는 이미 관측되어 있으므로 observed 인수
에 관측 데이터 a를 전달합니다.

이제 pm.sample을 실행하면 추론이 진행되며, 기술한 통계 모델의 사후 분포로부터 대량의
샘플을 얻을 수 있습니다. pm.sample의 첫 번째 인수는 추출할 샘플 수를 지정합니다. 여기
에서는 난수를 5,000회 생성했습니다. chains는 병행하여 일련의 샘플링 수행 횟수를 지정합
니다. 여기에서는 2로 지정했으므로 $5,000 \times 2 = 10,000$개의 샘플이 얻어집니다.

앞에서 설명한 코드를 필자 환경에서 실행하는 도중 다음과 같이 표시되었습니다.

```
Auto-assigning NUTS sampler...
Initializing NUTS using jitter+adapt_diag...
Sequential sampling (2 chains in 1 job)
NUTS: [theta]
    100.00% [6000/6000 00:02<00:00 Sampling chain 0, 0 divergences]
    100.00% [6000/6000 00:02<00:00 Sampling chain 1, 0 divergences]
```

```
Sampling 2 chains for 1_000 tune and 5_000 draw iterations
(2_000 + 10_000 draws total) took 5 seconds.
```

여기에서 유심히 볼 것은 5,000개의 샘플을 2회에 걸쳐 얻어야 하지만 출력 결과에는 6,000개의 샘플이 표시된 부분입니다. 이것은 실제 PyMC3가 지정된 숫자보다 1,000개 많은 6,000개의 난수를 샘플링했음을 의미합니다. 1,000개의 샘플링을 여분으로 수행하는 이유는 무엇일까요? 그것은 추론 초기 단계에서 얻어지는 샘플의 품질이 좋지 않기 때문입니다.

이 책에서는 PyMC3가 추론에서 이용하는 구체적인 알고리즘은 다루지 않지만 대략적으로 설명하면 이 알고리즘은 어떤 초깃값으로부터 최적의 파라미터를 구하려고 탐색하는 것처럼 동작합니다. 대량의 난수를 생성해 점점 상태를 업데이트해나가는 알고리즘을 통칭해서 **MCMC**^{Markov chain Monte Carlo method, 마르코프 연쇄 몬테카를로 알고리즘}라고 부릅니다. 몬테카를로 알고리즘^{Monte Carlo method}은 대량의 난수를 생성해서 문제를 해결하는 방법의 총칭입니다. 마크로프 연쇄^{Markov chain}는 (이산적인) 시간과 함께 점점 상태가 변화는 과정을 의미하며, 미래 상태는 현재 상태에 의해서만 규정된다는 특성(마르코프 특성)을 가집니다.

MCMC는 어떤 초깃값으로부터 최적의 파라미터 주위를 맴돌도록 상태를 전이시키지만 그 초깃값은 무작위로 설정되기 때문에 최적의 파라미터와 상당히 떨어져 있는 값이 설정될 가능성도 있습니다. 그러므로 품질이 좋은 샘플을 얻기 위해서는 초깃값의 영향이 가능한 한 남지 않도록 어느 정도 탐색이 진행된 뒤에 얻은 샘플을 사용하는 것이 좋습니다. 이처럼 탐색 초깃값의 영향을 제거하기 위해 샘플을 버리는 기간을 **번인**^{burn-in}이라고 부릅니다. PyMC3에서 번인의 기본값이 최초 샘플 1,000개로 설정되어 있기 때문에 지정한 것보다 1,000개 많은 샘플을 생성했습니다. 초기 샘플은 버리는 샘플이므로 최종 샘플에는 남지 않습니다. 구체적인 MCMC 알고리즘에 관해서는 참고문헌 [18]의 7장 등을 참조하기 바랍니다.

MCMC를 이용해 얻은 샘플은 trace에 저장됩니다. PyMC3는 얻은 샘플을 해석하는 데 편리하게 이용할 수 있는 다양한 메서드를 제공하며, pm.traceplot에 trace를 전달하면 MCMC를 이용해 얻은 샘플을 시각화할 수 있습니다.

```
with model:
    pm.traceplot(trace)
```

그림 2-1 pm.traceplot을 이용한 사후 분포 샘플 시각화

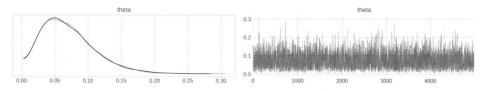

[그림 2-1]의 왼쪽에는 대상 확률 변수에 대해 추론된 사후 분포를 표시했습니다. 오른쪽에는 번인 이후 얻은 샘플의 궤적을 표시했습니다. 가로축에는 샘플링 횟수, 세로축에는 샘플링된 확률 변숫값을 표시했습니다. 이 그림에서 샘플이 어떤 일정한 분포로 수렴하는가에 주목합니다. 확률 변수 샘플의 궤적이 어떤 대역(구역)을 중심으로 퍼져 있다면 일정 분포 상에서 샘플이 얻어졌음을 알 수 있습니다.

한편 [그림 2-2]와 같이 샘플의 궤적이 뱀처럼 구불구불하다면 이는 어떤 일정한 분포에 고정되지 않았음을 의미합니다. 이것은 마르코프 연쇄가 수렴하지 않는다는 것이며 MCMC가 잘 동작하지 않았음을 나타냅니다. 이럴 땐 번인 기간을 충분히 길게 설정하고, 사전 분포를 수정하거나 통계 모델 자체를 수정하는 등의 대책을 강구해야 합니다.

그림 2-2 마르코프 연쇄가 수렴하지 않아 MCMC가 잘 동작하지 않은 예

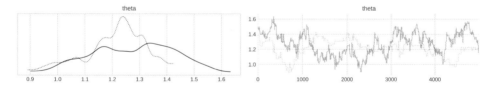

pm.summary에 샘플을 전달하면 대표적인 요약 통계량을 표시합니다. 여기에서는 95% HDI를 고려하는 것으로서 hdi_prob 파라미터에 0.95를 전달했습니다.

```
with model:
    print(pm.summary(trace, hdi_prob=0.95))
```

	mean	sd	hdi_2.5%	hdi_97.5%
theta	0.071	0.039	0.009	0.149

mean은 사후 분포로부터 얻은 샘플의 표본 평균, sd는 표준 편차를 나타냅니다. hdi_2.5%와 hdi_97.5%는 각각 95% HDI의 하한값과 상한값입니다.

PyMC3에는 추론된 사후 분포를 요약 통계량과 함께 시각화하는 pm.plot_posterior 메서드도 제공합니다. 여기에서도 마찬가지로 HDI가 가진 확률의 파라미터 hdi_prob를 전달합니다. 이 시각화 메서드를 실행한 결과를 [그림 2-3]에 표시했습니다.

```
with model:
    pm.plot_posterior(trace, hdi_prob=0.95)
```

그림 2-3 PyMC3를 이용해 추론한 앨리스의 디자인 A안의 클릭률의 사후 분포

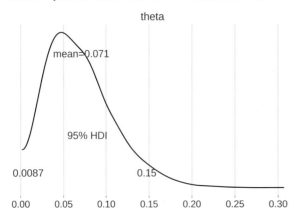

분포의 형태를 보면 [그림 1-24]에서 시각화한 앨리스의 디자인 A안의 클릭률의 사후 분포와 매우 유사함을 알 수 있습니다. 95% HDI를 비교해보면 거의 같은 값인 것도 확인할 수 있습니다. 이번 모델에서는 베타 분포를 직접 지정하지 않았지만 결과적으로 매우 비슷한 형태의 확률 분포가 추론되었습니다.

클릭률 파라미터 θ의 샘플을 손에 넣었으므로 다음은 검증할 가설에 대응하는 정량적 평가를 고려해서 통계적 가설 검정을 할 수 있습니다. 예를 들어 다음 가설에는 어떻게 대답하는 것이 좋을까요?

가설:

앨리스의 디자인 A안의 클릭률은 1% 이상이다.

이 가설에 대해 다음의 정량적 평가를 이용해 검증해보도록 합니다.

정량적 평가:

새로운 확률 변수 $\delta = \theta - 0.01$인 샘플이 95% 확률로 양수가 된다.

MCMC를 이용해 얻은 확률 변수 theta의 사후 분포 샘플은 trace['theta']에 넘파이 배열 형태로 저장되어 있습니다. 이 샘플에 대해 이 정량적 평가를 적용할 수 있습니다.

```python
print((trace['theta'] - 0.01 > 0).mean())  # 0.9919
```

코드 실행 결과 필자 환경에서는 0.9919라는 값을 얻었습니다. 그러므로 이 정량적 평가법을 기준으로 하면 앨리스의 디자인 A안의 클릭률은 1% 이상이라고 결론을 내릴 수 있습니다.

앨리스의 디자인 B안도 마찬가지로 프로그램해서 가설을 검정해봅니다.

```python
with pm.Model() as model:
    theta = pm.Uniform('theta', lower=0, upper=1, shape=2)
    obs = pm.Binomial('obs', p=theta, n=[40, 50], observed=[2, 4])
    trace = pm.sample(5000, chains=2)
```

이 경우 추론할 확률 변수는 디자인 A안의 클릭률 θ_A와 B안의 클릭률 θ_B의 2개입니다. 각각을 독립 변수로 선언해도 문제없으나 PyMC3에서는 shape 인수를 전달해서 같은 사전 분포를 따르는 여러 확률 변수를 지정할 수 있습니다. 마찬가지로 이항 분포의 인수 observed도 관측된 여러 데이터를 배열로 한 번에 전달할 수 있습니다.

```python
with model:
    pm.traceplot(trace, ['theta'], compact=True)
```

그림 2-4 앨리스의 디자인 A안 및 B안의 클릭률 샘플 시각화

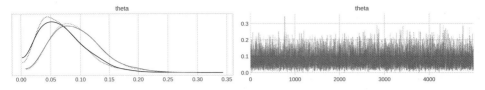

[그림 2-4]에서 샘플의 궤적을 보면 2개의 사후 분포가 추론되고 있음을 알 수 있습니다. 하나는 디자인 A안의 분포, 다른 하나는 B안의 분포를 의미합니다. 각각 다른 분포를 가지고 있지만 대부분은 서로 겹쳐 있음을 알 수 있습니다.

그럼 이 사후 분포에서 얻을 수 있는 샘플을 이용해 B안의 클릭률이 A안의 클릭률보다 높을 확률을 평가해봅시다.

가설:

디자인 B안의 클릭률은 디자인 A안의 클릭률보다 높다.

정량적 평가:

$\delta = \theta_B - \theta_A$의 샘플이 95% 확률로 양수가 된다.

MCMC를 이용해 얻은 확률 변수 theta의 샘플 trace['theta']는 (생성한 샘플 수, 확률 변수 수) = (10000, 2) 크기를 가진 배열입니다. 그러므로 각각의 디자인안에 대한 샘플을 얻기 위해서는 배열의 2차원에 관한 인덱스를 지정하면 됩니다. 즉, A안의 샘플은 trace['theta'][:, 0], B안의 샘플은 trace['theta'][:, 1]로 얻을 수 있습니다. 생성된 샘플로부터 그 차이를 계산한 뒤 양수가 될 확률을 계산합니다.

```python
print((trace['theta'][:, 1] - trace['theta'][:, 0] > 0).mean())  #0.674
```

코드 실행 결과 필자 환경에서는 그 값이 약 67%가 되었습니다. 근소한 차이가 있기는 하지만 1.7.3절에서 얻은 결과(약 68%)와 거의 일치함을 알 수 있습니다

밥의 보고서에도 동일한 처리를 적용해봅니다. MCMC를 이용해 얻은 샘플을 [그림 2-5]에 표시했습니다.

```
with pm.Model() as model:
    theta = pm.Uniform('theta', lower=0, upper=1, shape=2)
    obs = pm.Binomial('obs', p=theta, n=[1280, 1600], observed=[64, 128])
    trace = pm.sample(5000, chains=2)
    print((trace['theta'][:, 0] < trace['theta'][:, 1]).mean())   # 0.9985
    pm.traceplot(trace, ['theta'], compact=True)
```

그림 2-5 밥의 디자인 A안과 B안의 클릭률의 샘플 시각화

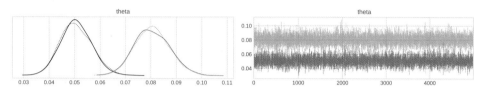

밥의 보고서에서 얻은 클릭률의 사후 분포를 보면 앨리스의 보고서보다 2개의 분포가 떨어져 있는 형태임을 알 수 있습니다. 그래프 스케일을 보면 앨리스의 보고서보다 적게 퍼지는 분포를 보이는 것도 알 수 있습니다. B안의 클릭률이 A안의 클릭률을 넘는 비율을 계산해보면 필자 환경에서는 약 99.9%라는 결과가 나왔습니다. 우리는 이미 95%를 의사 결정을 위한 기준으로 정의하고 있으므로 밥의 보고서에서는 B안의 클릭률이 A안의 클릭률을 상회한다고 결론을 내려도 문제가 없을 것입니다.

이상으로 PyMC3를 이용한 확률적 프로그래밍을 통해 앨리스와 밥의 보고서를 소재로 통계적 가설 검정을 하는 흐름을 살펴봤습니다. 통계 모델을 프로그램으로 기술하는 것만으로 베이즈 정리를 직접 다루어 사후 분포를 계산하지 않고도 통계적 가설 검정에 이용할 샘플을 얻을 수 있었습니다. 이 유연함을 활용해 다양한 문제에 같은 형태의 접근 방식을 접목할 수 있습니다. 이야기가 나온 김에 클릭률 이외의 지표 문제에도 확률적 프로그래밍을 적용해보도록 합니다.

2.2 진정한 리뷰 점수

다양한 전자상거래 사이트나 리뷰 사이트에서는 사용자들이 매긴 상품 점수를 제공합니다. 그 점수는 소비 행동에 큰 영향을 줍니다. 제품이 요구 조건을 만족하더라도 다른 사용자들의 평가가 낮다면 구입을 포기하게 되기도 하고, 반대로 다른 사용자들이 좋은 평가를 하면 보다 자

세하게 알고 싶어지기도 합니다. 이처럼 사용자의 투표를 통해 만들어진 평갓값을 이 절에서는 **리뷰 점수**review score라고 부르겠습니다.

하지만 리뷰 점수를 잘못 보게 되면 잘못된 의사 결정을 하게 됩니다. 리뷰 점수에는 스팸처럼 불순한 의도로 매겨진 점수가 포함되었을 수도 있고, 덮어놓고 부정적인 클레임을 한 리뷰도 포함되었을 수 있습니다. 리뷰 점수의 평균 뒤편에는 이런 다양한 원인이 숨어 있습니다.

그럼 특정 제품의 진정한 리뷰 점수는 어느 정도일까요? 직관적으로는 리뷰를 붙인 사용자 수가 많을수록 이런 다양한 원인이 상쇄됨으로써 그 평균점의 신뢰도가 보다 높아질 것이라고 느껴집니다. 한편 리뷰를 한 사용자 수가 적으면 소수 사용자의 의견에 휘둘리기 때문에 신뢰성이 의심된다고 느껴집니다. 이런 직감을 베이즈 추론을 이용해 정량적으로 평가해봅니다.

여기에서는 어떤 가공의 전자상거래 사이트에 포함된 같은 카테고리의 2개 제품 A, B에 관해 생각해봅니다. 이 웹사이트에서는 사용자가 리뷰 점수를 5점 만점으로 줄 수 있는 투고 시스템이며, 각각의 점수를 매긴 사용자 수는 다음과 같습니다.

제품	1점	2점	3점	4점	5점	리뷰자 수 합계	평균 점수
A	20	10	36	91	170	217	4.17
B	0	0	4	0	6	10	4.20

평균 점수만 보면 두 제품 모두 4.2점 정도의 높은 점수를 기록하고 있습니다. 그러나 평균 점수를 만든 사람 수에는 큰 차이가 있음도 알 수 있습니다. 직관적으로는 상품 A의 평균 점수 쪽이 신뢰할 수 있을 것 같지만 상품 B의 평균 점수가 약간 높아 매력적입니다. 어쩌면 10명으로도 신뢰할 수 있는 평균 점수를 얻기에는 충분할지도 모릅니다. 각 평균 점수는 얼마나 신뢰할 수 있는 것일까요?

그럼 여기에서도 베이즈 추론을 적용하기에 앞서 이 데이터가 생성된 과정을 정리해봅니다. 1.2.1절에서처럼 그림으로 그려보면 이 과정은 [그림 2-6]과 같이 나타낼 수 있습니다. 어떤 제품을 리뷰하면 어떤 확률 분포 $p(r \mid \theta)$에 따라 리뷰 점수 r이 생성됩니다. 제품 안에는 각 리뷰 점수가 생성된 확률 θ가 들어 있지만 분석자인 우리는 그 확률을 볼 수 없습니다. 이 θ를 클릭률 A/B 테스트의 컨텍스트와 비교해보면 각 디자인안의 실제 클릭률에 해당합니다. 우리가 가지고 있는 것은 그 확률에 대한 신념 $p(\theta)$와 관측된 데이터 r뿐입니다. 여기에서도 클릭률의 추론과 마찬가지로 각 리뷰어의 특성은 모두 무시합니다.

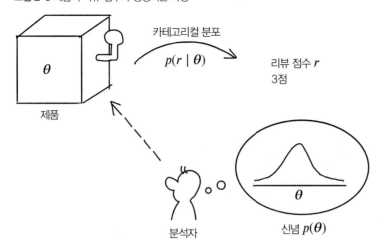

그림 2-6 제품의 리뷰 점수가 생성되는 과정

카테고리컬 분포

$p(r \mid \boldsymbol{\theta})$

리뷰 점수 r
3점

$\boldsymbol{\theta}$

제품

분석자

신념 $p(\boldsymbol{\theta})$

여기에서 각 리뷰 점수가 생성되는 확률 $\boldsymbol{\theta}$가 볼드체로 표시된 것에 주의합니다. 볼드체로 표시한 숫자 수학 기호는 **벡터**^{vector}를 의미합니다. 여기에서는 벡터에 대해 특별한 조작을 하지 않으므로 숫잣값을 나열해서 표시한 것, 즉 배열의 한 종류 정도로 생각하기 바랍니다. 또한 벡터와 비교하여 실수를 **스칼라**^{scalar}라고 부릅니다.

> **NOTE_** 벡터를 나타내는 표기법으로는 $\vec{x}$도 있으나 이 책에서는 볼드체 $\boldsymbol{x}$로 표기합니다.

왜 확률 변수 $\boldsymbol{\theta}$를 벡터로 표시해야 할까요? 그것은 지금 다루는 데이터는 클릭과 같이 2개 값을 가지는 데이터가 아니라 5개의 카테고리를 가진 데이터이기 때문입니다. 그러므로 각 카테고리에 관한 기댓값을 고려해야 합니다. 즉, 다음과 같이 각 리뷰 점수가 나올 확률을 나열해서 기술한 벡터가 이번에 추론할 미지의 파라미터 $\boldsymbol{\theta}$가 됩니다.

$$\boldsymbol{\theta} = (\theta_{1점}, \theta_{2점}, \theta_{3점}, \theta_{4점}, \theta_{5점})$$

데이터가 생성되는 과정을 대략 살펴봤으므로 가능도 함수 $p(r \mid \boldsymbol{\theta})$와 사전 분포 $p(\boldsymbol{\theta})$를 생각해봅시다. 먼저 가능도 함수입니다. 여기에서 알고자 하는 확률 분포는 여러 카테고리의 이산 값을 출력하는 확률 분포입니다. [그림 1-4]의 제비뽑기 예에서도 다루었던 카테고리컬 분포 Categorical($\boldsymbol{\theta}$)가 그 목적에 맞습니다.

카테고리컬 분포는 2개 이상의 카테고리를 다룰 수 있도록 베르누이 분포를 확장한 것이라고 생각하면 됩니다. 사전 분포에 관해서도 마찬가지로 확장을 고려할 수 있지 않을까요? 즉, 베르누이 분포의 공역 사전 분포인 베타 분포를 2개 이상의 카테고리를 다루는 경우에 확장한 확률 분포는 없을까요? 그것에 해당하는 확률 분포가 **디리클레 분포**Dirichlet distribution 입니다.

디리클레 분포는 연속 확률 분포의 하나로 K차원 벡터 확률 변수 θ가 따르는 확률 분포입니다. 단, θ의 각 요소는 0 이상 1 이하의 값이며 그 합은 1이 됩니다. 즉, 디리클레 분포를 따르는 확률 변수 자체가 확률 질량 함수의 조건을 만족합니다. 디리클레 분포는 집중도라고 불리는 K차원 벡터 α를 파라미터로 가지며, 각 요소는 양의 실수로 표현됩니다. 또한 이 집중도 파라미터의 값이 모두 1일 때 이것은 여러 카테고리의 균일 분포에 해당합니다. 여기에서는 이 디리클레 분포 Dirichlet(α)를 사전 분포에 이용합니다.

이상의 논의를 통해서 이번에 다루는 통계 모델은 다음과 같이 나타낼 수 있습니다. 우리는 이 문제에 관해 어떠한 사전 지식도 가지고 있지 않으므로 디리클레 분포의 집중도 파라미터를 모두 1로 한 것(즉, 균일 분포)을 사전 분포로 사용합니다.

$$\theta \sim \text{Dirichlet}(\alpha = (1, 1, 1, 1, 1))$$
$$r \sim \text{Categorical}(\theta)$$

베이즈 추론에 사용할 값들을 준비했으므로 PyMC3를 이용해 추론해봅니다. 먼저 제품 A에 관한 추론입니다.

```python
n_a = [20, 10, 36, 91, 170]
data = [0 for _ in range(n_a[0])]
data += [1 for _ in range(n_a[1])]
data += [2 for _ in range(n_a[2])]
data += [3 for _ in range(n_a[3])]
data += [4 for _ in range(n_a[4])]

with pm.Model() as model_a:
    theta = pm.Dirichlet('theta', a=np.array([1, 1, 1, 1, 1]))
    obs = pm.Categorical('obs', p=theta, observed=data)
    trace_a = pm.sample(5000, chains=2)
```

먼저 각 점수를 매긴 리뷰어 수를 점수 오름차순으로 n_a에 저장했습니다. 그리고 관측 데이터에 해당하는 배열 data에 각각의 리뷰어 수만큼 대응하는 값을 넣었습니다. 이 값은 리뷰 점수 (1점, 2점, …)가 아니라 카테고리컬 분포의 카테고리 인덱스(0, 1, …)에 대응하는 점에 주의합니다.

다음으로 제품 A를 위한 모델 model_a를 선언하고 통계 모델을 기술합니다. 사전 분포로 디리클레 분포를 사용하므로 먼저 pm.Dirichlet 클래스를 호출합니다. 요소가 모두 1인 벡터 np.array([1, 1, 1, 1, 1])을 파라미터로 전달했습니다. 가능도 함수에는 앞에서 설명한 대로 카테고리컬 분포 pm.Categorical을 이용해 관측 데이터 data를 전달합니다.

[그림 2-7]에 MCMC의 결과 얻어진 궤적을 표시했습니다. 5가지 확률 변수의 궤적을 얻었음을 알 수 있으며, 이들 각각이 리뷰 점수의 기댓값에 대응합니다.

```
with model_a:
    pm.traceplot(trace_a)
```

그림 2-7 제품 A에 관해 각 리뷰 점수가 생성되는 확률 θ의 샘플 시각화

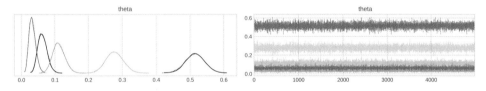

파라미터 θ의 사후 분포를 보다 자세히 살펴봅니다. [그림 2-8]에 사후 분포를 표시했습니다.

```
with model_a:
    pm.plot_posterior(trace_a, hdi_prob=0.95)
```

그림 2-8 제품 A에 관해 각 리뷰 점수가 발생할 확률 θ의 사후 분포 시각화

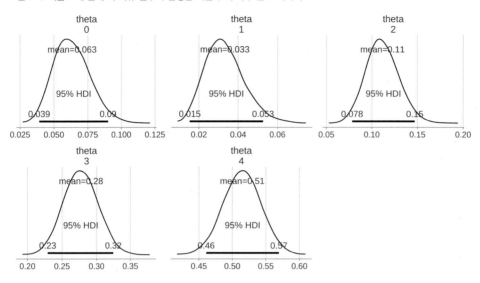

이것은 순서대로 각 리뷰 점수 1점, 2점, 3점, 4점, 5점이 나올 기댓값 $(\theta_{1점}, \theta_{2점}, \theta_{3점}, \theta_{4점}, \theta_{5점})$의 사후 분포입니다. theta 0이나 theta 1의 분포를 보면 0.1점 이하의 영역에 있음을 알 수 있습니다. 이로부터 제품 A에 대해 리뷰 점수 1점이나 2점이 매겨질 확률이 낮다는 것을 알 수 있습니다. 한편 theta 4의 분포를 보면 95% HDI가 0.5 주변에 있으므로 상품 A는 약 50%의 확률로 5점을 받을 수 있는 점도 확인할 수 있습니다.

이처럼 리뷰 점수(카테고리)별 확률 분포를 보고 다양한 것을 알 수 있지만 최종적으로 우리가 알고자 하는 것은 리뷰 점수의 평균 점수의 분포입니다. 그것을 구하기 위해 리뷰 점수의 평균 점수에 해당하는 새로운 확률 변수 m을 도입합니다.

$$m = 1\theta_{1점} + 2\theta_{2점} + 3\theta_{3점} + 4\theta_{4점} + 5\theta_{5점}$$

이 확률 변수 m은 각 리뷰 점수를 해당 점수가 발생할 확률의 가중치로 가중 평균한 것입니다. 여기에서는 리뷰 점수를 weight로 정의하고, 확률 theta를 곱한 합을 얻는 조작을 프로그래밍합니다.

```
weights = np.array([1, 2, 3, 4, 5])
m_a = [sum(row * weights) for row in trace_a['theta']]
```

> **CAUTION_** 형태가 같은 넘파이 배열끼리의 곱셈은 요소끼리 곱한 넘파이 배열을 출력합니다. 배열끼리의 곱셈이 정의되지 않은 파이썬 리스트 타입과는 동작이 다름에 주의하기 바랍니다.
>
> 또한 이처럼 넘파이 배열에 대해 파이썬의 for 문을 이용해 조작을 하는 것은 일반적으로 좋지 않은 관행으로 간주됩니다. 왜냐하면 넘파이 내부의 C언어나 포트란으로 작성된 고속 처리의 장점을 활용하지 못하게 되기 때문입니다. 여기에서는 성능보다 가독성을 우선해 파이썬의 for 문을 이용해 계산했습니다.
>
> 같은 길이의 배열 요소끼리 곱해서 합을 얻는 조작은 6장에서 설명할 벡터의 내적에 해당합니다. 그것에 착안하면 내적을 계산하는 메서드 np.matmul을 이용해 다음과 같이 간단하면서도 성능을 저하시키는 일 없이 같은 처리를 할 수 있습니다.
>
> ```
> m_a = np.matmul(trace_a['theta', weights)
> ```

이렇게 얻어진 확률 분포 $p(m)$을 히스토그램으로 표시하면 [그림 2-9]를 얻을 수 있습니다. 여기에서는 plt.hist 메서드에 density=True 인자를 전달해 확률 밀도 함수로 정규화하여 나타냈음을 주의합니다.

```
plt.hist(m_a, range=(3, 5), bins=50, density=True)
plt.xlabel(r'$m_A$')
plt.ylabel(r'$p(m_A)$')
plt.show()
```

그림 2-9 제품 A에 대한 리뷰 점수의 평균 점수 m의 확률 밀도 함수

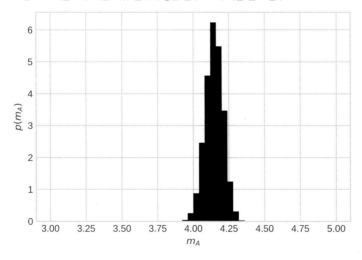

이 결과를 보면 제품 A의 리뷰 점수의 평균 점수는 4.0∼4.3 사이의 좁은 구간에 집중된 형태임을 알 수 있습니다. 우연이라는 요소가 포함되었다 해도 적어도 4.0점보다는 높다고 말할 수 있습니다. 그리고 그 가설은 (m_a > 4).mean()으로 정량적으로 평가할 수 있습니다.

마찬가지로 제품 B에 대해서도 리뷰 점수의 평균 점수 분포를 그려보도록 합니다. 하지만 그전에 우리가 다룬 통계 모델을 조금 보완해 해법을 보다 세련되게 하고자 합니다.

1.5절에서는 베이즈 추론을 반복 적용하는 접근 방식에서 이항 분포를 이용해 업데이트를 한번에 모으는 접근 방식으로 해법을 업데이트했습니다. 이번 리뷰 점수 문제에 관해서도 마찬가지로 업데이트합니다. 이는 데이터가 생성된 과정을 [그림 2-10]과 같이 수정하는 것입니다. 이러한 업데이트를 함으로써 리뷰어를 구분한 숫자만큼 데이터 입력을 반복하지 않더라도 직접 각 리뷰 점수의 합계를 전달하는 것만으로 베이즈 추론을 진행할 수 있습니다.

그림 2-10 제품에서 여러 리뷰 점수가 생성되는 과정

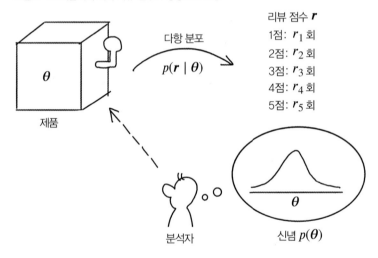

1.5절에서는 베르누이 분포를 N회 만큼 모은 것으로서 이항 분포를 도입했습니다. 마찬가지로 카테고리컬 분포를 N회 만큼 모은 것을 **다항 분포**multinomial distribution라고 부릅니다. 다항 분포는 이산 확률 분포의 하나로 K개의 카테고리를 다룰 수 있습니다. 다항 분포 파라미터는 시행 횟수를 나타내는 N과 각각의 카테고리가 발생하는 확률을 의미하는 K차원 벡터 θ입니다. N회 시행 결과 각 카테고리가 발생한 합계 횟수를 의미하는 확률 변수 r은 다항 분포를 따릅니다.

이상의 논의를 통해 우리가 다루는 통계 모델을 다음과 같이 바꿔 쓸 수 있습니다. 사전 분포에는 앞에서와 마찬가지로 집중도 파라미터가 모두 1인 디리클레 분포(즉, 균일 분포)를 이용하지만 가능도 함수로 다항 분포를 이용하는 점에 주의합니다.

$$\boldsymbol{\theta} \sim \text{Dirichlet}(\boldsymbol{\alpha} = (1, 1, 1, 1, 1))$$
$$r \sim \text{Multinomial}(\boldsymbol{\theta})$$

그러면 이 통계 모델을 프로그램으로 옮겨 제품 B의 각 리뷰 점수가 나타나는 확률 $\boldsymbol{\theta}$의 사후 분포를 구해봅니다. 먼저 제품 B에 관해 각 리뷰 점수가 나타난 횟수를 n_b라는 배열에 저장합니다. 그리고 가능도 함수로서 다항 분포 pm.Multinomial을 호출하고, 각 결과가 나타날 확률 theta와 시행 횟수 n_b.sum()을 파라미터로 전달합니다. 마지막으로 관측 데이터를 observed로 전달하여 MCMC를 실행합니다. 각 카테고리가 발생한 횟수를 직접 전달함으로써 보다 간단하게 통계 모델을 기술할 수 있습니다.

```
n_b = np.array([0, 0, 4, 0, 6])
with pm.Model() as model_b:
    theta = pm.Dirichlet('theta', a=np.array([1, 1, 1, 1, 1]))
    obs = pm.Multinomial('obs', p=theta, n=n_b.sum(), observed=n_b)
    trace_b = pm.sample(5000, chains=2)
    pm.traceplot(trace_b)
```

그림 2-11 제품 B에 대한 각 리뷰 점수에서 얻은 확률 변수 $\boldsymbol{\theta}$의 샘플 시각화

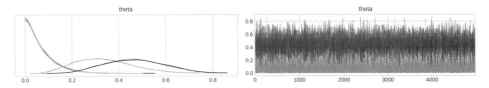

MCMC 결과로 얻은 궤적을 [그림 2-11]에 표시했습니다. 상품 A에서 얻었던 결과와 비교해보면 각 퍼짐의 폭이 넓은 사후 분포를 얻었음을 알 수 있습니다. 관측 데이터의 샘플 크기가 작기 때문에 신념 역시 넓은 범위에 분포한 형태임을 알 수 있습니다.

마지막으로 제품 A의 경우와 마찬가지로 리뷰 점수의 평균의 확률 변수 m을 정의하고, 그 확률 분포를 구해봅시다. 제품 A와 제품 B 각각의 리뷰 점수의 평균 점수의 확률 분포를 [그림 2-12]에 표시했습니다.

```
m_b = [sum(row * weights) for row in trace_b['theta']]
plt.hist(m_a, range=(2, 5), bins=50, density=True, label='A',
         alpha=0.7)
plt.hist(m_b, range=(2, 5), bins=50, density=True, label='B',
         alpha=0.7)
plt.xlabel(r'$m$')
plt.ylabel(r'$p(m)$')
plt.legend()
plt.show()
```

그림 2-12 제품 A와 B의 리뷰 점수의 평균 점수의 확률 밀도 함수

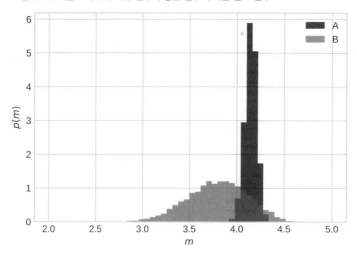

시각화 결과로부터 제품 B의 리뷰 점수의 평균 점수가 제품 A와 비교해 퍼지는 폭이 넓은 분포를 가지고 있음을 알 수 있습니다. 이 샘플 크기는 제품 B의 리뷰 점수의 평균 점수가 3.0부터 4.5 사이에 있다고 말할 수 있는 정도가 한계입니다. 평균 점수만 보면 거의 같은 점수를 얻은 것으로 보인 두 제품이었지만 그 분포의 퍼짐 정도에 큰 차이가 있음을 알았습니다. 평균 점수만 보면 동일하게 보이는 현상이라 하더라도 베이즈 추론을 이용하면 그 뒤편에 있는 신뢰도에 관한 다양한 정보를 얻을 수 있습니다.

이 절에서는 새롭게 몇 가지 확률 분포가 등장했습니다. 우선 그 분포들의 관계를 정리해봅니다 (그림 2–13).

그림 2-13 이 절에서 등장한 확률 분포들의 관계

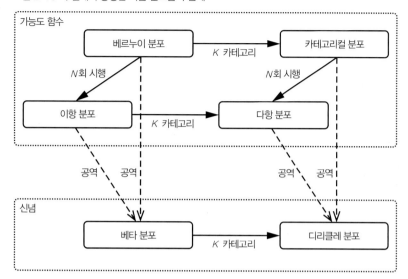

그림 위쪽에는 가능도 함수로 이용한 확률 분포, 아래쪽에는 사전 분포 및 사후 분포, 즉 신념으로 이용한 확률 분포를 표시했습니다. N회 시행이라고 쓰여진 실선의 화살표는 N회 시행했을 때의 합계 횟수를 다루는 확률 분포로의 확장을 나타냅니다. K 카테고리라고 쓰여진 실선 화살표는 2개 값을 다루는 확률 분포로부터 K개의 카테고리를 다루는 확률 분포로의 확장을 나타냅니다. 한편 가능도 함수와 신념 사이의 점선 화살표는 공역 사전 분포의 관계에 있음을 의미합니다.

1.5절에서도 다뤘던 것처럼 베르누이 분포를 N회 시행으로 확장한 것이 이항 분포에 해당합니다. 또한 베르누이 분포를 2종류 이산값에서 K종류의 이산값을 다루도록 확장한 것이 카테고리컬 분포에 해당합니다. 그리고 이항 분포를 K 카테고리로 확장한 것 또는 카테고리컬 분포를 N회 시행 결과로 확장한 것이 다항 분포에 해당합니다. 그러므로 베르누이 분포, 이항 분포, 카테고리컬 분포는 다항 분포의 특별한 형태라고 할 수 있습니다.

한편 베타 분포는 0 이상 1 이하의 연속값에 관한 확률 분포이고, 이를 K차원으로 확장한 것이 디리클레 분포입니다. 베타 분포는 베르누이 분포 및 이항 분포의 공역 사전 분포, 디리클레 분포는 카테고리컬 분포 및 다항 분포의 공역 사전 분포입니다. 대상으로 하는 문제가 다루는 데이터의 특성에 맞는 적절한 사전 분포 및 가능도 함수를 설정함으로써 잘 동작하는 통계 모델을 설계할 수 있게 됩니다.

2.3 체류 시간 테스트하기

지금까지는 이산값으로 표현되는 데이터를 다뤘지만 연속값으로 표현되는 지표에 대한 가설 검정을 하고 싶은 경우도 생각할 수 있습니다. 예를 들어 사용자가 특정 웹사이트에 머문 초 단위의 시간이나 화면의 표시 영역에 들어온 웹사이트의 콘텐츠 비율 등의 지표는 연속값으로 나타납니다. 이런 지표를 확률적 프로그램으로 다루기 위해서는 어떻게 할 수 있을까요? 여기에서는 특정 웹사이트에 사용자가 머문 초 단위 시간(체류 시간)을 예로 들어 통계적 가설 검정을 하게 됩니다.

여기에서는 가공 웹사이트의 체류 시간 데이터셋을 준비했습니다. 다음 URL에서 다운로드해서 참조하기 바랍니다.

https://www.oreilly.co.jp/pub/9784873119168/data/time-on-page.csv

다음 샘플 코드에서는 파이썬의 표준 모듈인 urllib을 이용해 CSV 파일을 다운로드합니다. 이 CSV 파일의 각 행은 1회 접속 당 체류 시간을 초 단위로 나타냅니다. 이 데이터 전체를 히스토그램으로 그려서 시각화한 결과는 [그림 2-14]와 같습니다.

```python
import urllib
url = 'https://www.oreilly.co.jp/pub/9784873119168/data/time-on-page.csv'
response = urllib.request.urlopen(url)
data = [int(row.strip()) for row in response.readlines()]
plt.hist(data, bins=50)
plt.show()
```

그림을 보면 많은 데이터가 0 부근에 모여 있음을 알 수 있습니다. 즉, 대부분의 사용자는 짧은 시간 안에 웹사이트를 벗어나며 극히 적은 사용자만 오랜 기간 머문다는 것을 알 수 있습니다. 필자의 경험상 다양한 웹사이트에서 체류 시간에 관해 데이터를 시각화하면 그 경향이 대부분 이와 비슷했습니다. 여러분이 개발한 웹사이트는 어떤가요?

이 데이터를 확률적 프로그래밍으로 다루기 위해서는 우선 통계 모델에 관해 생각해봐야 합니다. 이번 데이터 생성 과정은 [그림 2-15]와 같이 그려볼 수 있습니다. 어떤 디자인안을 사용자에게 보였을 때 체류 시간 t를 관측할 수 있습니다. 이를 특정한 기댓값을 가진 확률 분포 $p(t \mid \theta)$에서 얻어진 샘플이라고 생각하고 논의를 진행하는 것이 베이즈 추론의 프레임입니다.

그림 2-14 특정 웹사이트의 체류 시간(초) 히스토그램

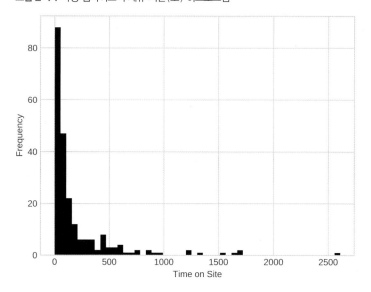

그림 2-15 체류 시간 데이터가 생성되는 과정

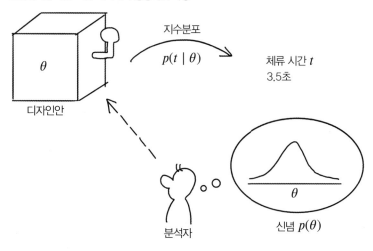

이처럼 연속값의 데이터를 생성하는 확률 분포 $p(t \mid \theta)$로 무엇을 가정하는 것이 좋을까요? 연속값을 다루는 확률 분포에는 다양한 것이 있지만 일정한 확률로 발생하는 이벤트의 시간 간격을 다루는 데 자주 이용되는 확률 분포로 **지수 분포**exponential distribution가 있습니다. 사용자가 웹사이트로부터 이탈하는 것을 매초마다 일정한 확률로 발생하는 이벤트라고 생각하면 체류 시

간은 그 이벤트의 시간 간격이 되므로 이번 경우와 잘 맞습니다. 여기에서는 지수 분포를 가능도 함수로 채용하여 분석을 진행하도록 합니다.

지수 분포는 양의 연속값에 관한 확률 분포이며, 양의 실수로 표현되는 척도 파라미터^{scale} parameter $\theta > 0$을 가집니다. 기댓값은 θ, 분산은 θ^2으로 표시됩니다. 지수 분포의 확률 밀도 함수 $p(x \mid \theta)$는 다음 식으로 표시됩니다. 여기에서 e는 네이피어 상수(자연 로그의 밑)를 의미합니다.

$$p(x \mid \theta) = \frac{\mathrm{e}^{-x/\theta}}{\theta}$$

[그림 2-16]에 몇 가지 지수 분포의 예를 나타냈습니다.

그림 2-16 다양한 지수 분포의 예

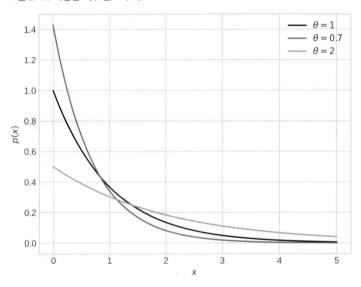

이 지수 분포가 데이터를 생성하는 것으로 통계 모델을 생각해봅니다. 우리는 이 지수 분포의 파라미터인 θ에 관해 어떠한 지식도 가지고 있지 않습니다. 여기에서는 앞에서와 마찬가지로 우선 균일 분포를 파라미터 θ의 사전 분포로 설정하도록 합니다. 균일 분포를 설정하기 위해서는 최솟값 파라미터 a와 최댓값 파라미터 b를 고정해야 하지만 θ가 양의 실수이므로 최솟값은 $a = 0$으로 합니다. 다음으로 최댓값에 관해 생각해봅니다. 지수 분포의 기댓값은 θ로 표시되는 점을 고려했을 때 θ가 존재할 수 있는 체류 시간의 범위를 가능한 한 넓게 커버할 수 있는 값이면 좋을 것입니다. [그림 2-14]에서 볼 수 있는 모든 체류 시간은 3,000초 이하로 억제할 수 있을 것으로 보이므로 여기에서는 $b = 3000$을 균일 분포의 최댓값으로 설정합니다.

앞에서의 고찰 결과에 따라 통계 모델을 다음과 같이 나타낼 수 있습니다.

$$\theta \sim \mathrm{Uniform}(0, 3000)$$
$$t \sim \mathrm{Exponential}(\theta)$$

이 통계 모델은 PyMC3를 이용해 다음과 같이 기술할 수 있습니다. PyMC3의 지수 분포 클래스 pm.Exponential은 스케일 파라미터 θ 대신 그 역수인 레이트 파라미터 $\lambda = 1/\theta$를 인수로 합니다. 그렇기 때문에 여기에서는 역수인 1/theta를 지수 분포 클래스 pm.Exponential에 전달하는 점에 주의합니다. [그림 2-17]에 MCMC를 실행한 결과로 얻은 궤적을 표시했습니다.

```python
with pm.Model() as model:
    theta = pm.Uniform('theta', lower=0, upper=3000)
    obs = pm.Exponential('obs', lam=1/theta, observed=data)
    trace = pm.sample(5000, chains=2)
    pm.traceplot(trace)
```

그림 2-17 확률 변수 θ의 샘플의 궤적

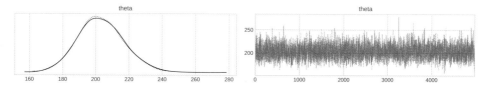

샘플의 궤적은 문제없이 수렴하고 있는 것으로 보입니다. 마지막으로 MCMC를 이용해 얻은 확률 변수 θ의 사후 분포를 [그림 2-18]에 표시했습니다.

```python
with model:
    pm.plot_posterior(trace, hdi_prob=0.95)
```

그림 2-18 확률 변수 θ의 사후 분포

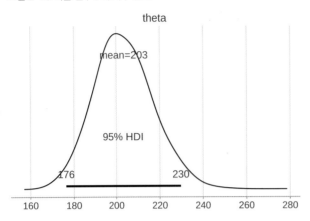

지수 분포의 기댓값은 θ이므로 이는 그대로 체류 시간에 대한 기댓값의 확률 분포로 읽을 수 있습니다. 결과는 대부분 176초에서 230초 사이에 있음을 알 수 있습니다. 지수 분포의 형태는 오른쪽으로 크게 일그러져 있기 때문에 실제 이 기댓값만큼 오랜 시간 체류하는 사용자는 거의 없습니다. 많은 사용자가 곧바로 이탈하거나 몇 초 이내에 웹사이트를 벗어납니다. 그러나 한편으로 오랜 시간 체류하는 사용자도 있으므로 표본 평균은 이 기댓값에 수렴하게 됩니다. 말하자면 기댓값 θ는 그 디자인안의 잠재력^{potential}을 측정하는 숫자라고 말할 수 있을 것입니다. 어떤 조작을 함으로써 체류 시간이 증가하는 것을 확인하고자 한다면 이 확률 변수 θ의 사후 분포에서 도출할 수 있는 통계량을 비교해서 정량적 평가를 수행하면 됩니다.

2.4 베이즈 추론을 이용한 통계적 가설 검정을 하는 이유

이 책에서는 지금까지 베이즈 추론을 토대로 한 통계적 가설 검정 방법에 관해 설명했습니다. 하지만 통계적 가설 검정 방법은 이외에도 다양하며 베이즈 정리를 이용하지 않고 통계적 가설 검정을 할 수도 있습니다. 여기에서는 베이즈 추론을 이용하지 않는 통계적 가설 검정에 관해 간단히 설명하고, 그에 비해 베이즈 추론을 이용할 때의 장점과 주의점을 알아봅니다.

베이즈 추론을 이용하지 않는 통계적 가설 검정의 대표적인 방법은 NHST$^{null\ hypothesis\ significance}$ ^{testing,} 귀무가설 유의성 검증라고 불리는 귀무가설$^{null\ hypothesis}$과 대립가설$^{alternative\ hypothesis}$을 이용한

검정 방법입니다. NHST에서는 다음과 같은 귀류법(배리법)에 기반해 가설 검정의 논의를 진행합니다.

먼저 어떤 통계량이 어떤 값과 같다는 것을 귀무가설로 설정합니다. 그리고 귀무가설이 성립할 때 그 통계량(이를 **검정 통계량**이라고 부릅니다)이 따르는 확률 분포인 **표본 분포**sampling distribution 를 계산합니다. 다음으로 실제 관측된 값 또는 그 이상의 극단적인 값이 표본 분포에서 차지하는 넓이, 즉 그 값이 관측될 확률을 구합니다. 구한 확률이 미리 설정해둔 값(예를 들면 5%)보다 작아지면 설정한 귀무가설이 틀렸다는 결론을 내리고 귀무가설을 부정한 가설인 대립가설을 채택합니다. 반대로 확률이 작지 않으면 귀무가설을 기각하지 않고 판단을 보류합니다.

이 내용을 1장에서 다루었던 앨리스와 밥의 보고서의 예로 설명해보겠습니다. 여기에서는 앨리스와 밥의 보고서 각각에 있어 B안의 클릭률이 6%보다 높은 것을 평가해봅니다. 이때 우리가 설정할 귀무가설은 'B안의 클릭률은 6%다'입니다. 한편 'B안의 클릭률은 6%보다 크다'가 대립가설이 됩니다. N번의 베르누이 시행을 했을 때의 성공 횟수 a는 이항 분포를 따르므로 검정 통계량인 합계 클릭 횟수의 표본 분포는 이항 분포로 나타납니다.

먼저 앨리스의 보고서에서 표본 분포를 보겠습니다. 앨리스의 보고서에서 B안은 50번 표시되었으므로 귀무가설에 기반한 표본 분포는 $N = 50$, $\theta = 0.06$의 이항 분포로 표시됩니다. [그림 2-19]에 이 표본 분포를 표시했습니다. 이 그림을 보면 합계 클릭 횟수 a가 4 이상인 부분이 나름 넓은 영역을 차지하고 있음을 알 수 있습니다. 그 확률을 계산해보면 약 35%가 됩니다. 즉, B안의 클릭률이 6%라 하더라도 앨리스의 보고서와 같은 결과를 얻을 수 있다는 점에 이상함이 없다는 것입니다. 그렇기 때문에 귀무가설을 기각할 수 없고, B안의 클릭률이 6%보다 높다는 결론을 도출할 수 없습니다.

한편 밥의 보고서에서 B안은 1,600번 표시되었으므로 귀무가설에 기반한 표본 분포는 $N = 1600$, $\theta = 0.06$의 이항 분포로 나타납니다. [그림 2-20]에 이 표본 분포를 나타냈습니다. 이 그림을 보면 클릭 합계 횟수 a가 128 이상이 되는 부분은 분포 중 매우 좁은 영역에 대응하며, 그 확률은 상당히 낮음을 알 수 있습니다. 그 결과를 계산해보면 0.1% 이하입니다. 그러므로 귀무가설 상에서 128회 이상 B안이 클릭되는 일은 매우 드뭅니다. 그렇기 때문에 귀무가설이 성립된다고 생각하기 어려우므로 귀무가설을 기각하고 대립가설을 채택해 클릭률이 6%보다 높다고 결론을 내릴 수 있습니다. 이상의 내용이 NHST를 이용한 가설 검정의 대략적인 흐름입니다. 지금까지의 논의 중 단 한 번도 베이즈 정리를 이용하지 않았음에 주의합니다.

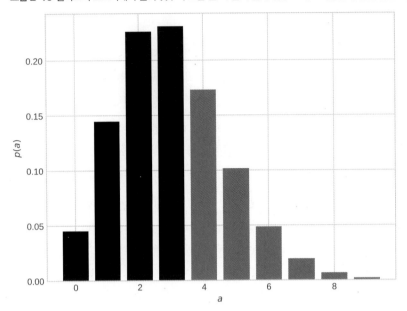

그림 2-19 앨리스의 보고서에서 클릭 횟수의 표본 분포. 클릭 합계 횟수 a가 4 이상인 부분을 옅은 색으로 표시함

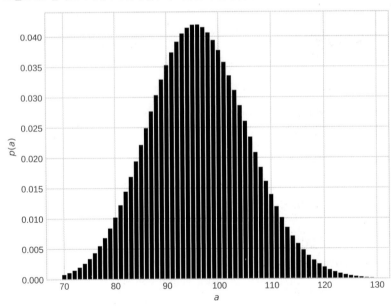

그림 2-20 밥의 보고서에서의 클릭 횟수의 표본 분포. 클릭 합계 횟수 a가 128 이상인 부분을 옅은 색으로 표시함

이 책에서 지금까지 소개한 접근 방식(편의상 **베이즈 접근 방식**이라고 부릅니다)에서는 흥미가 있는 파라미터의 신념을 데이터에 기반해 업데이트하고, 그 결과로부터 생성된 다양한 통계량을 계산해서 판단을 내렸습니다. 한편 NHST에서는 먼저 귀무가설에 기반해 검정 통계량의 표본 분포를 정하고, 표본 분포에서 관측 데이터 및 극단적인 사례가 차지하는 확률을 계산해 귀무가설의 기각 여부를 고려합니다. 이 두 가지 접근 방식의 차이를 종합하면 [그림 2-21]과 같이 나타낼 수 있습니다.

그림 2-21 NHST와 베이즈 접근 방식의 순서 비교

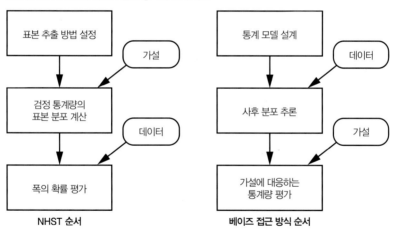

이 두 가지 접근 방식의 차이는 무엇을 의미할까요? 그것은 다양한 종류의 가설을 검정할 때의 자유도의 차이일 것입니다. NHST에서는 가설이 가설 검정 순서의 앞쪽(상위)에 위치해 있습니다. 그렇기 때문에 먼저 설정한 귀무가설에 기반해 검정 통계량의 표준 분포를 계산하는 작업을 수행한 뒤 가장 마지막에 관측된 데이터를 입수해 판단을 내립니다. 흥미가 있는 가설에 따라 대응하는 검정 통계량이 달라지기 때문에 초반에 구체적인 작업의 방향이 나누어지게 됩니다.

한편 베이즈 접근 방식에서는 가설이 가설 검정 순서의 뒤쪽(하위)에 위치해 있습니다. 먼저 데이터와 통계 모델과 베이즈 추론을 이용해 파라미터의 사후 분포를 구하고, 그 결과로부터 흥미 있는 통계량을 계산해서 판단을 내립니다. 검정하고자 하는 가설에 관계없이 사후 분포를 구하는 부분까지의 순서가 변하지 않으므로 구체적인 작업의 방향은 마지막에 가설에 대한 통계량을 구하는 부분만 바뀝니다.

이 차이를 자세히 보기 위해 앨리스와 밥의 보고서 예로 다시 돌아가 앞에서와는 다른 가설을 검정해보도록 합니다. 예를 들어 각 보고서에서 A안과 B안의 클릭률의 차이가 있음을 평가한다면 어떨까요?

NHST에서는 먼저 이 차이에 해당하는 검정 통계량의 표본 분포를 구합니다. 중간값 극한 정리(중심 극한 정리)에 의하면 분산이 존재하는 임의의 분포로부터 얻은 표본 평균의 분포는 점근적으로 정규 분포*에 가깝습니다(참고문헌 [37]). 이로부터 검정 통계량이 정류 분포 또는 t분포에 따른다는 것을 알고 있으므로 관측된 데이터(또는 보다 극단적인 예)가 이 표본 분포에서 차지할 확률을 구하게 됩니다. 실제로는 앞의 설명과 같은 도출을 데이터 분석 중에 수행하는 것이 어려우므로 '2개 그룹의 평균값을 평가하기 위해서는 t분포를 이용한다'와 같이 검정할 가설의 템플릿과 검정 통계량 및 그 표본 분포의 대응관계를 기억해 이용하게 됩니다. 그렇기 때문에 검정할 수 있는 가설의 종류도 대응하는 검정 통계량의 분포가 잘 알려진 것을 사용할 수밖에 없습니다.

한편 베이즈 접근 방식에서는 A안과 B안 각각의 클릭률의 사후 분포를 얻었다면 각각의 HDI를 비교해서 평가할 수 있습니다. 만약 앞에서 다루었던 'B안의 클릭률은 6%보다 높다'라는 가설에 관해서도 알고 싶다면 A안의 HDI 대신 클릭률 5%의 ROPE와 비교하면 됩니다. 베이즈 접근 방식에서는 같은 통계 모델과 사전 분포를 가정하는 한 가설의 종류에 관계없이 사후 분포를 구하는 단계까지의 순서는 달라지지 않습니다. 이 장에서 설명한 MCMC를 이용한 사후 분포로부터 대량의 샘플을 얻을 수 있다면 검정을 위한 통계량을 산출하는 것도 어렵지 않습니다.

이렇게 유연한 가설 검정을 가능하게 해주는 베이즈 접근 방식이지만 공평한 가설 검정을 수행하기 위해서는 그 전제가 되는 통계 모델 및 사전 분포 설계에 주의해야 합니다. 예를 들어 어떤 가설이 성립하는 확률이 높아지는 사전 분포를 설정하면 주어진 데이터의 샘플 크기가 작을 때는 그 가설이 채택되기 쉬워집니다. 이런 문제를 피하기 위해 문제 설정에 대해 적절한 사전 분포를 설계해야 합니다.

---

* 정규 분포에 관한 자세한 내용은 3.2.3절에서 다룹니다.

또한 다양한 종류의 가설을 유연하게 평가할 수 있다 하더라도 데이터를 본 뒤에 가설을 변경하는 것은 주어진 데이터에만 과도하게 적합한 가설이 만들어지게 될 위험이 있습니다. 어떤 데이터에 대해 순차적으로 가설을 설정해서 답하는 분석 스타일을 **적응 데이터 분석**adaptive data analysis 이라고 부르며, 이와 같은 과적합overfitting의 위험을 피하면서 안전하게 적응 데이터 분석을 수행하기 위한 방법론에 관한 연구도 진행되고 있습니다(참고문헌 [8]).

NHST와 베이즈 접근 방식을 이용한 통계적 가설 검정의 비교에 관해서는 참고문헌 [18]의 11장과 12장에서 자세히 설명하고 있으므로 보다 자세한 내용을 참조하기 바랍니다.

2.5 정리

이 장에서는 PyMC3를 이용한 확률적 프로그래밍을 소개했습니다. 1장에서도 다루었던 앨리스와 밥의 보고서를 확률적 프로그래밍을 이용한 접근 방식으로 풀어보는 것에서 시작해 통계 모델을 그대로 프로그램으로 바꿔 쓴 뒤 사후 분포로부터 샘플을 얻어냈습니다. 그 유연함 덕분에 리뷰 점수와 같은 여러 카테고리를 가진 데이터나 체류 시간과 같이 연속값으로 표시되는 데이터에 대해서도 복잡한 계산을 하지 않고 같은 접근 방식으로 베이즈 추론이 가능했습니다. 이 장에서 설명한 내용을 통해 그 접근 방식의 단순함과 강력함을 체감하고, 다양한 데이터에 대한 가설 검정을 수행할 수 있는 자신을 가질 수 있게 된다면 좋겠습니다.

지금까지는 주로 A안과 B안이라는 2개의 선택지 중에서 최적의 것을 선택하는 문제(A/B 테스트)를 다루었습니다. 물론 선택지가 2개 이상일 때도 같은 접근 방식을 이용해 각각의 사후 분포를 추론하고 그 결과량을 평가함으로써 다양한 가설을 검정할 수 있습니다. 하지만 선택지 수가 **매우 많아지면** 어떻게 하는 것이 좋을까요? 그 경우에는 각 선택지가 가진 특징 혹은 요소에 착안해 다소 다른 방식으로 접근할 수 있습니다. 다음 장에서는 선택지가 2개 이상인 경우 특히 이 선택지들이 조합으로 나타나는 경우를 생각해봅니다.

## CHAPTER 3

조합 테스트: 요소별로 분해해서 생각하자

일반적으로 웹사이트는 이미지, 텍스트 버튼 등 여러 요소가 조합되어 이루어집니다. 그렇기 때문에 하나의 요소를 업데이트한 디자인안 뿐만 아니라 동시에 여러 요소를 변경한 디자인안에 관한 테스트를 하고 싶은 경우가 있을 것입니다. 이때는 어떻게 실험을 설계하고 데이터를 분석하는 것이 좋을까요? 여기에서는 여러 요소의 조합으로 이루어진 웹사이트의 A/B 테스트를 생각해봅니다.

3.1 찰리의 보고서

주식회사 X에서는 최근 새로운 카메라를 판매하게 되었습니다. 웹 마케터인 찰리는 이 디바이스를 위한 랜딩 페이지*를 만들어 프로모션을 했지만 현재 판매 성과가 그렇게 좋지 않습니다. 그래서 찰리는 이 랜딩 페이지의 얼굴이 되는 히어로 이미지** 및 사용자가 클릭하는 CTA 버튼***의 문구를 수정하기로 했습니다.

히어로 이미지는 상품인 카메라를 중심으로 한 것과 이 카메라를 이용해 촬영한 샘플 사진을

---

* 어떤 웹사이트에 포함되어 있는 웹페이지 중 사용자가 처음 방문하는(landing) 웹페이지를 랜딩 페이지라고 부릅니다. 판매하는 제품의 첫인상과 이어지므로 사용자에게 메시지를 전달하는 중요한 페이지인 경우가 많습니다.

** 웹디자인 컨텍스트에서는 사용자 눈에 가장 처음에 들어오는 큰 이미지를 히어로 이미지(hero image)라고 부르기도 합니다.

*** CTA란 call-to-action의 약자로 사용자들이 해주기를 바라는 행동을 의미합니다. 예를 들어 상품 구입 버튼이나 정보 요청 버튼 등을 생각해볼 수 있습니다.

소개하는 것의 2가지를 시험해보기로 했습니다. 한편 CTA 버튼으로는 당장 제품을 구입할 것을 요청하는 '지금 구입하기'와 우선 제품에 관한 정보를 좀 더 확인할 수 있는 '제품 정보 보기'의 2가지를 준비했습니다. 그러므로 [그림 3-1]에 표시한 것처럼 4종류의 디자인안을 얻게 되었습니다.

그림 3-1 만들어진 각 디자인안의 이미지

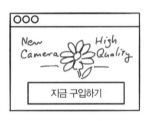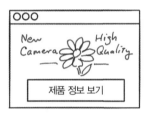

NOTE_ '지금 구입하기'와 '제품 정보 보기' 버튼을 클릭한 사용자들이 각각 기대하는 바는 다를 것입니다. 이것으로 올바른 테스트를 할 수 있을까요? 이 문제는 A/B 테스트의 다양한 부분에서 나타나는 문제로, 궁극적으로는 클릭률이라는 지표로 측정하는 것이 애초에 올바른 것인가 하는 질문에 이르게 됩니다. 이 문제에 관해서는 8장에서 별도로 설명합니다.

찰리가 이런 요소들을 변경한 디자인안을 무작위로 사용자에게 보인 결과 [표 3-1]에 표시한 데이터를 얻었습니다. 편의상 이후에는 이 4종류의 디자인안을 위에서부터 A, B, C, D라고 부르겠습니다.

표 3-1 여러 요소를 조합한 테스트 보고서

	히어로 이미지	버튼	표시 횟수	클릭 횟수	클릭률
A	제품 이미지	지금 구입하기	434	8	1.84%
B	제품 이미지	제품 정보 보기	382	17	4.45%
C	샘플 이미지	지금 구입하기	394	10	2.54%
D	샘플 이미지	제품 정보 보기	88	4	4.55%

표시 횟수를 보면 디자인 D안만 다른 3개 안에 비해 그 숫자가 적음을 알 수 있습니다. 엔지니어에게 이유를 물어보니 표시를 전환하는 소스 코드의 버그로 인해 이 조합만 잘 표시되지 않는 상황이 계속된 것 같습니다. 그러므로 이것은 완벽한 데이터라고 말하기는 어렵지만 우선 이 데이터에 기반해 논의를 진행합니다.

먼저 2장과 마찬가지로 각 디자인안의 클릭률을 추론해봅니다. [그림 3-2]에 MCMC를 이용해 얻은 샘플의 궤적을 표시했습니다. 샘플의 궤적을 보면 마르코프 연쇄가 무사히 수렴하고 있는 것으로 보입니다.

```python
import numpy as np
from matplotlib import pyplot as plt
import pymc3 as pm


n = [434, 382, 394, 88]
clicks = [8, 17, 10, 4]
with pm.Model() as model:
    theta = pm.Uniform('theta', lower=0, upper=1, shape=len(n))
    obs = pm.Binomial('obs', p=theta, n=n, observed=clicks)
    trace = pm.sample(5000, chains=2)
    pm.traceplot(trace, compact=True)
```

그림 3-2 클릭률 θ의 샘플의 궤적

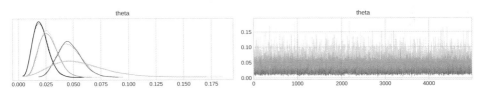

다음으로 확률 변수 theta의 요약 통계량을 봅니다. 평균을 보면 디자인 B안과 D안이 유망한 것으로 보입니다. 한편 횟수가 적어서인지 D안의 표준 편차가 다른 안에 비해 큰 것도 알 수 있습니다.

```python
with model:
    print(pm.summary(trace, hid_prob=0.95))
```

	mean	sd	hdi_2.5%	hdi_97.5%
theta[0]	0.021	0.007	0.009	0.034
theta[1]	0.047	0.011	0.027	0.069
theta[2]	0.028	0.008	0.013	0.044
theta[3]	0.056	0.024	0.014	0.103

pm.forestplot 메서드 또한 대략적인 분포를 시각화할 때 편리하게 이용할 수 있습니다. 각 분포의 95% HDI를 세로축으로 나열해서 비교한 것을 [그림 3-3]에 표시했습니다.

```
with model:
    pm.forestplot(trace, combined=True, hdi_prob=0.95)
```

그림 3-3 확률 변수 θ의 사후 분포의 95% HDI 비교

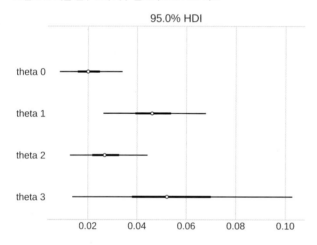

평균만 보면 A안이 클릭률이 가장 낮고, D안의 클릭률이 가장 높은 것을 알 수 있습니다. 한편 D안은 표시 횟수가 적기 때문에 다른 분포보다도 넓게 퍼져 있는 것을 볼 수 있습니다.

이 중에서 유망한 것은 B안과 D안이므로 이들이 다른 안보다 우수한지 평가해봅니다. 먼저 A 안과 B안의 클릭률의 차이가 양수가 되는 비율을 계산합니다.

```
print((trace['theta'][:, 1] - trace['theta'][:, 0] > 0).mean())  # 0.9839
```

이 프로그램을 실행했을 때 필자 환경에서는 약 98%라는 값을 얻었습니다. B안의 클릭률이 A안의 클릭률보다 높다고 결론을 내려도 좋을 것 같습니다.

다음으로 A안과 D안은 어떨까요?

```python
print((trace['theta'][:, 3] - trace['theta'][:, 0] > 0).mean())  # 0.9427
```

앞의 실행 결과 역시 높은 값을 나타내지만 우리 판단 기준인 95%에는 미치지 못했습니다. 평균만 보면 D안이 가장 유망해보이지만 이를 뒷받침하는 표시 횟수가 적기 때문에 이런 결과가 나왔습니다.

3.2 효과에 주목한 모델링

찰리가 순조롭게 분석을 진행하고 있을 즈음 동료인 데이브가 옆에서 보고서를 보며 말했습니다.

  "역시 CTA는 '제품 정보 보기' 정도로 하는 편이 사용자에게 효과가 있겠는 걸."

그것을 듣고 찰리는 깜짝 놀랐습니다. 지금까지 어떤 디자인안이 우수한지 비교 검토하는 것에만 집중한 나머지 각 요소에 적용한 **대책의 효과**를 평가하는 것을 완전히 잊어버리고 있었기 때문입니다. 데이브는 어떤 디자인안이 우수한가가 아니라 CTA 버튼의 문구를 바꾸는 대책이 클릭률에 미치는 효과에 주목한 것이었습니다. 좋은 효과를 주는 대책이 무엇인지 알 수 있다면 이후 다른 웹페이지를 디자인할 때 활용할 수 있는 범용적인 지식이 됩니다. 찰리는 스스로의 시야가 좁았던 것을 반성하며 각 요소를 변경함으로써 얻을 수 있는 효과에 주목한 분석을 진행하기로 했습니다.

구체적으로 우리는 어떤 변경을 통계 모델에 추가해야 할까요? 우선 지금 우리가 이용하고 있는 통계 모델을 돌아보기 위해 [식 1.12]를 다시 표시해봅니다. 단, 사전 분포에 해당하는 베타 분포의 파라미터는 일반적인 경우를 고려해 α, β로 했습니다.

$$\theta \sim \mathrm{Beta}(\alpha, \beta)$$
$$a \sim \mathrm{Binomial}(\theta, N)$$

이 관계는 [그림 3-4]와 같이 표시할 수 있습니다.

그림 3-4 지금까지 고려했던 클릭 생성 통계 모델

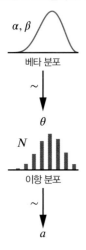

그림을 아래쪽부터 먼저 보면 관측된 데이터, 다시 말해 합계 클릭 횟수 a가 있습니다. 그 위에는 이항 분포가 화살표로 이어져 있습니다. 그 화살표 옆에는 ∼라는 기호가 있는데, 이 확률 변수 a가 이항 분포를 따르고 있음을 의미합니다. 또한 이항 분포에는 시행 횟수를 의미하는 파라미터 N과 성공 확률을 의미하는 파라미터 θ가 있습니다. 그 성공 확률 파라미터 θ에는 베타 분포에서 나온 화살표가 연결되어 있으며, 이 확률 변수 θ는 파라미터 α, β를 가진 베타 분포를 따름을 알 수 있습니다.

이런 그림을 그리는 방법은 크루쉬케^{Kruschke}의 책(참고문헌 [18])에 소개되어 있으며, 통계 모델에 포함된 확률 변수 사이의 관계를 살펴보는 데 도움이 됩니다. 앞으로는 이런 그림을 함께 이용하면서 통계 모델을 설계합니다.

여기에서는 이미지나 버튼을 변경한 대책이 클릭률에 미치는 영향을 모델링하고자 하므로 각 대책의 효과를 의미하는 새로운 확률 변수를 도입할 필요가 있습니다. 이들을 β_1, β_2로 나타내기로 합니다. 또한 그 두 가지 대책이 없어도 클릭률이 0이 되지는 않으므로 베이스라인이 될 클릭률을 의미하는 또 하나의 확률 변수 α도 도입해야 합니다. 이 3개 확률 변수가 어떤 형태로든 클릭률 θ를 결정한다고 보는 것입니다. 크루쉬케의 다이어그램을 이용해 이를 [그림 3-5]와 같이 나타낼 수 있습니다. 아직 구체적인 정보가 없는 부분은 ?$_1$, ?$_2$를 사용하여 표기를 보류했습니다.

그림 3-5 요소의 효과를 고려한 통계 모델 이미지

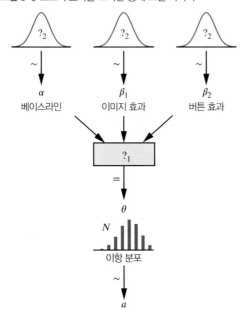

새롭게 도입한 확률 변수 α, β_1, β_2는 어떤 사전 분포에 따라 생성된다고 가정합니다. 그리고 이 확률 변수들을 연결하는 모종의 관계식에 따라 θ가 결정됩니다. 여기에서 확률 분포 θ에 연결된 화살표 옆에 붙은 기호가 확률 분포에 따르는 것을 의미하는 $\sim$에서 $=$로 바뀐 것에 주의합니다. 이 통계 모델은 θ가 확률적으로 생성되는 것이 아니라 그 외의 확률 변수 α, β_1, β_2의 값에 의해 하나로 결정됩니다. 그것을 강조하기 위해 $=$과 $\sim$를 명확하게 구별해서 기술했습니다. 마지막으로 이 확률 분포 θ와 시행 횟수 N을 파라미터로 갖는 이항 분포에 따라 총 클릭 수를 나타내는 확률 변수 a가 생성됩니다.

3.2.1 더미 변수

보류한 부분을 검토하기에 앞서 이후 고려할 것들을 간단하게 하기 위해 약간의 처리를 하도록 합니다. 여러 가지 요소에 의한 효과를 생각하는 과정에서 항상 이미지나 버튼을 구체적인 이름으로 부르기는 번거롭습니다. 또한 통계 모델에서 다루려면 이들을 어떤 형태의 수치로 표시해야 합니다. 이처럼 수치가 아닌 대상의 분석을 위해 편의상 도입하는 변수를 **더미 변수**^{dummy} variable라고 부릅니다. 여기에서는 이미지와 버튼의 종류를 나타내기 위한 더미 변수를 도입합니다.

우선 히어로 이미지에 대해서는 제품 이미지에 0, 샘플 이미지에 1을 할당합니다. 버튼에 대해서는 '지금 구입하기'에 0, '제품 정보 보기'에 1을 할당합니다. 그리고 히어로 이미지를 변수 x_1, 버튼을 변수 x_2로 표시합니다. 이제 [표 3-1]의 보고서는 [표 3-2]와 같이 바꿔 쓸 수 있습니다.

표 3-2 더미 변수를 도입한 보고서

	x_1	x_2	N	a	a/N
A	0	0	434	8	1.84%
B	0	1	382	17	4.45%
C	1	0	394	10	2.54%
D	1	1	88	4	4.55%

3.2.2 로지스틱 함수

각 요소를 수치로 바꿨으므로 θ를 의미하는 관계식을 생각해봅시다. 이는 [그림 3-5]의 가운데 있는 $?_1$을 의미합니다.

히어로 이미지에 의한 효과를 β_1, 히어로 이미지의 종류를 x_1로 정의했으므로 단순히 생각하면 히어로 이미지의 클릭률에 대한 기여분은 $\beta_1 x_1$로 표현할 수 있을 것 같습니다. 마찬가지로 CTA 버튼의 기여분은 $\beta_2 x_2$로 나타낼 수 있습니다. 그리고 이 식만으로는 $x_1 = 0$, $x_2 = 0$일 때 $\beta_1 x_1$과 $\beta_2 x_2$ 모두 0이 되므로 두 값이 모두 0일 때의 베이스라인이 되는 α 값도 추가해두어야 합니다. 이 내용을 종합하면 클릭률 θ는 다음 관계식으로 나타낼 수 있습니다.

$$\theta = \alpha + \beta_1 x_1 + \beta_2 x_2 \qquad \text{[식 3.1]}$$

이 식을 그대로 사용하는 것도 좋지만, 그대로 클릭률로 사용하기에는 한 가지 불편한 점이 있습니다. 그것은 α, β_1, β_2의 값에 따라 θ가 1 이상의 값 또는 음숫값을 가질 수 있다는 점입니다. 예를 들어 $(\alpha, \beta_1, \beta_2) = (0, 1, 1)$ 값이 샘플링되었다면 $(x_1, x_2) = (1, 1)$일 때 $\theta = 2 > 1$이 되어 확률 조건을 만족하지 못하게 됩니다. 클릭률은 0 이상 1 이하여야 하므로 이는 다소 적합하지 않은 상태입니다.

그래서 일반적으로 주어진 수치를 0부터 1 사이의 값으로 떨어뜨리는 함수로 감싸는 방법을 자주 이용합니다. 이 목적으로 잘 이용되는 함수의 하나로 [식 3.2]에 표시한 **로지스틱 함수**^{logistic} function*가 있습니다.

$$\text{logistic}(x) = \frac{1}{1 + e^{-x}}$$

[식 3.2]

[그림 3-6]에 로지스틱 함수를 표시했습니다. 로지스틱 함수는 0을 중심으로 S자형 곡선을 그립니다. 입력이 커지면 1, 반대로 작아지면 0으로 수렴합니다.

그림 3-6 로지스틱 함수

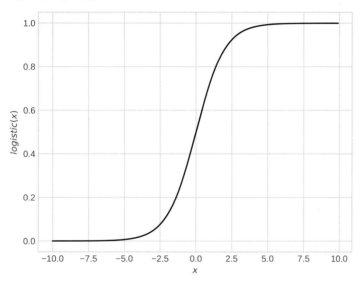

이 함수로 앞의 [식 3.1]을 감싸면 α, β_1, β_2 값에 관계없이 θ는 0 이상 1 이하의 영역에 들어갑니다. 로지스틱 함수를 이용하면 θ의 관계식을 다음과 같이 쓸 수 있습니다.

$$\theta = \text{logistic}(\alpha + \beta_1 x_1 + \beta_2 x_2)$$

[식 3.3]

로짓 함수^{logit function}도 이 확률 변수들의 관계식을 기술할 때 도움이 되므로 여기에서 소개합니다. 로짓 함수는 로지스틱 함수의 역함수로 $\text{logit}(x) = \log(\frac{x}{1-x})$로 표시됩니다. 단, 밑을 생략한 대수 log는 네이피어 상수를 밑으로 하는 대수, 즉 **자연 대수**를 가리키는 것으로 합니다. 로짓

---

* 시그모이드 함수(sigmoid function)라고도 부릅니다.

함수가 로지스틱 함수의 역함수임은 로짓 함수와 로지스틱 함수를 곱하면 원래의 입력을 얻을 수 있는 것을 통해 확인할 수 있습니다.

$$\mathrm{logit}(\mathrm{logistic}(x)) = \log\left(\frac{\frac{1}{1+\mathrm{e}^{-x}}}{1 - \frac{1}{1+\mathrm{e}^{-x}}}\right) = \log\left(\frac{1}{\mathrm{e}^{-x}}\right) = \log\left(\mathrm{e}^x\right) = x$$

로짓 함수를 이용하면 [식 3.3]을 다음과 같이 바꿔 쓸 수 있습니다.

$$\mathrm{logit}(\theta) = \alpha + \beta_1 x_1 + \beta_2 x_2 \qquad\qquad \text{[식 3.4]}$$

이제 [그림 3-5]에서 보류했던 가운데 사각형 안의 $?_1$을 채울 수 있게 되었습니다. 다음으로 그림 위쪽에 있는 3개의 $?_2$, 즉 새롭게 도입한 α, β_1, β_2의 사전 분포를 생각해봅니다.

3.2.3 정규 분포

β_1은 히어로 이미지를 0에서 1로 변경함에 따른 효과의 크기, β_2는 버튼의 문구를 0에서 1로 변경함에 따른 효과의 크기를 의미하지만 이 값은 양수 또는 음수가 될 수 있습니다. 왜냐하면 어떤 요소의 경우에는 1보다 0이 우수할 수 있으며, 이때는 0에서 1로 변경하는 것이 클릭률에 부정적인 영향(마이너스)을 주기 때문입니다. 그리고 이 효과들은 어떤 연속값으로 나타날 것 입니다.

우리는 지금까지 연속값의 확률 분포로 균일 분포, 베타 분포, 디리클레 분포, 지수 분포를 다루었습니다. 베타 분포, 디리클레 분포, 지수 분포는 음숫값을 다루지 않으므로 적절하지 않으며, 균일 분포 역시 어떤 값의 영역을 취하는 것이 적절할지 알 수 없습니다. 이런 경우에 이용할 수 있는 편리한 분포로 **정규 분포** normal distribution, **가우스 분포**, Gaussian distribution 가 있습니다.

정규 분포는 연속값의 확률 분포 중에서도 손에 꼽을 만큼 중요합니다. 정규 분포는 종형 곡선 이라고 불리는 한 정점에서 양쪽으로 부드러운 대칭의 곡선을 가진 형태입니다. 정규 분포는 평균 μ와 분산 σ^2 2개 파라미터로 이루어집니다. 정규 분포의 몇 가지 예를 [그림 3-7]에 표 시했습니다.

그림 3-7 다양한 정규 분포의 예

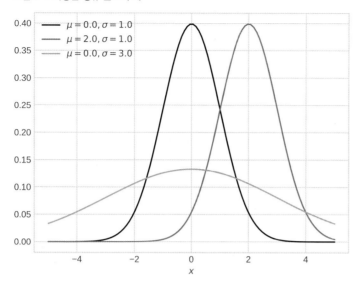

평균 μ는 분포의 위치를 의미하는 파라미터입니다. 평균 μ의 값과 곡선의 정점이 일치하는 것을 그림에서 알 수 있습니다. 한편 분산 σ^2은 곡선 밑단의 넓이를 의미하는 파라미터입니다. 분산 σ^2이 클수록 평평하고 넓은 형태로 나타납니다.

정규 분포의 확률 밀도 함수는 다음과 같이 나타내며, 음수를 포함한 임의의 실수에 대해 정의됩니다. 단, $\exp(x) = \mathrm{e}^x$으로 정의합니다.

$$p(x \mid \mu, \sigma^2) = \mathcal{N}(\mu, \sigma^2) = \frac{1}{\sqrt{2\pi\sigma^2}} \exp\left(-\frac{(x-\mu)^2}{2\sigma^2}\right)$$ [식 3.5]

β_1, β_2의 사전 분포에 평균 0으로 분산이 큰 정규 분포를 도입하면 최초에는 0 주변에 값이 분포하는 것을 기대할 수 있고 양수는 물론 정수에도 넓은 범위의 값을 얻을 수 있는 것을 허가할 수 있습니다. α도 마찬가지로 정규 분포를 사전 분포로 사용하면 좋을 것입니다.

3.3 통계 모델 수정

앞의 논의를 반영해 수정한 통계 모델의 이미지를 [그림 3-8]에 표시했습니다. 이 통계 모델은 PyMC3를 이용해 다음과 같이 기술할 수 있습니다.

```
img = [0, 0, 1, 1]
btn = [0, 1, 0, 1]

with pm.Model() as model_comb:
    alpha = pm.Normal('alpha', mu=0, sigma=10)
    beta = pm.Normal('beta', mu=0, sigma=10, shape=2)
    comb = alpha + beta[0] * img + beta[1] * btn
    theta = pm.Deterministic('theta', 1 / (1 + pm.math.exp(-comb)))
    obs = pm.Binomial('obs', p=theta, n=n, observed=clicks)
    trace_comb = pm.sample(5000, chains=2)
```

그림 3-8 수정한 통계 모델의 이미지

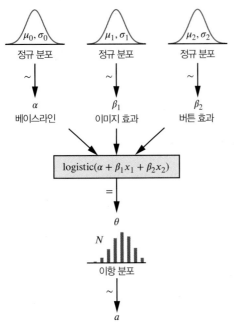

먼저 더미 변수로 각 요소를 다시 쓴 배열 img와 btn을 준비합니다. 그리고 모델 안에 새로운 확률 변수에 해당하는 alpha와 beta를 기술합니다. 여기에서는 평균 0, 분산 10의 정규 분포를 사전 분포로 설정했습니다. 또한 beta는 β_1과 β_2 2개를 나타내므로 차원수 shape가 2인 점에 주의합니다.

comb로 각 요소의 합을 계산한 뒤 로지스틱 함수에 전달해서 [식 3.3]에 해당하는 관계식을 기술합니다. 이전의 통계 모델들과 달리 theta는 이 관계식에 의해 한번에 결정됩니다. 그와 같은 확률 변수는 pm.Deterministic에 의해 지정됩니다. 이번 모델 및 샘플의 궤적은 각각 model_comb와 trace_comb입니다.

얻어진 샘플의 궤적을 시각화한 결과를 [그림 3-9]에 표시했습니다.

```
with model_comb:
    pm.traceplot(trace_comb)
```

그림 3-9 수정한 통계 모델을 이용해 얻은 샘플의 궤적

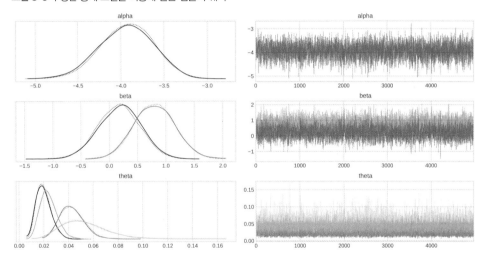

이번에는 클릭률 θ와 함께 대책 효과를 나타내는 확률 변수 α, β_1, β_2의 샘플도 포함하고 있음에 주의합니다. 두 번째 플롯에서 β_1와 β_2의 분포가 깔끔하게 나눠져 있음을 알 수 있습니다. 이 사후 분포들을 시각화해서 자세하게 확인해봅니다. 시각화 결과를 [그림 3-10]에 표시했습니다.

```
with model_comb:
    pm.plot_posterior(trace_comb, var_names=['beta'], hdi_prob=0.95)
```

그림 3-10 β의 사후 분포 시각화

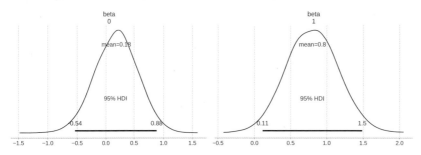

그림 왼쪽의 β_1(beta_0), 즉 히어로 이미지의 효과는 0 부근을 중심으로 분포하고 있지만 그림 오른쪽의 β_2(beta_1), 즉 버튼 문구의 효과는 0보다 큰 수치 영역에 분포해 있음을 알 수 있습니다. 어쩌면 버튼 문구를 변경하는 것은 클릭률에 긍정적인 효과(플러스 효과)를 미치는 것일지도 모릅니다. 이 가설을 확인해봅니다.

```python
print((trace_comb['beta'][:, 1] > 0).mean())  #0.9924
```

코드 실행 결과 필자 환경에서는 0.9924를 얻었습니다. 따라서 버튼 문구의 변경은 클릭률에 긍정적인 효과를 미친다고 말할 수 있습니다. 이전의 방법에서는 '어떤 디자인안이 좋은가?'라는 질문에만 대답할 수 있었지만 이처럼 효과에 주목해 모델링을 하면 특정 요소를 변경한 대책의 효과에 관해서도 평가할 수 있게 됩니다.

θ의 경우 큰 경향에는 변화가 없어 보이지만 그림의 스케일을 보면 이전보다 분포의 폭이 좁아졌음을 알 수 있습니다. 이전 모델과 수정한 모델에서 θ의 사후 분포의 95% HDI를 비교해봅니다. 이전 모델에서는 클릭률 θ가 디자인안별로 독립되어 있었으므로 Individual, 이번 모델에서는 클릭률을 대책 효과의 조합으로 나타냈으므로 Combined라고 이름 붙였습니다. 95% HDI를 나란히 시각화한 결과를 [그림 3-11]에 표시했습니다.

```python
with pm.Model():
  pm.forestplot([trace, trace_comb], var_names=['theta'],
                hdi_prob=0.95, combined=True,
                model_names=['Individual', 'Combined'])
```

그림 3-11 클릭률 θ 를 디자인안별로 독립된 모델(Individual)과 대책 효과에 따라 연결된 모델(Combined)에 대해 얻은 사후 분포의 95% HDI 비교

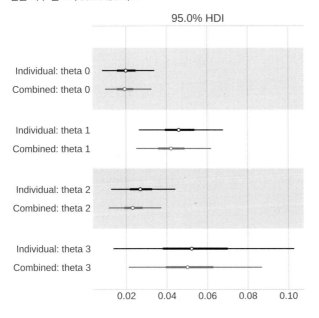

시각화 결과 4개 모두에 대해 구간이 짧음을 알 수 있습니다. 즉, 보다 자신을 갖고 클릭률을 추론하는 형태입니다. 이것이 클릭률의 가설 검정에 어떤 영향을 미치는 것일까요? 시험 삼아 이전 분석에서와 같이 디자인 A안과 B안 그리고 디자인 A안과 D안의 클릭률의 차이를 평가해봅니다.

```
print((trace_comb['theta'][:, 1] - trace_comb['theta'][:, 0] > 0).mean())
# 0.9924
print((trace_comb['theta'][:, 3] - trace_comb['theta'][:, 0] > 0).mean())
# 0.9582
```

두 경우 모두 이전 분석보다 큰 값을 얻음을 알 수 있습니다. 특히 A안과 D안의 비교에 있어서는 우리가 설정한 기준인 95%를 상회하므로 이 2개 사이에는 차이가 없다는 이전의 결론을 뒤집어야 할지도 모릅니다.

다루는 데이터가 동일함에도 불구하고 채용한 모델을 변경함에 따라 다른 결과를 얻었습니다. 보다 폭이 좁은 사후 분포를 얻을 수 있었다는 것은 적어도 데이터로부터 보다 자신 있게 확률

변숫값을 추론할 수 있다는 의미이므로 좋게 들리기도 합니다. 무엇보다 '아쉬웠던' D안이 A안보다 채용할 가치가 있다는 점을 추가 실험 없이 이끌어낼 수 있었습니다.

하지만 그 대가는 어디에서 지불된 것일까요?

3.4 완성한 보고서, 잘못된 모델

그 후 찰리가 디자인 D안에 관한 데이터를 수집할 수 없었던 원인을 조사한 결과, 보고서를 생성하는 데이터 파이프라인의 버그가 원인이었음을 알았습니다. 로그 데이터를 조사한 결과 실제 D안도 다른 안과 비슷하게 표시되었음을 알았습니다. 다시 얻은 보고서는 [표 3-3]과 같습니다.

표 3-3 완성한 보고서

	x_1	x_2	N	a	a/N
A	0	0	434	8	0.0184
B	0	1	382	17	0.0445
C	1	0	394	10	0.0254
D	1	1	412	8	0.0194

지금까지 다뤘던 데이터는 버그로 인한 누락이 있었으므로 이것은 새로운 데이터라고 생각해 해석을 처음부터 다시 해봅니다. 당초에는 유망한 것으로 보였던 D안이지만 다시 보니 정작 C안보다 성능이 좋지 않음을 알게 되었습니다. 우선 3.3절에서 수정한 통계 모델을 이용해 MCMC를 통한 사후 분포를 추론합니다. 그 결과 [그림 3-12]에 나타낸 샘플의 궤적을 얻었습니다.

```
n = [434, 382, 394, 412]
clicks = [8, 17, 10, 8]
img = [0, 0, 1, 1]
btn = [0, 1, 0, 1]

with pm.Model() as model_comb2:
    alpha = pm.Normal('alpha', mu=0, sigma=10)
    beta = pm.Normal('beta', mu=0, sigma=10, shape=2)
```

```
comb = alpha + beta[0] * img + beta[1] * btn
theta = pm.Deterministic('theta', 1 / (1 + pm.math.exp(-comb)))
obs = pm.Binomial('obs', p=theta, n=n, observed=clicks)
trace_comb2 = pm.sample(5000, chains=2)
pm.traceplot(trace_comb2, compact=True)
```

그림 3-12 완성된 보고서에 동일한 통계 모델을 적용한 샘플의 궤적

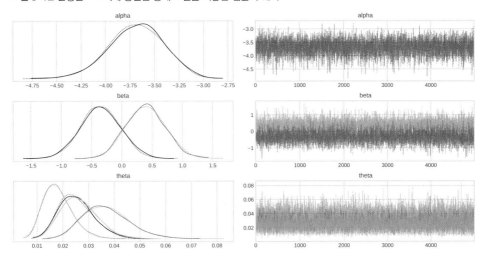

결과를 보면 beta의 사후 분포가 [그림 3-10]에 비해 0에 가까운 위치에 분포하는 것을 알 수 있습니다. 앞에서는 버튼 문구를 바꾸는 대책인 β_2가 클릭률에 긍정적인(플러스) 효과를 미친다고 생각되었으나 아래 코드를 실행한 결과에 따르면 새로운 데이터에서는 그 결과를 인정할 수 없게 되었습니다.

```
print((trace_comb2['beta'][:, 1] > 0).mean())   # 0.8931
```

같은 통계 모델을 이용했음에도 불구하고 새로운 데이터가 추가됨에 따라 추론이 달라졌습니다. 이 결과에서는 어떤 대책도 클릭률에 긍정적인 효과를 미친다고는 할 수 없습니다. 우리는 지금까지의 결과를 뒤집어야만 하는 것일까요?

여기에서 우리가 이용한 모델이 정말 적절한 것이었는지 다시 생각해봐야 합니다. 3.2절에서의 논의를 통해 히어로 이미지와 버튼 문구라는 각각의 요소가 가진 효과에 주목해 통계 모델링을 했습니다. 이렇게 어떤 요소가 직접적으로 미치는 결과를 **주효과**main effect라고 부릅니다.

주효과의 합으로 클릭률이 결정된다는 가정은 그럴듯해 보이지만 중요한 요소 하나를 간과했습니다. 그것은 요소의 조합에 의해 만들어지는 **교호 작용**interaction effect입니다.

3.4.1 교호 작용

교호 작용이란 여러 요소를 조합함에 따라 나타나는 효과를 의미합니다. 개별적으로는 유익한 약이라도 어떻게 복용하는지에 따라 생각지도 못한 부작용을 일으킬 수 있는 것처럼 개별적으로는 좋은 효과를 미치는 요소도 조합에 따라 의도하지 않은 결과를 초래하기도 합니다.

3.2절에서 채용했던 통계 모델에서는 단순히 히어로 이미지 변경에 의한 효과와 CTA 버튼 문구 변경에 의한 효과를 곱해서 클릭률을 결정했습니다. 이 모델링의 배경에는 '히어로 이미지 변경이 플러스, CTA 버튼 문구 변경도 플러스면 두 요소를 더한 것만큼 플러스될 것이다'라는 가정이 암묵적으로 포함되어 있습니다.

3.1절에서 본 것처럼 최초 보고서에서는 D안이 표시된 횟수가 비교적 적었지만 A안과 B안을 비교하는 것으로 CTA 버튼 변경에 따른 효과를 알 수 있던 상태였습니다. 마찬가지로 A안과 C안을 비교함으로써 히어로 이미지 변경에 따른 효과도 추론할 수 있습니다. 그리고 '플러스와 플러스를 조합하면 플러스'라는 가정을 적용했으므로 D안의 클릭률에 관해서도 어느 정도 추론이 가능하게 된 것입니다. 이것이 바로 D안의 샘플 크기가 작았음에도 불구하고 주효과에 착안한 통계 모델링을 채용함에 따라 HDI의 폭이 좁아진 이유입니다. 바꾸어 말하면 A안, B안, C안의 샘플이 이 가정을 통해 D안의 클릭률의 추론에 힘을 실어준 것입니다.

그럼 우리는 완성된 보고서를 어떻게 다루어야 할까요? 한 가지 해법으로 교호 작용도 포함한 통계 모델링을 고려할 수 있습니다. [식 3.1]에 표시한 것처럼 히어로 이미지의 효과 x_1과 x_2가 조합됨에 따라 교호 작용을 고려하고자 하므로 새롭게 $x_1 x_2$인 항목을 추가하도록 합니다. 그리고 그 영향의 크기를 의미하는 확률 변수 γ를 추가해 이들을 곱한 교호 작용항 $\gamma x_1 x_2$를 관계식에 추가합니다. 그리고 로지스틱 함수를 이용해 값이 0에서 1 사이에 들어가도록 합니다.

이상의 논의에 따라 교호 작용을 고려한 클릭률 θ를 나타내는 관계식은 다음과 같이 나타낼 수 있습니다. 주요소에만 착안한 관계식 [식 3.3]에 비해 교호 작용항이 추가되었습니다.

$$\theta = \text{logistic}(\alpha + \beta_1 x_1 + \beta_2 x_2 + \gamma x_1 x_2) \qquad \text{[식 3.6]}$$

그럼 이 교호 작용을 추가한 모델을 PyMC3로 기술해봅니다. [그림 3-13]에 샘플의 궤적을 나타냈습니다.

```python
with pm.Model() as model_int:
    alpha = pm.Normal('alpha', mu=0, sigma=10)
    beta = pm.Normal('beta', mu=0, sigma=10, shape=2)
    gamma = pm.Normal('gamma', mu=0, sigma=10)
    comb = alpha + beta[0] * img + beta[1] * btn + gamma * img * btn
    theta = pm.Deterministic('theta', 1 / (1 + pm.math.exp(-comb)))
    obs = pm.Binomial('obs', p=theta, n=n, observed=clicks)
    trace_int = pm.sample(5000, chains=2)
    pm.traceplot(trace_int, compact=True)
```

그림 3-13 교호 작용항을 추가한 통계 모델에서 얻은 샘플의 궤적

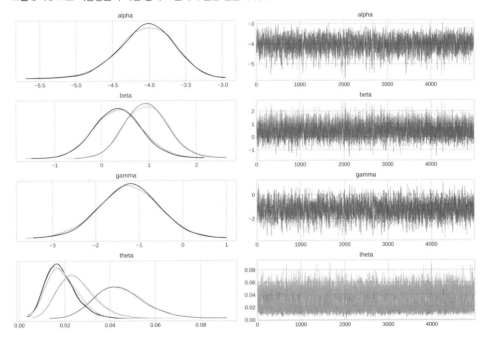

샘플의 궤적을 보면 우선 새로운 확률 변수 gamma가 추가되었음을 알 수 있습니다. 이는 교호 작용항의 계수로 교호 작용의 크기를 의미합니다. 그 분포를 보면 마이너스 영역으로 0보다 크게 벗어난 곳에 분포하고 있음을 알 수 있습니다. 이 확률 변수가 마이너스값을 가질 확률이 높다는 것을 다음 코드로 검증해봅니다.

```
print((trace_int['gamma'] < 0).mean())  # 0.9713
```

위 코드 실행 결과 필자 환경에서는 0.9713이라는 값을 얻었습니다. 그러므로 이 데이터에는 마이너스의 교호 작용이 나타난다고 결론을 내릴 수 있습니다.

[그림 3-12]와 비교해보면 확률 변수 beta의 분포에도 변화가 보입니다. 새롭게 얻은 분포는 0보다 플러스 영역으로 벗어난 곳에 분포하고 있는 것으로 보입니다. 즉, 히어로 이미지와 버튼의 문구 각각의 요소를 변경함에 따른 플러스 효과가 추론된다는 것입니다. 마찬가지로 이에 관해서도 가설을 검정해봅니다.

```
print((trace_int['beta'][:, 0] > 0).mean())  # 0.7522
print((trace_int['beta'][:, 1] > 0).mean())  # 0.9854
```

위 코드 실행 결과 필자 환경에서는 각각 0.7522, 0.9854라는 값을 얻었습니다. 그러므로 히어로 이미지의 변경(β_1에 해당합니다)에 관해서는 클릭률에 플러스 효과가 있다고 인정하기 어렵지만 CTA 버튼의 문구 변경(β_2에 해당합니다)에 관해서는 플러스 효과가 있다고 결론을 내릴 수 있습니다. 교호 작용항 $\gamma x_1 x_2$를 모델에 추가함으로써 교호 작용이 존재하는 것을 확인했을 뿐만 아니라 특정 요소에 관한 주효과가 있음도 확인할 수 있습니다.

3.4.2 웹디자인에서 교호 작용

대체 이 교호 작용 뒤에서는 무슨 일이 일어나고 있는 걸까요? 이를 이해하기 위해 [그림 3-1]을 다시 확인해봅니다. 완성한 보고서에 대해 분석을 수행한 결과 버튼 문구에는 '지금 구입하기'보다 '제품 정보 보기'라고 쓰는 편이 사용자가 버튼을 클릭할 확률이 높아짐을 알았습니다. 웹페이지에 방문한 사용자에게 갑자기 부담이 큰 행동을 요구하는 것보다 우선 제품에 관해 살펴보도록 하는 편이 부담을 주지 않고 다음 단계로 가도록 할 수 있어 보입니다. 1.1절에서 소개한 오바마 홈페이지의 A/B 테스트에서도 다른 버튼보다 LEARN MORE 버튼의 클릭률이 높았던 것을 관측했습니다. 이 결과는 '처음 한 걸음은 간단한 것을 제시하는 것이 좋다'는 경험적 지식과도 일치한다고 말할 수 있을 것입니다.

하지만 '제품 정보 보기'라는 버튼을 가진 D안은 교호 작용에 의해 클릭률이 낮은 것도 알았습니다. 즉, 이 버튼은 제품인 카메라로 촬영된 샘플 이미지와 조합하면 역효과를 낸다는 것입니다. 카메라를 중앙에 배치한 제품 사진과 '제품 정보 보기' 버튼의 조합은 사용자가 한눈에 카메라에 관한 것임을 알 수 있지만, 카메라로 촬영한 샘플 이미지와 '제품 정보 보기' 버튼의 조합은 무엇을 설명하는지 모를 수 있습니다. 소극적인 CTA는 명확한 대상과 조합되면 효과적이지만 불명확한 대상과 조합되면 역효과를 낼 수도 있습니다. 여기에서 살펴본 것은 어디까지나 가공의 예기 때문에 실제 사용자가 그런 인식을 하는지는 알 수 없으나 이와 같은 고찰을 해볼 수 있습니다.

웹디자인에서는 간단하게 다양한 요소를 더하거나 변경할 수 있습니다. 하지만 한편으로는 각 요소가 복잡하게 조합되어 생각지도 못한 효과가 나타날 수 있음도 기억해야 합니다. [그림 3-14]는 참고문헌 [1]에서 인용한 배너 광고 디자인 예입니다. 사진 위에 쓰인 텍스트 'FERRAIS ARE REALLY FAST페라리는 매우 빠르다'는 문장은 같지만 배경 사진에 따라 그 의미의 어울림이 달라짐을 알 수 있습니다. 질주하는 자동차의 사진과 함께 있다면 속도가 빠르며 스포티한 긍정적 메시지를 주지만 나무에 충돌한 자동차의 사진과 함께 있다면 차를 탈 때는 조심해야 한다(특히 속도가 빠른 차의 경우)는 매우 부정적 메시지를 줍니다. 즉, 사진과 텍스트의 조합에 의한 교호 작용이 발생합니다.

그림 3-14 배경 이미지에 따라 메시지가 바뀌는 배너 광고 예. 그림은 참고문헌 [1]에서 인용(참고 그림 3)

보다 간단한 교호 작용의 예로 [그림 3-15]에 다른 밝기의 배경색과 버튼의 조합을 나타냈습니다. 밝은 배경색일 때는 어두운 색의 버튼, 어두운 배경일 때는 밝은 색 버튼이 잘 보이는 것을 알 수 있습니다.

매우 단순한 예지만 웹페이지의 디자인과 관련된 A/B 테스트를 수행할 때도 비슷한 현상이 발생할 가능성이 충분합니다. 웹디자인에서는 단 한 줄의 코드를 이용해서 표시하는 요소를 전환할 수 있지만, 사용자의 인식에는 그 이상의 영향이 있음을 항상 의식해야 합니다.

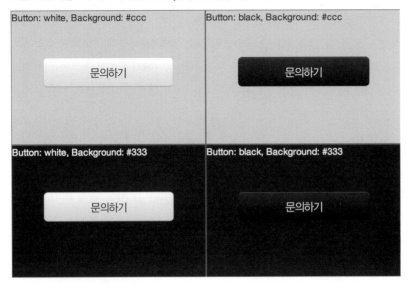

그림 3-15 배경색에 따라 가시성(visibility)이 변화하는 버튼의 예

3.5 모델 선택

지금까지 찰리에게는 다양한 일이 일어났습니다. 먼저 통계 모델을 조합할 때 각각의 디자인안이 다른 클릭률을 가진다고 고려한 접근 방식과 디자인안을 구성하는 요소의 조합에 의해 클릭률이 결정된다고 고려하는 접근 방식을 다뤘습니다. 요소의 조합을 고려함으로써 우수한 디자인안뿐만 아니라 각 대책의 효과도 평가할 수 있었습니다. 이것은 이후 새로운 웹 최적화 실험을 설계할 때도 유용한 지식이 될 가능성이 있습니다. 그리고 관측 데이터가 적은 디자인안에 대해서도 보다 확신을 갖고 클릭률을 추론할 수 있었습니다.

한편 완성된 보고서에 대해 다시 요소의 조합을 고려할 수 있는 접근 방식을 적용했을 때 각 대책의 효과를 잘 추론할 수 없게 되었습니다. 그래서 다시 통계 모델을 수정해 주효과뿐만 아니라 교호 작용도 고려함으로써 클릭률 향상에 효과 있는 대책과 교호 작용의 유무를 평가할 수 있었습니다.

이 두 가지 과정을 통해 같은 데이터에 대해서도 다른 통계 모델을 설계할 수 있으며, 통계 모델에 따라 얻을 수 있는 결과도 다르다는 것을 알았습니다. 통계 모델은 어떤 현상에 대한 분석자의 관점을 반영한 것입니다. 그 관점에 따라 베이즈 추론을 이용해서 도출한 지식도 달라집니다.

여러 통계 모델을 비교해 보다 좋은 모델을 선택하는 것을 **모델 선택**이라고 부릅니다. 모델 선택은 통계학에 있어서 중요한 주제의 하나이며, 다양한 방법이 제안되었습니다. 다만 여기에서는 구체적인 모델 선택에 관한 이야기를 하기 전에 먼저 찰리에게 일어난 일을 **시각적**으로 표현해 지금까지 검토한 통계 모델을 한 단계 더 깊이 고찰해봅니다.

3.5.1 지붕에 올라 생각하기

우리는 각 요소를 변경하는 대책이 가진 효과를 보기 위해 더미 변수 x_1, x_2를 도입해 각 요소를 수치로 나타냈습니다. 이 2개 변수로 이루어지는 2차원 공간을 생각하면 디자인 A, B, C, D안을 [그림 3-16]과 같이 배치할 수 있습니다.

그림 3-16 x_1, x_2로 이루어진 2차원 공간과 각 디자인안의 대응 관계

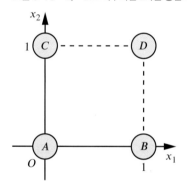

입체적인 형태로 생각해서 각 디자인안의 클릭률 θ를 높이로 표현하면 마치 4개의 기둥을 세운 듯한 모습을 떠올릴 수 있습니다. 여기에서는 로지스틱 함수를 무시하고 클릭률을 나타내는 덧셈 부분에만 초점을 맞추고자 하므로 기둥의 높이로 클릭률의 로짓 $logit(\theta)$를 사용합니다.

주효과에만 착안한 통계 모델 Combined는 [식 3.4]에도 기술했듯이 $logit(\theta) = \alpha + \beta_1 x_1 + \beta_2 x_2$라는 관계식을 가정했으므로 $logit(\theta)$가 다루는 영역은 3차원 공간에서의 평면에 해당합니다.

따라서 앞의 4개 기둥의 아날로지에서 보면 이것은 4개 기둥의 정점을 연결한 평평한 지붕을 가진 것에 해당합니다(그림 3-17). 즉, 우리는 '4개의 기둥이 지탱하고 있는 지붕은 평평하다'라는 가정에서 베이즈 추론을 수행한 것입니다.

그림 3-17 데이터와 모델의 관계는 기둥 및 그 위에 놓인 지붕의 관계와 비슷함

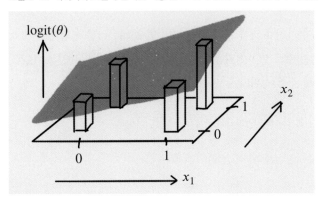

이것은 추론된 클릭률과 각 변수의 관계를 시각화한 결과로도 확인할 수 있습니다. 통계 모델 Combined의 샘플 궤적 trace_comb2는 이미 갖고 있으므로 각 확률 변수 α, β_1, β_2의 통계량을 계산할 수 있습니다. 우선 이 확률 변수들의 표본 평균이 모델의 파라미터를 잘 대표하고 있다고 가정하고 x_1, x_2, $\text{logit}(\theta)$의 3차원 공간에 이 모델이 그리는 곡면을 표시해봅니다. 다음 코드를 실행한 결과를 [그림 3-18]에 표시했습니다.

```python
from mpl_toolkits.mplot3d import Axes3D

x1 = np.arange(0, 1, 0.1)
x2 = np.arange(0, 1, 0.1)
X1, X2 = np.meshgrid(x1, x2)
fig = plt.figure()
ax = Axes3D(fig)
logit_theta = (trace_comb2['alpha'].mean() +
    trace_comb2['beta'][:, 0].mean() * X1 +
    trace_comb2['beta'][:, 1].mean() * X2)
```

```
surf = ax.plot_surface(X1, X2, logit_theta, cmap='plasma')
fig.colorbar(surf)
ax.set_xlabel(r'$x_1$')
ax.set_ylabel(r'$x_2$')
ax.set_zlabel(r'$logit(\theta)$')
plt.show()
```

그림 3-18 주효과만의 모델 Combined 시각화 결과

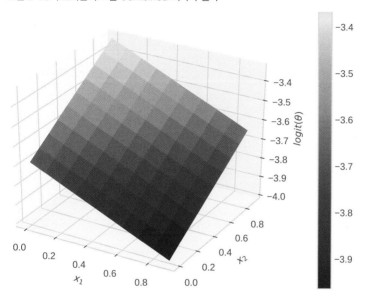

각 변수의 평균은 각각 trace_comb2['alpha'].mean(), trace_comb2['beta'][':, 0]. mean(), trace_comb2['beta'][':, 2].mean()으로 계산됩니다. 여기에서는 우선 x_1, x_2의 값 영역 [0, 1]을 잘게 자른 배열 X1X2를 만들었습니다. 그리고 그 배열의 요소에 대해 주효과에 착안한 모델을 적용해 logit_theta($logit(\theta)$에 대응)를 계산한 뒤 3차원 공간에 표시했습니다.

결과를 보면 공간 안의 평면에 그려진 형태임을 알 수 있습니다. 기울기를 보면 x_1에 대해서는 오른쪽 아래로 향하는 것을 알 수 있습니다. 다시 말해 x_1 값이 클수록 클릭률이 낮아지는 것을 의미하며, 히어로 이미지를 제품 이미지에서 샘플 이미지로 변경하면 클릭률이 낮아진다고 추론할 수 있음을 알 수 있습니다. 한편 x_2에 대해서는 오른쪽으로 올라가고 있으며, 버튼 문구를 '지금 구입하기'에서 '제품 정보 보기'로 변경한 쪽의 클릭률이 상승한다고 추론할 수 있음도 알 수 있습니다. 이 결과는 [그림 3-12]에서 β_1이 마이너스 영역에 분포하고, β_2가 플러스 영역에 분포했던 것과 일치합니다.

우리는 보고서가 완성되기 전에 얻은 결과와 이 결과가 다르다는 것에 의문을 갖고 [식 3.6] 과 같이 교호 작용항 $\gamma x_1 x_2$를 포함한 통계 모델을 생각했습니다. 여기에서는 이 모델을 Interaction이라고 부르겠습니다. 이 통계 모델에 관해서도 동일하게 시각화하면 어떤 곡면을 그리게 될까요? 시각화한 결과를 [그림 3-19]에 표시했습니다.

```python
x1 = np.arange(0, 1, 0.1)
x2 = np.arange(0, 1, 0.1)
X1, X2 = np.meshgrid(x1, x2)
fig = plt.figure()
ax = Axes3D(fig)
Y = (trace_int['alpha'].mean() +
    trace_int['beta'][:, 0].mean() * X1 +
    trace_int['beta'][:, 1].mean() * X2 +
    trace_int['gamma'].mean() * X1 * X2)
surf = ax.plot_surface(X1, X2, Y, cmap='plasma')
fig.colorbar(surf)
ax.set_xlabel(r'$x_1$')
ax.set_ylabel(r'$x_2$')
ax.set_zlabel(r'$logit(\theta)$')
plt.show()
```

그림 3-19 교호 작용을 포함한 모델 Interaction 시각화 결과

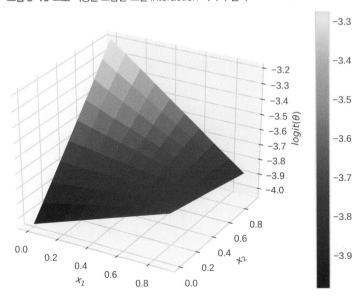

그려진 결과를 보면 주효과에만 착안했을 때의 평면과 달리 떠있는 곡면이 그려졌음을 알 수 있습니다. 이 곡면은 변수 x_1과 x_2에 대해 뒤틀린 듯한 형태로 되어 있습니다. $x_1 = 0$일 때 x_2는 오른쪽 위로 올라가며, $x_1 = 1$일 때 x_2는 오른쪽 아래로 내려가기 때문에 이런 형태가 됩니다. 그러므로 x_1과 x_2가 모두 1이면 클릭률이 낮아지는 마이너스의 교호 작용을 표현하고 있음을 알 수 있습니다.

다시 4개의 기둥과 지붕의 아날로지로 돌아가 보면 다음과 같이 설명할 수 있습니다. 무시할 수 없는 크기의 교호 작용이 있는 데이터에 대해 주효과에만 착안한 모델을 맞추려는 것은 높이가 복잡하게 다른 기둥들에 대해 평면의 지붕을 무리해서 덮으려 하는 것입니다. 결과적으로 지붕과 기둥 사이에 간격이 생기거나 기둥이 부딪혀 제대로 배치할 수 없게 됩니다. 그래서 보다 유연한 형태를 가진 곡면의 지붕을 이용함으로써 무리하지 않고 기둥을 연결하는 지붕을 배치할 수 있습니다. 교호 작용항을 도입한 것은 지붕에 탄성을 주어 유연한 형태로 만드는 것에 해당합니다. 이 두 경우의 이미지를 [그림 3-20]에 표시했습니다.

그림 3-20 무시할 수 없는 크기의 교호 작용이 있는 데이터에 대해 교호 작용항이 없는 모델을 맞추는 것은 높이가 제각각인 기둥들 위에 평면 지붕을 무리하게 덮으려는 것과 같다. 기둥의 높이에 대해 적절한 유연성을 가진 지붕(통계 모델)을 고려해야 한다.

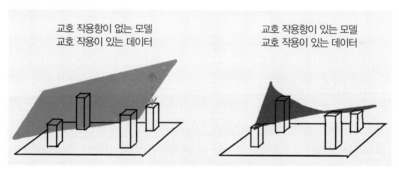

완성된 데이터에는 무시할 수 없는 큰 교호 작용이 포함되어 있으며, 이를 단지 편차로 간주해 무리하게 주효과만으로 설명하려 하면 추론된 파라미터의 편차 또한 커질 수밖에 없습니다. 그렇기 때문에 주효과에만 주목한 통계 모델에서는 CTA 버튼의 주효과 β_2의 사후 분포의 폭도 넓어지며 그 효과를 확인할 수 없게 됩니다.

여기에 교호 작용항을 도입하면 교호 작용을 이 항에 **전가**할 수 있습니다. 그 결과 주효과 β_1, β_2의 편차가 적어지고 폭이 보다 좁은 사후 분포를 얻을 수 있습니다. 그러므로 각각의 주효과를 확인할 수 있으며, CTA 버튼을 바꾸는 자체에는 클릭률을 높이는 효과가 있음도 확인할 수 있게 됩니다(어디까지나 히어로 이미지와 마이너스의 교호 작용이 있다는 조건 아래서입니다).

3.5.2 최선의 모델을 위한 지침

교호 작용항을 추가해 보다 좋은 결과를 얻을 수 있다면 처음부터 유연한 형태의 지붕을 고려하는 것이 좋지 않았을까요? 우리가 처음에 평면을 생각했던 이유는 무엇일까요?

그것은 단순한 모델이 해석하기 쉽기 때문입니다. 교호 작용항을 포함한 모델은 분명 유연하기는 하지만 달리 말하면 '이 데이터에는 반드시 교호 작용이 존재할 것이다'라는 새로운 가정을 하고 있다는 의미가 됩니다. 따라서 우리가 결과를 해석할 때는 '히어로 이미지에는 이런 효과가 있고, CTA 버튼의 문구에는 이런 효과가 있다. 또한 이들을 조합하면 이런 효과가 있다'와 같이 고려해야 할 효과의 수가 늘어나게 됩니다.

지금은 2개 요소만 고려하므로 교호 작용이 하나뿐이지만 3개 요소 A, B, C)가 존재한다면 교호 작용은 $A \times B$, $B \times C$, $C \times A$, $A \times B \times C$의 4개가 추가됩니다. 요소 수가 증가하면 교호 작용의 수는 기하급수적으로 증가합니다. 이들을 모두 변수로 포함한 모델의 파라미터를 추론할 수 있다 하더라도 사람이 해석하기는 어려울 것입니다.

불필요한 변수를 모델에 도입하면 모델의 추론이 잘되지 않는 경우도 있습니다. 예를 들어 모델에 포함된 2개 변수 사이에 큰 **상관관계**^{correlation}가 있는 경우 원하는 값을 추론하기 위해서는 실제 어느 한 쪽 변수가 불필요하게 됩니다. 하지만 이를 모델에 포함된 채로 두면 그 변수에 의한 기여도를 어떻게 할당해야 할지 정확히 판단하기 어렵습니다. 그 때문에 극단적으로 큰 값과 작은 값으로 나누어져 데이터에 포함되는 노이즈에 큰 영향을 미쳐 결과가 불안정하게 되기도 합니다. 이런 현상을 **다중공선성**^{multicollinearity}이라고 부릅니다. [그림 2-2]에서 MCMC 샘플이 수렴하지 않았던 좋지 않았던 예는 사실 의도적으로 다중공선성을 포함한 인공 데이터를 만들어 MCMC를 실행해 출력했기 때문입니다. 이런 이유에서 단순히 '일단 많은 변수를 넣고, 계수가 큰 것만 선택하면 된다'는 전략은 뜻대로 되지 않음을 알 수 있습니다.

> **NOTE_** 상관계수란 2개의 확률 변수 사이에 성립하는 관계로, 한 확률 변숫값이 클 때 다른 확률 변숫값도 커지거나 혹은 작아지는 선형적인 관계가 있는 것을 의미합니다. 상관관계의 정량적인 정의는 6.4.1절에서 자세히 다룹니다.

이상에서 모델을 설계할 때는 먼저 단순한 모델에서 시작해 데이터 시각화를 반복하면서 적절한 변수를 모델에 추가해나가는 것이 기본적인 방침이라 생각할 수 있습니다. 이와 같이 가능한 한 간단한 가설에서 시작해야 한다는 방침은 **오캄의 면도날**Occam's razor이라는 이름으로도 알려져 있습니다.

그렇다고는 하나 이번 경우에는 명확하게 교호 작용을 추가함으로써 데이터에 보다 적합한 모델을 생각할 수 있었으며 보다 많은 유용한 지식을 얻을 수 있었습니다. 최선의 모델은 너무 간단하거나 너무 복잡해서는 안 되며, 주어진 데이터를 적절히 표현할 수 있어야 합니다. 여러 모델을 정량적으로 비교해서 최적의 모델을 선택하는 것을 모델 선택이라고 하며, 이는 통계학이나 머신러닝에서 중요한 주제 중 하나입니다. 자세한 내용은 이 책의 범위를 넘어서므로 상세히 다루지 않지만 데이터에 대한 모델의 적합도와 모델의 복잡도의 트레이드오프를 지표화하고, 가능한 한 데이터에 적합하면서도 간단한 모델을 선택합니다.

모델 선택을 위한 대표적인 지표 중 하나가 **WAIC**widely applicable information criterion, Watanabe-Akaike information criterion(광범위하게 적용할 수 있는 정보량 기준, 와타나베/아카이케 정보 기준)입니다. PyMC3에서는 pm.waic 메서드에 얻은 샘플과 모델을 전달해서 계산할 수 있습니다. 값이 작을수록 좋은 모델입니다.

```python
waic_comb2 = pm.waic(trace_comb2, model_comb2)
waic_int = pm.waic(trace_int, model_int)
print(waic_comb2.p_waic)  # 3.86
print(waic_int.p_waic)    # 2.11
```

이번 데이터에 관해서는 교호 작용을 포함한 모델의 WAIC 값이 작습니다. 이를 통해 이번에 완성한 보고서에 대해서는 주효과에만 착안한 모델보다 교호 작용을 포함한 모델이 적절하다고 할 수 있습니다.

3.6 정리

이 장에서는 찰리의 보고서를 소재로 여러 통계 모델을 시험했습니다. 각 디자인안이 고유의 클릭률을 가지고 있다고 생각하는 통계 모델에서 시작해 디자인안을 구성하는 각 요소가 가진 효과에 따라 클릭률을 설명하는 통계 모델로 발전시켰습니다. 이를 통해 최적의 디자인안을 알 수 있을 뿐만 아니라 디자인안에 적용한 대책의 효과에 관해서도 가설 검정을 할 수 있었습니다. 이처럼 추론할 파라미터를 요소로 분해하는 아이디어는 여러 가지 안을 시험해야 할 때 효과를 발휘합니다. 어떤 안을 한 번도 시험하지 않아도 그 안을 구성하는 요소의 효과만 알고 있다면 자연히 파라미터를 추론할 수 있기 때문입니다. 이것은 찰리가 처음 불완전한 보고서에서 D안의 클릭률을 추론할 수 있었던 것에서도 알 수 있습니다.

그러나 이 아이디어는 새로운 아이디어를 안고 있습니다. 그것은 교호 작용을 어디까지 고려해야 하는가 하는 문제입니다. 어떤 요소들 사이에는 조합을 함으로써 처음으로 만들어지는 부정적인 효과가 있을지도 모릅니다. 그런 효과도 적절하게 통계 모델에 녹여내지 않으면 유용한 추론을 할 수 없는 것 역시 찰리가 완성한 보고서에서 배웠습니다. 같은 데이터에 다른 여러 통계 모델을 고려할 수 있으며, 모델에 따라 도출할 수 있는 지식도 달라집니다.

적절한 유연성을 가지면서도 간단하며 해석하기 쉬운 모델을 탐구하는 것이 중요하기 때문에 지붕과 기둥의 아날로지와 함께 설명했습니다. 이 트레이드오프를 고려해 상대적으로 좋은 모델을 선택해나감으로써 보다 유용한 지식을 관측 데이터에서 도출할 수 있습니다.

다음 장에서는 '조합'을 키워드로 해서 베이즈 추론 노선에서 조금 벗어나 결이 다른 접근 방식을 소개합니다.

3.6.1 더 깊은 학습을 위해

지금까지 설명한 베이즈 추론에 관해 더 깊이 이해하고 싶은 분을 위한 참고서적을 소개합니다.

- 『Doing Bayesian Data Analysis: A Tutorial with R, JAGS, and Stan. 2nd Edition』(John Kruschke 저, Academic Press, 2014)

  베이즈 통계를 이용한 데이터 분석 교과서입니다. 베이즈 추론을 이용한 가설 검정이나 MCMC 알고리즘, 보다 복잡한 통계 모델 설계 방법 등 폭넓은 주제를 설명합니다. [그림 3-4]에서 도입한 통계 모델 표기법은 이 책을 참고했습니다.

- 『Bayesian Methods for Hackers: Probabilistic Programming and Bayesian Inference』(Cameron Davidson-Pilon 저, Addison-Wesley Professional, 2015)

  베이즈 추론에 관해 파이썬으로 작성한 샘플 코드를 중심으로 설명합니다. 샘플 코드는 깃허브에서 주피터 노트북 형태로 공개하고 있으며, 콜랩에서 그대로 실행할 수 있습니다. 깃허브에 공개되어 있는 소스 코드는 PyMC3뿐만 아니라 텐서플로 프로버빌리티^{TensowFlow Probability}* 를 이용한 버전도 포함되어 있습니다. https://github.com/CamDavidsonPilon/Probabilistic-Programming-and-Bayesian-Methods-for-Hackers

- 『Bayesian Analysis with Python』(Osvaldo Martin 저, Packt Publishing, 2016)

  PyMC3를 이용한 베이즈 추론 서적입니다. 혼합 모델이나 모델 비교 등 이 책에서는 자세히 다루지 않은 주제도 샘플 코드와 함께 설명하고 있습니다.

칼럼: 직교 계획과 웹 최적화

실험 계획법 중 하나로 **직교 계획**^{orthogonal programming}이 있습니다. 직교 계획은 교호 작용 일부를 무시한 모델을 가정하여 테스트할 조합 수를 줄이는 기법입니다.

이 아이디어를 설명하기 위해 기둥과 지붕의 아날로지로 다시 돌아가 봅니다. 주효과에만 착안한 모델을 고려했을 때 데이터 기둥에 올리는 지붕의 형태는 평면이었습니다. 여기에서 조금 발상을 전환해봅니다. 만약 데이터를 모으기 전부터 지붕이 평면이라고 **미리 결정**했다면 기둥이 4개가 아니어도 지붕을 고정할 수 있지 않을까요? [그림 3-21]에 표시한 이미지에서 알 수 있듯이 기둥이 3개만 있어도 지붕의 높이와 기울기를 알 수 있습니다.

그림 3-21 지붕이 평면이라고 결정했다면 기둥 1개가 없어도 지붕의 높이와 기울기를 알 수 있다.

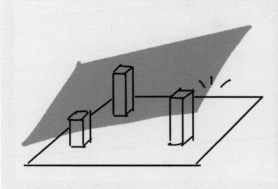

---

* https://www.tensorflow.org/probability

3.3절에서도 봤듯이 어떤 조합에 관해서는 표시 횟수가 적다 하더라도 그 효과를 어느 정도 추론할 수 있었습니다. 이것은 3.4.1절 앞부분에서도 설명한 것처럼 다른 조합에 관한 샘플이 모델에 관한 간단한 가정을 통해 힘을 빌려주었기 때문입니다. 즉, 교호 작용을 가정하지 않으면 일부 조합에 관한 데이터가 없더라도 대책의 효과는 추론할 수 있게 됩니다. 직교 계획에서는 이 아이디어를 응용해 먼저 모델을 가정함으로써 관찰할 조합 수를 줄입니다.

예를 들어 3개 요소의 조합으로 만들어지는 웹사이트에 대한 실험을 생각해봅니다. 단, 각 요소는 2가지 값을 가지는 것으로 가정합니다. 조합을 구성하는 요소를 **인자**, 각 인자가 갖는 종류를 **수준**이라고 부르면 이와 같은 설정은 3인자 2수준 실험이라고 부를 수 있습니다. 3인자 2수준 실험이 만들어내는 조합 수는 $2^3 = 8$이며, [그림 3-22]에 표시한 것처럼 정육면체의 꼭짓점에 대응해서 생각해볼 수 있습니다. 원래대로라면 이 2개의 조합 모두를 테스트해야 하지만 교호 작용을 고려하지 않는 경우 직교 계획을 이용하면 동그라미를 찍은 4개의 조합으로 그 수를 줄일 수 있습니다.

그림 3-22 3인자 2수준 직교 계획에서 선택된 조합

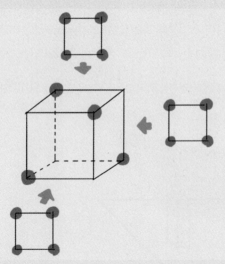

이 4개를 선택한 이유는 무엇일까요? 그것은 모든 요소에 관해 같은 횟수만큼 평가할 수 있도록 조합이 디자인되어 있기 때문입니다. 이 정육면체를 정면, 옆, 위 세 방향에서 보

면 각 방향에서 보이는 정사각형의 모든 꼭짓점에 테스트할 점이 배치됩니다. 즉, 각 요소가 가지는 값에 대해 같은 횟수만큼 평가할 수 있습니다. 혹시 정육면체의 특정한 꼭짓점에 나타나는 교호 작용은 간과할지도 모르나 각 요소의 영향이 독립적이라고(즉, 직교한다고) 가정하면 그 주효과를 추론할 수 있습니다. 이런 실험 할당법을 표의 형태로 기술한 것이 **직교표**orthogonal table입니다.

일반적으로 인자 수가 증가하면 고려해야 할 조합 수는 지수 함수의 형태로 증가합니다(조합 폭발). 2수준이라 해도 인자가 7개라면 조합의 수는 $2^7 = 128$개로 크게 늘어납니다. 그러나 직교 계획을 이용하면 7인자 2수준의 실험일 때는 8개 조합, 4인자 3수준(조합 수 $3^4 = 81$)의 실험일 때는 9개 조합만 관찰하는 등 적은 실험 횟수로 주효과를 평가할 수 있습니다. 또한 직교 계획에서는 교호 작용을 완전히 평가할 수 없는 것이 아니라 실험 할당 방법에 따라서는 2개 요소의 조합에 따른 저차원의 교호 작용도 평가할 수 있습니다.

직교 계획은 농업 시험이나 제조업 등 다양한 분야에서 생산성 향상 목적으로 활용되고 있습니다. 예를 들어 어떤 농작물의 수량을 최대화하는 비료나 일조 조건을 구하는 경우를 생각해봅니다. 모든 조합을 시험하려고 하면 막대한 농지가 필요하지만 교차 계획을 이용해 시험할 조합을 줄이면 현실적인 토지 제약 내에서 충분한 실험을 수행할 수 있습니다. 제조업에 있어서도 공장의 공간적인 제약이나 제반 조건을 안정시키기 위해 필요한 시간적인 제약이 있으므로 가능한 한 적은 조합으로 실험을 효율적으로 수행해야 합니다. 제품의 기능을 이상적인 기능에 가깝도록 하는 것을 품질 향상이라고 정의하고, 기능의 편차를 최소화하는 파라미터를 설계하는 기법으로 직교 계획을 활용하는 사고방식은 겐이치 타구치田口玄一 씨가 중심이 된 **품질 공학** 또는 **타구치 메서드**Taguchi method라는 이름으로 알려졌습니다(참고문헌 [39]).

이처럼 다양한 분야에서 많은 장점을 주는 직교 계획을 웹 최적화에 대해서도 적극적으로 채용해야 할까요? 여기에서의 핵심은 테스트할 조합을 만들기 위해 필요한 **비용**cost입니다. 앞서 예를 든 농업 시험이나 제조업에서의 실험 예에서는 특정 조합을 준비하기 위한 비용이 크다는 공통점이 있습니다. 따라서 미리 준비할 조합 수를 줄이는 것이 매우 중요합니다.

한편 웹 최적화에서의 특정 조합은 소프트웨어로 만들기 때문에 난수와 조건 분기를 이용하면 거의 비용을 들이지 않고도 임의의 조합을 만들 수 있습니다. 그러므로 웹 최적화에서는 사용자가 방문할 때 무작위로 조합을 선택해서 표시하고, 이후 적절한 통계 모델을 적용 및 검토하는 접근 방식을 취할 수 있습니다.

설령 조합 수가 너무 많아 한 번도 표시되지 않은 조합이 있다고 하더라도 간단한 가정을 세우면 다른 조합의 관측 데이터를 이용해 효과를 추론할 수 있습니다. 그리고 실험을 시작하기 전에 교호 작용은 없다고 가정하지 않고, 필요하다면 적절한 교호 작용항을 통계 모델에 도입할 수 있습니다. 교호 작용 여부를 미리 가정해서 테스트할 조합을 줄임으로써 얻을 수 있는 이익은 그 도메인에서 해당 조합을 만들어내는 비용에 따라 다릅니다.

웹 최적화에서의 교차 계획의 이용, 그 외의 기법과의 비교에 관한 자세한 내용은 론 코하비[Ron Kohavi]의 설문 조사 논문(참고문헌 [15])을 참조하기 바랍니다.

## CHAPTER 4

메타휴리스틱:
통계 모델을 사용하지 않는 최적화 방법

4.1 마케팅 회의

주식회사 X의 마케팅 회의에서는 다음 달부터 수행할 웹사이트 개선 프로젝트 계획에 관한 논의가 한창입니다. 이번에 실시할 테스트에서는 5가지 상품 이미지와 5가지 CTA 버튼을 시험하기로 했으며 두 요소를 조합한 경우의 수 또한 $5 \times 5 = 25$로 늘어났습니다. 이번 테스트를 담당한 앨리스는 테스트의 큰 규모에 다소 당혹해 했습니다. 요소 수가 늘더라도 적절한 통계 모델을 설계하면 두렵지 않다는 것은 알고 있었지만 정말로 그렇게 수월하게 진행될까요?

그 계획을 들은 동료 밥이 한 가지 제안을 했습니다. '조합의 숫자가 문제된다면 우선 제품 이미지만 바꿔가며 최적의 이미지를 결정하고, 그 제품 이미지에 CTA 버튼만 변경해서 실험을 하는 것은 어떨까? 그러면 제품 이미지를 변경한 5개 안과 CTA 버튼을 변경한 5개 안 등 총 10개 안만 테스트하면 될 것 같은데.'

정확히 말하면 최초 제품 이미지를 변경한 5개 안과 다음 CTA 버튼을 변경한 5개 안에는 중복이 있으니 총 9개 안이지만 어찌됐든 테스트할 디자인안을 줄이기 위한 목적으로는 괜찮은 아이디어로 들렸습니다. 앨리스는 좋은 아이디어라고 생각하면서도 그 방법을 사용했을 때 중요한 점을 놓치게 되지는 않을까 직감적으로 걱정했습니다. 이 방법은 지금까지 학습한 각 요소의 효과를 통계 모델로 다루는 것과는 뭔가 달랐습니다. '순서대로 결정해나간다'는 실험 방법은 대체 무엇을 의미하는 것일까요?

4.2 메타휴리스틱

앞 장까지는 통계의 힘을 이용해 여러 디자인안의 성능을 비교하는 방법을 살펴봤습니다. 그리고 평가할 디자인안이 요소 조합으로 나타낼 수 있는 경우에는 통계 모델을 가정함으로써 요소변경에 의한 효과도 평가할 수 있었습니다. 여기에서 다시 3.5.1절에서 이용했던 기둥과 지붕의 아날로지로 돌아가 보면 지금까지 소개한 방법은 데이터라는 기둥에 잘 올릴 수 있는 지붕을 찾는 것이라고 할 수 있습니다. 일단 그 지붕을 찾아내면 가장 높은 기둥의 위치, 다시 말해가장 성능이 좋은 디자인안을 판별할 수 있을 뿐만 아니라 그 기울기를 이용해 각 요소나 대책이 가진 영향도 평가할 수 있습니다.

그러나 가장 높은 기둥을 찾아내는 것만이 목적이라면 다른 방법을 생각할 수도 있습니다. 예를 들어 한 기둥에서 시작해 순서대로 주변 기둥의 높이를 측정하면서 보다 높은 기둥으로 점차 옮겨가는 방법은 어떨까요? 이 방법은 높이를 한 번도 측정하지 않게 되는 기둥은 있을지도모르지만, 높이가 낮은 기둥을 평가하는 데 드는 시간을 절약해서 높은 기둥에 빠르게 도착할수 있다고 할 수 있습니다. 웹 최적화 컨텍스트에서 보면 이것은 적은 사용자 수로 최적의 디자인안을 찾아낼 수 있다는 의미이므로 매우 다행스러운 일입니다.

이 두 가지 접근 방식의 차이를 [그림 4-1]과 같이 표시할 수 있습니다. 모델을 추론해 최적의조합을 찾아내는 이제까지의 접근 방식은 '어떻게 지붕을 놓을 것인가?'에 착안한 접근 방식이라고 할 수 있습니다. 모델을 추론하기 위해 필요한 조합에 관한 샘플을 수집하고, 거기에 통계모델을 적용해 모델을 구성하는 파라미터를 추론하는 것입니다. 그리고 추론된 모델로부터 가장 높은 기둥, 즉 최선의 안을 찾아냅니다.

그림 4-1 통계 모델을 가정한 접근 방식과 가장 높은 기둥을 탐색하는 접근 방식 비교

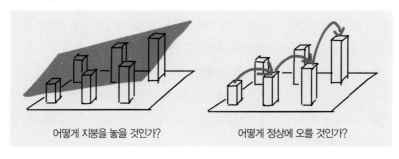

한편 점차 기둥을 옮겨 다니는 것은 오른쪽 그림의 '어떻게 정상에 오를 것인가?'에 착안한 접

근 방식이라고 할 수 있습니다. 이 접근 방식에서는 모델을 가정하지 않으므로 조합을 구성하는 요소가 가진 효과는 알 수 없습니다. 하지만 거꾸로 말하면 모델을 가정할 필요가 없으므로 교호 작용을 고려하거나 최적의 변수를 선택하는 등의 고민을 하지 않아도 됩니다. 이 장에서는 모델을 가정하지 않는 최적화 방법, 특히 **메타휴리스틱**^{metaheuristic}이라고 불리는 방법을 소개합니다.

어떤 문제의 해결이 어려울 때 그 성능을 보증할 수는 없지만 경험적으로 좋다고 알려져 있는 지식을 **휴리스틱**^{heuristic}이라고 부릅니다. 예를 들어 경로 탐색 알고리즘으로 유명한 A* 검색 알고리즘에서는 목적지와 현재 위치 사이의 추정 거리를 휴리스틱으로 도입해 이를 기준으로 이용함으로써 높은 효율의 탐색이 가능합니다.

문제 해결에 유용한 휴리스틱은 일반적으로 문제에 따라 달라집니다. 그래서 특정한 문제에 한정되지 않는 유용한 휴리스틱을 제공하려는 **프레임**을 메타휴리스틱이라고 부릅니다. 특정 문제에 관한 지식에 의존하지 않으므로 사전에 주효과의 크기나 요소 사이의 교호 작용 유무 등에 관한 지식이 없더라도 휴리스틱을 제공할 수 있습니다. 이것이 메타휴리스틱이 다양한 최적화 문제에 적용되는 이유이기도 합니다. 잠시 후 메타휴리스틱을 활용한 대표적인 알고리즘들을 소개합니다.

4.3 언덕 오르기 알고리즘

다양한 메타휴리스틱 기법에 관해 설명하기에 앞서 그 기법들의 기초가 되는 탐색 알고리즘인 **언덕 오르기 알고리즘**^{hill climbing}을 설명합니다. 언덕 오르기 알고리즘은 [그림 4-1]의 오른쪽 이미지에 해당합니다. 우선 적당히 자신의 현재 위치를 결정하고, 그 주변에 있는 기둥 중 더 높은 기둥으로 점점 옮겨갑니다. 기둥의 집합을 언덕으로 보면 알고리즘의 이름이 이렇게 붙은 이유를 이해할 수 있습니다.

물론 언덕 전체를 헬리콥터에서 내려다본다면 가장 높은 위치를 찾아내기 더 쉽습니다. 하지만 실제 어떤 지점의 높이를 알기 위해서는 그 지점에 관한 데이터를 수집해야 합니다. 따라서 언덕 오르기 알고리즘을 이용해 탐색을 하는 우리는 주변 상황을 파악할 수 없는 마치 안개 속에서 언덕의 정상을 오르는 등산가와 같습니다.

이 기둥 혹은 어떤 지점에 해당하는 것을 앞으로 **솔루션**^{solution}이라고 부르겠습니다. 웹 최적화의 컨텍스트로 말하면 어떤 디자인안에 해당합니다. 3장에서의 예로 말하자면 히어로 이미지와 CTA 버튼의 조합이 솔루션에 해당합니다. 그리고 그 솔루션의 집합을 **솔루션 공간**^{solution space}이라고 부릅니다. 3.2절에서는 더미 변수 x_1, x_2를 도입해 2차원 공간 위에 디자인안 A부터 D까지 모든 솔루션을 배치했습니다. 그러므로 이 $x_1 = 0, 1$ 그리고 $x_2 = 0, 1$로 이루어진 공간이 솔루션 공간이 되었습니다. 또한 솔루션 공간에 포함되어 평갓값이 정의된 솔루션을 **실행 가능 솔루션**^{executable solution}이라고 부릅니다.

그리고 어떤 솔루션을 어떤 지표로 평가한 값을 **평갓값**, 그런 지표를 **평가 함수***라고 부릅니다. 3장의 예에서는 각 디자인안의 클릭률에 흥미가 있었으므로 클릭률이 평가 함수, 각 디자인안의 클릭률이 평갓값이 됩니다. 그리고 솔루션을 평가한다는 것은 웹 최적화의 컨텍스트에서 실제 솔루션을 사용자에게 보여주고 평갓값을 얻는 것을 의미합니다.

물론 지금까지 통계 모델을 이용해 클릭 데이터를 다룬 것에서 알 수 있듯이 사용자가 직접 그 디자인안의 클릭률을 알려주는 것은 아닙니다. 우리들은 지금까지 베이즈 추론을 이용해 사용자로부터 주어진 클릭 데이터를 바탕으로 클릭률을 추론하는 방법을 학습했습니다. 하지만 여기에서는 설명을 간략하게 하기 위해 어떤 솔루션을 평가하면 항상 하나의 평갓값이 주어지는 문제라고 생각하겠습니다.

그리고 솔루션 공간 안에서 평갓값을 최대(혹은 최소)로 하는 솔루션을 **최적 솔루션**이라고 부릅니다. 이 최적 솔루션을 찾아내는 것이 탐색의 목적입니다.

> **NOTE_** 최적화 문제는 평갓값을 최대로 하는 솔루션을 발견하는 최대화 문제로 표현되거나, 평갓값을 최소로 하는 솔루션을 발견하는 최소화 문제로 표현되기도 합니다. 어느 쪽이든 평가 함수의 부호를 반전시키면 최대화 문제는 최소화 문제로, 최소화 문제는 최대화 문제로 바꾸어 쓸 수 있으므로 최적화를 위한 알고리즘은 두 경우 모두에 동일한 것을 이용할 수 있습니다. 여기에서는 최대화 문제를 최적화 문제로 다루어 설명합니다.

언덕 오르기 알고리즘은 다음 단계를 반복하면서 정상을 향합니다.

1 현재 솔루션 근방에 있는 값(근방 솔루션)을 평가한다.

2 만약 현재 솔루션보다 근방 솔루션의 평갓값이 높다면 현재 솔루션을 그 솔루션으로 업데이트한다.

---

* 평가 함수는 목적 함수라고도 부릅니다. 비즈니스 컨텍스트에서 보면 최대화 혹은 최소화할 KPI(key performance indicator)에 가까운 개념입니다.

현재 솔루션은 잠정적으로 최선이라 생각되는 솔루션을 말합니다. 언덕 오르기 아날로지에 따르면 등산하는 사람이 현시점에 서 있는 지점을 의미합니다. 특히 탐색을 시작하는 시점의 솔루션을 **초기 솔루션**이라고 부릅니다.

근방 솔루션은 이름 그대로 현재 솔루션 근처에 있는 솔루션을 의미합니다. 근방의 정의는 미리 정해져 있는 것이 아니라 문제에 따라 최적 근방 솔루션의 정의를 고려해야 합니다. 이 근방 솔루션을 평가하고 그중 현재 솔루션보다 뛰어난 것이 있다면 현재 솔루션을 업데이트하는 과정을 반복합니다. 언덕 오르기 아날로지로 말하자면 현재 지점 주변에 보다 높은 땅이 있을 때 그 지점으로 이동하는 것을 반복하는 것과 같습니다.

4.3.1 언덕 오르기 알고리즘 구현

구체적인 문제를 언덕 오르기 알고리즘으로 풀어봅니다. 우선 x_1과 x_2 2개 변수로 이루어진 2차원 솔루션 공간을 생각해봅니다. 이 변수들을 나열해서 쓰면 벡터로 $x = (x_1, x_2)$와 같이 나타낼 수 있습니다. 그리고 이 변수들은 각각 0, 1, 2, 3, 4라는 이산값을 갖도록 합니다. 이에 대해 평가 함수는 $f(x) = 0.5x_1 + x_2 - 0.3x_1x_2$로 나타냅니다.

이 솔루션 공간에서의 평가 함수의 형태를 시각화해서 [그림 4-2]에 표시했습니다. 평가 함수는 f로서 람다식으로 구현했습니다.

```python
import numpy as np
from matplotlib import pyplot as plt
from mpl_toolkits.mplot3d import Axes3D

fig = plt.figure()
ax = Axes3D(fig)

size = 5
_x1, _x2 = np.meshgrid(np.arange(size), np.arange(size))
x1, x2 = _x1.ravel(), _x2.ravel()

f = lambda x1, x2: 0.5 * x1 + x2 - 0.3 * x1 * x2
ax.bar3d(x1, x2, 0, 1, 1, f(x1, x2), color='gray', edgecolor='white', shade=True)
ax.set_xlabel('$x_1$')
ax.set_ylabel('$x_2$')
ax.set_zlabel('$f(x)$')
```

```
plt.xticks(np.arange(0.5, size, 1), range(size))
plt.yticks(np.arange(0.5, size, 1), range(size))
plt.show()
```

그림 4-2 평가 함수의 형태

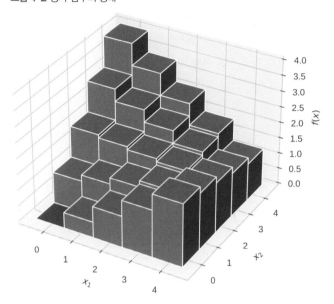

이 평가 함수 $f(x)$에는 $-0.3x_1x_2$라는 항에서 알 수 있듯이 교호 작용이 포함되어 있습니다. 그러므로 평가 함수는 평평한 형태가 아니라 $(0, 4)$와 $(4, 0)$이라는 2개의 언덕이 있는 형태를 보입니다. 이 평가 함수를 기반으로 할 때는 $x = (0, 4)$가 최고 솔루션이며, 이때의 평갓값은 4가 됩니다. 평가 함수에 관한 사전 지식이 없는 상황에서 이 최고 솔루션을 찾아내는 것이 이번에 풀어야 할 문제입니다.

이 문제를 등산 오르기 알고리즘을 이용해 해결하는 프로그램을 구현합니다.

```
def is_valid(x):
    """실행 가능 솔루션임을 확인한다."""
    return all(-1 < i < size for i in list(x))

class HillClimbing:
    """등산 오르기 알고리즘
```

```python
    Args:
        init_x: 초기 솔루션
        init_f: 초기 솔루션의 평갓값

    Attributes:
        current_x: 현재 솔루션
        current_f: 현재 솔루션의 평갓값
    """

    def __init__(self, init_x, init_f):
        self.current_x = init_x
        self.current_f = init_f

    def get_neighbors(self):
        """근방 솔루션을 출력한다.

        Returns:
            근방 솔루션 리스트
        """
        neighbor_xs = []
        for i, xi in enumerate(self.current_x):
            neighbor_x = list(self.current_x)
            neighbor_x[i] += 1
            if is_valid(neighbor_x):
                neighbor_xs.append(tuple(neighbor_x))

            neighbor_x = list(self.current_x)
            neighbor_x[i] -= 1
            if is_valid(neighbor_x):
                neighbor_xs.append(tuple(neighbor_x))
        return neighbor_xs

    def update(self, neighbor_xs, neighbor_fs):
        """좋은 근방 솔루션이 있으면 현재 솔루션을 업데이트한다.

        Args:
            neighbor_xs: 평가 완료한 근방 솔루션 리스트
            neighbor_fs: 근방 솔루션의 평갓값 리스트

        Returns:
            업데이트 전의 현재 솔루션과 업데이트 후의 현재 솔루션의 튜플
        """
        old_x = self.current_x
        if max(neighbor_fs) > self.current_f:
```

```
            self.current_x = neighbor_xs[neighbor_fs.index(max(neighbor_fs))]
            self.current_f = max(neighbor_fs)
        return (old_x, self.current_x)
```

HillClimbing 클래스는 현재 솔루션 self.current_x와 현재 솔루션의 평갓값 self.current_
f를 멤버 변수로 갖고 있습니다. 또한 현재 솔루션의 근방 솔루션을 출력하는 get_neighbors
메서드, 관측된 근방 솔루션의 평갓값에 따라 현재 솔루션을 업데이트하는 update 메서드를
갖고 있습니다.

get_neighbors 메서드는 현재 솔루션의 상하좌우의 솔루션을 근방 솔루션으로 출력합니다.
단, 상하좌우 중 하나의 솔루션이 솔루션 공간에 포함되지 않으면 해당 솔루션은 근방 솔루션
에 포함되지 않습니다. 솔루션 공간에 포함되는 것, 다시 말해 실행 가능한 것을 판정하기 위한
메서드로 is_valid를 준비했습니다. 여기에서는 이 근방 솔루션의 정의를 채용하지만 다른 근
방 솔루션을 찾는 방법을 고려해도 문제없습니다.

update 메서드는 근방 솔루션과 그 평갓값을 받아 그중 현재 솔루션보다 하나라도 평갓값이
높은 솔루션이 있다면 현재 솔루션의 값을 그 값으로 바꿉니다. 현재 솔루션보다 우수한 솔루
션이 여럿 존재하는 경우에는 평갓값이 가장 큰 솔루션으로 업데이트합니다. 마지막으로 업데
이트 전의 현재 솔루션과 업데이트 후의 현재 솔루션을 쌍으로 출력합니다.

이 HillClimbing 클래스를 이용해 최적 솔루션을 탐색하는 인스턴스를 만듭니다. 여기에서는
초기 솔루션을 $x = (0, 0)$으로 지정하고 탐색을 시작해봅니다.

```
init_x = (0, 0)
init_f = f(init_x[0], init_x[1])
hc = HillClimbing(init_x, init_f)

evaluated_xs = {init_x}
steps = []

for _ in range(6):
    neighbor_xs = hc.get_neighbors()
    neighbor_fs = [f(x[0], x[1]) for x in neighbor_xs]
    step = hc.update(neighbor_xs, neighbor_fs)

    print('%s -> %s' % (step))
    steps.append(step)
```

```
    evaluated_xs.update(neighbor_xs)

# (0, 0) -> (0, 1)
# (0, 1) -> (0, 2)
# (0, 2) -> (0, 3)
# (0, 3) -> (0, 4)
# (0, 4) -> (0, 4)
# (0, 4) -> (0, 4)
```

이 프로그램에서는 매 단계마다 업데이트 전과 업데이트 후의 현재 솔루션을 출력합니다. 여기에서 $x = (0, 0)$을 시작으로 4번째 업데이트에서는 최적 솔루션인 $x = (0, 4)$에 도착했음을 알 수 있습니다. 또한 최적 솔루션에 도착한 뒤에는 다른 솔루션으로 이동하지 않고 그 솔루션에 머물러 있는 것도 알 수 있습니다. 이 결론에 따르면 탐색이 잘되었다고 말할 수 있을 것입니다.

탐색 프로그램이 이동한 길을 솔루션 공간을 위에서 본 그림으로도 확인해봅니다. 먼저 시각화를 위해 visualize_path 메서드를 정의합니다.

```python
import matplotlib.ticker as ticker

def visualize_path(evaluated_xs, steps):
    fig, ax = plt.subplots(figsize=(5, 5))
    ax.set_xlim(-.5, size - .5)
    ax.set_ylim(-.5, size - .5)

    for i in range(size):
        for j in range(size):
            if (i, j) in evaluated_xs:
                ax.text(i, j, '%.1f'%(f(i, j)), ha='center', va='center',
                        bbox=dict(edgecolor='gray', facecolor='none', linewidth=2))
            else:
                ax.text(i, j, '%.1f'%(f(i, j)), ha='center', va='center')

    ax.set_xlabel('$x_1$')
    ax.set_ylabel('$x_2$')
    ax.xaxis.set_minor_locator(ticker.FixedLocator(np.arange(-.5, size - .5, 1)))
    ax.yaxis.set_minor_locator(ticker.FixedLocator(np.arange(-.5, size - .5, 1)))

    plt.tick_params(axis='both', which='both', bottom='off', top='off',
                    left='off', right='off', labelbottom='off', labelleft='off')
```

```
ax.grid(True, which='minor')
ax.grid(False, which='major')

for step in steps:
    ax.annotate('', xy=step[1], xytext=step[0],
                arrowprops=dict(shrink=0.2, width=2, lw=0))
```

이 visualize_path 메서드에 평가한 솔루션의 이력 evaluated_xs와 현재 솔루션의 이력 steps를 전달하면 [그림 4-3]과 같이 표시됩니다.

```
visualize_path(evaluated_xs, steps)
```

그림 4-3 (0, 0)을 초기 솔루션으로 했을 때 언덕 오르기 알고리즘을 이용한 탐색 이력

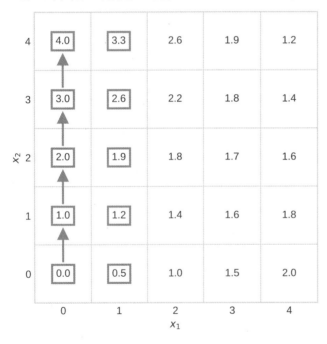

그림에서는 화살표로 현재 솔루션의 이동을 표시했습니다. 그리고 사각형으로 둘러싸인 솔루션은 한 번이라도 평가된 솔루션임을 의미합니다. 그림에서 알 수 있듯이 탐색 프로그램은 평갓값 0의 초기 솔루션 $x = (0, 0)$에서 시작해 실제로 평갓값보다 큰 솔루션으로 이동하고 있습니다.

또한 근방 솔루션 중에서도 평갓값이 높은 솔루션으로 이동함으로써 평갓값이 낮은 솔루션을 굳이 평가하는 낭비를 줄여 효과적인 탐색이 가능함을 알 수 있습니다. 25개의 솔루션 중 10개의 솔루션만 평가해 최적 솔루션을 발견할 수 있다면 매우 좋은 효율의 탐색이라고 말할 수 있습니다. 웹 최적화의 맥락에서는 테스트할 디자인안의 숫자가 적어도 결론을 내릴 수 있다는 것으로, 보다 적은 사용자 수에서도 최적의 디자인안을 발견할 수 있음을 의미합니다.

4.3.2 전역 최적 솔루션과 국소 최적 솔루션

이번에는 시험 삼아 앞과 다른 초기 솔루션 $x = (4, 2)$에서 탐색을 시작해봅니다. 탐색 이력을 시각화한 결과를 [그림 4-4]에 나타냈습니다.

```python
init_x = (4, 2)
init_f = f(init_x[0], init_x[1])
hc = HillClimbing(init_x, init_f)

evaluated_xs = {init_x}
steps = []

for _ in range(6):
    neighbor_xs = hc.get_neighbors()
    neighbor_fs = [f(x[0], x[1]) for x in neighbor_xs]
    step = hc.update(neighbor_xs, neighbor_fs)

    print('%s -> %s' % (step))
    steps.append(step)
    evaluated_xs.update(neighbor_xs)

# (4, 2) -> (4, 1)
# (4, 1) -> (4, 0)
# (4, 0) -> (4, 0)
# (4, 0) -> (4, 0)
# (4, 0) -> (4, 0)
# (4, 0) -> (4, 0)

visualize_path(evaluated_xs, steps)
```

그림 4-4 (4, 2)를 초기 솔루션으로 했을 때 언덕 오르기 알고리즘을 이용한 탐색 이력

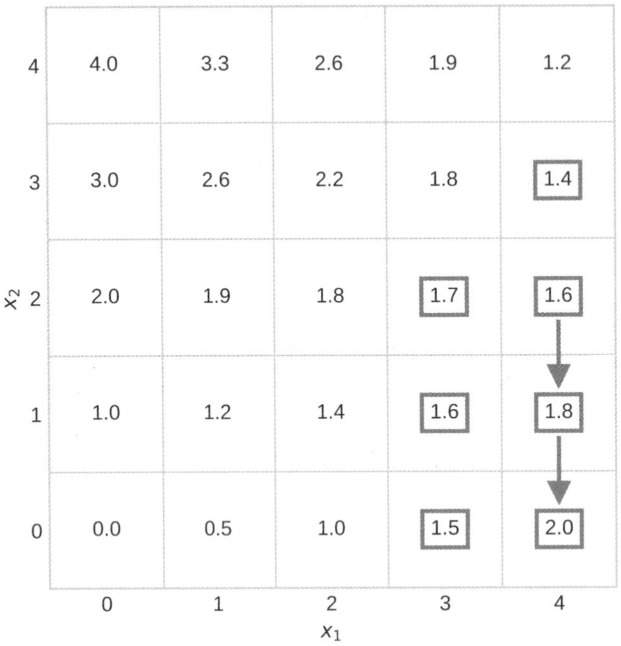

x_2	0	1	2	3	4
4	4.0	3.3	2.6	1.9	1.2
3	3.0	2.6	2.2	1.8	1.4
2	2.0	1.9	1.8	1.7	1.6
1	1.0	1.2	1.4	1.6	1.8
0	0.0	0.5	1.0	1.5	2.0

x_1

이번에는 탐색 결과 솔루션 $x = (4, 2)$에 도착했습니다. $x = (0, 4)$가 솔루션 공간 안에서는 평균값을 최대로 하는 솔루션이었지만 이번 탐색에서는 해당 솔루션에 도착하지 못했습니다. 탐색 상태를 뒤돌아봐도 의도하지 않은 동작은 보이지 않습니다. 프로그램은 근방 솔루션과 현재 솔루션을 반복 비교하면서 분명히 평갓값이 높은 솔루션 쪽으로 이동했습니다. 하지만 그 결과 근방에 보다 좋은 솔루션이 존재하지 않는 $x = (4, 2)$에 도착했고 더 이상 탐색을 할 수 없게 된 것입니다. 그렇기 때문에 솔루션 공간 안에 더 높은 솔루션이 존재함에도 불구하고 탐색을 종료했습니다.

$x = (4, 2)$와 같이 근방에 더 좋은 솔루션이 존재하지 않는 솔루션을 **국소 최적 솔루션**이라고 부릅니다. 한편 솔루션 공간 안에서 평갓값을 최대로 하는 솔루션을 **전역 최적 솔루션**이라고 부릅니다. 즉, 이번 탐색은 국소 최적 솔루션을 찾아냈을 뿐 전역 최적 솔루션을 발견하는 데는 실패했습니다.

단순한 언덕 오르기 알고리즘은 이런 국소 최적 솔루션에 갇혀버리는 단점이 있습니다. 이 단점을 해소하기 위해 언덕 오르기 알고리즘을 보완한 다양한 버전이 존재합니다. 예를 들어 탐색이 종료되면 다시 무작위로 초기 솔루션을 선택해서 탐색을 시작하는 무작위 재시작 언덕 오

르기 알고리즘이나 여러 초기 솔루션으로부터 여러 탐색 프로그램을 실행하는 다중 시작 언덕 오르기 알고리즘 등이 있습니다.

하지만 언덕 오르기 알고리즘 자체에는 국소 최적 솔루션에서 빠져나오는 구조는 없다는 점에는 변함이 없습니다. 만약 평가 함수가 하나의 언덕만 가진 형태(**단봉성**^{unimodality}이라고 부릅니다)인 경우에는 언덕 오르기 알고리즘이 충분히 유용하지만 여러 언덕을 가진 형태(**다봉성**^{multimodality}이라고 부릅니다)인 경우에는 언덕 오르기 알고리즘은 국소 최적 솔루션에 갇혀버릴 가능성이 있습니다. 다시 말해 문제의 특성에 따라 탐색 성능이 결정됩니다.

이에 비해 메타휴리스틱은 문제 특성에 의존하지 않는 전역 최적 솔루션을 찾아내는 것을 목표로 하는 탐색 기법을 제공합니다. 즉, 평가 함수가 다봉성을 가지고 있더라도 동작하며, 국소 최적 솔루션에서 벗어날 수 있도록 보완한 탐색 기법이 메타휴리스틱입니다.

4.3.3 앨리스가 느낀 위화감의 정체

앞서 이야기했던 주식회사 X의 마케팅 회의로 이야기를 돌리면 앨리스가 느낀 위화감의 정체가 보이기 시작합니다. 밥이 제안한 '순서대로' 요소를 결정해나가는 실험 방법은 솔루션을 구성하는 하나의 요소만 변경한 것을 근방 솔루션으로 정의한 언덕 오르기 알고리즘이라고 할 수 있습니다. 게다가 업데이트를 2회 수행하면 탐색을 종료한다는 특별한 종료 조건도 추가한 것입니다.

요소를 순서대로 결정해나간다는 것은 실험 과정을 이해하기 쉽고, 실험할 조합의 수도 줄일 수 있어 유용한 방법이라고 생각되지만 초기 솔루션 설정에 따라서는 국소 최적 솔루션에 갇혀버릴 가능성이 있습니다. 이런 특성을 가진 탐색 기법이라는 점을 이해한 상태에서 실행 여부를 판단해야 합니다.

4.4 확률적 언덕 오르기 알고리즘

다시 예제로 돌아가 국소 최적 솔루션에서 벗어날 수 있도록 보완책을 도입한 탐색 기법을 생각해봅니다. 국소 최적 솔루션에서 벗어나기 위한 다양한 아이디어를 떠올려 볼 수 있지만 단순한 아이디어로 근방 솔루션을 무작위로 선택하는 방법이 있습니다. 이제까지의 언덕 오르기 알고리즘은 모든 근방 솔루션을 평가하고 그중에서 가장 평갓값이 높은 것을 검토했습니다. 이 알고리즘은 같은 조건이라면 몇 번을 실행해도 완전히 같은 동작을 하므로 **결정적 알고리즘**deterministic algorithm이라고 할 수 있습니다.

한편 모든 근방 솔루션을 평가하는 것이 아니라 무작위로 선택된 하나의 근방 솔루션과의 평가를 반복하는 방법으로 바꾸면 어떨까요? 난수를 생성하는 방법을 이용해서 운이 좋다면 국소 최적 솔루션이 아니라 전역 최적 솔루션에 도달하는 길을 선택할 수도 있을 것이며, 어쩌면 지금까지와 마찬가지로 국소 최적 솔루션에 갇혀버릴 수도 있을 것입니다. 이처럼 무작위성을 추가한 알고리즘을 **확률적 알고리즘**randomized algorithm이라고 부릅니다.

이 근방 솔루션의 선택에 무작위성을 추가한 등산 오르기 알고리즘(여기에선 **확률적 등산 오르기 알고리즘**이라고 부르겠습니다)의 구현 예를 보겠습니다.

```python
import random

class RandomizedHillClimbing:
    """확률적 언덕 오르기 알고리즘

    Args:
        init_x: 초기 솔루션
        init_f: 초기 솔루션의 평갓값

    Attributes:
        current_x: 현재 솔루션
        current_f: 현재 솔루션의 평갓값
    """
    def __init__(self, init_x, init_f):
        self.current_x = init_x
        self.current_f = init_f

    def get_neighbors(self):
        """근방 솔루션을 출력한다.

        Returns:
            근방 솔루션 리스트
        """
        neighbor_xs = []
        for i, xi in enumerate(self.current_x):
            neighbor_x = list(self.current_x)
            neighbor_x[i] += 1
            if is_valid(neighbor_x):
```

```
            neighbor_xs.append(tuple(neighbor_x))
          neighbor_x = list(self.current_x)
          neighbor_x[i] -= 1
          if is_valid(neighbor_x):
            neighbor_xs.append(tuple(neighbor_x))
      return neighbor_xs

    def get_neighbor(self):
      """무작위로 근방 솔루션을 선택한다.

      Returns:
        근방 솔루션
      """
      return random.choice(self.get_neighbors())

    def update(self, neighbor_x, neighbor_f):
      """좋은 근방 솔루션이 있다면 현재 솔루션을 업데이트한다.

      Args:
        neighbor_x: 평가 완료된 근방 솔루션
        neighbor_f: 근방 솔루션의 평갓값

      Returns:
        업데이트 전의 현재 솔루션과 업데이트 후의 현재 솔루션의 튜플
      """
      old_x = self.current_x
      if self.current_f < neighbor_f:
        self.current_x = neighbor_x
        self.current_f = neighbor_f
      return (old_x, self.current_x)
```

큰 구조는 HillClimbing과 다르지 않지만 RandomizedHillClimbing에서는 get_neighbor 메서드가 추가되어 후보가 되는 근방 솔루션에서 무작위로 하나를 추출합니다. 또한 update 메서드는 이제까지는 근방 솔루션과 대응하는 평갓값 리스트를 인수로 했지만 여기에서는 하나의 근방 솔루션과 대응하는 평갓값을 받는 것으로 바뀌었습니다. 확률적 언덕 오르기 알고리즘에서는 모든 근방 솔루션을 평가하는 것이 아니라 무작위로 선택된 근방 솔루션 하나만을 평가하기 때문입니다.

이에 따라 시뮬레이션 소스 코드도 변경됩니다. 근방 솔루션 모두를 평가하지 않고 무작위로 선택된 근방 솔루션 하나만 평가해서 현재 솔루션의 업데이트를 반복합니다. 확률적 언덕 오르기 알고리즘을 이용한 탐색 이력을 시각화한 결과를 [그림 4-5]에 나타냈습니다.

```
init_x = (4, 2)
init_f = f(init_x[0], init_x[1])
rhc = RandomizedHillClimbing(init_x, init_f)

evaluated_xs = {init_x}
steps = []

random.seed(0)
for _ in range(30):
  neighbor_x = rhc.get_neighbor()
  neighbor_f = f(neighbor_x[0], neighbor_x[1])
  step = rhc.update(neighbor_x, neighbor_f)

  steps.append(step)
  evaluated_xs.add(neighbor_x)
visualize_path(evaluated_xs, steps)
```

NOTE_ 샘플 코드의 random.seed(0)은 난수의 시드를 0으로 고정하는 것을 의미합니다. 시드가 같은 한 동일한 난수열을 얻을 수 있기 때문에 확률적 알고리즘을 실행할 때도 재현성을 확보할 수 있습니다. 이 책에서는 넘파이 모듈의 난수 생성기의 시드를 고정하기 위해 np.random.seed(0)을 자주 실행합니다.

그림 4-5 (4, 2)를 초깃값으로 했을 때의 확률적 언덕 오르기 알고리즘에 의한 탐색 이력

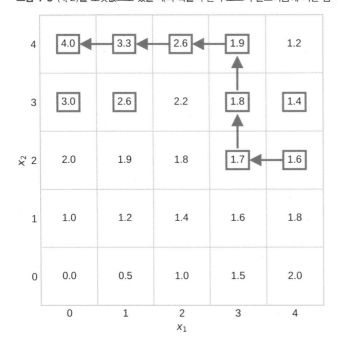

결과를 보면 4.3.2절에서 국소 최적 솔루션에 갇혔을 때와 동일한 초기 솔루션으로부터 탐색을 시작했음에도 불구하고 전역 최적 솔루션에 도달했음을 알 수 있습니다. 물론 난수를 선택하는 방법에 따라 동작이 달라지므로 항상 전역 최적 솔루션에 도착한다고는 단정할 수 없지만 무작위 동작이 도움이 되는 것처럼 보이기 시작했습니다. 그러나 확률적 언덕 오르기 알고리즘이라도 일단 국소 최소 솔루션에 갇히면 현재 솔루션보다 좋은 근방 솔루션을 찾지 못하므로 그 지점에서 벗어나지 못하게 됩니다. 국소 최적 솔루션을 벗어나는 탐색 방법을 구성하기 위해서는 난수 이외에 다른 보완책이 필요합니다.

4.5 시뮬레이티드 어닐링

일단 갇혀버린 국소 최적 솔루션에서 벗어나려면 설령 근방 솔루션이 현재 솔루션보다 작은 경우라 하더라도 리스크를 감수하고 받아들이는 행동을 해야 합니다. 이 아이디어를 도입한 탐색 기법이 **시뮬레이티드 어닐링**simulated annealing, **담금질 알고리즘** 입니다. 시뮬레이티드 어닐링은 근방 솔루션이 현재 솔루션보다 좋다면 언덕 오르기 알고리즘처럼 항상 현재 솔루션을 업데이트하지만 근방 솔루션이 현재 솔루션보다 좋지 않더라도 특정한 확률로 그 근방 솔루션을 받아 현재 솔루션을 업데이트하는 구조를 가지고 있습니다.

현재 솔루션보다 좋지 않은 근방 솔루션을 받아들이는 확률은 **온도**temperature라고 부르는 파라미터 τ로 제어하며, 온도가 높을수록 현재 솔루션보다 좋지 않은 솔루션을 받아들일 확률이 커집니다. 한편 온도가 낮으면 좋지 않은 솔루션을 받아들이는 확률이 작아지고, 단순한 언덕 오르기 알고리즘과 같은 동작을 하게 됩니다. 이런 보완책을 도입해 초반에는 광범위하게 여러 솔루션을 시험하고, 후반에는 유망한 것으로 보이는 솔루션으로 탐색을 좁혀갈 수 있습니다.

> **NOTE_** 시뮬레이티드 어닐링이라는 명칭은 금속을 가열한 후 다시 냉각하는 과정을 통해 강한 소재를 얻는 것을 목표로 하는 금속 공학의 담금질 기법에서 유래합니다. 처음에는 격렬하게 움직이며 다양한 솔루션을 시험하고, 점점 유망한 솔루션으로 수렴하는 동작을 표현합니다.

시뮬레이티드 어닐링을 구현한 프로그램 예를 확인해봅니다.

```python
class SimulatedAnnealing:
    """시뮬레이티드 어닐링

    Args:
        init_x: 초기 솔루션
        init_f: 초기 솔루션의 평갓값

    Attributes:
        current_x: 현재 솔루션
        current_f: 현재 솔루션의 평갓값
        temperature: 온도 파라미터
    """
    def __init__(self, init_x, init_f):
        self.current_x = init_x
        self.current_f = init_f
        self.temperature = 10

    def get_neighbors(self):
        """근방 솔루션을 출력한다.

        Returns:
            근방 솔루션 리스트
        """
        neighbor_xs = []
        for i, xi in enumerate(self.current_x):
            neighbor_x = list(self.current_x)
            neighbor_x[i] += 1
            if is_valid(neighbor_x):
                neighbor_xs.append(tuple(neighbor_x))
            neighbor_x = list(self.current_x)
            neighbor_x[i] -= 1
            if is_valid(neighbor_x):
                neighbor_xs.append(tuple(neighbor_x))
        return neighbor_xs

    def get_neighbor(self):
        """무작위로 근방 솔루션 하나를 선택한다.

        Returns:
            근방 솔루션
        """
        return random.choice(self.get_neighbors())

    def accept_prob(self, f):
```

```
    """받아들일 확률"""
    return np.exp((f - self.current_f) / max(self.temperature, 0.01))

def update(self, neighbor_x, neighbor_f):
    """좋은 근방 솔루션이 있다면 현재 솔루션을 업데이트한다.

    Args:
        neighbor_x: 평가 완료한 근방 솔루션 리스트
        neighbor_f: 근방 솔루션의 평갓값 리스트

    Returns:
        업데이트 전의 현재 솔루션과 업데이트 후의 현재 솔루션의 튜플
    """
    old_x = self.current_x
    if random.random() < self.accept_prob(neighbor_f):
        self.current_x = neighbor_x
        self.current_f = neighbor_f
    self.temperature *= 0.8
    return (old_x, self.current_x)
```

이번 탐색 프로그램에서는 현재 솔루션 및 그 평갓값과 함께 온도 파라미터 self.temperature를 멤버 변수로 가집니다. update 메서드에서는 온도 파라미터에 0.8을 곱해서 냉각을 구현합니다.

대략적인 구조는 RandomizedHillClimbing과 비슷하지만 SimulatedAnnealing은 accept_prb라는 독자적인 메서드를 가지고 있습니다. 이 메서드는 대상이 되는 근방 솔루션의 평갓값과 현재 온도 파라미터를 통해 해당 근방 솔루션을 받아들이는 확률을 출력합니다.

근방 솔루션을 받아들이는 확률 p는 다음 조건을 만족해야 합니다.

- 근방 솔루션의 평갓값이 현재 솔루션보다 크면 받아들일 확률은 1
- 근방 솔루션의 평갓값이 현재 솔루션보다 작으면
    - 평갓값의 차이가 클수록 받아들이는 확률을 작게 한다.
    - 온도 τ가 내려갈수록 받아들이는 확률을 작게 한다.

이 요건들을 만족하면 근방 솔루션을 받아들이는 확률로 이용할 수 있으며, 다음과 같이 지수 함수를 이용하는 것도 한 가지 방법입니다.

$$p = \exp((f' - f)/\tau)$$ [식 4.1]

단, f는 현재 솔루션의 평갓값, f'는 근방 솔루션의 평갓값을 나타내는 것으로 합니다. $f' - f$ 를 가로축으로 하고, 다양한 온도 파라미터 τ의 값으로 이 함수를 플롯한 결과를 [그림 4-6]에 표시했습니다.

그림 4-6 지수 함수로 나타낼 수 있는 받아들일 확률 플롯

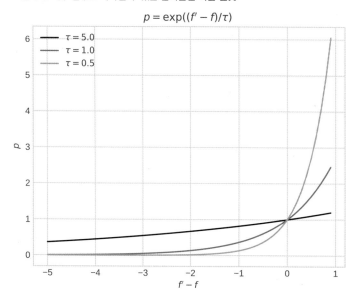

$f' - f$는 근방 솔루션과 현재 솔루션의 평갓값의 차이므로 근방 솔루션이 현재 솔루션보다 좋지 않으면 음수, 좋으면 양수가 됩니다. 이 함수는 입력이 클수록 출력도 커지는 단조 증가함수이며 모든 실수에 대해 0보다 큰 값을 반환합니다. 평갓값의 차가 음수인 경우에는 0보다 크고 1보다 작은 값을 가지므로 확률로 이용하기 편리합니다.

온도 파라미터 τ의 값이 클 때는 부드러운 곡선을 그리며, 반대로 τ가 작을 때는 급격한 곡선을 그립니다. 이로부터 τ의 값이 클 때, 즉 온돗값이 높을 때는 평갓값의 차 $f' - f$가 음수라도 1에 가까운 값을 반환함을 알 수 있습니다. 다시 말해 근방 솔루션이 현재 솔루션보다 평갓값이 낮더라도 받아들일 확률이 높아진다는 것을 의미합니다. 반대로 τ 값이 작을 때, 즉 온돗값이 낮을 때는 평갓값의 차가 음이 되면 빠르게 0에 수렴함을 알 수 있습니다. 이것은 다시 말해 근방 솔루션이 현재 솔루션보다 평갓값이 낮을 때의 받아들일 확률이 0에 근접한다는 것, 즉 보수적인 움직임을 나타낸다는 것을 의미합니다.

이제 이 시뮬레이티드 어닐링을 이용한 탐색 프로그램을 사용해 앞에서와 동일한 문제를 해결해봅니다.

```python
init_x = (4, 2)
init_f = f(init_x[0], init_x[1])
sa = SimulatedAnnealing(init_x, init_f)

evaluated_xs = {init_x}
steps = []

random.seed(0)
for _ in range(30):
  neighbor_x = sa.get_neighbor()
  evaluated_xs.add(neighbor_x)
  neighbor_f = f(neighbor_x[0], neighbor_x[1])
  step = sa.update(neighbor_x, neighbor_f)
  steps.append(step)

visualize_path(evaluated_xs, steps)
```

[그림 4-7]의 출력 결과를 보면 언덕 오르기 알고리즘에서는 국소 최적 솔루션에 갇혀버렸던 초기 솔루션 $x = (4, 2)$에서 탐색을 시작하더라도 국소 최적 솔루션에 갇히지 않고 전역 최적 솔루션에 도착한 것을 알 수 있습니다. 시뮬레이티드 어닐링은 초반에는 넓은 범위를 탐색하고 후반에는 탐색 범위를 좁혀감으로써 국소 최적 솔루션을 벗어나 전역 최적 솔루션에 도달하는 것을 목표로 합니다.

한편 시뮬레이티드 어닐링에서는 언덕 오르기 알고리즘에는 없던 온도 파라미터 τ를 도입했기 때문에 다음과 같은 새로운 문제를 고려해야 합니다.

- 온도 파라미터의 초깃값을 어떻게 설정할 것인가
- 온도 파라미터를 어떻게 감소시킬 것인가(**냉각 스케줄**이라고 부릅니다)
- 온도 파라미터를 어떻게 받아들일 확률에 반영할 것인가

최적 솔루션에 도달하는 속도나 얻을 수 있는 최적 솔루션의 평갓값의 기댓값은 이 요소들에 따라 달라지므로 시행착오를 통해 최적의 설정을 찾아내야 합니다.

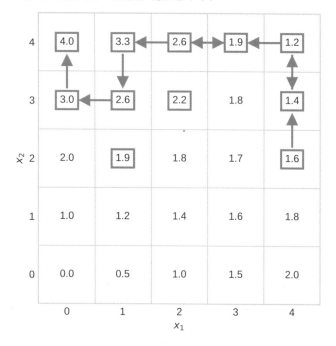

그림 4-7 시뮬레이티드 어닐링을 이용한 탐색 이력

4.6 유전 알고리즘

시뮬레이티드 어닐링은 재료를 고온으로 가열한 뒤 점점 온도를 식히면서 보다 강인한 물질을 얻는 열처리 기법에 착안해서 만들었음을 이미 설명했습니다. 이처럼 자연계의 법칙에서 힌트를 얻어 고안된 최적화 방법은 적지 않습니다. 생물이나 물리 현상에서 관찰한 구조로부터의 발견을 통해 만들어진 계산 기법을 **자연적 계산**natural computing, **내추럴 컴퓨팅**이라고 부릅니다(참고문헌 [32]). 여기에서는 생물의 진화 과정에서 힌트를 얻어 도출한 메타휴리스틱의 하나인 **유전 알고리즘**genetic algorithm을 설명합니다.

유전 알고리즘은 솔루션을 생물 개체로 보고, 그 사이의 자연 도태의 형태를 의사적으로 재현한 것으로 가장 적응한 개체, 즉 최적 솔루션을 구합니다. 각 개체는 유전자를 표현한 것이며, 이 유전자가 교차나 돌연변이를 반복함으로써 환경에 적응한 개체를 나타내는 유전자를 발견합니다.

유전 알고리즘은 **도태, 교차, 돌연변이**라고 불리는 조작을 함으로써 다음 절차에 따라 최적 솔루션을 찾아냅니다.

1 무작위로 N개의 솔루션을 생성해 현세대의 솔루션 집합으로 정의한다.

2 평가 함수를 이용해 현세대의 각 솔루션의 평갓값을 계산한다.

3 평갓값이 큰 솔루션을 우선적으로 선택한다(도태 조작).

4 선택된 솔루션에 교차 조작 및 돌연변이 조작을 가해 다음 세대의 솔루션 집합에 추가한다.

5 종료 조건을 만족하면 종료한다. 만족하지 않으면 4의 다음 세대를 현세대로 하고 2로 돌아간다.

도태 조작은 이름그대로 자연 도태에 해당하며 평갓값이 높은 것만 다음 세대에 남도록 선택하는 조작입니다. 평갓값이 높은 솔루션만 선택하는 엘리트 유지 전략, 평갓값에 따라 솔루션을 선택할 확률을 결정하는 룰렛 전략 등 다양하게 구현됩니다. 교차 조작은 선택된 솔루션의 일부 유전자를 교환하는 것입니다. 우수한 솔루션의 특징을 공유함으로써 보다 우수한 솔루션을 만들어내는 것을 목적으로 합니다. 예를 들어 솔루션이 7개의 비트열로 표시되고 현세대로부터 솔루션 $x = (0, 1, 1, 0, 0, 1, 0)$와 솔루션 $x = (0, 0, 0, 1, 1, 0, 0)$이 도태 조작을 통해 선택된 상황이라고 생각해봅니다. 교차 조작에서는 선택된 2개 솔루션 비트열의 일부를 교환해 새로운 솔루션을 생성합니다. 여기에서는 5번째 비트 이하를 서로 교차한다고 가정해봅니다. 이 교차 조작을 [그림 4-8]에 표시했습니다.

그림 4-8 유전 알고리즘에서의 교차 조작의 예

교환할 비트열의 추출 방법은 교착 조작 수행 시 무작위로 결정하는 것이 일반적입니다. 현세대의 솔루션 중 교차 조작을 실시할 솔루션 수의 비율을 **교차율**이라고 부르며, 최적화의 성능을 좌우하는 중요한 파라미터입니다.

한편 돌연변이 조작은 솔루션에 무작위로 변화를 삽입하는 것으로 솔루션 집합이 다양성을 가지도록 하는 역할을 합니다. 돌연변이 조작에서는 무작위로 솔루션을 선택하고, 무작위로 선택된 요소를 바꿔 씁니다. [그림 4-9]에 돌연변이 조작의 예를 나타냈습니다. 돌연변이 조작을

수행한 솔루션의 비율을 **돌연변이율**이라고 부르며, 이 또한 최적화 성능을 좌우하는 파라미터입니다.

그림 4-9 유전 알고리즘에서의 돌연변이 조작 예

유전 알고리즘은 이 3가지 조작을 반복하면서 국소 최적 솔루션에 갇히지 않고 전역 최적 솔루션을 발견하는 구조를 제공합니다.

4.6.1 유전 알고리즘을 이용한 비트 이미지 생성

그럼 예제를 통해 유전 알고리즘 구현 방법을 확인해봅니다. 여기에서는 먼저 알고리즘을 이용해 **아이덴티콘**Identicon과 같은 비트 이미지를 생성하는 문제를 생각해봅니다. 아이덴티콘이란 해시값을 시각화한 것으로 사용자 식별을 목적으로 이용되는 아이콘입니다(그림 4-10). 깃허브에 등록했을 때 기본 생성되는 아이콘으로도 유명합니다.

그림 4-10 깃허브 아이덴티콘 예. https://github.blog/2013–08–14–identicons/에서 인용

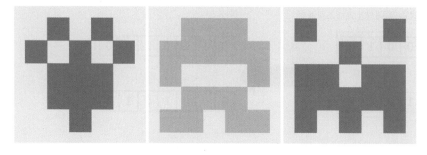

수십 개 픽셀로 만들어진 간단한 아이콘이지만 이것만으로도 다양한 도형을 표현할 수 있습니다. 여기에서는 이 수십 개의 픽셀을 새하얀 캔버스로 보고 유전 알고리즘을 이용해 우리가 직감적으로 멋있다고 느끼는 아이콘을 만들어봅니다.

먼저 무작위로 비트 이미지를 출력하는 코드를 작성합니다. 깃허브의 아이덴티콘은 5×5 픽셀이지만, 여기에서는 보다 다양한 얼굴형을 만들기 위해 $8 \times 8 = 64$개 픽셀을 사용하도록 합니

다. 아이콘은 좌우 대칭이 되어야 하는 제약이 있으므로 전체의 절반인 64/2 = 32개 픽셀이 결정되면 비트 이미지도 결정됩니다. 즉, 길이 32인 비트열에 대해 하나의 고유한 비트 이미지를 표현할 수 있게 됩니다. 이 비트열이 유전 알고리즘에서의 유전자 및 솔루션에 해당합니다.

먼저 무작위로 10개의 솔루션을 생성해서 현 세대의 솔루션 집합인 solutions라고 부릅니다. 이후 1세대에 포함된 솔루션 수는 $N = 10$으로 가정합니다.

```python
np.random.seed(0)
N = 10
size = 8
solutions = [np.random.randint(0, 2, size=size * size // 2)
             for _ in range(N)]
```

이렇게 생성된 비트열, 다시 말해 유전자 혹은 솔루션이 어떤 비트 이미지인지 시각화해서 확인해봅니다. represent 메서드는 솔루션을 비트 이미지를 나타내는 배열로 변환하는 메서드입니다. 이 메서드는 길이 32인 비트열을 8 × 4의 2차원 배열로 변환하고, 그것을 좌우 반전시킨 것을 옆으로 붙여 좌우 대칭한 것을 반환합니다.

```python
def represent(solution):
    return np.hstack((
        solution.reshape(size, size // 2),
        solution.reshape(size, size // 2)[:, ::-1]
    ))
```

다음으로 1세대에 포함된 10개 비트열을 2행 5열의 테이블로 시각화하는 메서드인 visualize를 구현합니다.

```python
def visualize(solutions):
    rows = 2
    cols = N // rows
    i = 0
    for row in range(rows):
        for col in range(cols):
            plt.subplot(rows, cols, i + 1)
            plt.imshow(represent(solutions[i]))
            plt.axis('off')
```

```
plt.title(i)
i += 1
```

이 visualize 메서드를 이용해 첫 세대에 포함된 솔루션을 시각화한 것을 [그림 4-11]에 표시했습니다.

```
visualize(solutions)
plt.show()
```

그림 4-11 무작위로 생성한 10개 비트열의 시각화

간단한 소스 코드지만 그림처럼 다양한 비트 이미지를 표현할 수 있음을 알 수 있습니다. 솔루션이 32비트 길이의 비트열이므로 이것만으로도 $2^{32} = 4294967296$종류의 이미지를 표현할수 있게 됩니다. 무작위로 출력된 10개의 비트 이미지를 보고 신경 쓰이는 점이 있었습니까? 필자의 눈에 몇 가지 비트 이미지는 스페이스 인베이더^{space invader}에 나오는 우주인처럼 보입니다. 특히 4번은 두 다리로 서 있는 우주인처럼 보이기도 합니다. 9번은 아직 확실한 형태는 아니지만 이 형태에서는 퍼텐셜을 느낍니다. 이런 특징을 가진 이미지를 좀 더 출력할 수는 없는 걸까요? 그런 생각 끝에 머릿속에서는 자연히 도태 조작이 떠올랐습니다. 즉, 10개의 선택지 중 우리 감정에 따라 유망한 것을 선택하고 있었습니다. 머릿속에서 선택한 솔루션과 유사한 솔루션을 더 보고 싶을 때 교차 조작과 돌연변이 조작을 활용합니다. 이 2가지 조작을 구현해봅니다.

먼저 교차 조작을 구현해봅니다.

```
def crossover(sol1, sol2):
    thres = np.random.randint(0, size * size // 2)
    new_solution = np.hstack((sol1[:thres], sol2[thres:]))
    return new_solution
```

교차 조작 메서드 crossover는 2개의 솔루션을 인수로 받습니다. 비트열의 길이에서 무작위로 교차할 점을 결정하고 2개 솔루션을 교차한 결과를 출력합니다. 예를 들어 0번째와 1번째 솔루션을 교차시킨 결과를 [그림 4-12]에 나타냈습니다.

```
plt.subplot(1, 3, 1)
plt.imshow(represent(solutions[0]))
plt.title('0')
plt.axis('off')
plt.subplot(1, 3, 2)
plt.imshow(represent(solutions[1]))
plt.title('1')
plt.axis('off')
plt.subplot(1, 3, 3)
plt.imshow(represent(crossover(solutions[0], solutions[1])))
plt.title('Crossover 0 x 1')
plt.axis('off')
plt.tight_layout(pad=3)
plt.show()
```

그림 4-12 0번째와 1번째 비트열을 교차시킨 결과

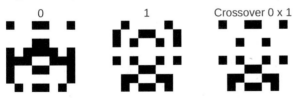

교차 조작 결과(Crossover 0 x 1)를 보면 0번째 그림의 윗부분과 1번째 그림의 아랫부분을 섞은 듯한 그림이 되어 있습니다. 이처럼 교차 조작은 부모의 각 특징을 가진 새로운 솔루션을 생성합니다. 다음으로 돌연변이 조작을 구현해봅니다.

```python
def mutation(solution):
    mut = np.random.randint(0, size * size // 2)
    new_solution = solution.copy()
    new_solution[mut] = (new_solution[mut] + 1) % 2
    return new_solution
```

돌연변이 조작 메서드인 mutation은 솔루션을 인수로 받습니다. 먼저 난수를 이용해서 변이를 일으킬 위치인 mut을 결정합니다. 그리고 원래 솔루션의 mut 번호에 해당하는 비트를 치환한 것을 출력합니다. 예를 들어 0번째 솔루션에 돌연변이를 일으킨 결과를 [그림 4-13]에 표시했습니다.

```python
plt.subplot(1, 2, 1)
plt.imshow(represent(solutions[0]))
plt.title('0')
plt.axis('off')
plt.subplot(1, 2, 2)
plt.imshow(represent(mutation(solutions[0])))
plt.title('Mutation 0')
plt.axis('off')
plt.tight_layout(pad=3)
plt.show()
```

그림 4-13 0번째 비트열에 돌연변이를 일으킨 결과

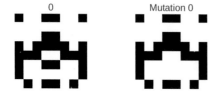

돌연변이된 결과(Mutation 0)를 보면 원래 그림의 가운데 아랫부분에 있었던 선이 없어진 것을 알 수 있습니다. 돌연변이 조작을 함으로써 원래 솔루션의 특징을 어느 정도 남기면서도 새로운 특징을 가진 솔루션을 출력할 수 있습니다. 그럼 앞의 조작을 종합해서 새로운 세대의 솔루션 집합을 출력하는 new_generation 메서드를 구현해봅니다.

```
def new_generation(parents, mut_n=3):
    solutions = []
    for _ in range(N):
        [i, j] = np.random.choice(range(len(parents)), 2, replace=False)
        child = crossover(parents[i], parents[j])
        solutions.append(child)

    for i in range(mut_n):
        solutions[i] = mutation(solutions[i])
    return solutions
```

세대 변경을 수행하는 new_generation 메서드는 도태 조작 결과 선택된 부모가 되는 솔루션 집합 parents와 돌연변이를 일으킬 개체 수 mut_n을 인수로 받습니다. 이 메서드는 부모 개체로부터 무작위로 페어를 추출해 교차 조작을 한 뒤 새로운 솔루션 집합인 solution에 추가합니다. 이들 중 mut_n개의 솔루션에 돌연변이 조작을 해서 새로운 다음 세대의 솔루션 집합을 출력합니다.

> **NOTE_** 유전 알고리즘은 다양한 방법으로 구현할 수 있으며 교차 조작 및 돌연변이 조작의 적용 방법 또한 여기에서 설명한 것에만 한정되지 않습니다. 여기에서는 교차율 1로 부모 세대 모두를 교차 조작 대상으로 했지만 이 방법으로는 모처럼 특성이 좋은 개체가 태어난다 하더라도 곧바로 교차 조작에 의해 파괴될 우려가 있습니다. 여기에서는 어디까지나 사람이 항상 그 도태 조작에 개입하는 대화형 유전 알고리즘을 바탕으로 하고 있으며, 만족할만한 솔루션이 생성된 시점에서 탐색을 종료한다고 가정합니다.

이 메서드를 이용해 곧바로 세대 업데이트를 수행해봅니다. 필자는 앞에서 출력된 10개의 비트 이미지 중에서 2, 3, 4, 9번을 재미있는 형태로 봤습니다. 이것들을 부모 개체로 해서 새로운 세대의 솔루션 집합을 만들어 시각화해봅니다(그림 4-14).

```
solutions = new_generation([
    solutions[2], solutions[3], solutions[4], solutions[9]])
visualize(solutions)
plt.show()
```

그림 4-14 2세대 비트 이미지 시각화

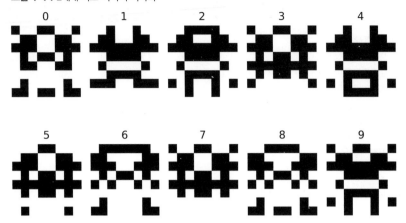

결과를 보면 전체적으로 부모 세대의 특징을 이어받은 비트 이미지가 만들어진 것을 알 수 있습니다. 2세대의 2번째나 9번째는 부모 세대 4번째가 가지고 있던 두 다리의 특징을 포함하고 있습니다. 다른 솔루션도 어렴풋하게 조금씩 형태가 보입니다. 2세대 중 특히 2, 3, 9번이 재미있게 보였습니다. 이들을 부모 세대로 선택해서(도태 조작) 다음 세대를 만들어봅니다(그림 4-15).

```
solutions = new_generation([
    solutions[2], solutions[3], solutions[9]])
visualize(solutions)
plt.show()
```

그림 4-15 3세대 비트 이미지 시각화

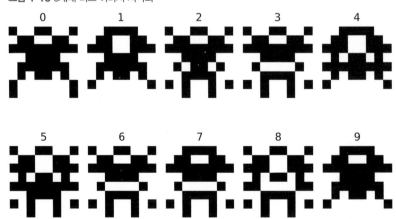

3세대 비트 이미지를 보면 보다 확실한 형태가 보입니다. 몇몇 이미지는 스페이스 인베이더 게임에 나와도 손색이 없어 보입니다. 필자는 머릿부분이 둥근 우주인 이미지를 더 많이 보고 싶기 때문에 여기에서는 1, 4, 7, 9번을 선택했습니다(그림 4-16).

```
solutions = new_generation([
    solutions[1], solutions[4], solutions[7], solutions[9]])
visualize(solutions)
plt.show()
```

그림 4-16 4세대 비트 이미지 시각화

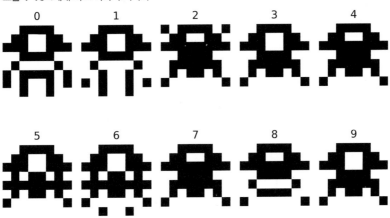

4세대 비트 이미지를 보면 전체적으로 머리가 둥근 이미지가 늘어났음을 알 수 있습니다. 이 정도로 충분히 만족스럽지만 0번과 7번을 한 번 더 발전시켜 보고 싶습니다(그림 4-17).

```
solutions = new_generation([solutions[0], solutions[7]])
visualize(solutions)
plt.show()
```

5세대를 보면 비트 이미지의 특징이 보다 좁혀진 형태임을 알 수 있습니다. 그중에서도 4번은 두 발로 서 있는 우주인에 정확하게 어울리는 그림으로 보입니다. 이 이미지가 마음에 들어 필자의 깃허브 계정의 아이콘으로 적용하고 탐색을 종료했습니다.

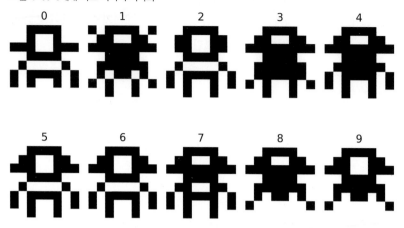

그림 4-17 5세대 비트 이미지 시각화

이상으로 유전 알고리즘을 이용해 맘에 드는 비트 이미지를 만들고 탐색하는 방법을 확인했습니다. 필자에게는 처음부터 '이런 것을 그리겠다'는 명확한 의사가 없었음에도 불구하고 유전 알고리즘이 표시하는 솔루션 중에서 마음에 드는 것을 선택해 가는 것만으로 멋진 비트 이미지를 찾아낼 수 있었습니다. 이번에는 단순한 비트 이미지이기 때문에 직접 처음부터 그려낼 수 있었지만 보다 복잡한 예술이나 디자인을 대상으로 하는 경우에는 이런 알고리즘이 강력한 도구가 될 것입니다. 한편 새로운 세대 생성은 난수에 의존하는 부분이 많으므로 항상 동일한 결과를 얻을 수 있다고 할 수 없습니다. 마음에 드는 솔루션을 발견할 때까지 시간이 더 많이 소요될 수도 있습니다. 평가를 하는 사람의 부담을 가급적 줄이기 위해서는 적은 선택 횟수로 매력적인 솔루션을 발견할 수 있도록 보완이 필요할 것입니다.

4.7 정리

이 장에서는 '순서대로' 요소를 결정해나가는 테스트가 과연 우수한 것인가라는 문제의식에서 출발해서 메타휴리스틱에 해당하는 다양한 기법을 소개했습니다. 최적의 조합을 탐색하는 기법으로는 기본적인 언덕 오르기 알고리즘이 있으며, 국소 최적 솔루션에 갇혀버리는 문제에 관해 설명했습니다. 장 앞부분에서 설명한 '순서대로' 요소를 결정하는 테스트는 이 언덕 오르기 알고리즘의 특별한 경우에 해당합니다.

국소 최적 솔루션에서 벗어나는 방법으로 난수를 알고리즘에 삽입하는 아이디어를 소개했고, 확률적 언덕 오르기 알고리즘과 시뮬레이티드 어닐링(담금질 기법)을 소개했습니다. 특히 시뮬레이티드 어닐링에서 근방 솔루션이 현재 솔루션보다 좋지 않더라도 받아들인다는 아이디어가 국소 최적 솔루션에서 벗어나는 구조를 제공하는 것도 설명했습니다.

마지막으로 자연계에서 영감을 얻은 기법인 유전 알고리즘을 소개했습니다. 무작위로 생성된 비트 이미지에 대해 사람이 피드백을 주는 절차를 반복함으로써 사람의 감성에 호소하는 인공물을 기계가 제공할 수 있게 되는 학습 과정을 엿볼 수 있었습니다. 메타휴리스틱은 복잡한 형태의 목적 함수에 대해 적용할 수 있을 뿐만 아니라 사람 안에 평가 함수가 잠들어 있는 문제에도 응용할 수 있습니다.

이 장 앞부분에서 메타휴리스틱은 문제에 의존하지 않는 휴리스틱을 제공하기 위한 프레임이라고 설명했습니다. 하지만 그렇다고 해서 모든 문제에 메타휴리스틱을 적용할 수 있는 것은 아니며, 메타휴리스틱이 잘 동작하기 위해서는 평가 함수가 **근접 최적성의 원리**proximate optimality principle를 만족해야 합니다(참고문헌 [36]). 근접 최적성의 원리란 풀어서 말하면 '좋은 솔루션끼리 비슷한 특징을 갖는다'는 개념입니다. 이 원리가 성립한다는 가정 하에 시뮬레이티드 어닐링의 근방 솔루션이나 유전 알고리즘의 교차 및 돌연변이 조작으로 만들어진 차세대 솔루션의 평갓값이 높아진다고 기대할 수 있는 것입니다. 주어진 최적화 문제가 이 원리를 만족한다는 보장은 어디에도 없지만, 실험적으로 우리들이 다루는 많은 최적화 문제가 이 원리를 만족하기 때문에 폭넓은 문제에서 메타휴리스틱을 적용할 수 있습니다.

메타휴리스틱은 좋은 솔루션 주변에 탐색을 모으는 **집중화**와 탐색하지 않은 솔루션을 시험하는 **다양화**의 균형을 맞춰가며 탐색합니다. 시뮬레이티드 어닐링의 근방 솔루션을 탐색하는 것으로 집중화를 실현하고, 때때로 평갓값이 낮은 방향으로 솔루션을 업데이트함으로써 다양화를 실현한다고 말할 수 있습니다. 이 집중화와 다양화의 구체적인 구현 방법에 따라 각 기법의 특징이 정해집니다.

4.7.1 더 깊은 학습을 위해

- 『メタヒュー リスティクスと ナチュラルコンピューティング(메타휴리스틱과 내추럴 컴퓨팅)』(古川正志, 川上敬, 渡辺美知子, 木下正博, 山本雅人, 鈴木育男 공저, コロナ社, 2012)

  이 장에서 소개한 시뮬레이티드 어닐링이나 유전 알고리즘을 시작으로 다양한 메타휴리스틱을 소개합니다. 각 알고리즘의 배경이나 구현 방법의 차이를 자세히 알고자 하면 이 문헌을 참조하기 바랍니다.

- 『今日から使える!組合せ最適化(오늘부터 쓸 수 있는 조합 최적화)』(穴井宏和, 斉藤努 공저, 講談社, 2015)

  이 장에서 다루었던 이산값의 조합을 최적화하는 문제인 조합 최적화 문제를 다룬 책입니다. 메타휴리스틱에 관한 설명은 많지 않으나 조합 최적화의 응용 및 그 해법에 관해 포괄적인 학습을 하기에 좋습니다.

칼럼: 유전 알고리즘과 대화형 최적화

4.6.1절의 비트 이미지 생성 예와 같이 사람이 순차적인 평갓값을 부여하는 최적화 프로세스를 **대화형 최적화**interactive optimization라고 부릅니다. 특히 유전 알고리즘을 필두로 하는 진화 계산법은 대화형 최적화와 잘 어울리며, 여러 테스트에 응용되고 있습니다. 사람의 피드백을 평갓값으로 하여 진화 계산법을 적용하고, 인공물의 설계를 수행하는 시행 전반을 **대화형 진화 계산**interactive evolutionary computation이라고 부릅니다.

대상 범위는 매우 넓어서 이미지나 음악, 로고 디자인 등 다양한 분야에 응용되고 있습니다. 대화형 진화 계산의 개요와 응용 사례에 관해서는 큐슈 대학의 타카기 히데유키高木英行 교수가 251편의 논문을 조사해서 설명한 논문에 정리되어 있습니다(참고문헌 [31]). 특히 예술 분야의 응용에 관해서는 주안 로메오Juan Romeo와 페노우살 마카도Penousal Machado의 책(참고문헌 [24])에 정리되어 있습니다.

대화형 진화 계산은 파라미터로부터 다양한 비주얼을 만들어내는 구조인 순차적 모델링procedural modeling과 조합하면 그 가능성이 보다 넓어집니다. 예를 들어 매튜 루이스Matthew Lewis는 캐릭터의 조형을 대화형 진화 계산을 이용해 최적화하는 [그림 4-18]과 같은 인터페이스를 제공하고 있습니다. 이 캐릭터의 조형을 표출하는 솔루션은 트리 구조로 나타나며, 트리 구조를 구성하는 노드의 파라미터를 조정함으로써 다양한 표현을 만들어낼 수 있습니다. 이 트리 구조를 진화 계산을 이용해 조작해 자신의 마음에 드는 조형을 필터링할 수 있습니다.

그림 4-18 대화형 진화 계산을 이용한 캐릭터의 조형을 최적화하는 소프트웨어의 인터페이스. 그림은 참고문헌 [20]에서 인용

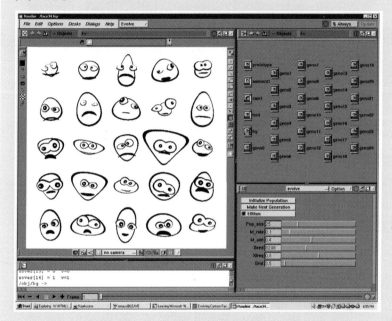

이미지를 만들어내는 뉴럴 네트워크 구조를 결정하는 파라미터에 대해 진화 계산을 응용할 수도 있습니다. https://otoro.net(일본어)에 NEAT 알고리즘(참고문헌 [28])을 이용해 추상 예술을 생성하는 뉴럴 네트워크를 대화적으로 최적화하는 데모가 공개되어 있습니다(그림 4-19).

그림 4-19 대화형 진화 계산을 이용해 추상 예술을 생성하는 뉴럴 네트워크를 최적화한 데모. 그림은 http//blog.otoro.net/2015/07/31/neurogram/에서 인용(참고 그림 4)

그런데 다른 메타휴리스틱을 이용한 탐색 기법은 대화형 최적화에 응용할 수 없는 것일까요? 물론 시뮬레이티드 어닐링을 필두로 하는 메타휴리스틱을 대화형 최적화에 이용할 수도 있습니다. 현재 솔루션의 근방 솔루션을 표시한 뒤 사람이 평가를 해서 현재 솔루션보다 높은 평가를 얻은 근방 솔루션이 있다면 현재 솔루션을 업데이트하는 절차를 추가하면 됩니다. 하지만 이와 같은 방법에서는 근방 솔루션만 사람에게 표시되므로 다른 솔루션과의 비교 검토가 어려워 평가하기 어려운 인터페이스 관점의 문제가 발생할 수도 있습니다.

시뮬레이티드 어닐링은 유전 알고리즘과 달리 하나의 현재 솔루션을 순차적으로 업데이트하는 방법을 채택합니다. 이처럼 하나의 현재 솔루션의 업데이트를 반복해나가는 기법을 **단점 탐색 기법**이라고 부릅니다. 한편 유전 알고리즘과 같이 여러 솔루션을 동시에 생성해서 평가하는 기법을 **다점 탐색 기법**이라고 부릅니다. 이러한 탐색 방법의 차이 역시 사람의 평가를 입력하는 인터페이스를 설계할 때 반드시 고려해야 합니다.

칼럼: 웹 최적화와 대화형 최적화

사람의 반응을 평가 함수로 이용하기 때문에 대화형 최적화는 웹 최적화와 잘 어울립니다. 예를 들어 웹사이트에 배치할 여러 요소의 위치를 솔루션으로 기술함으로써 레이아웃 최적화에 메타휴리스틱을 이용할 수 있습니다. 실제 전자상거래 사이트에서 표시되는 상품의 순서를 유전자로 기술하고, 유전 알고리즘을 이용함으로써 상품 구입율을 최대화한 시도가 보고돼 있습니다(참고문헌 [2]).

하지만 메타휴리스틱을 이용한 탐색은 웹 최적화에는 그다지 이용되지 않는 것이 현실입니다. 웹 최적화에 메타휴리스틱을 적용할 때 문제가 되는 것은 솔루션의 평갓값이 하나의 값으로 주어져야 한다는 점입니다. 웹 최적화에서는 하나의 솔루션을 여러 사용자에게 표시하는 것이 일반적이므로 평갓값은 하나의 값보다는 어떤 분포를 가진 확률 변수로 보는 것이 자연스럽습니다. 하지만 여기에서 설명한 메타휴리스틱을 이용한 탐색 기법에서는 확률 변수를 직접 다룰 수 없습니다.

물론 하나의 솔루션에 대해 여러 평갓값의 샘플을 얻어 통계적 가설 검정을 이용해 솔루션 사이의 차이를 평가해서 0 또는 1을 정의하는 절차를 추가하면 메타휴리스틱을 응용할 수 있습니다. 평갓값이 편차를 수반하여 주어지는 경우에서의 메타휴리스틱 응용에 관해서는 참고문헌 [3]에 정리되어 있습니다.

필자들은 메타휴리스틱과 통계적 가설 검정을 조합해 빠르게 웹 최적화를 수행하는 알고리즘을 개발하고, 다양한 규모의 웹사이트에서 그 유효성을 평가했습니다. 자세한 내용은 참고문헌 [11] 및 [41]을 참조하기 바랍니다.

슬롯머신 알고리즘:
테스트 중의 손실에도 대응하자

5.1 소박한 의문

주식회사 X의 정례 회의에서 웹 마케터인 찰리가 새로운 A/B 테스트 계획을 발표하고 있습니다. 계획을 들은 에렌 과장이 찰리에게 물었습니다. '시험 삼아 새로운 비주얼을 사용자에게 보여주는 것은 좋지만 혹시 지금 사용 중인 것보다 사용자 유도 성능이 낮아질지도 모르는 거겠죠? 그럴 경우 테스트 중에 발생하는 손실에 대해서는 어떻게 생각하나요? 그리고 테스트 기간은 어느 정도면 충분한 건가요?'

상당히 날카로운 질문입니다. 확실히 새로운 것을 시험해보는 것에는 항상 리스크가 따르기 마련입니다. 새로운 솔루션의 평갓값이 현재 솔루션의 평갓값보다 낮을 가능성도 충분합니다. 하지만 새로운 솔루션을 시험해보지 않는 이상 그 결과는 모릅니다. 지식을 얻기 위해서는 리스크를 안고 탐색을 해볼 수밖에 없습니다.

찰리는 대답이 궁해졌습니다. 최적의 모델을 설계함으로써 어떻게든 적은 횟수로 유용한 결과를 도출하도록 최선을 다하겠다는 대답이 고작이었습니다. 아무런 사전 지식이 없는 솔루션을 시험하는 경우라도 가능한 한 테스트 과정의 손실이 적게 발생하도록 하려면 어떻게 해야 할까요? 무슨 근거로 충분한 크기의 샘플을 얻었다고 생각하면 좋을까요? 지금까지 베이즈 통계와 메타휴리스틱을 이용한 조합 최적화의 기초를 학습하고, 대부분의 문제를 처리할 수 있을 것 같은 기분이 들었지만 아직 고려해야 할 것들이 많은 것 같습니다. 찰리는 곰곰이 고민하기 시작했습니다.

5.1.1 탐색과 활용의 딜레마

에렌의 질문은 다양한 영역에서 공통되는 문제입니다. 새로운 것을 시험한다는 것은 현재보다 나빠질 리스크를 수반하지만 시험을 하지 않는다면 현재보다 좋아지지 않습니다. 일상의 쇼핑에서 라이프 스테이지의 전환점에 이르기까지 다양한 측면에서 이러한 결단에 직면하고 있다고 할 수 있습니다.

머신러닝, 특히 강화학습이나 슬롯머신 문제라고 불리는 분야의 컨텍스트에서는 자신이 알고 있는 최적의 행동을 함으로써 이익을 높이는 것을 **활용**exploitation, 지식을 늘리기 위해 새로운 행동을 시도하는 것을 **탐색**exploration이라고 부릅니다. 활용만 계속하면 지식이 늘지 않고, 탐색만 계속하면 실패가 점점 늘어납니다. 상반되는 두 가지 행동 사이에서 발생하는 딜레마를 **탐색과 활용의 딜레마**exploration-exploitation dilemma라고 부르며, 다양한 문제에서 공통되는 중요한 주제입니다(참고문헌 [38]).

탐색과 활용의 딜레마는 웹 최적화에도 적용되며, 혹시 손실을 일으킬지도 모르는 새로운 디자인안을 시험하는 탐색과 지금까지 가장 퍼포먼스가 좋다고 알고 있는 디자인안을 시험하는 활용의 균형을 맞추는 것이 중요한 문제가 됩니다. 이 장에서 설명할 **다중 슬롯머신 문제**multi-armed bandit problem는 이 탐색과 활용의 딜레마를 안고 있는 문제를 다루는 전형적인 방법의 하나이며, 이런 문제에 관한 해법들을 가리켜 **슬롯머신 알고리즘**bandit algorithm이라 부릅니다(참고문헌 [35]).

5.2 다중 슬롯머신 문제

밴딧bandit은 직역하면 도둑이라는 의미지만 카지노의 슬롯머신이 마치 도둑처럼 플레이어로부터 야금야금 돈을 빼앗아가는 모습 때문에 슬롯머신을 총칭하는 말로도 사용됩니다. 고전적인 슬롯머신에는 레버(팔)가 하나 달려 있으며, 이런 슬롯머신이 줄지어 놓여 있는 모습을 표현한 것이 다중 슬롯머신입니다.

한 줄로 늘어선 슬롯머신을 앞에 두고 어떤 슬롯머신에 내가 가진 소중한 동전을 넣을 것인가 고민하는 갬블러의 모습을 상상해봅니다. 어떤 슬롯머신은 높은 확률로 당첨을 주는 통큰 슬롯머신일 수도 있고, 어떤 슬롯머신은 거의 당첨을 주지 않는 구두쇠 슬롯머신일 수도 있습니다. 하지만 어떤 슬롯머신인지는 실제로 레버를 당겨봐야 알 수 있습니다. 가능한 한 많은 상금을 가져가려면 어떤 전략에 따라 동전을 넣어야 할까요? 다중 슬롯머신 문제는 이런 여러 가지 솔루션(혹은 선택지, 즉 레버)과의 상호 작용을 고려하는 문제입니다.

> **NOTE_** 교호 작용과 상호 작용은 모두 영어 interaction을 번역한 것입니다. 이 책에서 교호 작용은 여러 요인이 조합되어 발생하는 효과를 의미하고, 상호 작용은 두 개체 사이에서 어떤 것을 주고받는 것을 의미합니다.

다중 슬롯머신 문제는 다양한 형태로 정식화되어 있지만 여기에서는 그중에서 대표적인 **확률적 슬롯머신 문제**를 다룹니다. 확률적 슬롯머신 문제에는 솔루션을 선택했을 때의 보상이 어떤 확률 분포에 따라 주어진다고 가정합니다. 그리고 얻은 보상의 합계(**누적 보상**이라고 부릅니다)를 최대로 하는 방법을 구합니다.

확률적 슬롯머신 문제를 정식화한 이미지를 [그림 5-1]에 표시했습니다.

그림 5-1 확률적 슬롯머신 문제 이미지

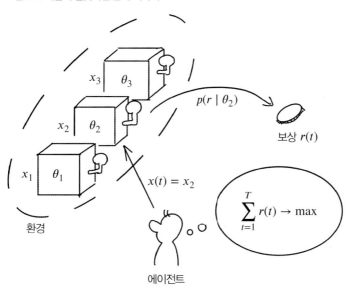

최적의 솔루션을 찾아내는 주체를 여기에서는 **에이전트**[agent]라고 부릅니다. 에이전트는 K개의 솔루션 $X = \{x_1, \cdots x_K\}$와 대치하고 있으며 누적 보상을 최대화하는 것을 목표로 합니다. 여기에서 에이전트와 대치하는 대상 전체를 **환경**[environment]이라고 부릅니다. 각 솔루션 $x_k \in X$는 고유의 기댓값 파라미터 θ_k를 가지고 있으며, 호출될 때마다 그 기댓값에 맞춰 보상

$r \sim p(r \mid \theta_k)$의 샘플을 에이전트에 제공합니다. 여기에서 $\in$ 기호는 기호 왼쪽에 있는 변숫값이 기호 오른쪽의 집합에 포함되는 것을 의미합니다.

에이전트는 총 T 횟수만큼 다양한 솔루션을 시도할 수 있으며 그중 t번째 횟수에 선택한 솔루션을 $x(t)$로 나타냅니다. 또한 그때 얻은 보상을 $r_{x(t)}(t)$ 혹은 솔루션을 생략하고 $r(t)$로 표기합니다. 다양한 솔루션을 시도할 수 있는 횟수의 상한선인 T를 **예산**이라고 부르며 $1 \leq t \leq T$는 이후 **시각**이라고 부릅니다. 이 정의에 따라 누적 보상은 $R(T) = \sum_{t=1}^{T} r(t)$로 나타낼 수 있으며, 이를 최대화하는 전략, 즉 **방책**을 구하는 것이 확률적 슬롯머신 문제입니다.

앞서 설명한 슬롯머신 아날로지로 설명하면 갬블러가 에이전트, 늘어선 슬롯머신이 환경, 각 슬롯머신이 솔루션 $x_k \in X$, 슬롯머신을 시험할 수 있는 횟수(예산)가 T, t번째 시도에서 선택한 슬롯머신이 $x(t)$, 그때 얻은 보상이 $r(t)$에 해당합니다.

웹 최적화의 컨텍스트에서 말하자면 웹사이트를 최적화하려는 시스템이 에이전트, 디자인안의 집합과 테스트에 관련된 사용자를 하나로 모아서 생각한 것이 환경, 각 디자인안이 솔루션 $x_k \in X$, 디자인안을 표시하는 횟수의 합계의 상한값이 T, t번째에 표시한 디자인안이 $x(t)$, $x(t)$가 표시되었을 때의 클릭 유무가 보상 $r(t)$에 대응합니다. 그러므로 가능한 한 빠른 시각 t에서 최적의 솔루션을 선택해나가는 것이 보다 적은 사용자와의 상호 작용을 기반으로 빠르게 웹사이트를 최적화하는 것이라는 의미가 됩니다.

어떤 슬롯머신 알고리즘의 성능은 많은 횟수를 시뮬레이션한 결과에 따라 추정한 누적 보상 기댓값으로 평가합니다. 예를 들어 n번째의 시뮬레이션에서 얻은 누적 보상을 $R_n(T)$라고 나타내면 큰 수의 법칙에 따라 누적 보상 기댓값은 그 표본 평균에 따라 추론할 수 있습니다.

$$\mathbb{E}[R(T)] \approx \frac{1}{N} \sum_{n=1}^{N} R_n(T)$$

누적 보상 기댓값에 따른 평가는 직관적이고 알기 쉽지만 보상의 순서나 그 기댓값은 대상이 되는 문제에 따라 다르므로 그대로는 평가하기 어려울 때가 있습니다. 그렇기 때문에 일반적으로 누적 보상이 아니라 이상적인 방책에 얼마나 가까운지 평가합니다. 이상적인 방책이란 항상 기댓값이 최고인 솔루션을 계속 선택하는, 글자 그대로 전지전능한 에이전트만 만들어낼 수 있는 가상의 방책입니다. 여기에서 기댓값 최대 솔루션, 즉 최적 솔루션을 x^*로 나타내면 한 번의 시뮬레이션에서 생성되는 이상적인 방책과 누적 보상의 차이를 다음과 같이 나타낼 수 있습니다.

$$Regret(T) = \sum_{t=1}^{T} \left(r_{x^*}(t) - r_{x(t)}(t) \right)$$

이 값을 **후회**^{regret}라고 부릅니다. 또한 여러 차례의 시뮬레이션에 의해 추정된 후회의 기댓값 $\mathbb{E}[Regret(T)]$를 **기대 후회**라고 부르며, 일반적으로 이를 이용해 방책을 평가합니다.

5.3 ε-greedy 알고리즘

슬롯머신 알고리즘 중에서 가장 간단한 알고리즘의 하나가 ε-greedy 알고리즘입니다.*
ε-greedy 알고리즘은 어떤 작은 확률 ε으로 탐색 행동을 취하고 그 외의 확률$(1-\varepsilon)$로 활용 행동을 취하는 것입니다. 탐색 행동을 선택한 경우에는 솔루션을 무작위로 선택하고, 활용 행동을 선택한 경우에는 그 시점에서 얻어진 보상의 표본 평균이 최대인 솔루션 $\hat{x}^*(t)$를 선택합니다. 대략적인 알고리즘을 [그림 5-2]에 표시했습니다.

그림 5-2 ε-greedy 알고리즘 개요

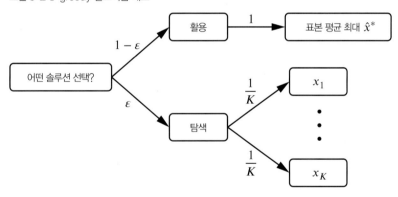

같은 알고리즘을 수식으로도 나타내봅니다. 먼저 시점 t에서의 어떤 솔루션 x_k의 보상의 표본 평균 $\hat{\theta}_k$는 다음과 같이 구할 수 있습니다.

$$\hat{\theta}_k(t) = \frac{\sum_{\tau=1}^{t} r(\tau) \, \mathbb{1}\big(x(\tau) = x_k\big)}{\sum_{\tau=1}^{t} \mathbb{1}\big(x(\tau) = x_k\big)} = \frac{\sum_{\tau=1}^{t} r(\tau) \, \mathbb{1}\big(x(\tau) = x_k\big)}{N_k(t)} \qquad \text{[식 5.1]}$$

---

* ε은 그리스 문자로 입실론이라고 읽습니다. 매우 작은 숫자를 나타내는 기호로 자주 이용됩니다.

단, $\mathbb{1}(x)$는 [식 1.13]에서 표시한 지표 함수를 의미합니다. [식 5.1]은 매우 단순합니다. 시각 t까지 솔루션 x_k를 선택해서 얻은 보상의 합계를 시각 t까지 솔루션 x_k를 선택한 횟수로 나눌 뿐입니다. 시각 t까지 솔루션 x_k를 선택한 횟수는 다음 식으로 표현합니다.

$$N_k(t) = \sum_{\tau=1}^{t} \mathbb{1}\big(x(\tau) = x_k\big)$$

[식 5.2]

활용 행동을 선택할 때는 보상의 표본 평균 $\hat{\theta}_k(t)$가 최대가 되는 솔루션 $\hat{x}^*(t)$를 선택합니다.

$$\hat{x}^*(t) = \arg\max_{x_k \in X} \hat{\theta}_k(t)$$

여기서 $\arg\max_{x \in X} f(x)$는 모든 입력 $x \in X$ 중 어떤 함수의 출력 $f(x)$를 최대화하는 입력을 반환하는 함수입니다. 한편 탐색 행동을 취할 때는 솔루션을 무작위로 하나 선택합니다.

NOTE_ 지금까지의 수식을 보면 ^ 기호를 종종 이용했습니다. 이는 추정값을 의미합니다. θ_k는 에이전트가 얻을 수 없는 보상의 확률 분포의 기댓값 파라미터고, $\hat{\theta}_k(t)$는 에이전트가 시간 t까지 얻은 보상을 통해 추정한 보상 기댓값을 나타냅니다. 마찬가지로 x^*는 에이전트가 알 수 없는 진정한 최적 솔루션이지만 $\hat{x}^*(t)$는 시각 t까지 얻은 정보를 통해 에이전트가 추정한 최적 솔루션을 나타냅니다.

그럼 ε-greedy 알고리즘을 구현해봅니다. 이 문제에서는 솔루션이 4개($K = 4$, $X = \{x_1, x_2, x_3, x_4\}$) 존재하며, 보상 r은 베르누이 분포를 따르는 확률 변수라고 가정합니다.

$$r \sim p(r \mid \theta_k) = \mathrm{Bernoulli}(\theta_k)$$

그러므로 보상 r은 어떤 성공 확률 θ에 따라 0 혹은 1의 값이 됩니다. 이것은 1장에서와 같이 클릭 유무에 대응시킬 수 있습니다. 또한 각 솔루션이 가진 성공 확률은 $\theta_1 = 0.1, \theta_2 = 0.1, \theta_3 = 0.2, \theta_4 = 0.3$이라고 가정합니다. 즉, 이 문제의 최적 솔루션은 $x^* = x_4$이며, 처음부터 마지막까지 계속해서 x_4를 인수로 받는 것이 최적의 방책이 됩니다. 물론 에이전트는 이를 알지 못하므로 x_4가 얼마나 유망한지 빠르게 알아내 최적 방책에 가까운 행동을 하는지가 핵심이 됩니다.

이 내용을 바탕으로 먼저 문제 설정을 나타내는 환경 클래스인 Env를 구현합니다.

```
import numpy as np
np.random.seed(0)
```

```
n_arms = 4

class Env(object):
  thetas = [0.1, 0.1, 0.2, 0.3]

  def react(arm):
    return 1 if np.random.random() < Env.thetas[arm] else 0

  def opt():
    return np.argmax(Env.thetas)
```

가장 먼저 솔루션 수 $K = 4$를 상수 n_arms로 정의했습니다. Env 클래스는 각 솔루션의 보상 기댓값인 thetas와 2개의 클래스 메서드 react와 opt를 가집니다. react 메서드는 솔루션의 인덱스인 arm을 제시하면 성공 확률 thetas[i]의 베르누이 분포로부터 보상을 샘플로 반환합니다. opt 메서드는 최적 솔루션의 인덱스를 반환합니다. 전지전능한 에이전트 외에는 이 메서드를 호출할 수 없습니다.

다음으로 ε-greedy 알고리즘에 기반해 탐색하는 에이전트 EpsilonGreedyAgent를 구현해 봅니다.

```
class EpsilonGreedyAgent(object):

  def __init__(self, epsilon=0.1):
    self.epsilon = epsilon
    self.counts = np.zeros(n_arms)
    self.values = np.zeros(n_arms)

  def get_arm(self):
    if np.random.random() < self.epsilon:
      arm = np.random.randint(n_arms)
    else:
      arm = np.argmax(self.values)
    return arm

  def sample(self, arm, reward):
    self.counts[arm] += 1
    self.values[arm] = (
        (self.counts[arm] - 1) * self.values[arm] + reward
        ) / self.counts[arm]
```

EpsilonGreedyAgent는 옵션 인수로 탐색 행동을 취할 확률 epsilon을 받습니다. 멤버 변수 self.counts는 각 솔루션을 선택한 횟수 $N_k(t)$, 멤버 변수 self.values는 각 솔루션으로부터 얻은 보상의 표본 평균 $\hat{\theta}_k(t)$를 나타냅니다. 여기에서는 두 변수 모두 0으로 초기화했습니다.

get_arm 메서드는 후보가 되는 솔루션 중에서 ε-greedy 알고리즘에 기반해 적절한 솔루션을 선택합니다. 균일 분포로 생성한 난수 np.random.random()이 self.epsilon보다 작으면 탐색 행동을 통해 솔루션을 무작위로 선택하고, 반대로 크면 활용 행동을 통해 보상의 표본 평균이 최대가 되는 솔루션을 선택합니다.

sample 메서드는 환경으로부터 얻은 보상을 관측하고, 각 솔루션을 선택한 횟수 self.counts와 각 솔루션의 표본 평균 self.values를 업데이트합니다. self.counts의 업데이트 식은 선택된 솔루션 arm에 대해 값 1을 더하는 것뿐이므로 어렵지 않습니다. 한편 self.values는 [식 5.1]에 나타낸 것처럼 보상의 합 $\sum_{\tau=1}^{t} r(\tau)\,\mathbb{1}(x(\tau)=x_k)$를 해당 솔루션을 선택한 횟수 $N_k(t)$로 나누어 계산할 수 있지만 여기에서는 계산 효율화를 위해 업데이트 식의 형태로 바꿔 기술합니다.

예를 들어 어떤 수열 $a_1, a_2, \ldots$에 대해 평균값을 구하는 처리를 생각해봅니다. 이때 처음 n개의 평균 μ_n은 다음의 식으로 구할 수 있습니다.

$$\mu_n = \frac{\sum_{i=1}^{n} a_i}{n}$$

그럼 여기에 새롭게 $n+1$번째 수가 추가되었을 때 평균은 어떻게 될까요? 다음과 같은 식의 변형을 생각하면 총합계를 다시 계산하지 않아도 새로운 평균을 구할 수 있음을 알 수 있습니다.

$$
\begin{aligned}
\mu_{n+1} &= \frac{\sum_{i=1}^{n+1} a_i}{n+1} \\
&= \frac{a_1 + \cdots + a_n}{n+1} + \frac{a_{n+1}}{n+1} \\
&= \frac{n}{n+1}\frac{\sum_{i=1}^{n} a_i}{n} + \frac{a_{n+1}}{n+1} \\
&= \frac{n}{n+1}\mu_n + \frac{a_{n+1}}{n+1}
\end{aligned}
$$

이처럼 μ_n을 μ_{n+1}로 업데이트하는 형태로 바꿔 쓰면 수열을 유지하지 않아도 업데이트 전의 평균값 μ_n과 횟수 $n+1$만 유지할 수 있다면 새로운 평균값을 구할 수 있습니다. 작은 아이디어지만 시뮬레이션 실행 중에 메모리를 절약하거나 실행 시간을 줄이는 데 도움이 됩니다.

그럼 이 EpsilonGreedyAgent를 이용해 최적의 솔루션을 탐색해봅니다. 시뮬레이션을 위한 메서드 sim을 구현합니다.

```python
def sim(Agent, N=1000, T=1000, **kwargs):
    selected_arms = [[0 for _ in range(T)] for _ in range(N)]
    earned_rewards = [[0 for _ in range(T)] for _ in range(N)]

    for n in range(N):
        agent = Agent(**kwargs)
        for t in range(T):
            arm = agent.get_arm()
            reward = Env.react(arm)
            agent.sample(arm, reward)
            selected_arms[n][t] = arm
            earned_rewards[n][t] = reward
    return np.array(selected_arms), np.array(earned_rewards)
```

이 메서드는 평가할 에이전트의 클래스 Agent, 시뮬레이션을 시행할 횟수 N, 예산 T를 인수로 받습니다. 환경 Env가 난수를 기반으로 보상을 주는 것에서도 알 수 있듯이 한 번의 시뮬레이션에서는 우연이라는 요소가 끼어들기 때문에 올바르게 성능을 평가할 수 없습니다. 그러므로 여러 차례 시뮬레이션을 시행해서 평균값을 구해 평가합니다. sim 메서드는 시뮬레이션을 반복할 횟수 N만큼 에이전트의 인스턴스 agent를 생성하고, 환경 Env와 상호 작용시킵니다. 상호 작용 중 에이전트가 선택한 솔루션의 이력은 selected_arms에 저장됩니다. 마찬가지로 얻어진 보상의 이력은 earned_rewards에 보존됩니다.

그럼 이 sim 메서드를 이용해 시뮬레이션을 실행하고 성능을 시각화해봅니다.

```python
arms_eg, rewards_eg = sim(EpsilonGreedyAgent)
acc = np.mean(arms_eg == Env.opt(), axis=0)

plt.plot(acc)
plt.xlabel(r'$t$')
plt.ylabel(r'$\mathbb{E}[x(t) = x^*]$')
plt.show()
```

그림 5-3 ε-greedy 알고리즘의 정답률 추이

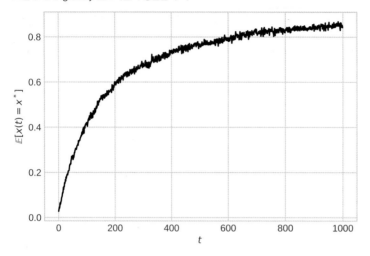

시뮬레이션을 실행해 얻어진 솔루션의 이력을 arms_eg, 보상의 이력을 reward_eg에 저장합니다. 그리고 시뮬레이션 중에 선택된 솔루션이 최적 솔루션과 일치하는 비율을 얻어 정답률 accuracy $\mathbb{E}[x(t) = x^*]$의 추이를 산출해서 시각화한 결과를 [그림 5-3]에 표시했습니다.

정답률 추이를 보면 시각이 지남에 따라 정답률이 점점 상승하는 것을 알 수 있습니다. 이번 문제 설정에서는 대략 1,000번 정도 상호 작용을 반복하면 80% 가량의 비율로 최적의 선택지를 선택하게 되는 것으로 보입니다. ε-greedy 알고리즘은 간단한 알고리즘임에도 불구하고 상호 작용 안에서 최적의 선택지를 학습하는 기능을 가졌음을 알 수 있습니다.

이 성능이 이상과 얼마나 떨어져 있는지 검토해봅니다. 이를 위해 먼저 이상적인 행동을 하는 전지전능한 에이전트인 OracleAgent를 구현합니다.

```python
class OracleAgent(object):
    def __init__(self):
        self.arm = Env.opt()

    def get_arm(self):
        return self.arm

    def sample(self, arm, reward):
        pass
```

OracleAgent는 최적 솔루션을 알고 있는 특별한 에이전트로, 항상 최적 솔루션(이번에는 x_4)을 계속 제시합니다. sample 메서드를 가지고 있지만 보상을 받아도 행동을 바꾸지 않습니다. 이 에이전트에 관해서도 마찬가지로 시뮬레이션을 결과를 시각화해서 누적 보상의 이력을 비교합니다(그림 5-4).

```
arms_o, rewards_o = sim(OracleAgent)
plt.plot(np.mean(np.cumsum(rewards_eg, axis=1), axis=0),
         label=r'$\varepsilon$-greedy')
plt.plot(np.mean(np.cumsum(rewards_o, axis=1), axis=0), label=r'Oracle')
plt.xlabel(r'$t$')
plt.ylabel('Cumulative reward')
plt.legend()
plt.show()
```

그림 5-4 ε-greedy와 전지전능한 에이전트의 누적 보상 비교

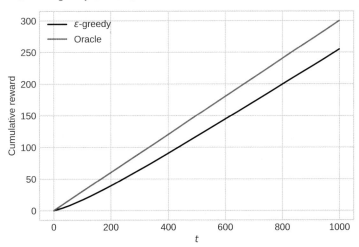

ε-greedy 알고리즘을 구현한 에이전트도 착실히 보상을 늘려 나가는 것을 볼 수 있지만 전지전능한 에이전트와 비교해보면 역시 그 속도가 느림을 알 수 있습니다. 이 전지전능한 에이전트와의 누적 보상 차이가 후회에 해당합니다. 어떻게 하면 후회가 보다 작은 알고리즘을 구성할 수 있을까요?

5.4 시뮬레이티드 어닐링 ε-greedy 알고리즘

ε-greedy 알고리즘에서는 어떤 일정한 탐색 확률인 ε을 설정했습니다. 이것은 탐색 행동을 얻은 빈도를 고정하는 것을 의미합니다. 하지만 실제로는 미래에 다룰 문제에 관해서는 알지 못하기 때문에 어느 정도의 확률을 설정하는 것이 좋은지 알 수 없습니다.

또한 탐색 초반에는 다양한 선택지를 시험해서 정보를 얻는 것이 중요하지만 대부분의 정보가 수집된 후반에도 계속해서 높은 확률로 탐색을 수행하는 것은 귀중한 샘플을 남용하는 것이 됩니다. 누계 정보를 최대화하기에는 초반에는 탐색 행동을 많이 하고, 점점 활용 행동으로 이동하는 알고리즘이 좋습니다.

그러한 알고리즘을 구성하는 기법 중 하나로 **시뮬레이티드 어닐링**이 있습니다. 시뮬레이티드 어닐링은 4.5절에서도 나왔습니다. 메타휴리스틱의 컨텍스트에서 소개했던 시뮬레이티드 어닐링은 언덕 오르기 알고리즘을 이용한 탐색으로, 이동 규칙에 온도 파라미터에 따라 제어되는 불규칙성을 추가한 것입니다. '최초는 무작위의 행동을 취하고, 점점 진정되어 간다'는 움직임을 확률적 슬롯머신 문제의 해법에도 응용할 수 있습니다. **시뮬레이티드 어닐링 ε-greedy 알고리즘**은 탐색 행동을 취하는 확률 ε을 점점 줄여가는 ε-greedy 알고리즘입니다.

시뮬레이티드 어닐링 ε-greedy 알고리즘의 에이전트인 AnnelaingEpsilongGreedyAgent의 구현 예를 확인해봅니다.

```python
class AnnealingEpsilonGreedyAgent(object):

    def __init__(self, epsilon=1.0):
        self.epsilon = epsilon
        self.counts = np.zeros(n_arms)
        self.values = np.zeros(n_arms)

    def get_arm(self):
        if np.random.random() < self.epsilon:
            arm = np.random.randint(n_arms)
        else:
            arm = np.argmax(self.values)
        self.epsilon *= 0.99
        return arm

    def sample(self, arm, reward):
        self.counts[arm] += 1
```

```
        self.values[arm] = (
            (self.counts[arm] - 1) * self.values[arm] + reward
        ) / self.counts[arm]
```

시뮬레이티드 어닐링 ε-greedy 알고리즘은 큰 초깃값을 탐색 확률 epsilon으로 설정하고, get_arm이 호출될 때마다 0.99를 곱함으로써 점점 작게(냉각) 만듭니다. 이 작은 변경에 따라 처음에는 탐색 중심의 행동을 취하고, 점점 활용 중심의 행동으로 이동하는 움직임을 구현할 수 있습니다.

이 에이전트에 대해서도 시뮬레이션을 수행해봅니다. 보통의 ε-greedy 알고리즘과 마찬가지로 sim 메서드에 에이전트를 전달합니다. 그리고 새롭게 얻은 선택지의 이력 arms_aeg와 앞에서의 이력 arms_eg를 이용해 정답률의 추이를 비교합니다(그림 5-5).

```
arms_aeg, rewards_aeg = sim(AnnealingEpsilonGreedyAgent)
plt.plot(np.mean(arms_aeg == Env.opt(), axis=0),
        label=r'Annealing $\varepsilon$-greedy')
plt.plot(np.mean(arms_eg == Env.opt(), axis=0),
        label=r'$\varepsilon$-greedy')
plt.xlabel(r'$t$')
plt.ylabel(r'$\mathbb{E}[x(t) = x^*]$')
plt.legend()
plt.show()
```

그림 5-5 시뮬레이티드 어닐링 ε-greedy 알고리즘의 정답률 추이

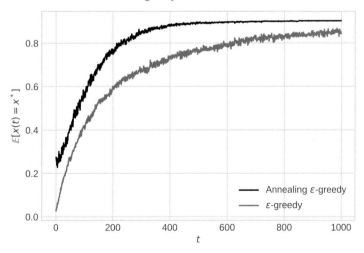

시각화 결과를 보면 두 에이전트의 정답률 모두 착실하게 향상되고 있지만 시뮬레이티드 어닐링을 도입함으로써 보다 빠르게 정답률이 향상됨을 알 수 있습니다. 한편 시각 $t = 600$ 부근에서 상승이 멈추었습니다. 어쩌면 너무 빠르게 냉각되어 이 부근에서 탐색을 종료한 것일 수도 있습니다. 알고리즘을 연구하면 속도가 빨라질 가능성은 있지만 그만큼 튜닝할 요소가 늘어난다는 점을 주의해야 합니다.

5.5 소프트맥스 알고리즘

ε-greedy 알고리즘은 어떤 일정한 확률을 이용해 활용에서 탐색으로 행동을 전환하는 매우 단순한 아이디어에 기반한 것이었습니다. 그러나 ε-greedy 알고리즘에는 솔루션 사이의 퍼포먼스 차이에 관계없이 일정한 확률로 탐색 행동을 취한다는 단점이 있습니다.

예를 들어 최적의 선택지와 퍼포먼스가 상당히 가까운 '아쉬운' 선택지와 다른 것보다 명확하게 뒤떨어지는 '논외의' 선택지가 있다고 가정합니다. 이 경우 가능하면 최적의 선택지와 아쉬운 선택지에 많은 샘플을 할당해서 그 결과를 보고 싶지만 ε-greedy 알고리즘은 특정한 확률 ε으로 완전히 무작위로 선택지를 고르기 때문에 아쉬운 선택지는 물론 논외의 선택지에도 일정한 확률로 샘플을 할당하게 됩니다. 이것은 샘플을 남용하는 결과를 낳습니다. **소프트맥스 알고리즘**softmax algorithm은 보상의 표본 평균에 맞춰 탐색 확률을 제어함으로써 이 단점에 대응하는 알고리즘입니다.

소프트맥스 알고리즘은 솔루션의 보상의 표본 평균 $\hat{\theta}_k(t)$에 맞춰 표시할 확률을 변화시킬 수 있습니다. 구체적으로는 시각 t에 솔루션 x_k를 사용자에게 표시할 확률 $p(t, x_k)$를 다음 식으로 구할 수 있습니다.

$$p(t, x_k) = \frac{\exp(\frac{\hat{\theta}_k(t)}{\tau})}{\sum_{k=1}^{K} \exp(\frac{\hat{\theta}_k(t)}{\tau})} \qquad \text{[식 5.3]}$$

이 식은 보상의 표본 평균 $\hat{\theta}_k(t)$를 어떤 파라미터 τ로 나눈 값에 **소프트맥스 함수**softmax function를 적용한 것입니다. 소프트맥스 함수는 다음 식으로 나타내는 함수이며 m차원 벡터 $\boldsymbol{x}$를 입력으로 합니다.

$$\text{softmax}(\boldsymbol{x}) = \left(\frac{\exp(x_1)}{\sum_{i=1}^{m} \exp(x_i)}, \cdots, \frac{\exp(x_m)}{\sum_{i=1}^{m} \exp(x_i)} \right) \qquad \text{[식 5.4]}$$

어떤 실수를 확률로 취급하는 것과 같이 정규화하는 함수로 [식 3.2]에 나타낸 로지스틱 함수를 거론했지만 소프트맥스 함수는 이를 다차원으로 확장한 것입니다. 즉, 소프트맥스 함수를 2차원 입력에 적용한 특수한 경우에 해당하는 것이 로지스틱 함수입니다. 로지스틱 함수는 0 이상 1 이하의 실수를 반환하지만 소프트맥스는 각 요소의 합이 1이 되는 벡터를 반환합니다. 그렇기 때문에 소프트맥스 함수는 어떤 벡터를 카테고리컬 분포의 성공률 파라미터로 정규화하는 데 자주 이용됩니다.

소프트맥스 알고리즘은 $(p(t, x_1), \cdots, p(t, x_K))$를 성공률 파라미터로 가지는 카테고리컬 분포에서 생성된 솔루션을 선택합니다. 이렇게 함으로써 보상의 표본 평균이 큰 솔루션에 보다 큰 선택 확률을 할당하게 되므로 ε-greedy 알고리즘에서 지적한 것처럼 가능성이 희박한 논외의 선택지에도 유망한 솔루션과 같은 정도의 선택 확률을 할당하는 단점을 보완할 수 있습니다.

여기에서 τ는 보상의 스케일을 보정하기 위한 파라미터입니다. 예를 들어 보상이 0 또는 1의 값으로 나타나는 클릭의 발생율을 최적화하는 문제와 보상이 임의의 정수로 나타나는 제품의 구입액을 최적화하는 등의 문제에서는 각 선택지의 보상의 표본 평균의 스케일이 다릅니다. 로지스틱 함수를 시각화한 [그림 3-6]을 보면 알 수 있듯이 2개 선택지 사이에 5만큼 차이가 있다면 $\text{logit}(5) \approx 0.99$이므로 한쪽 선택지가 선택될 확률은 거의 0이 됩니다. 이 차이가 우연히라도 발생하면 그 후 해당 선택지가 선택될 기회는 사라져버립니다. 이 보상의 스케일을 보정하기 위해 도입한 것인 파라미터 τ입니다.

그럼 이를 바탕으로 소프트맥스 알고리즘을 이용해 탐색을 수행하는 에이전트를 구현해봅니다.

```python
class SoftmaxAgent(object):

    def __init__(self, tau=.05):
        self.tau = tau
        self.counts = np.zeros(n_arms)
        self.values = np.zeros(n_arms)

    def softmax_p(self):
        logit = self.values / self.tau
        logit = logit - np.max(logit)
        p = np.exp(logit) / sum(np.exp(logit))
        return p

    def get_arm(self):
```

```
    arm = np.random.choice(n_arms, p=self.softmax_p())
    return arm

def sample(self, arm, reward):
    self.counts[arm] = self.counts[arm] + 1
    self.values[arm] = (
        (self.counts[arm] - 1) * self.values[arm] + reward
        ) / self.counts[arm]
```

큰 프레임은 ε-greedy 알고리즘과 같지만 새로운 멤버 변수 self.tau가 추가되어 있음에 주의합니다. 이것은 보상의 스케일을 다루는 파라미터 τ에 해당합니다. 여기에서는 0.05라는 값으로 초기화했습니다.

그리고 이 에이전트에는 softmax_p라는 새로운 메서드가 추가되었으며, [식 5.3]의 계산에 따라 각 솔루션을 선택하는 확률을 계산합니다. 먼저 $\frac{\hat{\theta}_k(t)}{\tau}$에 해당하는 부분을 변수 logit에 대입합니다. 다음으로 소프트맥스 함수를 적용하기 위해 logit을 지수 함수 exp에 대입합니다. 하지만 logit을 그대로 대입하면 매우 큰 값이 되어 오버플로를 일으킬 가능성이 있습니다. 그래서 여기에서는 logit의 최댓값인 np.max(logit)을 뺀 뒤 np.exp에 전달해서 이 문제를 회피합니다.

> **NOTE_** 어떤 정수 A에 대해
>
> $$\frac{\exp(x_k - A)}{\sum_{k=1}^{K} \exp(x_k - A)} = \frac{\frac{\exp(x_k)}{\exp(A)}}{\frac{1}{\exp(A)} \sum_{k=1}^{K} \exp(x_k)} = \frac{\exp(x_k)}{\sum_{k=1}^{K} \exp(x_k)}$$
>
> 이 되므로 지수 함수 exp에서 어떤 정수를 빼더라도 소프트맥스 함수의 출력에 영향을 주지 않음을 알 수 있습니다.

그럼 이 에이전트를 이용해 최적의 선택지를 탐색해봅니다. 정답률의 추이를 시각화한 결과를 [그림 5-6]에 표시했습니다.

```
arms_sm, rewards_sm = sim(SoftmaxAgent)
plt.plot(np.mean(arms_sm == Env.opt(), axis=0), label=r'Softmax')
plt.plot(np.mean(arms_eg == Env.opt(), axis=0),
         label=r'$\varepsilon$-greedy')
plt.xlabel(r'$t$')
plt.ylabel(r'$\mathbb{E}[x(t) = x^*]$')
```

```
plt.legend()
plt.show()
```

그림 5-6 소프트맥스 알고리즘의 정답률 추이

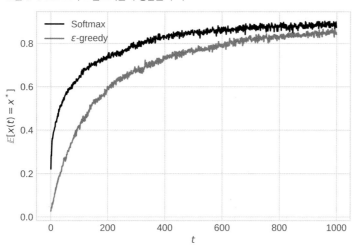

실행 결과를 보면 ε-greedy 알고리즘보다 정답률이 높음을 알 수 있습니다. 이것은 보다 적은 평가 횟수로 최적의 선택지를 발견할 수 있음을 의미합니다. '지금까지의 경험상 가장 좋은가 또는 아닌가'의 두 가지 기준으로만 선택지를 보는 것이 아니라 보상의 표본 평균에 따라 선택 확률을 계산함으로써 보다 유망한 선택지에 샘플을 할당할 수 있으므로 빠른 속도로 최적화로 이어짐을 알 수 있습니다.

여기에서 소개한 구현에서는 파라미터 τ를 미리 결정했지만 소프트맥스 알고리즘의 일반적인 구현에서는 이 파라미터를 온도 파라미터로 간주해 시뮬레이티드 어닐링의 기법을 도입합니다. 이 온도 파라미터를 탐색 초반에는 큰 값(고온 상태)으로 하고, 탐색이 진행됨에 따라 점점 작은 값(저온 상태)으로 바꾸어 갑니다. 이렇게 함으로써 탐색 초반에는 표본 평균이 낮은 솔루션도 적극적으로 시도하는 탐색 중심의 동작을 하고, 종반에는 표본 평균의 차이에 엄격한 솔루션을 중심으로 선택하는 활용 중심의 동작을 하게 됩니다.

그럼 이 시뮬레이티드 어닐링을 도입한 완전한 버전의 소프트맥스 알고리즘(**시뮬레이티드 어닐링 소프트맥스 알고리즘**)을 구현해봅니다.

```
class AnnealingSoftmaxAgent(object):

    def __init__(self, tau=1000.):
        self.tau = tau
        self.counts = np.zeros(n_arms)
        self.values = np.zeros(n_arms)

    def softmax_p(self):
        logit = self.values / self.tau
        logit = logit - np.max(logit)
        p = np.exp(logit) / sum(np.exp(logit))
        return p

    def get_arm(self):
        arm = np.random.choice(n_arms, p=self.softmax_p())
        self.tau = self.tau * 0.9
        return arm

    def sample(self, arm, reward):
        self.counts[arm] = self.counts[arm] + 1
        self.values[arm] = (
            (self.counts[arm] - 1) * self.values[arm] + reward
            ) / self.counts[arm]
```

SoftmaxAgent에서 변경된 점은 온도 파라미터에 높은 초깃값을 설정한 것과 get_arm 메서드가 호출될 때마다 온도에 0.9를 곱해서 냉각을 실행하는 두 가지입니다. 그럼 이 AnnealingSoftmaxAgent를 이용해 시뮬레이션을 수행해봅니다. 시뮬레이션을 수행하는 코드는 이전의 에이전트와 동일합니다. 시뮬레이티드 어닐링이 없는 소프트맥스 알고리즘과 정답률의 추이를 비교한 결과를 [그림 5-7]에 표시했습니다. 결과를 보면 알 수 있듯이 AnnealingSoftmaxAgent는 탐색 초반에는 낮은 정답률에 멈추어 있지만 시간이 지남에 따라 활용 중심의 행동으로 이동해 높은 정답률을 달성하는 것을 알 수 있습니다.

```
arms_asm, rewards_asm = sim(AnnealingSoftmaxAgent)
plt.plot(np.mean(arms_asm == Env.opt(), axis=0), label='Annealing Softmax')
plt.plot(np.mean(arms_sm == Env.opt(), axis=0), label='Softmax')
plt.xlabel(r'$t$')
plt.ylabel(r'$\mathbb{E}[x(t) = x^*]$')
plt.legend()
plt.show()
```

그림 5-7 시뮬레이티드 어닐링 소프트맥스 알고리즘의 정답률 추이

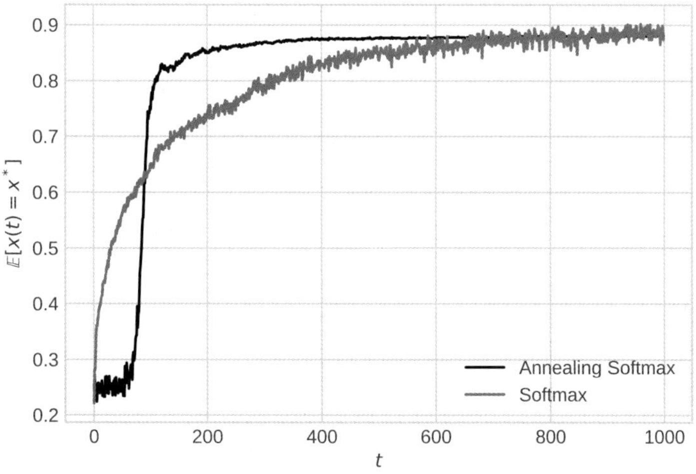

5.6 톰슨 샘플링

다음으로 소개할 것은 **톰슨 샘플링**Thompson sampling입니다. 톰슨 샘플링 역시 지금까지 소개한 ε-greedy 알고리즘이나 소프트맥스 알고리즘과 마찬가지로 의사 결정에 난수를 활용하는 알고리즘입니다.

소프트맥스 알고리즘은 [식 5.4]에 나타낸 소프트맥스 함수를 이용해 각 선택지를 선택하는 확률을 산출했습니다. 확실히 소프트맥스 함수를 이용함으로써 보상의 표본 평균, 다시 말해 보상 기댓값의 추정값에 따라 탐색 확률을 산출할 수 있었습니다. 그러나 이는 어디까지나 한 가지 방법에 지나지 않습니다. 예를 들어 1장에서 학습한 베이즈 추론 방법을 이용하면 지금까지 관측한 데이터로부터 각 선택지의 기댓값의 확률 분포를 추론할 수 있습니다. 이를 직접 이용하는 아이디어는 어떨까요? 톰슨 샘플링에서는 먼저 각 선택지에서 얻은 보상 기댓값의 사후 분포를 추론합니다. 그리고 그 사후 분포로부터 난수를 생성하고, 가장 큰 값을 얻어낼 수 있는 선택지를 선택하는 과정을 반복합니다.

그럼 바로 톰슨 샘플링을 이용해 탐색을 수행하는 에이전트를 구현해봅니다. 이번 문제 설정에서는 어떤 확률에 따라 0 또는 1의 보상이 주어졌습니다. 그러므로 이 보상 데이터가 발생할 확률 분포는 베르누이 분포로 모델화할 수 있습니다. 기댓값의 사후 분포를 구하기 위해서는 베이

즈 추론을 수행해야 하지만 데이터 발생원이 베르누이 분포인 경우에는 데이터를 관측한 횟수 N과 보상을 얻은 횟수 a만 알면 베타 분포를 이용해 사후 분포를 나타낼 수 있다는 것을 1.6절에서 학습했습니다. 따라서 각 선택지에 관해 이 2개의 값만 기록해두면 충분합니다.

다음 코드는 톰슨 샘플링을 구현한 예입니다.

```python
class BernoulliTSAgent(object):

    def __init__(self):
        self.counts = [0 for _ in range(n_arms)]
        self.wins = [0 for _ in range(n_arms)]

    def get_arm(self):
        beta = lambda N, a: np.random.beta(a + 1, N - a + 1)
        result = [beta(self.counts[i], self.wins[i]) for i in range(n_arms)]
        arm = result.index(max(result))
        return arm

    def sample(self, arm, reward):
        self.counts[arm] = self.counts[arm] + 1
        self.wins[arm] = self.wins[arm] + reward
```

여기에서 구현한 에이전트는 보상이 베르누이 분포를 따르는, 즉 어떤 확률로 0 또는 1의 보상이 주어지는 것을 전제로 구현한 것이기 때문에 BernoulliTSAgent(TS는 Thompson sampling의 약어입니다)라는 이름으로 구현했습니다. 지금까지의 에이전트는 각 선택지의 보상의 표본 평균을 저장하는 self.values를 가지고 있었지만 이 에이전트는 그 대신 각 선택지의 누적 보상을 기록한 self.wins를 멤버 변수로 가지고 있습니다. sample 메서드에서는 단순히 값을 더해서 이들 멤버 변수를 업데이트합니다.

제시할 선택지를 결정하는 get_arm 메서드에서는 지금까지 각 선택지를 선택한 횟수와 보상을 얻은 횟수를 기반으로 사후 분포를 계산해서 난수를 생성합니다. 먼저 베타 분포로부터 값을 생성하는 함수 beta를 람다식으로 정의합니다. beta는 관측 횟수 N과 보상을 얻은 횟수 a를 인수로 받습니다. 1.6절에서의 논의를 다시 생각해보면 $\alpha = a + 1$, $\beta = N - a + 1$을 베타 분포의 파라미터로 하면 사후 분포를 얻을 수 있었습니다. 그러므로 get_arm에서는 이 식을 그대로 np.random.beta 메서드에 전달해서 난수를 생성해갑니다. 각 선택지에 대해 사후 분포로부터 난수를 생성하고, 생성된 값이 최대가 되는 선택지를 반환합니다.

그럼 이 에이전트를 이용해 시뮬레이션을 해봅니다. 여기에서는 앞서 소개한 시뮬레이티드 어닐링 소프트맥스 알고리즘과 성능 비교를 했습니다. 각각의 정답률 추이를 [그림 5-8]에 표시했습니다.

```
arms_ts, rewards_ts = sim(BernoulliTSAgent)
plt.plot(np.mean(arms_ts == Env.opt(), axis=0), label='Thompson Sampling')
plt.plot(np.mean(arms_asm == Env.opt(), axis=0), label='Annealing Softmax')
plt.xlabel(r'$t$')
plt.ylabel(r'$\mathbb{E}[x(t) = x^*]$')
plt.legend()
plt.show()
```

그림 5-8 톰슨 샘플링의 정답률 추이

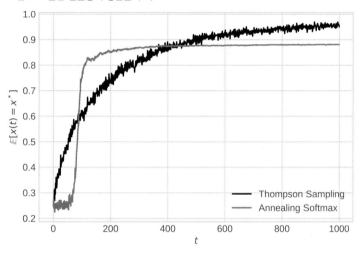

그림에 표시된 정답률 추이를 보면 소프트맥스 알고리즘과 비교해 톰슨 샘플링의 성능이 좋은 것을 알 수 있습니다. 소프트맥스 알고리즘은 온도 파라미터 τ를 내부에 가지고 있으며, 냉각 방법에 따라 성능이 크게 달라집니다. 한편 톰슨 샘플링은 그런 파라미터를 가지고 있지 않으며, 보상을 받는 분포에 따라 적절한 사후 분포만 설계할 수 있다면 동작합니다. 파라미터 튜닝을 하지 않아도 좋은 성능을 보인다는 것은 알려지지 않은 문제에 대해 알고리즘을 적용할 때 대단히 도움이 되는 특성입니다.

5.7 UCB 알고리즘

지금까지 소개한 알고리즘은 의사 결정에 난수를 활용했습니다. 이제부터 소개할 **UCB 알고리즘** upper confidence bound algorithm은 의사 결정에 난수를 사용하지 않습니다. 지금까지와 다소 결이 다른 알고리즘입니다.

UCB 알고리즘은 보상의 **신뢰 구간**confidence interval의 상한이 최대가 되는 솔루션을 선택하는 알고리즘입니다. 신뢰 구간이란 어떤 확률 변수가 높은 확률로 포함되는 구간입니다. 신뢰 구간 위쪽upper bound의 값(UCB 값)이 최대가 되는 솔루션을 선택하는 방책이므로 이 알고리즘은 UCB라고 불립니다. 시각 t에서의 솔루션 x_k의 UCB 값은 다음 식으로 계산됩니다. 단, $N_k(t)$ 는 [식 5.2]에서 정의한 것과 같이 시각 t까지의 솔루션 x_k가 선택된 횟수를 나타냅니다.

$$UCB_k(t) = \hat{\theta}_k(t) + \sqrt{\frac{\log t}{2N_k(t)}}$$

[식 5.5]

> **NOTE_** 문헌에 따라서는 신뢰 구간의 폭을 보다 넓게 설정하는 다음 UCB 값을 사용하기도 합니다.
>
> $$UCB_k(t) = \hat{\theta}_k(t) + \sqrt{\frac{2\log t}{N_k(t)}}$$
>
> 이것은 신뢰 구간에 설정한 유의 수준의 차이에 따른 것입니다. 자세한 내용은 참고문헌 [35]를 참조하기 바랍니다.

다음은 UCB 알고리즘 구현 예입니다.

```python
class UCBAgent(object):

    def __init__(self):
        self.counts = [0 for _ in range(n_arms)]
        self.values = [0 for _ in range(n_arms)]

    def calc_ucb(self, arm):
        ucb = self.values[arm]
        ucb += np.sqrt(np.log(sum(self.counts)) / (2 * self.counts[arm]))
        return ucb
```

```python
def get_arm(self):
    if 0 in self.counts:
        arm = self.counts.index(0)
    else:
        ucb = [self.calc_ucb(arm) for arm in range(n_arms)]
        arm = ucb.index(max(ucb))
    return arm

def sample(self, arm, reward):
    self.counts[arm] = self.counts[arm] + 1
    self.values[arm] = (
        (self.counts[arm] - 1) * self.values[arm] + reward
    ) / self.counts[arm]
```

get_arm에서는 한 번도 선택한 적이 없는 솔루션이 있다면 먼저 그 솔루션을 제시합니다. 모든 솔루션을 최소 한 번 이상 제시했다면 다음은 각 솔루션의 UCB 값을 계산해서 그 결괏값이 최대가 되는 솔루션을 제시합니다. calc_ucb는 어떤 솔루션의 USB 값을 산출하는 메서드로, [식 5.5]에 기반해서 계산합니다. 마지막으로 sample 메서드는 EpsilonGreedyAgent와 마찬가지로 각 솔루션을 선택한 횟수 self.counts와 각 솔루션의 보상의 표본 평균인 self.values를 업데이트합니다.

이 에이전트를 이용해 시뮬레이션을 한 뒤 앞서 톰슨 샘플링과 정답률 추이를 비교한 결과를 [그림 5-9]에 표시했습니다.

```python
arms_ucb, rewards_ucb = sim(UCBAgent)
plt.plot(np.mean(arms_ucb == Env.opt(), axis=0), label='UCB')
plt.plot(np.mean(arms_ts == Env.opt(), axis=0), label='Thompson Sampling')
plt.xlabel(r'$t$')
plt.ylabel(r'$\mathbb{E}[x(t) = x^*]$')
plt.legend()
plt.show()
```

그림 5-9 UCB 알고리즘의 정답률 추이

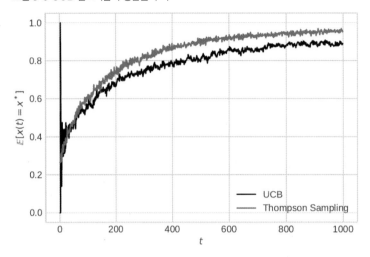

톰슨 샘플링에는 다소 미치지 못하지만 UCB 알고리즘을 구현한 에이전트도 착실히 정답률이 향상되는 것을 알 수 있습니다. [식 5.5]를 보면 UCB 알고리즘은 보상의 표본 평균이 큰 것을 우선할 뿐만 아니라 그 신뢰 구간의 폭이 큰 것도 우선하는 것을 알 수 있습니다. 신뢰 구간은 시도한 횟수가 적을수록 크기 때문에 이는 보상을 탐색하지 않은 상태를 반영한 보너스 점수라고도 할 수 있습니다. 보상의 표본 평균에 확실하지 않은 폭을 추가한 것을 순차적으로 선택하는 아이디어는 이후 소개할 확장 UCB 알고리즘에서도 나타나는 중요한 것입니다.

5.8 에렌의 질문에 대한 답변

마지막으로 에렌이 찰리에게 던진 예리한 질문에 대한 답변을 생각해봅니다. 이전 장까지 학습한 통계적 분석 예에서는 미리 사용자에게 다양한 디자인안을 보여주고 데이터를 얻은 뒤 통계적 기법을 이용해 결론을 내리는 방법을 다루었습니다. 하지만 이 장에서 학습한 슬롯머신 알고리즘에서는 오히려 사용자에게 디자인안을 표시하는 방책, 다시 말해 데이터를 얻어내는 기법을 다루었습니다.

지금까지의 프레임워크에서는 데이터를 생성하는 과정(즉, 사용자에게 다양한 디자인안을 표시하는 프로세스)에서 생성되는 손실에 대해서는 특별히 고려하지 않고, 어떤 방법으로든 데이터가 이미 주어진 상황을 고려했습니다. 한편 슬롯머신 알고리즘에서는 데이터를 수집하는 과정을 문제에 포함해 누적 보상을 최대화한다는 목적을 설정하고 최적의 방책을 생각합니다. 에렌의 질문에 대한 대답으로는 '슬롯머신 알고리즘을 사용해 실험 기간 중($1 \leqq t \leqq T$)의 누적 보상이 최대가 되도록 노력합니다. 그 결과 기댓값이 가장 크다고 추정되는 안 $\hat{x}^*(T)$를 실험 후에 채택합니다'가 한 가지 예일 수 있습니다.

5.9 정리

이 장에서는 에렌의 질문에서 시작해 실험 기간 중의 손실까지 포함해서 고려하는 프레임으로서 확률적 슬롯머신 문제를 소개했습니다. 확률적 슬롯머신 문제는 고유의 보상 기댓값을 가지고 있는 여러 선택지와 대치했을 때 특정한 방책을 갖고 순차적으로 선택함으로써 누적 보상을 최대화하는 문제입니다. 이 문제를 해결하기 위해서는 새로운 선택지를 시도하는 탐색 행동과 지금까지 얻은 지식을 이용하는 활용 행동의 균형을 고려해야 합니다.

여기에서 소개한 확률적 슬롯머신 문제의 해법은 모두 수십 행 정도의 코드로 구현할 수 있을만큼 간단했습니다. 그럼에도 불구하고 최적의 선택지를 선택할 확률을 착실하게 향상할 수 있다는 것을 시뮬레이션을 통해 확인했습니다.

슬롯머신 알고리즘은 웹사이트의 디자인을 최적화하는 것은 물론 다양한 소프트웨어의 인터페이스를 디자인할 때도 도움이 됩니다. 논문(참고문헌 [22])에서는 슬롯머신 알고리즘을 게임 디자인에 응용한 연구 결과를 소개하고 있습니다.

> **칼럼: 최적 슬롯 식별 문제**
>
> 확률적 슬롯머신 문제는 누적 보상을 최대화하는 것이지만 이 목표 설정은 '최적의 디자인안을 보다 빠르게 특정한다'는 목적과 완전히 부합한다고는 말할 수 없습니다. 누적 보상을 최대화하는 것과 최적의 선택지를 최단 기간에 특정하는 것이 반드시 같지는 않기 때문입니다. 예를 들어 보상 기댓값 최대 솔루션과 그 다음으로 큰 솔루션의 차이가 미미하다면 차선책의 솔루션을 계속 선택해도 보상을 최대화한다는 관점에서는 충분하다고 말할 수 있습니다. 하지만 그것이 최적의 솔루션을 특정할 수 없다는 점에는 변함이 없습

니다. 누적 보상을 최대화하는 것이 아니라 최적 솔루션 탐색을 목적으로 하는 슬롯머신 문제의 정식화로서 **최적 슬롯 식별 문제**best arm identification가 있습니다.

최적 슬롯 식별 문제로는 특정한 예산 안에서 가능한 한 정확한 최적 솔루션을 추정하는 문제나 특정한 신뢰도 범위에서 가능한 한 빠르게 최적 솔루션을 추정하는 문제를 생각할 수 있습니다. 누적 보상을 최대화할 확률적 슬롯머신 문제나 최적 슬롯 식별 문제 역시 가능한 한 유망한 솔루션을 시도해 부족한 솔루션은 가능한 한 빨리 탐색을 중단하려는 행동은 동일하지만 각각에 적합한 방책은 다릅니다. 최적 슬롯 식별 문제에 관한 자세한 내용은 이 책의 범위를 벗어나므로 참고문헌 [35] 등의 서적을 참조하기 바랍니다.

## CHAPTER 6

조합 슬롯머신:
슬롯머신 알고리즘과 통계 모델의 만남

에렌의 날카로운 질문에 잠시 실의에 빠졌던 찰리였지만 다중 슬롯머신 문제라는 정식화 기법을 알게 되어 한층 포괄적인 시점에서 실험을 계획할 수 있게 되었습니다. 지금까지는 보고서가 주어진 상태에서 적절한 판단을 내리기 위한 기법을 중심으로 학습을 했지만 다중 슬롯머신 문제에서는 누적 보상을 최대화하기 위해 데이터를 수집해가는 방책까지 생각할 수 있습니다.

하지만 지금까지 소개한 슬롯머신 알고리즘에서는 아직 다루지 못한 영역이 있습니다. 바로 조합 구조를 가진 솔루션의 경우입니다. 3장에서는 웹사이트가 가진 효과에 착안한 통계 모델을 구축함으로써 적은 수의 샘플에서도 유용한 정보를 얻을 수 있음을 알았습니다. 슬롯머신 알고리즘에도 유사한 방식을 도입할 수 없을까요?

이러한 문제 설정을 슬롯머신 문제로 다루는 정식화에 **컨텍스트 기반 슬롯머신 문제**contextual bandit problem가 있습니다. 컨텍스트 기반 슬롯머신 문제에서는 지금까지 소개한 다중 슬롯머신 알고리즘 문제와 달리 각 선택지가 어떤 속성의 조합, 즉 **특성량**feature에 따라 나타나는 것을 생각할 수 있습니다. 그리고 그 특징이 어떤 법칙에 따라 보상 기댓값을 결정하고 있다고 생각할 수 있습니다. 슬롯머신을 예로 들면 속성으로서 레버의 색상이나 크기 등을 상상해도 좋습니다. 물론 그들의 속성과 보상 기댓값 사이에 구체적으로 어떤 관계가 있는지는 사전에 알 수 없습니다. 그러나 속성과 보상 기댓값 사이의 모델을 고려함으로써 각 레버를 단지 독립적인 솔루션으로 보지 않고 '같은 색을 가지고 있다', '같은 형태를 하고 있다'와 같은 정보를 탐색의 힌트로 활용할 수 있습니다. 이 이미지를 [그림 6-1]에 표시했습니다.

그림 6-1 컨텍스트 기반 슬롯머신 문제의 이미지. 각 슬롯머신의 특징(여기에서는 모자의 차이로 표현함)과 보상 기댓값 θ 의 관계에 주목하면 보다 효율적인 탐색이 가능할 수도 있다.

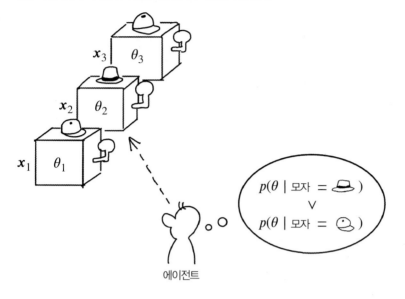

컨텍스트 기반 슬롯머신 문제에서는 선택지를 이런 속성의 조합으로 나타낼 수 있는 한 각 시행에서 주어진 선택지가 변화하는 경우도 다룰 수 있습니다. 슬롯머신을 예로 들면 매번 눈앞에 나타나는 슬롯머신 후보가 바뀌는 것입니다. 그런 어려운 상황이라도 동전의 출현율에 관계가 있는 슬롯머신의 특징에 주목하면 유용한 추론을 할 수 있습니다. 웹 최적화의 컨텍스트로 보면 디자인안을 표시할 때 변화하는 사용자의 특징을 고려한 탐색이 가능함을 의미합니다. 이 장 마지막 부분의 칼럼에서는 컨텍스트 기반 슬롯머신 문제가 사용자의 특징을 토대로 하는 추천이나 개인화 구현으로 연결된다는 점을 설명합니다.

6.1 다시 찰리의 보고서

찰리가 3장에서 다루었던 카메라 랜딩 페이지 최적화 이야기를 다시 살펴봅니다. 찰리는 [그림 6-2]에 표시한 4개 디자인안 중에서 클릭률이 가장 높은 디자인안을 찾으려고 했습니다. 그리고 각 디자인안은 히어로 이미지와 CTA 버튼의 조합으로 나타냈습니다.

그림 6-2 만들어진 각 디자인안 이미지([그림 3-1]과 동일)

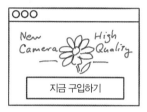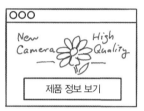

먼저 문제의 형태를 조금 다듬는 것부터 시작해봅니다. 3.2절에서는 각 디자인안, 다시 말해 솔루션을 더미 변수로 나타내는 기법을 학습했습니다. 그러므로 각 디자인안은 히어로 이미지를 나타내는 변수 x_1과 CTA 버튼을 나타내는 x_2의 조합으로 나타낼 수 있으므로 다음과 같은 벡터로 기술할 수 있습니다.

$$\boldsymbol{x} = \begin{pmatrix} x_1 \\ x_2 \end{pmatrix}$$

이렇게 숫자를 세로로 나열한 벡터 표기를 **열벡터**라고 부릅니다. 이후 벡터를 나타낼 때는 특별한 경우를 제외하고 열벡터를 이용합니다. 이와 달리 숫자를 가로로 나열한 벡터 표기는 **행벡터**라고 부릅니다. 열벡터를 표기상의 이유로 가로로 쓰고 싶을 때는 전치기호 $^\top$를 이용해 $\boldsymbol{x} = (x_1, x_2)^\top$과 같이 쓰기도 합니다. **전치**^{transpose}는 벡터 또는 행렬에서의 행과 열을 치환하는 조작을 의미합니다.

이 표기법을 이용하여 우리가 생각하는 디자인안을 각각 다음과 같이 나타낼 수 있습니다.

$$\boldsymbol{x}_A = \begin{pmatrix} 0 \\ 0 \end{pmatrix}, \; \boldsymbol{x}_B = \begin{pmatrix} 0 \\ 1 \end{pmatrix}, \; \boldsymbol{x}_C = \begin{pmatrix} 1 \\ 0 \end{pmatrix}, \; \boldsymbol{x}_D = \begin{pmatrix} 1 \\ 1 \end{pmatrix}$$

이것은 [표 3-2]를 벡터로 바꿔 쓴 것입니다.

각 디자인안 $\boldsymbol{x}$는 각각 고유의 클릭률 $\theta_{\boldsymbol{x}}$를 가지고 있다고 가정합니다. 또한 여기에서는 클릭률이 어떤 솔루션 $\boldsymbol{x}$에 대응하는 것을 강조하기 위해 보상 기댓값 θ에 첨자 $\boldsymbol{x}$를 붙였습니다. 어떤 디자인안을 사용자에게 표시하면 그 클릭률을 파라미터로 가진 베르누이 분포로부터 클릭, 다시 말해 보상 r이 생성됩니다. 이 관계는 다음 식으로 나타낼 수 있습니다.

$$r \sim p(r \mid \theta_{\boldsymbol{x}}) = \mathrm{Bernoulli}(\theta_{\boldsymbol{x}})$$

6.2 선형 모델과 일반화 선형 모델

3장에서 솔루션 $\boldsymbol{x}$를 구성하는 각 요소 x_1, x_2와 클릭률 θ 사이의 관계성을 가정해 모델이라고 불렀습니다. 구체적으로는 [식 3.1], [식 3.3], [식 3.6]에 표시한 3가지 모델을 생각할 수 있습니다. 이 식들은 순서대로 다음과 같습니다.

$$\theta_{\boldsymbol{x}} = \alpha + \beta_1 x_1 + \beta_2 x_2$$

$$\theta_{\boldsymbol{x}} = \mathrm{logistic}(\alpha + \beta_1 x_1 + \beta_2 x_2)$$

$$\theta_{\boldsymbol{x}} = \mathrm{logistic}(\alpha + \beta_1 x_1 + \beta_2 x_2)$$

이 모델들은 벡터의 **내적**^{dot product}을 이용하면 각각 다음과 같이 바꿔 쓸 수 있습니다.

$$\theta_{\boldsymbol{x}} = \phi(\boldsymbol{x})^\top \boldsymbol{w}, \qquad \phi(x) = (x_1, x_2, 1)^\top, \qquad \boldsymbol{w} = (\beta_1, \beta_2, \alpha)^\top \qquad \text{[식 6.1]}$$

$$\theta_{\boldsymbol{x}} = \mathrm{logistic}(\phi(\boldsymbol{x})^\top \boldsymbol{w}), \quad \phi(x) = (x_1, x_2, 1)^\top, \qquad \boldsymbol{w} = (\beta_1, \beta_2, \alpha)^\top \qquad \text{[식 6.2]}$$

$$\theta_{\boldsymbol{x}} = \mathrm{logistic}(\phi(\boldsymbol{x})^\top \boldsymbol{w}), \quad \phi(x) = (x_1 x_2, x_1, x_2, 1)^\top, \quad \boldsymbol{w} = (\gamma, \beta_1, \beta_2, \alpha)^\top \qquad \text{[식 6.3]}$$

내적은 2개 벡터를 각 요소끼리 곱해서 더하는 조작입니다. 예를 들어 2개의 n차원 벡터 $\boldsymbol{a} = (a_1, a_2, \cdots, a_n)$과 $\boldsymbol{b} = (b_1, b_2, \cdots, b_n)$이 있을 때 내적 $\boldsymbol{a}^\top \boldsymbol{b}$는 다음과 같이 나타낼 수 있습니다.

$$\boldsymbol{a}^\top \boldsymbol{b} = a_1 b_1 + a_2 b_2 + \cdots + a_n b_n = \sum_{i=1}^{n} a_i b_i$$

또한 내적은 순서를 바꾸어도 동일함에 주의하기 바랍니다. 즉, $\boldsymbol{a}^\top \boldsymbol{b} = \boldsymbol{b}^\top \boldsymbol{a}$가 성립합니다. 내

적은 $a \cdot b$와 같이 점$(\cdot)$을 이용해 표시하는 경우도 많기 때문에 넘파이를 비롯해 많은 수치 계산 라이브러리에서는 dot 연산자를 이용해 정의되어 있습니다.

한편 $\phi(x)$는 솔루션 x의 요소를 곱하거나 새로운 수치를 더한 벡터입니다. 이렇게 솔루션을 구성하는 요소에 어떤 조작을 추가한 벡터를 **특징량 벡터** 혹은 간단히 특징량이라고 부르겠습니다.

> **NOTE_** 입력되는 솔루션의 요소에 대해 어떤 조작을 추가해서 특징량을 생성하는 것이 좋을까요? 방법은 정해져 있지 않으며, 실제 이 부분이 데이터 분석자의 실력을 보여주는 지점이 됩니다. 어떤 목적을 달성하기 위해 입력을 바꾸어 특징량을 설계하는 것을 **특징량 엔지니어링**^{feature engineering}이라고 부릅니다.

이런 표기법을 도입하면 각 모델을 매우 간단한 형태로 표기할 수 있습니다. 그리고 이 모델의 일반형에는 각각 이름이 있습니다. [식 6.1]과 같이 원하는 변수 θ_x를 특징량과 파라미터의 내적 $\phi(x)^\top w$로 나타내는 모델을 **선형 모델**^{linear model}이라고 부릅니다. 한편 이 내적을 어떤 함수로 감싼 모델을 **일반화 선형 모델**^{generalized linear model}이라고 부릅니다. 특별히 [식 6.2]와 [식 6.3]처럼 로지스틱 함수 logistic으로 이 내적을 감싼 것을 **로지스틱 회귀 모델**^{logistic regression model}이라고 부릅니다.

[식 6.2]와 [식 6.3]은 로짓 함수를 이용하면 다음과 같이 바꿔 쓸 수 있습니다.

$$\mathrm{logit}(\theta_x) = \phi(x)^\top w$$

여기에서 우변에 해당하는 특징량과 파라미터의 내적은 **선형 예측자**라고 부릅니다. 또한 이 로짓 함수 logit처럼 선형 예측자와 목적 변수 θ_x를 연결하는 함수를 **링크 함수**^{link function}라고 부릅니다.

이상을 종합하면 각 모델은 다음 표와 같이 정리할 수 있습니다. 단, **항등 함수**는 입력을 그대로 출력하는 함수인 $f(x) = x$로 합니다. 그리고 항등 함수의 역함수도 항등 함수입니다.

모델	링크 함수 link	특징량 $\phi(x)$	파라미터 w
[식 6.1]	항등 함수	$(x_1, x_2, 1)^\top$	$(\beta_1, \beta_2, \alpha)^\top$
[식 6.2]	로짓 함수	$(x_1, x_2, 1)^\top$	$(\beta_1, \beta_2, \alpha)^\top$
[식 6.3]	로짓 함수	$(x_1 x_2, x_1, x_2, 1)^\top$	$(\gamma, \beta_1, \beta_2, \alpha)^\top$

이 표기법을 이용하면 통계 모델을 간단하게 기술할 수 있습니다. [그림 3-8]의 통계 모델을 바꿔 쓴 것을 [그림 6-3]에 표시했습니다. 단, [그림 6-3]에서는 1번의 베르누이 시행에 착안해 클릭의 합계 a가 아니라 클릭 유무 r을 다루는 점에 주의합니다.

우선 눈에 띄는 것은 이전에는 베이스라인과 시책에 각기 다른 확률 분포 α, β_1, β_2를 사용했지만 이번에는 이들을 모아서 파라미터 w로 기술한 점입니다. 지금까지는 사전 분포로서 각 변수에 다른 정규 분포를 고려했지만, 여기에서는 각각을 모아서 하나의 **다차원 정규 분포**로 했습니다. 다차원 정규 분포는 정규 분포를 다차원으로 확장한 것입니다 다차원 정규 분포는 6.4.1절에서 자세히 설명합니다.

그리고 이 파라미터와 특징량의 내적을 링크 함수의 역함수로 감싼 것 $\mathrm{link}^{-1}(\phi(x)^\top w)$를 계산함으로써 보상 기댓값 θ_x를 결정합니다. 그리고 교호 작용항 유무는 특징량 $\phi(x)$에 $x_1 x_2$의 포함 여부로 결정됩니다. 마지막으로 이 클릭률을 가진 베르누이 분포 $p(r \mid \theta_x) = \mathrm{Bernoulli}(\theta_x)$로부터 보상 r이 생성됩니다.

그림 6-3 일반화 선형 모델로 바꿔 쓴 통계 모델

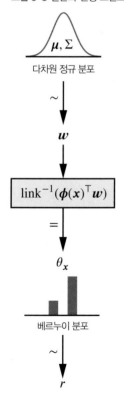

마지막으로 같은 통계 모델을 수식 형태로도 정리할 수 있습니다.

$$\boldsymbol{w} \sim \mathcal{N}(\boldsymbol{\mu}_0, \Sigma_0)$$

$$\theta_{\boldsymbol{x}} = \text{link}^{-1}(\boldsymbol{\phi}(\boldsymbol{x})^\top \boldsymbol{w})$$

$$r \sim \text{Bernoulli}(\theta_{\boldsymbol{x}})$$

3장에서 다양한 통계 모델을 검토했습니다. 그리고 그 모델들은 모두 이 하나의 간단한 식으로 모아서 표현할 수 있음을 알았습니다. 공통의 큰 프레임 안에서 특징량 $\boldsymbol{\phi}(\boldsymbol{x})$와 링크 함수 link 의 구체적인 정의에 따라 각 모델의 특징이 정의됩니다. 이상의 논의를 통해 찰리의 보고서에 서 다루었던 통계 모델을 무사히 세련된 형태로 바꿔 쓸 수 있게 되었습니다. 이제부터 나눌 논 의들은 이 식을 토대로 합니다.

6.3 MCMC를 슬롯머신에 사용하기

6.3.1 컨텍스트 기반 슬롯머신 문제

이 장 앞부분에서도 이야기했지만 각 선택지를 독립된 솔루션이 아니라 어떤 특징의 조합으로 다루는 슬롯머신 문제의 정식화를 컨텍스트 기반 슬롯머신 문제라고 부릅니다. 이 문제 설정을 다시 정리해봅니다.

에이전트는 각 시각 t에서 선택할 수 있는 솔루션의 집합 $X(t) = \{\boldsymbol{x}_{1,t}, \cdots, \boldsymbol{x}_{K(t),t}\}$에서 하 나의 솔루션을 선택합니다. 이때 선택된 솔루션을 $\boldsymbol{x}(t)$로 나타내기로 합니다. 그리고 $K(t)$는 시각 t에서 선택할 수 있는 솔루션의 전체 수를 나타내는 것으로 정의합니다. 각 솔루션은 고 유의 보상 기댓값 $\theta_{\boldsymbol{x}}$를 가지며, 선택이 되면 그 기댓값에 따라 보상 $r(t) \sim p(r \mid \theta_{\boldsymbol{x}(t)})$를 생성 합니다. 이때 어떤 예산 T 안에서 얻은 누적 보상 $R(T) = \sum_{t=1}^{T} r(t)$를 최대로 하는 방책을 구 하는 것이 해결해야 할 문제입니다.

다중 슬롯머신 문제에서는 각 솔루션을 독립적으로 생각하기 때문에 각각을 선택한 횟수와 그 에 대응하는 보상의 표본 평균을 기록한 테이블을 준비하는 것만으로 충분히 유용한 알고리즘 을 구성할 수 있었습니다. 구체적으로 말하자면 EpsilonGreedyAgent나 UCBAgent의 멤버 변수인 self.counts나 self.values가 여기에 해당합니다.

그러나 컨텍스트 기반 슬롯머신 문제에서 같은 접근 방식을 취하려고 하면 솔루션이 가진 특징의 조합이 폭발함에 따라 테이블의 행수가 기하급수적으로 늘어납니다. 무엇보다 이 방법으로는 솔루션이 가진 특징에서 얻을 수 있는 힌트를 유용하게 사용할 수 없습니다. 그렇기 때문에 컨텍스트 기반 슬롯머신 문제에서는 각 솔루션이 가진 특징 $\phi(\boldsymbol{x})$와 보상 기댓값 $\theta_{\boldsymbol{x}}$ 사이의 관계를 가정하는 접근 방식, 다시 말해 **모델 베이스** 접근 방식이 널리 이용됩니다. 여기에서는 컨텍스트 기반 슬롯머신 문제를 위한 모델 베이스 슬롯머신 알고리즘을 생각해봅니다.

6.3.2 MCMC를 이용한 로지스틱 회귀 톰슨 샘플링

다시 찰리의 보고서로 돌아가서 해법을 생각해봅니다. 3장에서는 디자인안을 구성하는 요소 (히어로 이미지와 CTA 버튼)와 디자인안의 클릭률의 관계를 일반화 선형 모델, 특히 로지스틱 회귀 모델을 이용해 추론했습니다. 이것을 슬롯머신 알고리즘과 융합하려면 어떻게 해야 할까요?

5장에서는 다양한 슬롯머신 알고리즘을 소개했습니다. 그중에서도 톰슨 샘플링은 보상 기댓값의 사후 분포만 알면 해당 분포로부터 샘플을 생성하는 것만으로도 간단하게 알고리즘을 구성할 수 있어 상응성^{compatibility}이 좋습니다. 여기에서는 톰슨 샘플링에 로지스틱 회귀 모델을 도입하겠습니다.

톰슨 샘플링 절차는 다음과 같습니다.

1. 시각 $t = 1$로 초기화한다.
2. 시각 t에서 선택할 수 있는 솔루션 $\boldsymbol{x}_{i,t} \in X(t)$에 대해 다음을 반복한다.
   - 2-1 시각 $t - 1$까지의 이력 $D(t - 1)$로부터 솔루션 $\boldsymbol{x}_{i,t}$의 보상 기댓값의 사후 분포 $p\left(\theta_{\boldsymbol{x}_{i,t}} \mid D(t - 1)\right)$ 을 추론한다.
   - 2-2 보상 기댓값의 샘플 $\hat{\theta}_{\boldsymbol{x}_{i,t}} \sim p(\theta_{\boldsymbol{x}_{i,t}})$를 생성한다.
3. 보상 기댓값의 샘플값이 가장 큰 솔루션 $\hat{\boldsymbol{x}}^{*} = \arg\max_{\boldsymbol{x}_{i,t} \in X(t)} \hat{\theta}_{\boldsymbol{x}_{i,t}}$를 선택하고, 환경으로부터 보상 $r(t)$를 얻는다.
4. 보상 $r(t)$에 기반해 이력을 업데이트하고 $D(t)$라고 한다.
5. $t = T$이면 종료한다. 그렇지 않으면 시각을 $t + 1$로 하고 2단계로 돌아간다.

컨텍스트 기반 슬롯머신 문제에서도 보상 기댓값 샘플이 최대가 되는 솔루션을 선택한다는 톰슨 샘플링의 기본적인 방침은 변하지 않습니다. 보상 기댓값의 사후 분포 $p(\theta_{\boldsymbol{x}_{i,t}} \mid D(t - 1))$을 로지스틱 회귀 모델을 이용해 추론하는 것이 지금까지와 다릅니다. 솔루션이 독립되어 있다고 가정했을 때는 베타 분포에 따른 보상 기댓값의 사후 분포로 나타냈지만 여기에서도 어떤 방법을 이용해 사후 분포를 추론해야 합니다. 먼저 우리가 학습했던 MCMC를 이용해 통계 모델의 파라미터를 추론하는 방법을 이용해봅니다. MCMC를 이용한 로지스틱 회귀에서의 톰슨 샘플링을 구현한 예는 다음과 같습니다.

```python
import numpy as np
import pymc3 as pm

arms = [[0, 0], [0, 1], [1, 0], [1, 1]]

class MCMC_GLMTSAgent(object):
    def __init__(self):
        self.counts = [0 for _ in arms]
        self.wins = [0 for _ in arms]
        self.phis = np.array([[arm[0], arm[1], 1] for arm in arms]).T

    def get_arm(self):
        if 0 in self.counts: return self.counts.index(0)
        with pm.Model() as model:
            w = pm.Normal('w', mu=0, sigma=10, shape=3)
            linpred = pm.math.dot(w, self.phis)
            theta = pm.Deterministic(
                'theta', 1 / (1 + pm.math.exp(-linpred)))
            obs = pm.Binomial(
                'obs', n=self.counts, p=theta, observed=self.wins)
            trace = pm.sample(2000, chains=1)
        sample = pm.sample_posterior_predictive(
            trace, samples=1, model=model, vars=[theta])
        return np.argmax(sample['theta'])

    def sample(self, arm_index, reward):
        self.counts[arm_index] += 1
        self.wins[arm_index] += reward
```

먼저 앞에서 선택 가능한 솔루션의 집합 $X(t)$를 나타내는 arms를 정의했습니다. MCMC_GLMTSAgent의 구조는 5.6절에서 다뤘던 BernoulliTSAgent와 크게 다르지 않지만 멤버 변수에 특징량을 나타내는 self.phis가 추가되었습니다. self.phis는 arms의 각 멤버에 정수 1을 추가한 것입니다. 이는 $\phi(\boldsymbol{x}) = (x_1, x_2, 1)^\top$을 특징량으로 하는 것을 의미합니다.

get_arm 메서드에서는 PyMC3를 이용한 MCMC를 실행해 각 솔루션의 보상 기댓값 theta를 추론하고, 사후 분포로부터 샘플이 최대가 되는 솔루션을 출력합니다. 단, 한 번도 시도한 적이 없는 솔루션이 있는 경우에는 그 솔루션을 우선 출력합니다. w는 $w = (\beta_1, \beta_2, \alpha)^\top$에 해당하는 크기 3의 배열로, 사후 분포는 폭이 넓은 정규 분포 $\mathcal{N}(\mu = 0, \sigma = 10)$을 가정합니다. pm.math.dot는 PyMC3에서 정의된 확률 변수의 내적 조작을 나타내고 있으며, pm.math.dot(w, self.phis)로 선형 예측자에 해당하는 linpred를 구합니다. 이 선형 예측자에 로지스틱 함수를 곱해서 확률 변수 theta를 결정합니다. pm.sample에 따라 샘플링을 수행해 파라미터를 추론하는 것은 3장의 샘플 코드와 같지만 시간 관계상 시뮬레이션에 이전보다 적은 2000개 샘플을 설정했습니다.

파라미터 추론 후 pm.sample_posterior_predictive 메서드로 사후 분포에서 각 솔루션의 보상 기댓값 theta를 하나만 샘플링합니다. 그리고 그 샘플값이 가장 크게 되는 솔루션의 인덱스 np.argmax(sample['theta'])를 반환합니다. sample 메서드는 BernoulliTSAgent에서의 그것과 같습니다.

다음으로 에이전트가 대치하는 환경을 생각해봅니다. 여기에서는 솔루션 $x = (x_1, x_2)^\top$이 선택되었을 때 진짜 보상 기댓값 $\theta_x = \text{logistic}(0.2x_1 + 0.8x_2 - 4)$를 가진 베르누이 분포에 따라 보상이 주어지는 것으로 합니다. 여기에서는 간단하게 하기 위해 요소 사이의 교호 작용이 없는 환경을 가정했습니다.

```python
class Env(object):
  def p(arm):
    x = arm[0] * 0.2 + arm[1] * 0.8 - 4
    p = 1 / (1 + np.exp(-x))
    return p

  def react(arm):
    return 1 if np.random.random() < Env.p(arm) else 0

  def opt():
    return np.argmax([Env.p(arm) for arm in arms])
```

이 소스 코드를 이용해 시뮬레이션을 구현해봅니다. MCMC를 이용한 이 슬롯머신 알고리즘 구현은 간단하게 통계 모델을 기술해 파라미터를 추론할 수 있는 한편 MCMC는 대량의 난수를 발생하는 알고리즘이기 때문에 시뮬레이션 실행 시간이 길어집니다. 여기에서는 편의상 에

이전트는 하나만 생성하고, 선택지 업데이트도 50회당 1번만 수행하도록 했습니다.

```
np.random.seed(0)
selected_arms = []
earned_rewards = []
n_step = 20
agent = MCMC_GLMTSAgent()
for step in range(n_step):
  arm_index = agent.get_arm()
  for _ in range(50):
    reward = Env.react(arms[arm_index])
    agent.sample(arm_index, reward)
    selected_arms.append(arm_index)
    earned_rewards.append(reward)
```

시뮬레이션 실행 후 실제 보상 기댓값과 에이전트가 각 솔루션을 선택한 횟수를 비교해봅니다
(그림 6-4).

```
from matplotlib import pyplot as plt
from collections import Counter

arm_count = [row[1] for row in sorted(Counter(selected_arms).items())]
plt.subplot(1, 2, 1)
plt.bar(range(4), [Env.p(arm) for arm in arms], tick_label=range(4))
plt.xlabel('Arm')
plt.ylabel(r'$\theta$')
plt.title('Actual Probability')
plt.subplot(1, 2, 2)
plt.bar(range(4), arm_count, tick_label=range(4))
plt.xlabel('Arm')
plt.ylabel('Frequency')
plt.title('Simulation Results')
plt.tight_layout(pad=3)
plt.show()
```

한 번만 실행한 시뮬레이션 결과이므로 이것만으로 전체적인 경향에 대한 결론을 내릴 수는 없지만 에이전트가 기댓값이 높은 솔루션 x_2와 x_4를 우선으로 선택하는 형태를 알 수 있습니다. 이로부터 어느 정도 MCMC에 의한 모델 추론이 동작하고 있다고 말할 수 있을 것 같습니다.

그림 6-4 진짜 보상 기댓값과 각 솔루션이 선택된 횟수 비교

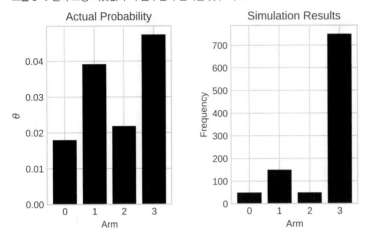

하지만 실제로 앞의 소스 코드를 실행해보면 알 수 있지만 MCMC를 이용해 통계 모델을 구성해 파라미터를 추론하는 구현은 실행에 시간이 걸리므로 실용적이지 않습니다. 여기에서는 선형 모델을 슬롯머신 알고리즘에 이용하는 아이디어를 간략하게 기술하기 위해 의도적으로 이런 비효율적인 방법을 소개했습니다. 하지만 같은 통계 모델의 힘을 빌려 효율적으로 동작하는 슬롯머신 알고리즘을 구성하려면 어떻게 해야 할까요? 여기에서 수학의 힘을 조금만 빌려보도록 하겠습니다.

6.4 베이즈 선형 회귀 모델

지금까지 선형 모델 및 일반화 선형 모델의 파라미터 추론에 MCMC를 이용했지만 사후 분포 추론을 몇 번 반복하기 때문에 실행 속도 면에서 그다지 실용적이지 않습니다. 1.6절에서 클릭률의 사후 분포 추론을 베타 분포의 파라미터 업데이트로 바꾼 것처럼 효율적인 계산으로 변환할 필요가 있습니다. 다행히 여기에서도 약간의 수학적인 조작과 가정을 도입하는 것으로 효율을 높일 수 있습니다. 프로그래밍에서 조금 떨어져서 계산의 세계로 발을 디뎌보도록 합니다.

먼저 앞에서의 로지스틱 회귀보다도 간단하며 [그림 6-5]에 표시한 것과 같은 통계 모델을 생각해봅니다. 우선 링크 함수로 항등 함수를 사용한 점이 로지스틱 회귀 모델과 다릅니다. 특징량과 파라미터의 내적 $\phi(x)^\top w$를 감싸는 함수는 존재하지 않습니다. 또한 클릭 r을 생성하는

확률 분포가 베르누이 분포가 아니라 정규 분포라는 점이 다릅니다. 0 또는 1의 이산값으로 나타나는 확률 변수 r을 생성하는 확률 분포에 연속 함수 분포인 정규 분포를 채용한 것은 적절하지 않아 보이기도 합니다. 하지만 데이터 r를 생성하는 분포로서 정규 분포를 설정함으로써 수학적인 논의를 하기 쉽고, 응용 범위가 넓은 이론을 구축할 수 있습니다. 그렇기 때문에 여기에서는 이 가정을 이용해 진행합니다.

그림 6-5 베이즈 선형 회귀 통계 모델

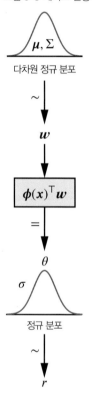

이 통계 모델을 수식으로 나타내면 다음과 같습니다.

$$\boldsymbol{w} \sim p(\boldsymbol{w}) = \mathcal{N}(\boldsymbol{\mu}, \Sigma)$$
$$\theta = \phi(\boldsymbol{x})^\top \boldsymbol{w} \qquad\qquad \text{[식 6.4]}$$
$$r \sim p(r \mid \theta, \sigma^2) = \mathcal{N}(\theta, \sigma^2)$$

이처럼 데이터를 생성하는 분포가 정규 분포로 나타나며, 그 기댓값이 파라미터와 특징량의 내적만으로 나타나는 모델을 **선형 회귀 모델**이라고 부릅니다. 여기에서는 선형 회귀 모델의 파라미터 w의 사후 분포를 베이즈 추론으로 구하므로 특히 **베이즈 추론 선형 회귀 모델**이라고 부르기로 합니다.

먼저 베이즈 추론을 구성하는 컴포넌트인 가능도 함수와 사전 분포를 생각해봅니다. [식 6.4]의 마지막 행을 보면 알 수 있듯이 보상 r은 평균 θ, 분산 σ^2의 정규 분포를 따른다고 생각합니다. 그러므로 이번에 다루는 가능도 함수는 다음과 같이 나타낼 수 있습니다.

$$p(r \mid w) = \mathcal{N}(\theta, \sigma^2) = \mathcal{N}(\phi(x)^\top w, \sigma^2)$$

여기에서 베이즈 추론을 반복했을 때의 가능도 함수도 생각해봅니다. 어떤 시각 t까지 에이전트가 솔루션 $x_1 \cdots x_t$를 제시하고 그것에 대해 보상 $r_1, \cdots r_t$를 얻었다고 가정합니다. 이들을 집합으로 모아서 기술한 것으로 이력 $D(t)$를 생각할 수 있습니다.

$$D(t) = \{(x_1, r_1), (x_2, r_2), \cdots, (x_t, r_t)\}$$

이 이력 $D(t)$에 관해 베이즈 추론을 반복했을 때의 가능도 함수는 1.6절에서와 같이 각 시각에서의 가능도 함수를 곱한 뒤 더해서 구할 수 있습니다. 즉, 다음과 같이 나타낼 수 있습니다.

$$p(D(t) \mid w) = \prod_{\tau=1}^{t} \mathcal{N}(\phi(x_\tau)^\top w, \sigma^2) \qquad \text{[식 6.5]}$$

$\prod$는 무한곱을 나타내는 기호로 주어진 수를 모두 곱해서 더하는 조작을 의미합니다.

6.4.1 다차원 정규 분포와 사전 분포

가능도 함수를 구했으므로 사전 분포 $p(w)$를 생각해봅니다. 여기에서는 로지스틱 회귀로 폭이 넓은 정규 분포를 사전 분포로 채용한 것과 마찬가지로 평균 μ_0, 분산 Σ_0의 정규 분포를 가정하도록 합니다. 이것은 [식 6.4]의 1번째 행과 같습니다.

$$w \sim p(w) = \mathcal{N}(\mu_0, \Sigma_0) \qquad \text{[식 6.6]}$$

단, 이것은 실수가 아니라 벡터 w를 확률 변수로 가지는 정규 분포인 다차원 정규 분포입니다.

다차원 정규 분포는 3.2.3절에서 다룬 1차원 정규 분포를 다차원으로 확장한 것입니다. 다차원 정규 분포에 관해 조금 살펴봅니다.

다차원 정규 분포는 평균 벡터 $\boldsymbol{\mu}$와 분산공분산행렬^variance-covariance matrix Σ를 파라미터로 가지는 연속 확률 분포입니다. 어떤 n차원 확률 변수 벡터 $\boldsymbol{x}$가 다차원 정규 분포를 따를 때 그 확률 밀도 함수는 다음과 같이 나타낼 수 있습니다.

$$p(\boldsymbol{x} \mid \boldsymbol{\mu}, \Sigma) = \frac{1}{(2\pi)^{n/2}\sqrt{|\Sigma|}} \exp\left(-\frac{1}{2}(\boldsymbol{x} - \boldsymbol{\mu})^\top \Sigma^{-1}(\boldsymbol{x} - \boldsymbol{\mu})\right) \qquad \text{[식 6.7]}$$

또한 이때의 평균은 n차원 벡터, 분산공분산행렬 Σ는 $n \times n$의 대칭 행렬이 됩니다. 이 책에서 필요한 기본적인 행렬 연산은 부록 A에 정리했으므로 참조하기 바랍니다.

> **NOTE_** 분산공분산행렬 Σ는 대칭 행렬로, 특히 반정치행렬입니다. 반정치행렬이란 모든 고윳값이 0 이상인 대칭 행렬입니다.

다차원으로 확장해도 평균 $\boldsymbol{\mu}$가 분포의 위치, 분산공분산행렬이 폭의 넓이를 조절하는 점은 다르지 않습니다. 몇 가지 시각화를 통해 이를 확인해봅니다. 먼저 $\boldsymbol{\mu} = (0,0)^\top$, $\Sigma = \begin{pmatrix} 1 & 0 \\ 0 & 1 \end{pmatrix}$을 파라미터로 가지는 2차원 정규 분포를 [그림 6-6]에 표시했습니다.

그림 6-6 $\boldsymbol{\mu} = (0,0)^\top$, $\Sigma = \begin{pmatrix} 1 & 0 \\ 0 & 1 \end{pmatrix}$의 다차원 정규 분포

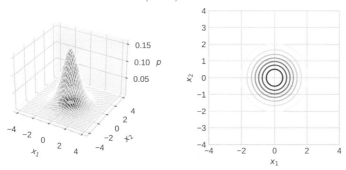

왼쪽 그림을 보면 알 수 있듯이 다차원 정규 분포 역시 1차원 정규 분포와 마찬가지로 종 형태의 곡선을 그립니다. 또한 등고선을 나타내는 오른쪽 그림을 보면 폭이 원점 $(0,0)^\top$을 중심으로 넓어지는 모습을 알 수 있습니다. 이는 평균 $\boldsymbol{\mu}$와 원점이 일치하기 때문입니다.

다음으로 평균을 $\mu = (2, 3)^\top$으로 미끄러뜨린 경우를 [그림 6-7]에 표시했습니다.

그림 6-7 $\mu = (2,3)^\top$, $\Sigma = \begin{pmatrix} 1 & 0 \\ 0 & 1 \end{pmatrix}$의 다차원 정규 분포

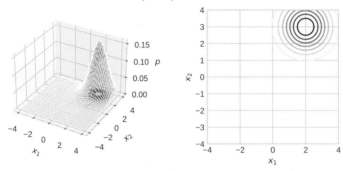

등고선을 보면 알 수 있듯이 중심이 원점에서 $(2, 3)^\top$으로 이동한 모습입니다. 이로부터 평균 파라미터가 분포의 위치를 움직인다는 것을 알 수 있습니다.

다음으로 분산공분산행렬을 변경해서 $\mu = (0, 0)^\top$, $\Sigma = \begin{pmatrix} 4 & 0 \\ 0 & 0.5 \end{pmatrix}$를 파라미터로 가진 정규 분포를 [그림 6-8]에 표시했습니다.

그림 6-8 $\mu = (0,0)^\top$, $\Sigma = \begin{pmatrix} 4 & 0 \\ 0 & 0.5 \end{pmatrix}$의 다차원 정규 분포

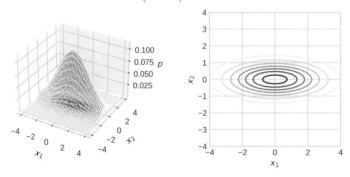

지금까지의 그래프에서는 등고선이 평균 μ를 중심으로 하는 원을 그렸지만 여기에서는 타원이 된 것을 알 수 있습니다. 이것을 분산공분산행렬 Σ에 주목하여 생각해봅니다. 확률 변수 x와 y의 2차원 분산공분산행렬은 다음 식과 같이 분해해서 생각할 수 있습니다.

$$\Sigma = \begin{pmatrix} \sigma_x^2 & \sigma_{xy} \\ \sigma_{xy} & \sigma_y^2 \end{pmatrix}$$

이때 σ_x^2는 확률변수 x의 분산, σ_y^2는 확률 변수 y의 분산, σ_{xy}는 확률 변수 x와 y의 **공분산** covariance을 나타냅니다. 공분산은 2개의 확률 변수 사이의 상관관계의 강도를 나타내는 값입니다. x를 그림의 가로축, y를 그림의 세로축에 대응하는 함수라고 보면 σ_x^2는 가로축, σ_y^2는 세로축 방향의 폭의 넓이를 제어하는 파라미터가 됩니다. 따라서 $\sigma_x^2 = 4$, $\sigma_y^2 = 0.5$에 대응하는 분산공분산행렬을 가지므로 그림에서 분산은 가로 방향으로 긴 형태가 됩니다.

마지막으로 공분산 σ_{xy}가 0이 아닌 값을 갖는 경우도 생각해봅니다. 분산공분산행렬이 $\boldsymbol{\mu} = (0,0)^{\top}$, $\Sigma = \begin{pmatrix} 4 & 1 \\ 1 & 0.5 \end{pmatrix}$인 경우를 [그림 6-9]에 나타냈습니다.

그림 6-9 $\boldsymbol{\mu} = (0,0)^{\top}$, $\Sigma = \begin{pmatrix} 4 & 1 \\ 1 & 0.5 \end{pmatrix}$의 다차원 정규 분포

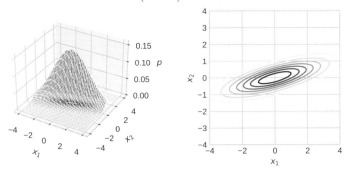

앞에서와 마찬가지로 가로로 퍼진 등고선이 보이며, 이번에는 기울어진 형태가 되었음을 알 수 있습니다. $x_1 = 3$일 때는 $0 \leq x_2 \leq 1.5$ 부근을 중심으로, $x_1 = -3$일 때는 $-1.5 \leq x_2 \leq 0$ 부근을 중심으로 또 하나의 변수 x_2가 분포하는 모습이 보입니다. 즉, x_1이 클 때는 x_2도 커지고, x_1이 작을 때는 x_2도 작아지는 경향이 있습니다. 이런 경향을 **양의 상관관계**가 있다고 합니다. 이것은 공분산 σ_{xy}가 양의 값을 가질 때 보이는 관계입니다. 반대로 공분상이 음의 값을 가질 때 보이는 역의 상관관계는 **음의 상관관계**라고 부릅니다.

> **NOTE_** 상관관계의 강도를 나타내는 지표로 공분산 σ_{xy}를 각 변수의 표준 편차 σ_x, σ_y로 나눈 것을 자주 이용합니다.
>
> $$\rho = \frac{\sigma_{xy}}{\sigma_x \sigma_y}$$
>
> 이 지표 ρ는 상관계수라고 부르며, 두 변수 사이의 상관관계의 강도를 나타냅니다. 상관계수 ρ는 $-1 \sim 1$ 사이의 값을 가지며 -1은 강한 음의 상관관계, 0은 상관관계 없음, 1은 강한 양의 상관관계를 나타냅니다.

6.4.2 베이즈 정리에 적용하기

도입이 길었지만 이제 베이즈 추론을 위한 컴포넌트가 준비되었습니다. 베이즈 정리의 [식 6.6]에 표시한 사전 분포와 [식 6.5]에 표시한 가능도 함수를 대입해보면 이력 $D(t)$를 관측한 뒤의 파라미터 w의 사후 분포를 구할 수 있습니다. 단, m은 특징량 $\phi(x)$의 차원수(=파라미터 w의 차원수)를 나타내는 것으로 합니다.

$$
\begin{aligned}
p(w \mid D(t)) &\propto p(w)p(D(t) \mid w) \\
&\propto \mathcal{N}(\mu_0, \Sigma_0) \prod_{\tau=1}^{t} \mathcal{N}\left(\phi(x_\tau)^\top w, \sigma^2\right) \\
&\propto \frac{1}{(2\pi)^{m/2}\sqrt{|\Sigma_0|}} \exp\left(-\frac{1}{2}(w-\mu_0)^\top \Sigma_0^{-1}(w-\mu_0)\right) \times \\
&\quad \prod_{\tau=1}^{t} \frac{1}{\sqrt{2\pi\sigma^2}} \exp\left(-\frac{1}{2\sigma^2}(r_\tau - \phi(x_\tau)^\top w)^2\right) \\
&\propto \exp\left(-\frac{1}{2}(w-\mu_0)^\top \Sigma_0^{-1}(w-\mu_0) - \frac{1}{2\sigma^2}\sum_{\tau=1}^{t}(r_\tau - \phi(x_\tau)^\top w)^2\right) \\
&\propto \exp\left(-\frac{1}{2}(w-\mu_0)^\top \Sigma_0^{-1}(w-\mu_0) - \frac{1}{2\sigma^2}(r - \Phi w)^\top(r - \Phi w)\right) \\
&\propto \exp\left(-\frac{1}{2}w^\top\left(\Sigma_0^{-1} + \frac{1}{\sigma^2}\Phi^\top\Phi\right)w + w^\top\left(\Sigma_0^{-1}\mu_0 + \frac{1}{\sigma^2}\Phi^\top r\right)\right) \\
&\propto \exp\left(-\frac{1}{2}w^\top A w + w^\top b\right) \\
&\quad (\text{단, } A = \Sigma_0^{-1} + \frac{1}{\sigma^2}\Phi^\top\Phi,\ b = \Sigma_0^{-1}\mu_0 + \frac{1}{\sigma^2}\Phi^\top r \text{로 한다}) \\
&\propto \exp\left(-\frac{1}{2}(w - A^{-1}b)^\top A(w - A^{-1}b)\right) \qquad \text{[식 6.8]}
\end{aligned}
$$

다소 긴 식입니다. 1행은 베이즈의 정리를 적용했습니다. 2행은 [식 6.6]과 [식 6.5]를 이용했습니다. 3행은 [식 3.5]와 [식 6.7]을 이용해 정규 분포를 수식으로 나타냈습니다.

4행에서는 크게 2가지 변환을 수행합니다. 한 가지는 각각의 정규 분포의 정수 $\frac{1}{(2\pi)^{m/2}\sqrt{|\Sigma_0|}}$ 과 $\frac{1}{\sqrt{2\pi\sigma^2}}$ 의 생략입니다. 이 식으로 구하고자 하는 w의 사후 분포 $p(w \mid D(t))$는 w의 함수이므로 w가 포함되지 않은 상수는 생략합니다.

다른 한 가지는 무한곱 $\prod$에서 무한합 $\sum$로의 변환입니다. 여기에서 지수에 관해 $x^a \times x^b = x^{a+b}$ 라는 관계가 일반적으로 성립하는 것에 주의합니다. 10,000원(10^4)짜리가 100장(10^2)

있다면 100만원($10^4 \times 10^2 = 10^{4+2} = 10^6$)이라고 생각해도 좋을 것입니다. $\exp(x)$는 네이피어 수 e에 관한 지수 e^x이므로 다음 식으로 바꿔 쓸 수 있습니다.

$$\prod_{i=1}^{N} \exp(x_i) = e^{x_1} \times \cdots \times e^{x_N} = e^{x_1 \cdots + x_N} = \exp\left(\sum_{i=1}^{N} x_i\right)$$

이렇게 해서 4번째 행에서는 무한곱 $\prod$을 무한합 $\sum$로 변환했습니다.

5행에서는 무한합을 벡터의 내적 형태로 바꿔 썼습니다. 보상의 이력 $r_1, \cdots, r_t$를 벡터 $\boldsymbol{r} = (r_1, \cdots, r_t)^\top$으로 바꿔 쓴 점에 주의합니다. 또한 선택한 솔루션의 특징량의 이력을 모아서 기술하기 위해 다음 행렬을 도입했습니다.

$$\Phi = \begin{pmatrix} \boldsymbol{\phi}^\top(\boldsymbol{x}_1) \\ \vdots \\ \boldsymbol{\phi}^\top(\boldsymbol{x}_t) \end{pmatrix}$$

이 행렬 Φ를 **계획 행렬**$^{\text{design matrix}}$이라고 부릅니다. 이것은 전치한 특징량을 세로로 나열한 것으로 t행 m열이 됩니다.

6행에서는 $\boldsymbol{w}$에 착안해 2차항 $-\frac{1}{2}\boldsymbol{w}^\top(\Sigma_0^{-1} + \frac{1}{\sigma^2}\Phi^\top\Phi)\boldsymbol{w}$와 1차항 $\boldsymbol{w}^\top(\Sigma_0^{-1}\boldsymbol{\mu}_0 + \frac{1}{\sigma^2}\Phi^\top\boldsymbol{r})$로 정리했습니다. 동시에 $\boldsymbol{w}$를 포함하지 않은 상수는 생략했습니다.

7행에서는 새로운 행렬 A와 벡터 $\boldsymbol{b}$를 도입해서 식을 보기 쉽게 정리했습니다. 8행에서는 행렬 버전의 평방 완성$^{\text{complete the square}}$을 수행합니다. 8행을 전개하고 상수를 무시하면 7행과 같은 결과를 얻게 됨을 확인해보기 바랍니다.

위 조작을 통해 파라미터 $\boldsymbol{w}$의 사후 분포를 매우 깔끔하게 나타낼 수 있게 되었습니다. 여기에서 무엇을 알 수 있을까요? 다시 한 번 다차원 정규 분포의 일반식인 [식 6.7]을 돌아봅니다. 상수를 생략하면 다음 형태로 나타낼 수 있음을 알 수 있습니다.

$$\mathcal{N}(\boldsymbol{w} \mid \boldsymbol{\mu}, \Sigma) \propto \exp\left(-\frac{1}{2}(\boldsymbol{w} - \boldsymbol{\mu})^\top \Sigma^{-1} (\boldsymbol{w} - \boldsymbol{\mu})\right)$$

이 식과 [식 6.8]의 대응 관계에 주목하면 파라미터 $\boldsymbol{w}$의 사후 분포는 다차원 정규 분포이며,

그 평균 $\boldsymbol{\mu}_t$와 분산 Σ_t는 다음과 같이 구할 수 있습니다. 여기에서는 시각 t에서의 이력 $D(t)$를 이용해 추론된 값임을 강조하기 위해 각각 첨자 t를 붙였습니다.

$$
\begin{aligned}
\boldsymbol{\mu}_t &= A_t^{-1}\boldsymbol{b}_t \\
\Sigma_t &= A_t^{-1} \\
A_t &= \Sigma_0^{-1} + \frac{1}{\sigma^2}\Phi^\top\Phi \\
\boldsymbol{b}_t &= \Sigma_0^{-1}\boldsymbol{\mu}_0 + \frac{1}{\sigma^2}\Phi^\top\boldsymbol{r}
\end{aligned}
$$

[식 6.9]

6.4.3 업데이트 식으로 바꿔 쓰기

슬롯머신 알고리즘의 프레임에서는 한 데이터가 주어졌을 때 파라미터를 업데이트해 탐색에 도움을 주는 것이 바람직하므로 [식 6.9]를 업데이트 식의 형태로 바꿔 써 봅니다. 그렇게 하기 위해 새로운 시각 $t+1$에서의 데이터 $(\boldsymbol{x}_{t+1}, r_{t+1})$가 추가되었을 때 베이즈 업데이트를 하는 것을 생각해봅니다. 즉, 시각 t까지의 데이터로 추론된 평균 $\boldsymbol{\mu}_t$와 분산 Σ_t를 사전 분포로 하여 새로운 사후 분포 $\boldsymbol{\mu}_{t+1}$과 분산 Σ_{t+1}을 구하는 것입니다.

[식 6.9]에서 정리한 것을 보면 시각 $t+1$에서의 사후 분포 파라미터 $\boldsymbol{\mu}_{t+1}$과 분산 Σ_{t+1}은 다음과 같이 나타낼 수 있습니다.

$$
\begin{aligned}
\boldsymbol{\mu}_{t+1} &= A_{t+1}^{-1}\boldsymbol{b}_{t+1} \\
\Sigma_{t+1} &= A_{t+1}^{-1} \\
A_{t+1} &= \Sigma_t^{-1} + \frac{1}{\sigma^2}\boldsymbol{\phi}(\boldsymbol{x}_{t+1})\boldsymbol{\phi}(\boldsymbol{x}_{t+1})^\top \\
\boldsymbol{b}_{t+1} &= \Sigma_t^{-1}\boldsymbol{\mu}_t + \frac{1}{\sigma^2}\boldsymbol{\phi}(\boldsymbol{x}_{t+1})r_{t+1}
\end{aligned}
$$

[식 6.9]에서 $\Sigma_t^{-1} = A_t$, $\Sigma_t^{-1}\boldsymbol{\mu}_t = A_t A_t^{-1}\boldsymbol{b}_t = \boldsymbol{b}_t$이므로 이를 이용해 $\Sigma_t^{-1}\boldsymbol{\mu}_t$를 소거하면 [식 6.9]는 다음과 같이 바꿔 쓸 수 있습니다.

$$
\begin{aligned}
A_{t+1} &= A_t + \frac{1}{\sigma^2}\boldsymbol{\phi}(\boldsymbol{x}_{t+1})\boldsymbol{\phi}(\boldsymbol{x}_{t+1})^\top \\
\boldsymbol{b}_{t+1} &= \boldsymbol{b}_t + \frac{1}{\sigma^2}\boldsymbol{\phi}(\boldsymbol{x}_{t+1})r_{t+1} \\
\boldsymbol{\mu}_{t+1} &= A_{t+1}^{-1}\boldsymbol{b}_{t+1} \\
\Sigma_{t+1} &= A_{t+1}^{-1}
\end{aligned}
$$

[식 6.10]

6.4.4 새로운 입력에 대한 예측

파라미터 w의 사후 분포를 추론했으므로 어떤 솔루션 x_*에 대한 보상 기댓값 θ_*의 사후 분포 $p(\theta_* \mid x_*)$도 계산할 수 있습니다. 여기에서는 추론에 이용하지 않았던 새로운 입력에 대한 보상 기댓값임을 강조하기 위해 각각 *를 붙여 표기했습니다. 먼저 이 분포의 기댓값 $\mathbb{E}[\theta_* \mid x_*]$를 생각해봅니다. [식 6.4]에서도 있듯이 $\theta = \phi(x)^\top w$임에 주의합니다.

$$
\begin{aligned}
\mathbb{E}[\theta_* \mid x_*] &= \mathbb{E}[\phi(x_*)^\top w] \\
&= \phi(x_*)^\top \mathbb{E}[w] \\
&= \phi(x_*)^\top \mu_t
\end{aligned}
$$

$\phi(x_*)$는 확률 분포이므로 기댓값 w에 관해서만 고려하면 충분합니다. 그리고 w의 기댓값은 앞에서 구했던 사후 분포의 평균 μ_t입니다. 그러므로 파라미터 w의 평균 μ_t와 입력의 특징량 $\phi(x_*)$의 내적을 얻으면 됩니다.

다음으로 보상 기댓값의 사후 분포의 분산 $\mathbb{V}[\theta_* \mid x_*]$를 생각해봅니다. 1.7.1절에서는 스칼라에 대한 분산을 고려했습니다. 이를 확장해 벡터에 대한 분산을 생각할 수 있으며, 일반적으로 행렬로 나타낼 수 있습니다. 어떤 확률 변수 벡터 x의 분산 $\mathbb{V}[x]$는 다음과 같이 나타낼 수 있습니다.

$$
\mathbb{V}[x] = \mathbb{E}[(x - \mathbb{E}[x])(x - \mathbb{E}[x])^\top]
$$

이것을 이용하면 분산 $\mathbb{V}[\theta_* \mid x_*]$는 다음과 같이 정리할 수 있습니다. 단, $\mathbb{V}[w]$는 파라미터 w의 사후 분포의 분산 Σ_t에 대응하는 것임에 주의합니다.

$$
\begin{aligned}
\mathbb{V}[\theta_* \mid x_*] &= \mathbb{E}\big[\big(\phi(x_*)^\top w - \phi(x_*)^\top \mu_t\big)\big(\phi(x_*)^\top w - \phi(x_*)^\top \mu_t\big)^\top\big] \\
&= \mathbb{E}\big[\big(\phi(x_*)^\top (w - \mu_t)\big)\big(\phi(x_*)^\top (w - \mu_t)\big)^\top\big] \\
&= \mathbb{E}[\phi(x_*)^\top (w - \mu_t)(w - \mu_t)^\top \phi(x_*)] \\
&= \phi(x_*)^\top \mathbb{E}[(w - \mu_t)(w - \mu_t)^\top]\phi(x_*) \\
&= \phi(x_*)^\top \mathbb{V}[w]\phi(x_*) \\
&= \phi(x_*)^\top \Sigma_t \phi(x_*)
\end{aligned}
$$

이상의 내용을 종합하면 새로운 입력 x_*에 대한 보상 기댓값 θ_*는 다음 정규 분포를 따릅니다.

$$\theta_* \sim \mathcal{N}\left(\phi(x_*)^\top \mu_t, \ \phi(x_*)^\top \Sigma_t \phi(x_*)\right) \qquad \text{[식 6.11]}$$

마찬가지로 새로운 입력 x_*에 대한 보상 r_*의 분포 $p(r_* \mid x_*)$를 생각해볼 수 있습니다. 이러한 분포를 **예측 분포**라고 부릅니다. [식 6.4]에서도 다루었던 것처럼 보상 r_*는 기댓값 θ_*의 정규 분포를 따르므로 그 기댓값은 θ_*입니다. 한편 분산에 대해서는 데이터 생성에 따르는 산포 σ^2이 더해지므로 $\sigma^2 + \phi(x_*)^\top \Sigma_t \phi(x_*)$와 같이 됩니다. 이상의 내용을 종합하면 보상의 예측 분포는 다음과 같이 쓸 수 있습니다.

$$r_* \sim \mathcal{N}\left(\phi(x_*)^\top \mu_t, \ \sigma^2 + \phi(x_*)^\top \Sigma_t \phi(x_*)\right)$$

지금까지 먼 길을 함께 오면서 선형 모델의 파라미터 w를 베이즈 추론하는 방법을 소개했습니다. 파라미터 w의 사전 분포 $p(w)$와 가능도 함수 $p(D(t) \mid w)$의 정의에서 시작해 다양한 식을 전개해 파라미터 w의 사후 분포 $p(w \mid D(t)) = \mathcal{N}(\mu_t, \Sigma_t)$를 구했습니다. 또한 이 결과를 이용해 새로운 입력 x_*에 대한 보상 기댓값의 사후 분포 $p(\theta_* \mid x_*)$와 보상의 예측 분포 $p(r_* \mid x_*)$도 구했습니다.

이것으로 선형 모델을 응용한 슬롯머신 알고리즘을 구성할 준비가 되었습니다. 다음 절에서는 UCB 알고리즘에 선형 모델을 도입한 **LinUCB 알고리즘**을 설명합니다.

6.5 LinUCB 알고리즘

5.7절에서 설명한 UCB 알고리즘은 각 선택지를 선택한 횟수와 보상의 표본 평균으로부터 UCB 값을 도출하고, 활용과 탐색의 균형을 얻는 탐색을 실현하는 알고리즘이었습니다. 기본적으로는 보상의 표본 평균이 높은 선택지를 취하면서도 탐색하지 않은 솔루션에 대해서는 확실하지 않은 '보너스'를 추가함으로써 아직 충분히 평가하지 않은 선택지에도 시행 횟수를 할애할 수 있습니다.

우리는 선형 모델을 이용해 보상 기댓값을 추론하는 기술을 학습했습니다. 어떤 선택지 x_*에 대한 보상 기댓값 θ_*의 기댓값 $\mathbb{E}[\theta_* \mid x_*]$와 분산 $\mathbb{V}[\theta_* \mid x_*]$를 알고 있습니다. 그러므로 기댓값이 나타내는 '유망함'에 분산이 나타내는 '불확실함'을 추가하면 선형 회귀 모델 상의 UCB 알고리즘, 즉 LinUCB 알고리즘을 구성할 수 있습니다.

LinUCB 알고리즘은 다음 식으로 구할 수 있는 UCB 값이 최대가 되는 솔루션을 순차적으로 선택합니다. 이것은 보상 기댓값의 기댓값 $\mathbb{E}[\theta_* \mid \boldsymbol{x}_*]$를 상수$(\alpha > 0)$배한 보상 기댓값의 표준 편차 $\sqrt{\mathbb{V}[\theta_* \mid \boldsymbol{x}_*]}$를 더한 값으로 각 선택지의 유망함과 불확실함을 더한 것임을 알 수 있습니다.

$$UCB_{\boldsymbol{x}_*}(t) = \mathbb{E}[\theta_* \mid \boldsymbol{x}_*] + \alpha \sqrt{\mathbb{V}[\theta_* \mid \boldsymbol{x}_*]}$$
$$= \phi(\boldsymbol{x}_*)^\top \boldsymbol{\mu}_t + \alpha \sqrt{\phi(\boldsymbol{x}_*)^\top \Sigma_t \phi(\boldsymbol{x}_*)}$$

[식 6.12]

이 알고리즘이 컨텍스트 기반 슬롯머신 문제에 대해 동작하는 것을 확인해봅니다. 다음은 LinUCB 알고리즘의 예입니다.

```python
class LinUCBAgent(object):
    def __init__(self):
        self.phis = np.array([[arm[0], arm[1], 1] for arm in arms]).T
        self.alpha = 1
        self.sigma = 1
        self.A = np.identity(self.phis.shape[0])
        self.b = np.zeros((self.phis.shape[0], 1))

    def get_arm(self):
        inv_A = np.linalg.inv(self.A)
        mu = inv_A.dot(self.b)
        S = inv_A
        pred_mean = self.phis.T.dot(mu)
        pred_var = self.phis.T.dot(S).dot(self.phis)
        ucb = pred_mean.T + self.alpha * np.sqrt(np.diag(pred_var))
        return np.argmax(ucb)

    def sample(self, arm_index, reward):
        phi = self.phis[:, [arm_index]]
        self.b = self.b + phi * reward / (self.sigma ** 2)
        self.A = self.A + phi.dot(phi.T) / (self.sigma ** 2)
```

선형 모델을 도입해도 기본적인 구성은 UCB 알고리즘을 구현한 UCBAgent와 크게 다르지 않습니다. LinUCBAgent는 멤버 변수로 UCB 값을 구할 때 표준 편차에 곱할 상수 α에 해당하는 self.alpha를 갖고 있습니다. 여기에서는 $\alpha = 1$로 설정했습니다. 그리고 관측된 보상의 산포 σ^2을 self.sigma로 하고 그 값을 1로 지정했습니다. 여기에 더해 파라미터 w를 계산할 때 순차적으로 업데이트할 숫자 A, b를 각각 self.A와 self.b라는 멤버 변수로 가지고 있습니다. 초깃값은 각각 $A = I$, $b = 0$으로 했습니다. 여기에서 I는 대각 성분이 모두 1이고 다른 값은 모두 0인 **단위행렬**이고 0은 모든 성분이 0인 **영벡터**^{zero vector}를 나타냅니다.

get_arm에서는 멤버 변수 self.A와 self.b로부터 [식 6.10]에 기반해 파라미터 w의 평균 μ_{t+1}과 분산 Σ_{t+1}을 계산합니다. np.linalg.inv는 주어진 행렬의 역행렬을 출력하는 메서드입니다. 그들을 기반으로 UCB 값을 계산해서 UCB 최대가 되는 솔루션의 인덱스를 출력합니다. sample에서는 관측된 보상 r을 이용하고 [식 6.10]에 기반해 A, b를 시각 $t + 1$을 위해 업데이트합니다.

그럼 이 구현을 이용해서 시뮬레이션을 해봅니다. 에이전트가 대치하는 환경으로는 6.3절과 동일한 것을 이용해서 정답률 추이를 계산합니다. 여기에서는 예산 $T = 5000$으로 하고 500회 시뮬레이션한 결과의 평균값을 [그림 6-10]에 표시합니다.

최적 솔루션을 선택하는 정답률 추이를 보면 시각을 지나면서 정답률이 착실하게 향상됨을 알 수 있습니다. 이 결과를 보면 슬롯머신 알고리즘으로서 잘 동작한다고 할 수 있습니다.

```python
n_iter = 500
n_step = 5000
selected_arms = np.zeros((n_iter, n_step), dtype=int)
earned_rewards = np.zeros((n_iter, n_step), dtype=int)
for it in range(n_iter):
  agent = LinUCBAgent()
  for step in range(n_step):
    arm_index = agent.get_arm()
    reward = Env.react(arms[arm_index])
    agent.sample(arm_index, reward)
    selected_arms[it, step] = arm_index
    earned_rewards[it, step] = reward
plt.plot(np.mean(selected_arms==Env.opt(), axis=0))
plt.xlabel(r'$t$')
plt.ylabel(r'$\mathbb{E}[x(t) = x^*]$')
plt.show()
```

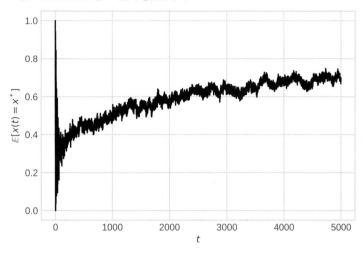

그림 6-10 LinUCB 알고리즘의 정답률 추이

6.5.1 역행렬 계산을 피해서 고속화하기

현재의 LinUCB 알고리즘 구현으로도 문제없이 동작하나 다루어야 할 특징량의 차원이 높아지면 행렬 A의 크기도 커집니다. 이때 역행렬 A^{-1}을 구하는 것이 계산 과정에서의 병목이 됩니다. 여기에서는 다음과 같이 보완을 해서 역행렬 계산을 피할 수 있습니다.

다음은 **우드버리 공식**$^{Woodbury formula}$이라고 불리는 정리입니다.

$$(A + BDC)^{-1} = A^{-1} - A^{-1}B(D^{-1} + CA^{-1}B)^{-1}CA^{-1} \qquad \text{[식 6.13]}$$

이 식에 $A = A_t$, $B = \phi(\boldsymbol{x}_{t+1})$, $C = \phi(\boldsymbol{x}_{t+1})^\top$, $D = \sigma^{-2}$ 을 대입하면 좌변과 우변은 각각 다음 식과 같이 나타납니다.

$$(\text{좌변}) = (A_t + \sigma^{-2}\phi(\boldsymbol{x}_{t+1})\phi(\boldsymbol{x}_{t+1})^\top)^{-1} = A_{t+1}^{-1}$$

$$(\text{우변}) = A_t^{-1} - A_t^{-1}\phi(\boldsymbol{x}_{t+1})(\sigma^2 + \phi(\boldsymbol{x}_{t+1})^\top A_t^{-1}\phi(\boldsymbol{x}_{t+1}))^{-1}\phi(\boldsymbol{x}_{t+1})^\top A_t^{-1}$$

$$= A_t^{-1} - \frac{A_t^{-1}\phi(\boldsymbol{x}_{t+1})\phi(\boldsymbol{x}_{t+1})^\top A_t^{-1}}{\sigma^2 + \phi(\boldsymbol{x}_{t+1})^\top A_t^{-1}\phi(\boldsymbol{x}_{t+1})}$$

따라서 앞의 내용을 정리하면 행렬 A_{t+1}^{-1}의 업데이트 식은 다음과 같이 나타낼 수 있습니다.

$$A_{t+1}^{-1} = A_t^{-1} - \frac{A_t^{-1}\phi(\boldsymbol{x}_{t+1})\phi(\boldsymbol{x}_{t+1})^\top A_t^{-1}}{\sigma^2 + \phi(\boldsymbol{x}_{t+1})^\top A_t^{-1}\phi(\boldsymbol{x}_{t+1})}$$

[식 6.14]

파라미터 $\boldsymbol{w}$의 평균 $\boldsymbol{\mu}_{t+1}$ 및 분산 Σ_{t+1}을 구하기 위해 필요한 것은 역행렬 A_{t+1}^{-1} 뿐이므로 A_{t+1}을 구할 필요는 없습니다. 따라서 이 식을 이용해 역행렬 A_{t+1}^{-1}을 업데이트하는 것만으로 LinUCB 알고리즘에 필요한 파라미터를 얻을 수 있습니다.

다음 코드는 새로운 업데이트 식을 사용해서 구현한 LinUCBAgent2입니다.

```python
class LinUCBAgent2(object):
    def __init__(self):
        self.phis = np.array([[arm[0], arm[1], 1] for arm in arms]).T
        self.alpha = 1
        self.sigma = 1
        self.inv_A = np.identity(self.phis.shape[0])
        self.b = np.zeros((self.phis.shape[0], 1))

    def get_arm(self):
        post_mean = self.inv_A.dot(self.b)
        post_var = self.inv_A
        pred_mean = self.phis.T.dot(post_mean)
        pred_var = self.phis.T.dot(post_var).dot(self.phis)
        ucb = pred_mean.T + self.alpha * np.sqrt(np.diag(pred_var))
        return np.argmax(ucb)

    def sample(self, arm_index, reward):
        phi = self.phis[:, [arm_index]]
        iAppTiA = self.inv_A.dot(phi).dot(phi.T).dot(self.inv_A)
        s2_pTiAp = self.sigma ** 2 + phi.T.dot(self.inv_A).dot(phi)
        self.inv_A = self.inv_A - iAppTiA / s2_pTiAp
        self.b = self.b + (self.sigma ** 2) * reward * phi
```

전체 구성은 LinUCBAgent와 다르지 않으나 멤버 변수가 self.A에서 self.invA로 바뀌었습니다. 단위행렬 I의 역행렬은 단위행렬이므로 $A = I$과 $A^{-1} = I$에 차이는 없습니다. 그리고 get_arm으로부터 역행렬을 구하는 메서드 np.linarg.inv가 사라진 것에서도 알 수 있듯이 역행렬 계산이 사라졌습니다. sample에서는 [식 6.14]에 따라 A^{-1}을 업데이트합니다.

필자 환경에서 동일한 시뮬레이션을 수행한 결과 같은 결과를 얻는 데 소요된 시간이 약 절반으로 줄었습니다. 이번에는 특징량의 차원이 3이었지만 특징량이 커질수록 이 차이가 더욱 확실하게 나타날 것입니다.

6.5.2 일반적인 UCB와의 성능 비교

마지막으로 특징량을 고려함에 따른 효과를 확인하기 위해 특징량을 고려하지 않고 각각을 독립된 레버로 간주하는 알고리즘과의 성능 비교를 해보겠습니다. 다음 코드는 각각의 구현에 관해 예산 $T = 5000$으로 500회 시뮬레이션했을 때의 정답률 추이(그림 6-11)와 누적 보상 추이(그림 6-12)를 비교한 것입니다.

> **NOTE_** 이 장에서 새로운 콜랩 혹은 주피터 노트북을 만든 경우 5장의 UCBAgent 클래스 소스 코드를 복사하여 새로운 셀에 붙여 넣은 뒤 실행하기 바랍니다.

```python
agent_classes = [LinUCBAgent2, UCBAgent]
n_arms = len(arms)
n_iter = 500
n_step = 5000
selected_arms = np.zeros(
    (n_iter, len(agent_classes), n_step), dtype=int)
earned_rewards = np.zeros(
    (n_iter, len(agent_classes), n_step), dtype=int)
for it in range(n_iter):
  for i, agent_class in enumerate(agent_classes):
    agent = agent_class()
    for step in range(n_step):
      arm_index = agent.get_arm()
      arm = arms[arm_index]
      reward = Env.react(arm)
      agent.sample(arm_index, reward)
      selected_arms[it, i, step] = arm_index
      earned_rewards[it, i, step] = reward
acc = np.mean(selected_arms==Env.opt(), axis=0)
plt.plot(acc[0], label='LinUCB')
plt.plot(acc[1], label='UCB')
plt.xlabel(r'$t$')
plt.ylabel(r'$\mathbb{E}[x(t) = x^*]$')
plt.legend()
plt.show()
```

그림 6-11 LinUCB 알고리즘과 UCB 알고리즘의 정답률 비교

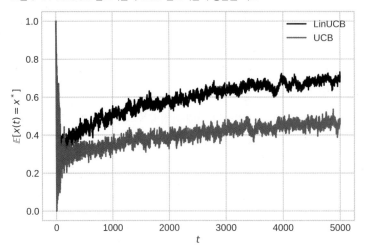

```
plt.plot(np.mean(np.cumsum(earned_rewards, axis=2), axis=0)[0], label='LinUCB')
plt.plot(np.mean(np.cumsum(earned_rewards, axis=2), axis=0)[1], label='UCB')
plt.xlabel(r'$t$')
plt.ylabel('Cumulative reward')
plt.legend()
plt.show()
```

그림 6-12 LinUCB 알고리즘과 UCB 알고리즘의 누적 보상 비교

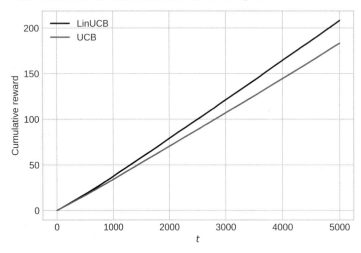

정답률 추이를 보면 UCB 알고리즘과 비교해 LinUCB 알고리즘 쪽의 정답률이 빠르게 높아지는 것을 알 수 있습니다. 누적 보상 추이를 보면 LinUCB 알고리즘 쪽이 같은 시간에 보다 많은 보상을 얻은 것을 알 수 있습니다. 이로부터 특징량과 통계 모델의 설계를 적절히 한다면 특징량을 고려하지 않는 경우보다 빠르게 최적화할 수 있습니다.

클릭률처럼 2개 이산값의 보상을 다루는 경우에는 원래 로지스틱 회귀 모델을 이용하는 편이 바람직하지만 대신 선형 회귀 모델을 이용해도 좋은 결과를 얻을 수 있음을 알 수 있습니다. 선형 회귀 모델은 사전 분포 및 가능도 함수가 정규 분포로 나타나므로 앞의 계산에 따라 닫힌 형태로 사후 분포를 나타낼 수 있다는 것이 장점입니다.

> **NOTE_** '닫힌 형태'란 그 대상이 유한개의 간단한 연산의 조합으로 표현되는 것을 가리킵니다.

한편 로지스틱 회귀 모델에 관해서는 사후 분포를 닫힌 형태로 나타낼 수 없으며, 경사하강법 gradient method 을 이용한 수치 계산이나 확률 밀도 계산의 근사 기법이 필요합니다. 로지스틱 회귀 모델을 슬롯머신 알고리즘에 도입하는 방법은 부록 B에서 설명했습니다.

6.6 정리

이 장에서는 슬롯머신 알고리즘과 통계 모델을 융합함으로써 솔루션을 구성하는 특징을 고려한 빠른 웹 최적화가 가능함을 설명했습니다. 먼저 지금까지 다룬 통계 모델을 돌아보고 일반화 선형 모델이라는 통일된 형태로 다시 기술했습니다. 다음으로 통계 모델의 파라미터를 추론하는 기법으로 MCMC를 시도해봤습니다. 그러나 사후 분포의 업데이트를 빈번하게 해야 하는 슬롯머신 알고리즘에는 잘 어울리지 않음을 알았습니다. 그래서 우리는 수학의 힘을 빌려 선형 회귀 모델의 파라미터의 사후 분포를 닫힌 형태로 구하게 되었습니다.

그리고 베이즈 선형 회귀 모델을 UCB 알고리즘과 융합해서 LinUCB 알고리즘을 구성했습니다. 시뮬레이션 결과 각 솔루션의 특징량을 고려함으로써 일반(기존) UCB 알고리즘보다 빠르게 누적 보상을 최대화할 수 있음을 알았습니다. 이 접근 방식은 적절한 특징량 설계나 통계 모델의 선정이라는 새로운 과제를 가지고 있지만 잘 사용하면 적은 시행횟수로도 최적의 솔루션을 찾아낼 수 있는 강력한 무기가 됩니다.

6.6.1 더 깊은 학습을 위해

- 『バンディット問題の理論とアルゴリズム(슬롯머신 문제 이론과 알고리즘)』(本多淳也, 中村篤祥 저, 講談社, 2016)

  슬롯머신 문제와 그 알고리즘에 관해 포괄적으로 설명합니다. 이 책에서 설명한 알고리즘의 배경이나 이론적인 성능 비교를 자세히 알고 싶다면 참조하기 바랍니다.

- 『Bandit Algorithms for Website Optimization』(John Myles White 저, O'Reilly, 2012)

  이 책에서도 설명한 ε-greedy 알고리즘, 소프트맥스 알고리즘, UCB 알고리즘을 간략한 파이썬 코드와 함께 설명합니다. 만약 이 장과 이 책에서 설명한 슬롯머신 알고리즘이 어렵다고 느껴졌다면 이 참고서적의 소스 코드를 실행해보면 보다 깊이 이해할 수 있을 것입니다.

- 『Reinforcement Learning: An Introduction, 2nd Edition』(Richard S. Sutton, Andrew G. Barto 저, The MIT Press, 2018)

  슬롯머신 알고리즘과 강화학습은 밀접한 관계가 있습니다. 이 책은 슬롯머신 문제의 이론이 강화학습으로 이어져 발전되는 모습을 학습하는 데 적합합니다.

칼럼: 개인화에서의 응용

컨텍스트 기반 슬롯머신 문제의 정식화를 돌아보면 일반적으로 선택지 $X(t)$가 시각 t마다 변하는 것을 가정하고 있습니다. 웹 최적화의 컨텍스트에서 각 시각은 사용자의 방문에 해당하며, 결과적으로 사용자가 방문할 때마다 선택지가 달라져도 문제가 없음을 의미합니다. 우리가 제시하는 디자인안의 특징과 방문 사용자의 특징을 조합한 것을 어떤 시각에서의 선택지 $X(t)$로 보면 사용자의 특징별로 제시하는 디자인안을 바꾸는 것, 다시 말해 **개인화**personalization를 구현할 수 있습니다.

구체적인 예를 들어 설명해봅니다. 지금까지의 웹 최적화에서는 웹페이지를 구성하는 요소에 따라 디자인안을 표현했습니다. 여기에서는 6.1절과 마찬가지로 제품 이미지와 샘플 사진 2종류의 히어로 이미지 중에서 최적의 것을 선택하는 상황을 가정해봅니다. 0(제품 이미지) 혹은 1(샘플 이미지)을 갖는 변수 $x_{이미지}$를 이용하면 디자인안 x를 다음과 같이 나타낼 수 있습니다.

$$x = \begin{pmatrix} x_{\text{이미지}} \end{pmatrix}$$

한편 어떤 시각 t에 방문한 사용자 $\boldsymbol{u}_t$가 모바일 기기 이용 여부라는 특징에 의해 나타난 것이라고 가정합니다. 이런 특징에 관해서도 0 혹은 1을 갖는 변수 $u_{\text{모바일},t}$로 나타내는 것으로 합니다. 웹사이트가 대치하는 사용자의 특징은 매 시작마다 달라지므로 디자인안과 달리 첨자에 t를 붙인 점에 주의합니다.

$$\boldsymbol{u}_t = \begin{pmatrix} u_{\text{모바일},t} \end{pmatrix}$$

이 시각 t에서의 사용자의 특징 $\boldsymbol{u}_t$를 디자인안 $\boldsymbol{x}$에 붙여서 조작해서 다음과 같은 특징량 $\boldsymbol{\phi}_t$를 설계합니다. 단순히 각 요소를 더하기만 한 것이 아니라 $x_{\text{이미지}}$와 $u_{\text{모바일},t}$를 곱한 교호 작용항 $x_{\text{이미지}}u_{\text{모바일},t}$도 포함시키는 점에 주의합니다.

$$\boldsymbol{\phi}_t = \begin{pmatrix} x_{\text{이미지}} \\ u_{\text{모바일},t} \\ x_{\text{이미지}}u_{\text{모바일},t} \\ 1 \end{pmatrix}$$

이 웹페이지를 데스크톱에서 표시하는 경우(즉, $u_{\text{모바일},t} = 0$일 때)에는 샘플 이미지를 히어로 이미지로 하는($x_{\text{이미지}} = 1$) 편이 제품의 매력인 화질을 큰 화면에서 어필할 수 있기 때문에 구매 욕구를 자극하는 효과가 높다는 가설이 있다고 가정해봅니다. 한편 모바일 단말에서 표시하는 경우(즉, $u_{\text{모바일},t} = 1$일 때)에는 표시 영역이 작으므로 제품 이미지를 보여주는 편이 좋다($x_{\text{이미지}} = 0$)고 가정해봅니다. 다시 말해 사용자의 특징량 $u_{\text{모바일},t}$에 따라 최적의 히어로 이미지 $x_{\text{이미지}}$가 변화하는 교호 작용이 있는 경우를 생각해보는 것입니다.

여기에서 어떤 시각 t에서의 클릭률 θ_t는 선형 모델을 이용하면 다음 식과 같이 나타낼 수 있습니다.

$$\theta_t = \boldsymbol{w}^\top \boldsymbol{\phi}_t = (w_1, w_2, w_3, w_4) \begin{pmatrix} x_{\text{이미지}} \\ u_{\text{모바일},t} \\ x_{\text{이미지}}u_{\text{모바일},t} \\ 1 \end{pmatrix}$$

앞에서 설명한 것과 같은 사실이 있는 경우 이 모델은 $w_1 > 0$ 그리고 $w_3 < 0$이 되는 파라미터를 학습합니다. 그리고 그런 파라미터를 학습할 수 있다면 사용자가 이용하는 단말기 종류에 따라 히어로 이미지를 나누어 표시함으로써 보다 많은 보상(즉, 클릭)을 얻을 수 있게 됩니다. 만약 사용자가 데스크톱을 이용하는 경우($u_{모바일,t} = 0$) 시각 t에서 제시할 수 있는 선택지 $X(t)$는 다음과 같습니다.

$$X(t) = \left\{ \begin{pmatrix} 0 \\ 0 \\ 0 \\ 1 \end{pmatrix}, \begin{pmatrix} 1 \\ 0 \\ 0 \\ 1 \end{pmatrix} \right\}$$

따라서 클릭률 θ_t는 각각 w_4, $w_1 + w_4$가 되므로 $w_1 > 0$이라고 학습했다면 후자, 다시 말해 샘플 이미지($x_{이미지} = 1$)쪽이 좋다고 추론할 수 있습니다.

한편 사용자가 모바일 단말을 이용하고 있는 경우($u_{모바일,t} = 1$) 시각 t에서 제시할 수 있는 선택지는 다음과 같습니다.

$$X(t) = \left\{ \begin{pmatrix} 0 \\ 1 \\ 0 \\ 1 \end{pmatrix}, \begin{pmatrix} 1 \\ 1 \\ 1 \\ 1 \end{pmatrix} \right\}$$

따라서 클릭률 θ_t는 각각 $w_2 + w_4$, $w_1 + w_2 + w_3 + w_4$가 되므로 음의 교호 작용이 커서 $w_1 + w_3 < 0$이 되면 전자, 즉 제품 이미지($x_{이미지} = 0$)쪽이 좋다고 추론할 수 있습니다. 결과적으로 $w_3 x_{이미지} u_{모바일,t}$와 같이 디자인안과 사용자의 특징 사이에 어떤 큰 교호 작용이 있다면 사용자의 특징 $u_{모바일,t}$에 맞춰 제시할 디자인안을 나누어 표시할 수 있습니다. 이를 다양한 디자인안 및 사용자의 특징에 맞게 발전시킴으로써 사용자별로 다른 최적 솔루션을 찾아서 제시하는 것, 즉 개인화를 구현할 수 있습니다.

이렇게 함으로써 개인화를 실현한 예로 야후!를 들 수 있습니다(참고문헌 [21]). 이 연구의 문제의식은 야후!의 톱페이지에 표시된 뉴스 기사(그림 6–13)를 사용자 각각의 흥미에 맞춘 것으로 하는 것입니다. 사용자가 보다 흥미를 가진 뉴스 기사를 톱페이지에 표시하면 뉴스 기사 클릭률이 향상되고 서비스 이용이 활발하게 될 것이라 생각했습니다.

그리고 이 연구에서는 이 문제를 컨텍스트 기반 슬롯머신 문제로 정식화했습니다. 사용자가 뉴스 기사를 클릭하는 것을 보상, 해당 날짜의 뉴스 기사를 선택지, 톱페이지에 표시할 뉴스 기사를 탐색할 문제로 간주한 것입니다. 각 기사는 뉴스 발생 소스 미디어의 URL이나 뉴스에 태그가 붙여진 주제를 기반으로 약 100차원의 특징량으로 나타났습니다. 또한 사용자도 속성 정보, 지리 정보, 이용 상황 등에 따라 약 1,000차원의 특징량으로 나타났습니다. 그리고 이 특징량들의 차원을 줄여 각각 6차원의 특징량으로 압축한 상태에서 LinUCB를 적용했습니다. 그 결과 사용자의 특징량을 고려하지 않은 슬롯머신 알고리즘에 비해 클릭 횟수가 12.5% 증가되었다고 보고했습니다.

그림 6-13 2009년 당시의 야후! 톱 페이지 뉴스 영역. F1 위치의 뉴스 기사가 STORY 부분에 크게 표시된다. 실험에서는 STORY 부분에 표시할 기사를 솔루션, 기사 클릭을 보상으로 가정했다.

## CHAPTER 7

베이즈 최적화:
연속값의 솔루션 공간에 도전하자

7.1 마케팅 회의

오늘은 주식회사 X에서 운영 중인 레스토랑의 리뷰 사이트인 Foodie Talk의 수익 개선안에 관한 논의를 진행했습니다. 이 사이트에는 검색 기능이 있으며 지역이나 음식 장르에 따라 레스토랑을 검색할 수 있습니다. 검색 결과에는 광고도 표시되며 해당 광고의 클릭률을 향상시키는 것이 수익 개선에 큰 열쇠가 됩니다. 이 검색 결과 페이지에는 이전부터 여러 가지 대책이 포함되어 있었지만 최근에는 그다지 성과가 올라가지 않은 상태입니다.

'정말로 생각할 수 있는 모든 대책을 시험해본 건가?' 마케팅 부장인 프랭크의 말에 회의실은 순식간에 무거운 공기로 둘러싸였습니다. 프랭크는 랩톱을 열고 사이트 검색 결과 페이지를 둘러보며 말을 이었습니다. '예를 들어 이 링크의 색상은 어떻게 결정된 건가?'

프랭크는 레스토랑 검색 시 표시되는 각 레스토랑 페이지의 텍스트 링크를 가리켰습니다. 그것은 디자이너인 조지가 로고를 포함해 웹사이트 전체 디자인 시스템에 걸쳐 결정한 것이었습니다. 프랭크는 이 텍스트 링크의 색을 다양하게 바꿔 보면서 사용자의 반응을 최대화하는 것을 채용하자고 제안했습니다. 사용자의 반응을 근거로 의사 결정을 할 것인지, 디자인 로직을 근거로 의사 결정을 할 것인지 등 제안을 둘러싸고 다양한 의견이 있었습니다. 여하튼 프랭크의 한마디에 텍스트 링크의 색을 바꾸는 것으로 결정되었습니다.

미팅이 끝나고 마케터인 찰리에게 이 새로운 실험의 개요가 전달되었습니다. 이미 수많은 실험을 경험한 찰리는 웹 최적화에 대해 자신이 있었으므로 그리 깊게 생각하지 않고 의기양양하게 네라는 대답과 함께 실험을 받아들였습니다. 그러나 곰곰이 생각해보니 꽤 성가신 일이었습니다.

색을 나타내는 방법에는 여러 가지가 있습니다. 일반적으로 컴퓨터에서는 RGB 색공간에서 색을 다룹니다. RGB 색공간은 빨강^{Red}, 초록^{Green}, 파랑^{Blue}의 3원색으로 색을 나타냅니다. 예를 들어 웹사이트에서 텍스트에 색을 지정할 때는 color: rgb(255, 0, 0);과 같이 스타일을 지정하면 대상 문자가 빨간색으로 표시됩니다. 컴퓨터로 색을 다룰 때 일반적으로는 R, G, B 각각에 8비트값을 할당합니다. 따라서 이를 솔루션 공간으로 보면 $(8 + 8 + 8)\text{bit} = 24\text{bit} = 2^{24} = 16,777,216$이라는 막대한 수의 솔루션이 존재하게 되는 것입니다.

6장에서 학습한 컨텍스트 기반 슬롯머신 문제의 프레임에 맞춰 생각해보면 솔루션 공간을 R, G, B의 3차원으로 표현하면 좋겠지만 지금까지는 각 요소가 0 또는 1의 2개 값으로 나타나는 경우만 다루었습니다. 하지만 이번에는 각각의 요소가 256가지 종류의 값을 가지게 됩니다. 이런 상황에서는 어떻게 효율적인 실험을 할 수 있을까요?

7.1.1 링크 텍스트의 색을 데이터로 결정

사실 웹페이지에 표시되는 문자색 최적화 주제는 다양한 웹 서비스에서 시도되었던 아이디어입니다. 예를 들어 마이크로소프트가 운영하는 검색 엔진 사이트 Bing은 검색 결과 페이지의 링크 텍스트의 색을 변경하는 테스트를 실시했습니다. [그림 7-1]의 변경 전과 변경 후의 스크린샷을 보고 무엇이 변했는지 알 수 있습니까?

그림 7-1 2013년에 실시한 A/B 테스트 결과에 따라 Bing 검색 결과 화면에 적용된 디자인 변경 예. 스크린샷은 참고문헌 [17]에서 인용(참고 그림 5)

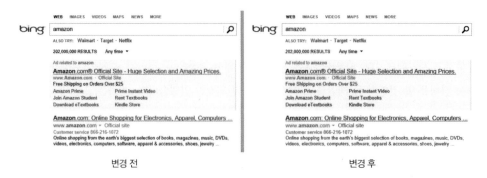

변경 전   변경 후

사실 변경 전후로 각 링크 텍스트의 색이 약간 옅어졌습니다. 파란색 링크는 #034cd2에서 #0f23b9, 녹색 링크는 #408d26에서 #008b37로 바뀌었습니다. 그리고 본문의 색도 검은색 (#000000)에서 옅은 회식(#373737)로 옅어졌습니다. 굳이 말하지 않으면 알아챌 수 없을 정도의 차이지만 이 변경에 따라 사용자의 행동이 달라졌고 연간 약 1천만 달러 이상의 수익 증가를 실현했다고 보고했습니다(참고문헌 [17]).

물론 애초에 후보로 시험할 색이 한정되어 있다면 지금까지 소개한 것과 같은 방법으로 최적화를 할 수 있을 것입니다. 하지만 그런 방법으로는 사람의 감각에 의한 제약이 개입하게 됩니다. 솔루션 공간 전체를 탐색의 대상으로 하면 생각하지 못했던 최적 솔루션을 발견할 수 있을지도 모릅니다. 색에 관해 최적화하는 기법을 알 수 있다면 동일한 기법을 요소의 크기나 길이 등 다른 요소에도 적용할 수 있을 것입니다. 이런 문제는 어떻게 정식화해야 할까요?

7.2 베이즈 최적화

이러한 문제의식과 관련된 친숙한 정식화로 **베이즈 최적화**^{Bayesian optimization}가 있습니다. 베이즈 최적화는 어떤 미지의 함수 $f(\boldsymbol{x})$를 최대로 하는 솔루션 $\boldsymbol{x}^* = \arg\max_{\boldsymbol{x} \in X} f(\boldsymbol{x})$를 구하는 문제입니다. 이렇게 쓰면 일반적인 최적화 문제와 동일한 것으로 들리지만 대상이 되는 함수 $f(\boldsymbol{x})$의 평가에 비용이 소요되기 때문에 최소한의 평갓값밖에 얻을 수 없음을 가정하는 것이 특징입니다.

또한 대상으로 하는 함수에 대한 가정도 최소한으로 하여 어떤 솔루션 $\boldsymbol{x}$에 대한 평갓값만 주어진다고 가정합니다. 평가 함수의 기울기, 즉 미분 정보도 필요하지 않습니다. 메타휴리스틱에서 다루었던 문제 설정과도 가깝지만 베이즈 최적화를 이용하면 평갓값에 산포가 존재하더라도 자연스럽게 다룰 수 있습니다. 이 장에서는 베이즈 최적화를 웹 최적화에 응용하는 방법을 설명합니다.

우선 문제 설정을 정리해봅니다. 에이전트는 각 시각 t에서 솔루션 공간 X로부터 솔루션 하나를 선택합니다. 선택된 솔루션을 $\boldsymbol{x}_t \in X$라고 합니다. 이에 대해 에이전트는 평갓값의 **기댓값 함수** $f(\boldsymbol{x}_t)$로부터 평갓값 r_t를 꺼냅니다. 이때 평갓값에는 편차가 포함되는 것으로 하여 다음 식과 같은 정규 분포로부터 생성되는 것으로 합니다.

$$r_t \sim \mathcal{N}(f(\boldsymbol{x}_t), \sigma^2)$$

이 상태에서 최소한의 평가 횟수로 기댓값을 최대로 하는 최적 솔루션 $\boldsymbol{x}^* = \arg\max_{\boldsymbol{x} \in X} f(\boldsymbol{x})$ 를 발견하는 것을 목표로 합니다.

웹 최적화라는 컨텍스트에서 이야기하면 솔루션 공간 X를 시험할 디자인안 전체, 솔루션 $\boldsymbol{x}_t$가 t번째에 방문한 사용자에게 표시한 디자인안, 평갓값 r_t는 해당 사용자로부터 얻은 반응(클릭 유무 혹은 체류 시간 등)에 대응해 생각할 수 있습니다. 이때 기댓값 함수 $f(\boldsymbol{x})$는 사용자 반응 의 기댓값을 나타내므로 지금까지의 클릭률 최대화 예로 말하자면 각 디자인안 고유의 클릭률, 즉 보상 기댓값 θ_x에 해당합니다. 최소한의 평가 횟수로 이 함숫값을 최대로 하는 솔루션을 찾 아내는 것은 베이즈 최적화의 관점에서 최소한의 사용자 수로 사용자 반응의 기댓값을 최대로 하는 디자인안을 발견하기 위해 동작하는 것이 됩니다. 물론 우리는 사용자가 어떤 디자인안에 대해 어떻게 반응할지 모르기 때문에 기댓값 함수 $f(\boldsymbol{x})$에 관해 어떤 것도 가정할 수 없습니다. 이처럼 사전 정보를 거의 얻을 수 없는 함수를 **블랙박스 함수**black-box function라고 부릅니다.

이번에 찰리가 다루게 된 링크 텍스트의 색상 최적화 문제는 색공간 자체가 솔루션 공간이므로 차원수는 3입니다. 그리고 어떤 RGB의 조합, 즉 색이 솔루션 $\boldsymbol{x}$에 해당합니다. 이 중에서 클릭 률 $f(\boldsymbol{x})$를 최대로 하는 색 $\boldsymbol{x}$를 찾아내는 것이 목적입니다.

> **NOTE_** 이 책에서는 이후 입력을 $\boldsymbol{x}$, 미지의 기댓값 함수를 $f(\boldsymbol{x})$ 혹은 f, 실제로 관측된 데이터를 $\boldsymbol{r}$로 표 기합니다. 서적에 따라 사용하는 기호가 다를 수 있으므로 다른 서적을 참조할 때는 주의합니다. 예를 들어 관 측 데이터를 나타내는 기호로 참고문헌 [26]에서는 $\boldsymbol{y}$, 참고문헌 [4]에서는 $\boldsymbol{t}$를 사용합니다.

7.3 가우스 과정

우리는 어떻게든 이 기댓값 함수의 값 $f(\boldsymbol{x})$를 최대로 하는 솔루션 $\boldsymbol{x}^*$를 추정하고 싶지만 이 함수에 관한 어떤 지식도 갖고 있지 않습니다. 여기에서 도움이 되는 것이 **가우스 과정**Gaussian process입니다.

가우스 과정은 **확률 과정**stochastic process의 하나입니다. 확률 과정이란 확률 변수 열에 대한 확률 분포입니다. 이 확률 변수의 열을 모든 입력 $\boldsymbol{x}$에 대한 함숫값 $f(\boldsymbol{x})$라고 하면 함수 f를 확률 변수로 간주한 확률 분포라고 할 수 있습니다. 그리고 이 확률 분포를 다차원 정규 분포로 나타낸 것을 특히 가우스 과정이라고 부릅니다. 여기에서는 우리가 미지의 기댓값 함수에 대해 가지고 있는 신념을 가우스 과정으로 모델링하려고 합니다.

사실 우리는 이 책에서 이미 가우스 과정의 하나를 다루었습니다. 6.4.4절에서는 선형 모델을 가정했을 때 보상 기댓값이 따르는 사후 분포를 생각했습니다. 아래에 [식 6.11]을 다시 나타냈습니다. 단, 여기에서는 클릭률 θ_*를 기댓값 함수 f_*로 바꿔 쓴 점에 주의하기 바랍니다.

$$f_* \sim \mathcal{N}\left(\phi(x_*)^\top \mu_t, \ \phi(x_*)^\top \Sigma_t \phi(x_*)\right)$$

이 식은 단일 입력점 x_*에 대한 함숫값 f_*를 주지만 N개 입력점 열 $X_* = (x_{*,1}, \cdots, x_{*,N})^\top$에 대한 함숫값 열 $f_* = (f_{*,1}, \cdots, f_{*,N})^\top$을 생각해볼 수 있습니다. 입력점 열 X_*에 대한 계획 행렬을 $\Phi_* = (\phi(x_{*,1}), \cdots, \phi(x_{*,N}))^\top$이라고 하면 함숫값 열 f_*는 다음과 같이 나타낼 수 있습니다.

$$f_* \sim \mathcal{N}(\Phi_* \mu_t, \ \Phi_* \Sigma_t \Phi_*^\top) \tag{식 7.1}$$

이것은 N개의 입력 $x_{*,1}, \cdots, x_{*,N}$에 대해 얻을 수 있는 함숫값 $f_{*,1}, \cdots, f_{*,N}$이 어떤 다차원 정규 분포 $\mathcal{N}(\Phi_* \mu_t, \ \Phi_* \Sigma_t \Phi_*^\top)$에 따르는 것을 의미합니다. 이 관계는 N개의 입력점을 어떤 방식으로 나열하더라도 성립합니다. 즉, 입력점 열 $x_{*,1}, \cdots, x_{*,N}$에 대한 기댓값 함수 f의 사전 분포입니다.

이처럼 모든 N개의 입력 $x_1, \cdots, x_N$에 대한 출력 $f_1, \cdots, f_N$의 동기 분포 $p(f)$가 다차원 정규 분포를 따르는 것을 가우스 과정이라고 부릅니다. 그리고 가우스 과정에 의한 회귀를 **가우스 과정 회귀**라고 부릅니다.

그러나 이 상태에서는 베이즈 선형 회귀의 이름을 바꾸어 붙인 것에 지나지 않습니다. 이렇게 라벨을 붙여서 좋아지는 것인 무엇일까요? 사실 베이즈 선형 회귀는 가우스 과정 회귀의 특별한 경우에 해당하며, 이를 일반적인 가우스 과정 회귀로 확장하면 모델링을 한층 더 유연하게 할 수 있습니다. 그 과정을 하나씩 따라가 보도록 합니다.

6.4절에서는 선형 모델에 베이즈 정리를 적용해 파라미터 w의 사후 분포를 구했습니다. 아래에 [식 6.9]를 다시 나타냈습니다.

$$\boldsymbol{\mu}_t = A_t^{-1}\boldsymbol{b}_t$$
$$\Sigma_t = A_t^{-1}$$
$$A_t = \Sigma_0^{-1} + \frac{1}{\sigma^2}\Phi^\top\Phi$$
$$\boldsymbol{b}_t = \Sigma_0^{-1}\boldsymbol{\mu}_0 + \frac{1}{\sigma^2}\Phi^\top\boldsymbol{r}$$

여기에서 A_t, $\boldsymbol{b}_t$를 소거하면 다음 식과 같습니다.

$$\boldsymbol{\mu}_t = (\Sigma_0^{-1} + \sigma^{-2}\Phi^\top\Phi)^{-1}(\Sigma_0^{-1}\boldsymbol{\mu}_0 + \sigma^{-2}\Phi^\top\boldsymbol{r})$$
$$\Sigma_t = (\Sigma_0^{-1} + \sigma^{-2}\Phi^\top\Phi)^{-1}$$

이 역행렬 계산을 6.5.1절에서와 같이 우드버리 공식을 이용해서 바꿔 씁니다. [식 6.13]에 대해 $A = \Sigma_0^{-1}$, $B = \Phi^\top$, $C = \Phi$, $D = \sigma^{-2}I$를 대입하면 $(\Sigma_0^{-1} + \sigma^{-2}\Phi^\top\Phi)^{-1} = \Sigma_0 - \Sigma_0\Phi^\top(\sigma^2 I + \Phi\Sigma_0\Phi^\top)^{-1}\Phi\Sigma_0$을 얻을 수 있으므로 $\boldsymbol{\mu}_t$와 Σ_t는 다음 식과 같이 나타낼 수 있습니다.

$$\boldsymbol{\mu}_t = (\Sigma_0 - \Sigma_0\Phi^\top(\sigma^2 I + \Phi\Sigma_0\Phi^\top)^{-1}\Phi\Sigma_0)(\Sigma_0^{-1}\boldsymbol{\mu}_0 + \sigma^{-2}\Phi^\top\boldsymbol{r})$$
$$\Sigma_t = \Sigma_0 - \Sigma_0\Phi^\top(\sigma^2 I + \Phi\Sigma_0\Phi^\top)^{-1}\Phi\Sigma_0$$

이를 이용해 입력점 열 X_*에 대한 기댓값 함수 $\boldsymbol{f}$의 사후 분포의 기댓값 $\mathbb{E}[\boldsymbol{f}_* \mid X_*]$와 분산 $\mathbb{V}[\boldsymbol{f}_* \mid X_*]$를 바꿔 씁니다. [식 7.1]에서 각각 $\mathbb{V}[\boldsymbol{f}_* \mid X_*] = \Phi_*\Sigma_t\Phi_*^\top$, $\mathbb{E}[\boldsymbol{f}_* \mid X_*] = \Phi_*\boldsymbol{\mu}_t$로 나타냈음에 주의합니다. 먼저 분산 $\mathbb{V}[\boldsymbol{f}_* \mid X_*]$에 관해 생각해봅니다.

$$\begin{aligned}\mathbb{V}[\boldsymbol{f}_* \mid X_*] &= \Phi_*\Sigma_t\Phi_*^\top \\ &= \Phi_*(\Sigma_0 - \Sigma_0\Phi^\top(\sigma^2 I + \Phi\Sigma_0\Phi^\top)^{-1}\Phi\Sigma_0)\Phi_*^\top \\ &= \Phi_*\Sigma_0\Phi_*^\top - \Phi_*\Sigma_0\Phi^\top(\sigma^2 I + \Phi\Sigma_0\Phi^\top)^{-1}\Phi\Sigma_0\Phi_*^\top\end{aligned}$$

다음으로 기댓값 $\mathbb{E}[\boldsymbol{f}_* \mid X_*]$에 관해 생각해봅니다. 여기에서는 논의를 간단하게 하기 위해 파라미터 w의 사전 분포의 기댓값은 영벡터, 즉 $\boldsymbol{\mu}_0 = \mathbf{0}$이라고 가정합니다.

$$\mathbb{E}[\boldsymbol{f}_* \mid X_*] = \Phi_* \boldsymbol{\mu}_t$$
$$= \Phi_* \left(\Sigma_0 - \Sigma_0 \Phi^\top (\sigma^2 I + \Phi \Sigma_0 \Phi^\top)^{-1} \Phi \Sigma_0 \right) \left(\Sigma_0^{-1} \boldsymbol{\mu}_0 + \sigma^{-2} \Phi^\top \boldsymbol{r} \right)$$
$$= \sigma^{-2} \Phi_* \left(\Sigma_0 - \Sigma_0 \Phi^\top (\sigma^2 I + \Phi \Sigma_0 \Phi^\top)^{-1} \Phi \Sigma_0 \right) \Phi^\top \boldsymbol{r}$$
$$= \sigma^{-2} \Phi_* \Sigma_0 \left(I - \Phi^\top (\sigma^2 I + \Phi \Sigma_0 \Phi^\top)^{-1} \Phi \Sigma_0 \right) \Phi^\top \boldsymbol{r}$$
$$= \sigma^{-2} \Phi_* \Sigma_0 \left(\Phi^\top - \Phi^\top (\sigma^2 I + \Phi \Sigma_0 \Phi^\top)^{-1} \Phi \Sigma_0 \Phi^\top \right) \boldsymbol{r}$$
$$= \sigma^{-2} \Phi_* \Sigma_0 \Phi^\top \left(I - (\sigma^2 I + \Phi \Sigma_0 \Phi^\top)^{-1} \Phi \Sigma_0 \Phi^\top \right) \boldsymbol{r}$$
$$= \sigma^{-2} \Phi_* \Sigma_0 \Phi^\top \left((\sigma^2 I + \Phi \Sigma_0 \Phi^\top)^{-1} \left((\sigma^2 I + \Phi \Sigma_0 \Phi^\top) - \Phi \Sigma_0 \Phi^\top \right) \right) \boldsymbol{r}$$
$$= \Phi_* \Sigma_0 \Phi^\top (\sigma^2 I + \Phi \Sigma_0 \Phi^\top)^{-1} \boldsymbol{r}$$

이 식들을 고치면 계획 행렬 Φ는 모두 $\Phi \Sigma_0 \Phi^\top$과 같은 형태로 나타낼 수 있음을 알 수 있습니다. 여기에서 다음 식과 같이 변수 K, K_*, K_{**}를 새롭게 도입하면 각각 간단하게 바꿔 쓸 수 있습니다.

$$\mathbb{E}[\boldsymbol{f}_* \mid X_*] = K_*^\top (\sigma^2 I + K)^{-1} \boldsymbol{r}$$
$$\mathbb{V}[\boldsymbol{f}_* \mid X_*] = K_{**} - K_*^\top (\sigma^2 I + K)^{-1} K_*$$
$$K = \Phi \Sigma_0 \Phi^\top \qquad \text{[식 7.2]}$$
$$K_* = \Phi \Sigma_0 \Phi_*^\top$$
$$K_{**} = \Phi_* \Sigma_0 \Phi_*^\top$$

지금까지 입력점 열 X_*에 관한 사후 분포를 생각해봤습니다. 단일 입력점 $\boldsymbol{x}_*$에 관한 기댓값 함수의 사후 분포의 기댓값과 분산을 다음 식으로 나타낼 수 있습니다.

$$\mathbb{E}[f_* \mid \boldsymbol{x}_*] = \boldsymbol{k}_*^\top (\sigma^2 I + K)^{-1} \boldsymbol{r}$$
$$\mathbb{V}[f_* \mid \boldsymbol{x}_*] = k_{**} - \boldsymbol{k}_*^\top (\sigma^2 I + K)^{-1} \boldsymbol{k}_*$$
$$K = \Phi \Sigma_0 \Phi^\top \qquad \text{[식 7.3]}$$
$$\boldsymbol{k}_* = \Phi \Sigma_0 \boldsymbol{\phi}(\boldsymbol{x}_*)$$
$$k_{**} = \boldsymbol{\phi}^\top(\boldsymbol{x}_*) \Sigma_0 \boldsymbol{\phi}(\boldsymbol{x}_*)$$

7.3.1 커널 트릭

새로운 3개 변수 K, K_*, K_{**}를 도입해서 기댓값 함수의 사후 분포 $p(\boldsymbol{f}_* \mid X_*)$를 깔끔하게

기술할 수 있었습니다. 그렇다면 이 변형으로 무엇이 좋아졌을까요? 여기에서 K를 분해해서 보다 잘 보이도록 해봅니다.

$$K = \Phi \Sigma_0 \Phi^\top = \begin{pmatrix} \phi(\boldsymbol{x}_1)^\top \\ \vdots \\ \phi(\boldsymbol{x}_N)^\top \end{pmatrix} \Sigma_0 \left(\phi(\boldsymbol{x}_1), \cdots, \phi(\boldsymbol{x}_N) \right)$$

이때 행렬 K의 i행, j열의 요소 $K_{i,j}$는 다음과 같습니다.

$$K_{i,j} = \phi(\boldsymbol{x}_i)^\top \Sigma_0 \phi(\boldsymbol{x}_j)$$

여기에서 사전 분포의 분산 Σ_0은 반정정값 행렬이므로 어떤 행렬과 그 전치행렬의 곱으로 분해할 수 있습니다. 즉, $\Sigma_0 = (\Sigma_0^{1/2})^\top \Sigma_0^{1/2}$을 만족하는 행렬 $\Sigma_0^{1/2}$이 존재한다는 것입니다. 그러므로 $K_{i,j}$는 다음과 같이 바꿔 쓸 수 있습니다,

$$\begin{aligned} K_{i,j} &= \phi(\boldsymbol{x}_i)^\top (\Sigma_0^{1/2})^\top \Sigma_0^{1/2} \phi(\boldsymbol{x}_j) \\ &= (\Sigma_0^{1/2} \phi(\boldsymbol{x}_i))^\top (\Sigma_0^{1/2} \phi(\boldsymbol{x}_j)) \\ &= \varphi(\boldsymbol{x}_i)^\top \varphi(\boldsymbol{x}_j) \\ &= k(\boldsymbol{x}_i, \boldsymbol{x}_j) \end{aligned}$$

세 번째 줄에서 새로운 함수 $\varphi(\boldsymbol{x}_i) = \Sigma_0^{1/2} \phi(\boldsymbol{x}_i)$를 도입했습니다. 여기에서 알 수 있는 것은 K의 각 성분을 2개의 특징량 벡터 $\varphi(\boldsymbol{x}_i)$, $\varphi(\boldsymbol{x}_j)$의 내적 형태로 기술할 수 있다는 것입니다. 이 내적, 즉 $\boldsymbol{x}_i$를 입력으로 하는 함수 $k(\boldsymbol{x}_i, \boldsymbol{x}_j)$를 **커널 함수**라고 부르며 2개 입력 $\boldsymbol{x}_i$와 $\boldsymbol{x}_j$의 **근사(가까움)**를 나타냅니다.

[그림 7-2]에 표시한 것처럼 특징량의 내적은 원래 솔루션 공간에 존재했던 솔루션을 특징량으로 만들어진 공간, 즉 **특징 공간**으로 들어가 그 안에서 내적을 구하는 조작에 해당합니다. 6장 앞부분에서 다루었던 예로 보면 원래 $\boldsymbol{x} = (x_1, x_2)^\top \in X$라는 2차원 솔루션 공간에 존재하던 솔루션을 $\phi(\boldsymbol{x}) = (x_1, x_2, 1)^\top$이라는 특징을 추출함으로써 3차원 특징 공간으로 들어가 그 위에 내적을 얻는 것에 해당합니다.

그림 7-2 커널 트릭 이미지. 2개의 입력 x_1, x_2를 입력 공간으로부터 특징 공간에 비추어서 얻어지는 특징량 $\phi(x_1)$, $\phi(x_2)$의 내적을 구하는 조작을 위쪽 그림에 표시했다. 한편 특징 공간에 비추는 것과 내적을 얻는 조작을 커널 함수로 패키지화해서 고려하는 아래쪽 그림의 접근 방식이 커널 트릭에 해당한다.

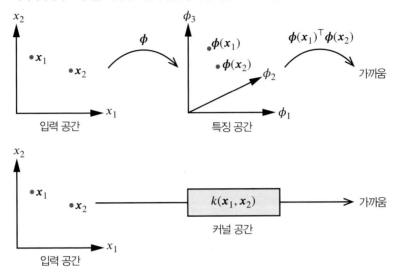

이를 바탕으로 [식 7.2]를 다시 보면 특징량 $\phi(x)$ 또는 계획 행렬 Φ는 기댓값 $\mathbb{E}[f_* \mid X_*]$와 분산 $\mathbb{V}[f_* \mid X_*]$의 식의 어디에도 나타나지 않으며, 모두 커널 함수로 이루어지는 행렬 K, K_*, K_{**}에 대한 조작으로 완결됨을 알 수 있습니다. 그것은 특징량 $\phi(x)$ 대신 내적 $k(x, x')$만 **직접** 생각하자는 아이디어입니다. 이것이 바로 소위 **커널 트릭**이라고 불리는 아이디어로, 가우스 과정에서의 핵심 사고입니다. 이를 [그림 7-2] 아래쪽에 표시했습니다.

7.3.2 다양한 커널

커널 함수의 출력은 내적 결과가 가지는 특성을 만족해야 합니다. 예를 들어 입력이 바뀌어도 같은 결과가 나오는 것, 즉 $k(x, x') = k(x', x)$ 등을 만족해야 합니다. 이런 특성을 만족하는 대표적인 커널 함수로 **가우스 커널**^{Gaussian kernel} 혹은 **RBF 커널**^{radial basis function kernel}이라고 불리는 다음 식의 함수가 있습니다.

$$k(x, x') = \exp(-\gamma \|x - x'\|^2) \qquad \text{[식 7.4]}$$

여기에서 $\|x\|$는 벡터 x의 길이를 의미합니다. 즉, $\|x\|^2 = x^\top x$입니다. 또한 γ는 양의 실수입니다.

함수의 이미지를 그리기 위해 $x' = (1, 2)^\top$으로 고정했을 때 $x = (x_1, x_2)^\top$의 값에 맞춰 가우스 커널의 값이 변화하는 모습을 [그림 7-3]에 표시했습니다. 단, 상수는 $\gamma = 0.5$로 설정했습니다.

그림 7-3 $x' = (1, 2)^\top$에 대한 가우스 커널 시각화

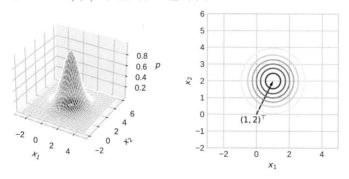

그림에서 $x = (1, 2)^\top$의 주변으로 값이 큰 것을 알 수 있습니다. 즉, 가우스 커널은 특징 공간에서의 거리가 작을수록 '가깝다'고 생각하는 커널이라 할 수 있습니다.

지금까지 선형 회귀 모델에서 다루었던 커널은 **항등 커널**에 해당합니다.

$$k(x, x') = x^\top x'$$

즉, 2개 입력 사이의 내적입니다. 비교를 위해 항등 커널에 대해서도 가우스 커널과 마찬가지로 $x' = (1, 2)^\top$으로 고정한 경우의 형태를 [그림 7-4]에 표시했습니다.

그림 7-4 $x' = (1, 2)^\top$에 대한 항등 커널 시각화

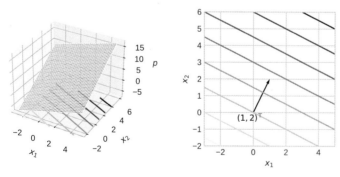

시각화 결과로부터 가우스 커널과 크게 다른 특징을 가진 등고선을 보임을 알 수 있습니다. 가우스 커널에서는 x'으로부터의 거리에 대응한 동심원 형태의 등고선을 그렸지만 항등 커널에서는 x'과 직교하는 형태의 등고선이 겹겹이 그려져 있습니다. 두 벡터 x, x'이 이루는 각을 θ라고 하면 그 내적은 $x^\top x' = \|x\|\|x'\| \cos(\theta)$로 나타낼 수 있습니다. 따라서 항등 커널의 값도 x'과 이루는 각도가 작아(즉, $\cos(\theta) = 1$에 가까운) 길이 $\|x\|$가 클수록 커지는 것을 알 수 있습니다. 즉, 항등 커널은 특징 공간 안에서 같은 방향을 향하며 길이가 길수록 '가깝다'고 생각하는 커널 함수라고 할 수 있습니다.

7.3.3 가우스 과정 구현

이상으로 가우스 과정을 구현하기 위해 필요한 지식을 모두 얻었습니다. 가공의 데이터셋에 대해 가우스 과정을 적용해 동작을 확인해보겠습니다. 여기에서는 한 함수 $f(x) = 10x \sin(4\pi x)$에 따라 생성된 데이터 포인트를 다루는 경우를 생각해봅니다. 단, 데이터 포인트는 정규 분포에 따르는 노이즈 ε을 포함하고 있으며 입력 x에 대해 관측된 출력 r은 다음 식으로 나타나는 것으로 합니다. 입력 x는 0 이상 1 이하의 값을 가집니다.

$$r = x \sin(4\pi x) + \varepsilon, \ \varepsilon \sim \mathcal{N}(0, 1), \ 0 \leq x \leq 1$$

이 조건을 가진 데이터를 30개 생성해봅니다. 입력 x는 0 이상 1 이하의 값 영역에서 균일 분포에 따라 선택했다고 가정합니다. 이 인공 데이터셋 $D = \{(x_1, r_1), \cdots, (x_{30}, r_{30})\}$을 시각화하면 [그림 7-5]와 같습니다. 관측된 데이터 포인트를 ×로, 함수 $f(x)$를 점선으로 표시했습니다.

```python
import numpy as np
from matplotlib import pyplot as plt

np.random.seed(0)
X_star = np.arange(0, 1, 0.01)
n_points = 30
f = lambda x: 10 * x * np.sin(4 * np.pi * x)
X = np.sort(np.random.random(size=n_points))
r = f(X) + np.random.normal(0, 1, size=n_points)
plt.ylim(-12, 12)
```

```
plt.xlabel(r'$x$')
plt.ylabel(r'$y$')
plt.plot(X_star, f(X_star), color='black', linestyle='dotted')
plt.plot(X, r, 'x', color='black')
plt.show()
```

그림 7-5 인공 데이터셋 시각화

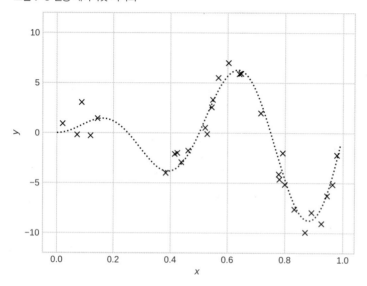

가우스 과정 회귀를 적용한 데이터셋을 얻었으므로 이제 [식 7.2]에서 도입한 행렬 K, K_*, K_{**}를 계산합니다. 이 책에서는 커널 함수의 값으로 채운 행렬을 **커널 행렬**^{kernel matrix}이라고 부릅니다. 그리고 커널 함수에는 [식 7.4]에 표시한 가우스 커널을 이용하는 것으로 합니다.

우선 K를 계산해봅니다. 이것은 관측된 데이터의 입력 $x_1, \cdots, x_{30}$끼리의 가우스 커널을 계산해서 얻을 수 있습니다. 무작위로 선택한 30개의 입력 포인트는 X에 저장되어 있으므로 이 요소들끼리 커널값을 계산합니다.

```
def gaussian_kernel(x1, x2, gamma=100):
  return np.exp(-gamma * (x1 - x2)**2)

K = np.zeros((len(X), len(X)))
for i, xi in enumerate(X):
  for j, xj in enumerate(X):
    K[i, j] = gaussian_kernel(xi, xj)
```

```
plt.xlabel(r'$x^{\prime}$')
plt.ylabel(r'$x$')
plt.title(r'$K$')
plt.imshow(K)
plt.colorbar()
plt.grid(None)
plt.show()
```

그림 7-6 커널 행렬 K 시각화

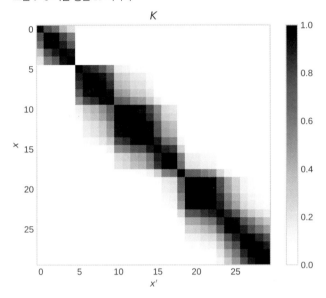

여기에서는 커널 행렬 K의 계산 결과와 그 히트맵을 [그림 7-6]에 표시했습니다. 30개의 입력 포인트 X는 미리 오름차순으로 정렬했습니다. 세로축은 어떤 입력 x의 인덱스, 가로축은 또 다른 입력 x'의 인덱스를 나타냅니다. 그림 내부의 색은 2개 입력 사이의 커널값을 나타냅니다. 색이 밝을수록 작은 값이며, 어두울수록 큰 값입니다.

시각화한 히트맵을 보면 커널값이 큰 영역이 왼쪽 위에서 오른쪽 아래로 향하는 형태임을 알 수 있습니다. 이것은 값이 가까운 입력끼리는 커널값이 크며, 반대로 먼 입력끼리는 커널값이 작아짐을 의미합니다. 이 결과에서도 커널값이 '가까움'을 의미함을 알 수 있습니다.

다음으로 K_*를 구합니다. 이는 이미 관측된 데이터셋의 입력 포인트 x와 미지의 입력 포인트 x_* 사이의 커널값을 계산한 것입니다. 이번에는 0 이상 1 이하의 구간을 0.01 간격으로 나누어

미지의 입력 포인트 X_Star에 대응하는 함숫값을 추론하는 것으로 합니다. 그러므로 여기에서는 X의 각 요소와 X_Star의 각 요소끼리의 커널값을 계산하는 것이 됩니다. 계산 결과 얻어진 커널 행렬 K_Star를 [그림 7-7]에 표시했습니다.

```python
K_star = np.zeros((len(X), len(X_star)))
for i, xi in enumerate(X):
  for j, xj_star in enumerate(X_star):
    K_star[i, j] = gaussian_kernel(xi, xj_star)
plt.xlabel(r'$x_\ast$')
plt.ylabel(r'$x$')
plt.title(r'$K_\ast$')
plt.imshow(K_star)
plt.grid(None)
plt.show()
```

그림 7-7 커널 행렬 $K_\ast$ 시각화

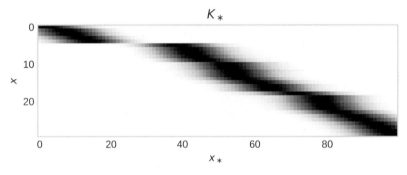

여기에서는 세로축에 데이터에 포함된 입력 포인트 X를, 가로축에 미지의 입력 포인트 X_Star를 두었습니다. X의 요소 수가 30인데 비해 미지의 입력 포인트는 100개 있으므로 가로 방향으로 긴 그림이 됩니다. 각각 오름차순으로 정렬했으며 대략적으로 K와 마찬가지로 값이 높은 영역의 띠가 왼쪽 위에서 오른쪽 아래로 걸쳐 있는 경향을 알 수 있습니다.

마지막으로 $K_{\ast\ast}$를 구합니다. 이것은 미지의 입력 포인트 $x_\ast$끼리의 커널값을 계산한 것이므로 X_Star의 요소끼리 커널값을 구해서 얻을 수 있습니다.

```python
K_starstar = np.zeros((len(X_star), len(X_star)))
for i, xi_star in enumerate(X_star):
```

```
    for j, xj_star in enumerate(X_star):
        K_starstar[i, j] = gaussian_kernel(xi_star, xj_star)
plt.xlabel(r'$x_\ast^{\prime}$')
plt.ylabel(r'$x_\ast$')
plt.title(r'$K_{\ast\ast}$')
plt.imshow(K_starstar)
plt.grid(None)
plt.show()
```

그림 7-8 커널 행렬 $K_{\ast\ast}$ 시각화

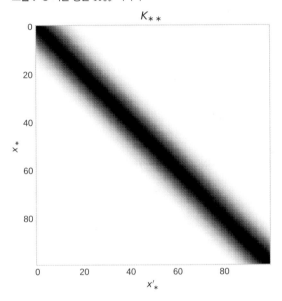

히트맵에 나타낸 결과(그림 7-8)를 보면 알 수 있듯이 띠가 왼쪽 위부터 오른쪽 아래를 향해 깔끔하게 걸쳐진 모습이 보입니다. 미지의 입력 포인트 X_Star는 0 이상 1 이하의 영역에서 균 등하게 배치되므로 그림과 같이 깔끔한 띠로 그려집니다. 그림 [식 7.2]의 결과를 기반으로 가 우스 과정 회귀 결과를 시각화해봅니다(그림 7-9).

```
s = 1
A = np.linalg.inv(K + s * np.eye(K.shape[0]))
mu = np.dot(np.dot(K_star.T, A), r)
sigma = K_starstar - np.dot(np.dot(K_star.T, A), K_star)
plt.ylim(-12, 12)
plt.plot(X_star, f(X_star), color='black', linestyle='dotted')
```

```
plt.fill_between(X_star, mu - 2 * np.sqrt(np.diag(sigma)),
    mu + 2 * np.sqrt(np.diag(sigma)), alpha=0.5, color='gray')
plt.plot(X_star, mu, color='black')
plt.plot(X, r, 'x', color='black')
plt.xlabel(r'$x$')
plt.ylabel(r'$y$')
plt.show()
```

그림 7-9 인공 데이터셋에 대한 가우스 과정 회귀 결과

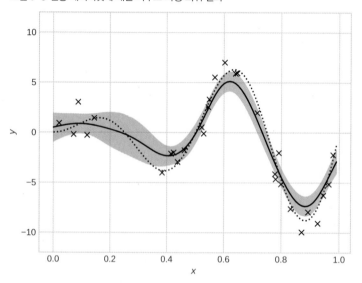

먼저 $(K + \sigma^2 I)^{-1}$에 해당하는 부분을 계산해 변수 A에 저장했습니다. 여기에서는 $\sigma = 1$로 계산했습니다. 그리고 [식 7.2]에 따라 가우스 과정 회귀의 기댓값 mu와 분산 sigma를 계산합니다. 데이터를 생성한 원래 함수 $f(x)$를 점선, 기댓값 함수의 사후 분포의 기댓값을 실선, 데이터셋의 관측 포인트를 ×로 나타냈습니다. 그와 함께 사후 분포의 표준 편차를 2배한 영역을 흐리게 칠해서 나타냈습니다.

결과를 보면 가우스 과정 회귀를 통해 얻어진 기댓값, 즉 **회귀 곡선**(실선)이 데이터를 생성한 실제 함수 $f(x)$(점선)를 따르는 모습입니다. 관측된 데이터에는 노이즈가 포함되어 있지만 그럼에도 원래 함수를 잘 추정하고 있는 것처럼 보입니다. 그리고 충분한 데이터를 얻지 못했던 구간 $0.2 \leq x \leq 0.4$에서는 그 외 구간에 비해 표준 편차의 폭이 큽니다. 이를 통해 데이터를 얻지 못했던 경우에는 어떤 특정값 주변이라고 확신하지 않고, 넓은 영역에서의 가능성을 제시하고 있

는 것을 알 수 있습니다. 회귀 곡선을 확신도와 함께 얻는 것이 베이즈 추론에 기반한 접근 방식의 큰 특징입니다.

기댓값 함수 f의 사후 분포를 나타내는 다차원 정규 분포의 기댓값 $\mathbb{E}[f_* \mid \boldsymbol{x}_*]$와 분산 $\mathbb{V}[f_* \mid \boldsymbol{x}_*]$를 구했으므로 그 샘플을 생성해서 회귀 곡선 샘플을 그릴 수 있습니다. 이 다차원 정규 분포로부터 100회 회귀 곡선을 샘플링한 결과를 [그림 7-10]에 표시했습니다.

```python
plt.ylim(-12, 12)
for _ in range(100):
  plt.plot(X_star, np.random.multivariate_normal(mu, sigma), alpha=0.1)
plt.plot(X_star, f(X_star), color='black', linestyle='dotted')
plt.plot(X, r, 'x', color='black')
plt.xlabel(r'$x$')
plt.ylabel(r'$y$')
plt.show()
```

그림 7-10 회귀 곡선 샘플링

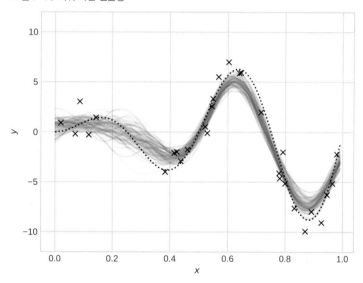

결과를 보면 데이터가 많이 관측된 영역에서는 샘플의 다발이 밀집되어 있는 형태를 볼 수 있습니다. 한편 구간 $0.2 \leqq x \leqq 0.4$처럼 데이터가 그다지 많이 관측되지 않은 영역에서는 그 다발이 풀어진 듯 넓게 분포합니다.

7.3.4 빠른 계산을 위한 개선

지금까지의 예제에서는 커널 행렬 K, K_*, K_{**}를 구할 때 각각 2개의 for 문을 이용해 배열 요소를 확인하고 그 사이의 커널 함숫값을 계산했습니다. 이것은 커널 행렬의 정의에 기반한 직관적인 구현이지만 솔루션 수가 커지면 계산 속도가 늦어지게 됩니다. 1차원일 때는 그 영향이 한정적이지만 고차원 솔루션 공간에 대해 가우스 과정을 적용하면 조합이 기하급수적으로 늘어나 이 계산량을 무시할 수 없게 됩니다. 여기에서는 빠른 계산을 위해 for 문을 이용하지 않고 행렬끼리의 연산을 이용해 커널 행렬을 구하는 보완책을 소개합니다.

솔루션 집합에서 솔루션 몇 개를 선택해서 구성한 2개의 부분 집합 $X = \{x_1, \cdots, x_N\}$과 $X' = \{x'_1, \cdots, x'_M\}$을 생각하기로 합니다. 단, 포함된 솔루션 수는 각각 N, M이라고 합니다. 이때 2개 집합 사이의 커널 행렬 $K(X, X')$을 생각해보겠습니다. 커널 함수에는 가우스 커널을 이용합니다.

$$
\begin{aligned}
K(X, X') &= \begin{pmatrix} \exp\left(-\gamma(\|x_1 - x'_1\|^2)\right) & \cdots & \exp\left(-\gamma(\|x_1 - x'_M\|^2)\right) \\ \vdots & \ddots & \vdots \\ \exp\left(-\gamma(\|x_N - x'_1\|^2)\right) & \cdots & \exp\left(-\gamma(\|x_N - x'_M\|^2)\right) \end{pmatrix} \\
&= \exp\left(-\gamma \begin{pmatrix} \|x_1 - x'_1\|^2 & \cdots & \|x_1 - x'_M\|^2 \\ \vdots & \ddots & \vdots \\ \|x_N - x'_1\|^2 & \cdots & \|x_N - x'_M\|^2 \end{pmatrix}\right) \\
&= \exp\left(-\gamma\left(\begin{pmatrix} \|x_1\|^2 & \cdots & \|x_1\|^2 \\ \vdots & \ddots & \vdots \\ \|x_N\|^2 & \cdots & \|x_N\|^2 \end{pmatrix} - 2\begin{pmatrix} x_1^\top x'_1 & \cdots & x_1^\top x'_M \\ \vdots & \ddots & \vdots \\ x_N^\top x'_1 & \cdots & x_N^\top x'_M \end{pmatrix}\right.\right. \\
&\quad \left.\left. + \begin{pmatrix} \|x'_1\|^2 & \cdots & \|x'_M\|^2 \\ \vdots & \ddots & \vdots \\ \|x'_1\|^2 & \cdots & \|x'_M\|^2 \end{pmatrix}\right)\right) \\
&= \exp\left(-\gamma\left(P_X^\top - 2Q_{X,X'} + P_{X'}\right)\right)
\end{aligned}
$$

3번째 행으로 전개할 때는 $\|x - x'\|^2 = \|x\|^2 - 2x^\top x' + \|x'\|^2$인 점을 이용하고 있습니다. 또한 4번째 행에서는 P_X와 $Q_{X,X'}$을 다음 식과 같이 정의했습니다. $P_{X'}$도 P_X와 마찬가지로 정의했습니다.

$$P_X = \begin{pmatrix} \|\boldsymbol{x}_1\|^2 & \cdots & \|\boldsymbol{x}_N\|^2 \\ \vdots & \ddots & \vdots \\ \|\boldsymbol{x}_1\|^2 & \cdots & \|\boldsymbol{x}_N\|^2 \end{pmatrix}, \quad Q_{X,X'} = \begin{pmatrix} \boldsymbol{x}_1^\top \boldsymbol{x}'_1 & \cdots & \boldsymbol{x}_1^\top \boldsymbol{x}'_M \\ \vdots & \ddots & \vdots \\ \boldsymbol{x}_N^\top \boldsymbol{x}'_1 & \cdots & \boldsymbol{x}_N^\top \boldsymbol{x}'_M \end{pmatrix}$$

이 $Q_{X,X'}$의 정의와 마찬가지로 $Q_{X,X}$와 $Q_{X',X'}$에 관해 생각해보면 이들은 각각 $N \times N$과 $M \times M$의 정방 행렬이 됩니다. 여기에서 어떤 정방 행렬의 대각 성분을 나타내는 벡터를 반환하는 함수 $\boldsymbol{\delta}$를 생각하면 $Q_{X,X}$, $Q_{X',X'}$의 대각 성분은 각각 다음과 같이 나타낼 수 있습니다.

$$\begin{aligned} \boldsymbol{\delta}(Q_{X,X}) &= \left(\boldsymbol{x}_1^\top \boldsymbol{x}_1, \cdots, \boldsymbol{x}_N^\top \boldsymbol{x}_N \right) \\ &= \left(\|\boldsymbol{x}_1\|^2, \cdots, \|\boldsymbol{x}_N\|^2 \right) \\ \boldsymbol{\delta}(Q_{X',X'}) &= \left(\boldsymbol{x}_1'^\top \boldsymbol{x}'_1, \cdots, \boldsymbol{x}_M'^\top \boldsymbol{x}'_M \right) \\ &= \left(\|\boldsymbol{x}'_1\|^2, \cdots, \|\boldsymbol{x}'_M\|^2 \right) \end{aligned}$$

이 대각 성분과 P_X, $P_{X'}$을 비교해보면 알 수 있듯이 P_X는 $\boldsymbol{\delta}(Q_{X,X})$를 행 방향으로 M번, $P_{X'}$은 $\boldsymbol{\delta}(Q_{X',X'})$을 행 방향으로 N번 반복한 것이 됩니다. 여기에서 주어진 행벡터를 행 방향으로 a번 반복한 행렬을 반환하는 함수 T_a를 생각하면 각각 다음과 같이 나타낼 수 있습니다.

$$\begin{aligned} P_X &= T_M(\boldsymbol{\delta}(Q_{X,X})) \\ P_{X'} &= T_N(\boldsymbol{\delta}(Q_{X',X'})) \end{aligned}$$

따라서 커널 행렬은 다음과 같이 나타낼 수 있습니다.

$$K(X, X') = \exp\left(-\gamma \left(T_M^\top(\boldsymbol{\delta}(Q_{X,X})) - 2Q_{X,X'} + T_N(\boldsymbol{\delta}(Q_{X',X'})) \right) \right)$$

이 결과를 이용하면 가우스 과정에 필요한 커널 행렬은 각각 다음과 같이 계산할 수 있습니다.

$$\begin{aligned} K = K(X, X) &= \exp\left(-\gamma \left(T_N^\top(\boldsymbol{\delta}(Q_{X,X})) - 2Q_{X,X} + T_N(\boldsymbol{\delta}(Q_{X,X})) \right) \right) \\ K_* = K(X, X_*) &= \exp\left(-\gamma \left(T_M^\top(\boldsymbol{\delta}(Q_{X,X})) - 2Q_{X,X_*} + T_N(\boldsymbol{\delta}(Q_{X_*,X_*})) \right) \right) \quad \text{[식 7.5]} \\ K_{**} = K(X_*, X_*) &= \exp\left(-\gamma \left(T_M^\top(\boldsymbol{\delta}(Q_{X_*,X_*})) - 2Q_{X_*,X_*} + T_M(\boldsymbol{\delta}(Q_{X_*,X_*})) \right) \right) \end{aligned}$$

넘파이를 이용해 이 계산을 실행할 때는 대각 성분을 추출하는 함수 $\boldsymbol{\delta}$에 대응하는 메서드로 np.diag, 지정한 횟수만큼 벡터를 반복한 행렬을 추출하는 함수 T_a에 대응하는 메서드로

np.tile을 이용할 수 있습니다. 이 보완책을 이용하면 앞 예제의 커널 행렬 계산을 다음과 같이 구현할 수 있습니다. 또한 산출된 각 커널 행렬의 히트맵을 [그림 7-11]에 표시했습니다.

```python
gamma = 100
X = np.expand_dims(X, 0)
X_star = np.expand_dims(X_star, 0)
Q = np.dot(X.T, X)
Q_star = np.dot(X.T, X_star)
Q_starstar = np.dot(X_star.T, X_star)

K = np.exp(-gamma * (np.tile(np.diag(Q), (X.shape[1], 1)).T
    - 2 * Q + np.tile(np.diag(Q), (X.shape[1], 1))))
K_star = np.exp(-gamma * (np.tile(np.diag(Q), (X_star.shape[1], 1)).T
    - 2 * Q_star + np.tile(np.diag(Q_starstar), (X.shape[1], 1))))
K_starstar = np.exp(-gamma * (
    np.tile(np.diag(Q_starstar), (X_star.shape[1], 1)).T
    - 2 * Q_starstar
    + np.tile(np.diag(Q_starstar), (X_star.shape[1], 1))))

plt.figure(figsize=(9, 3))
plt.subplot(1, 3, 1)
plt.title(r'$K$')
plt.imshow(K)
plt.grid(None)
plt.subplot(1, 3, 2)
plt.title(r'$K_\ast$')
plt.imshow(K_star)
plt.grid(None)
plt.subplot(1, 3, 3)
plt.title(r'$K_{\ast\ast}$')
plt.imshow(K_starstar)
plt.grid(None)
plt.show()
```

그림 7-11 고속화를 위한 개선을 적용한 후 얻은 커널 행렬

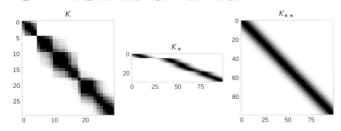

앞선 구현에서는 명시적으로 for 루프를 이용해 배열의 각 요소에 접근해서 그 사이의 커널값을 구했지만 여기에서는 행렬 연산으로 대체한 것을 알 수 있습니다. 이 보완책을 도입함으로써 넘파이를 이용한 빠른 행렬 연산의 혜택을 누릴 수 있습니다.

7.4 컴퓨터와 대화하며 최적의 색 찾기

이 가우스 과정을 베이즈 최적화에 응용해봅니다. 베이즈 최적화 알고리즘과 지금까지 소개해온 슬롯머신 알고리즘 사이에는 강한 관계가 있습니다. 실제로 컨텍스트 기반 슬롯머신 문제의 해법으로 소개한 슬롯머신 알고리즘이 가진 통계 모델을 가우스 과정으로 변경하는 것만으로 유용한 알고리즘을 구성할 수 있습니다. 구체적인 알고리즘 설명에 앞서 여기에서 다룰 예제를 설명합니다.

7.1.1절에서 Bing 검색 사례를 소개한 것처럼 색은 사람의 행동에 큰 영향을 미치는 요소 중 하나입니다. 색을 조금 진하게 해서 콘트라스트(대비)를 주거나, 색 온도를 바꾸는 것만으로도 사람이 받는 느낌이 달라집니다. 하지만 사용자로부터 원하는 행동을 최대한 이끌어낼 수 있는 색이 무엇인지 미리 알기는 매우 어렵습니다. 실제로 타깃 사용자에게 보여준 뒤 사용자가 반응(즉, 행동)을 해야 알 수 있는 것도 많습니다. 그렇기 때문에 다양한 기업이 웹 서비스나 제품의 색을 바꿔 보면서 A/B 테스트나 마케팅 조사를 수행하는 것입니다.

그럼 이런 실험은 어떻게 설계하면 좋을까요? 유망한 몇 가지 색을 선별해서 시험해보는 것도 좋을 것입니다. 그렇다면 지금까지 이 책에서 설명한 계획 방법으로도 문제없습니다. 하지만 이 방법으로 만들어지는 디자인안은 어디까지나 우리 상상의 범주 안에 있는 것이기 때문에 과감한 안이 만들어지지는 않을 것이라고 생각할 수도 있습니다.

만약 모든 색 중에서 최적의 색을 찾아내야 한다면 어떻게 해야 할까요? 물론 이러지도 저러지도 못할 안이 만들어질 가능성도 있지만 생각지도 못했던 디자인안이 만들어져 바라던 반응을 이끌어낼 가능성도 있습니다. 그렇지만 이렇게 한다면 고려해야 할 디자인안의 양이 대단히 많아지므로 지금까지와 같은 방법으로는 실험이 불가능해 보입니다. 베이즈 최적화를 이용해 이런 문제를 어떻게 해결할 수 있는지 살펴보겠습니다.

7.4.1 솔루션 공간으로서의 색공간

먼저 고려해야 할 모든 선택지, 즉 색공간을 정의합니다. 우리는 모든 색을 색공간으로 다루고 자 하며, 이는 다시 말해 색을 표현하는 방법의 문제입니다. 색을 정량적인 값으로 나타내는 시스템을 표색계$^{color system}$라고 부릅니다. 그리고 이 표색계를 공간상에 나타낸 것이 **색공간**입니다. 그러므로 이번에는 한 색공간을 솔루션 공간으로 다루면 좋을 것입니다.

하지만 색공간 또한 종류가 다양합니다. 용도에 따라 이용되는 색공간이 다른데, 디스플레이에서의 영상 표시 목적으로 이용되는 대표적인 것으로 **RGB 색공간**이 있습니다. RGB 표색계는 이름 그대로 빨강$^{red, R}$, 초록$^{green, G}$, 파랑$^{blue, B}$의 3가지 색을 섞어서 표현합니다. 이들은 빛의 삼원색에 대응하며 수치가 클수록 밝고 하얗게 됩니다. 이런 혼색 방법을 **가법혼색**이라고 부릅니다. RGB로 만들어지는 3차원 공간을 생각하면 [그림 7-12]와 같이 다양한 색을 배치할 수 있습니다.

그림 7-12 RGB 표색계를 이용한 색공간 표현. 이미지는 https://github.com/mjhorvath/Mike-Wikipedia-Illustrations에서 인용

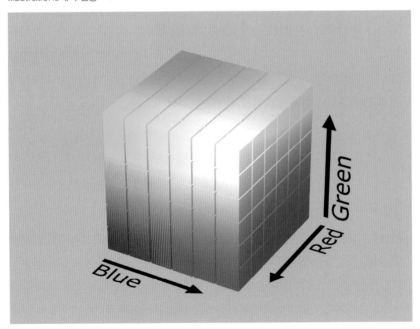

최근에는 일반적으로 각 색에 8비트 숫잣값을 할당해서 합계 24비트($2^{24} = 16,777,216$) 종류의 색을 표현합니다. 웹 개발에서도 RGB 각 값을 0 이상 255 이하의 값으로 지정(예를 들면 rbb(30, 155, 255))해서 RGB 색공간을 이용한 색을 지정할 수 있으며, RGB 각 값을 16진수로 지정한 컬러 코드(예를 들면 #1E90FF)를 이용한 색 지정 방법도 널리 이용되고 있습니다.

하지만 RGB 색공간은 그 숫잣값과 실제 색의 관계가 그다지 직관적이지 않다는 단점이 있습니다. 물론 가법혼색에 관해 충분히 숙련되어 있다면 RGB 색공간에서도 원하는 색을 알아낼 수 있지만 그렇지 않을 때는 특정한 색을 이 원색들로 분해해서 생각하기가 쉽지 않습니다.

그래서 보다 직관적인 색공간으로 이용되는 것이 **HSV 색공간**이나 **HLS 색공간**입니다(그림 7-13). HSV 색공간은 색상hue, H, 채도saturation, S, 명도value, V라는 3개 성분을 이용해 색을 나타냅니다. 색상은 색의 종류, 채도는 선명함, 명도는 밝기를 나타냅니다. 색상은 원으로 나타내며 어떤 색은 그 위의 점으로 표현됩니다. 따라서 어떤 색의 색상은 각도로 나타나며 0도에서 360도의 값을 가집니다. 한편 채도와 명도는 백분율로 나타나며 0%부터 100%의 값으로 나타냅니다.

그림 7-13 HSV 표색계 및 HLS 표색계를 이용한 색공간 표현. 이미지는 https://github.com/mjhorvath/Mike-Wikipedia-Illustrations에서 인용

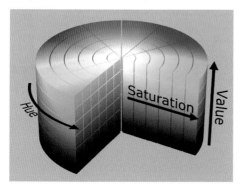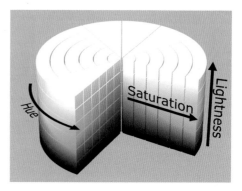

이 색공간을 이용할 때의 장점은 가법혼색을 생각하지 않고도 '어떤 색을', '어느 정도 탁하게', '어느 정도 밝게' 할지 나타내는 파라미터를 조합해서 색을 지정할 수 있다는 것입니다. 예를 들어 카스테라 표면의 색이 머리에 떠올랐을 때 먼저 노란색의 색상을 선택하고, 그 지점에서 깊

이로 명도를 선택한 뒤 채도를 약간 내려서 탁하게 만드는 식으로 색상을 시작 지점으로 해서 색을 설정할 수 있습니다. 이것은 빨강과 초록의 가법혼색이 노랑인 것을 상기하지 않으면 안 되는 RGB 색공간과는 대조적입니다. 이러한 이유에서 HSV 색공간 및 뒤에서 설명할 HLS 색공간은 포토샵을 비롯해 여러 그래픽 도구의 컬러 피커 인터페이스에서 채용되어 있습니다.

또 다른 색공간인 HLS 색공간은 HSV 색공간과 매우 비슷합니다. HLS 색공간은 색상[hue, H], 휘도[lightness, L], 채도[saturation, S]의 3가지 성분을 이용해 색을 나타냅니다. HLS 색공간도 HSV 색공간과 마찬가지로 먼저 색상을 이용해 색의 종류를 결정하고 그 선명함과 밝기를 조정함으로써 가법혼색을 몰라도 색을 지정할 수 있습니다.

이 두 색공간의 차이는 원색이 나타나는 영역의 거리를 생각하면 알기 쉽습니다. HSV 색공간에서 원색은 명도[value] 100% 영역에서 나타나는 것에 비해 HLS 색공간에서는 휘도[lightness] 50% 영역에 대응합니다. 색의 변화를 기준으로 해서 색공간을 다시 그리면 [그림 7-14]와 같이 각각 원뿔형, 쌍원뿔형 색공간으로 나타낼 수 있습니다.

그림 7-14 HSV 색공간과 HLS 색공간의 원뿔형, 쌍원뿔형 표현. 이미지는 https://github.com/mjhorvath/Mike-Wikipedia-Illustrations에서 인용

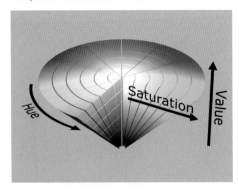 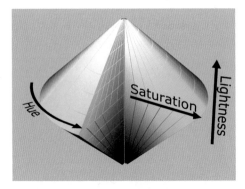

이야기를 베이즈 최적화 예제로 돌려봅니다. 색을 최적화하기 위해서는 RGB 공간을 이용해도 좋지만 여기에서는 시각화의 편의상 2차원에 다양한 색이 포함되는 색공간을 채용하도록 합니다.* 이상에서 소개한 색공간은 모두 3차원 공간이지만 그중 한 차원의 값을 고정해 2차원으로 만든 것을 이용하고자 합니다. 그러면 HSV 색공간이나 HLS 색공간은 색상 차원만 고정하

---

* 실제 그래픽 도구의 컬러 피커 역시 2차원에서 다양한 색을 포함할 수 있도록 만들어져 있습니다.

지 않으면 다양한 색의 종류를 마음대로 표현할 수 있습니다. 또한 그중 채도를 100%로 고정하면 선명한 색을 2차원 팔레트 위에 배치할 수 있어 사용하기 좋을 것입니다.

그리고 HLS 색공간은 휘도 차원의 값에 따라 검정색에서 흰색까지 다룰 수 있으므로 채도를 100%로 고정해도 어두운 색부터 밝은 색까지 2차원에 표현할 수 있습니다. 이런 이유로 HLS 색공간에서 채도를 100%로 고정한 부분 공간을 예제의 솔루션 공간으로 채용합니다.

그러면 솔루션 공간의 구체적인 구현 내용을 살펴봅니다.

```python
import colorsys

N = 30
X_im = np.zeros((N, N, 2))
rs = []
xs = []
for i in range(N):
  for j in range(N):
    X_im[i, j, 0] = i / N # Hue
    X_im[i, j, 1] = j / N # Lightness
hl_to_rgb = lambda x: colorsys.hls_to_rgb(x[0], x[1], 1)
X_rgb = np.apply_along_axis(hl_to_rgb, -1, X_im)
plt.imshow(X_rgb)
plt.grid(None)
plt.xlabel('Lightness')
plt.ylabel('Hue')
plt.show()
```

위 코드로 색공간을 시각화한 결과를 [그림 7-15]에 표시했습니다. 여기에서는 색상과 휘도를 각각 30단계로 설정했습니다. 형태 (30, 30, 2)의 다차원 배열 X_im을 솔루션 공간의 변수로 준비해 색상과 휘도를 기록합니다. 여기에서는 이 솔루션 공간을 이미지로 보이도록 하기 위해 맷플롯립을 이용해 시각화했습니다. 맷플롯립이 제공하는 이미지 시각화 메서드 imshow에는 RGB 값을 전달해야 하므로 색상 및 휘도를 전달하면 채도 100% 기준의 RGB 값을 반환하는 함수 hl_to_rgb를 이용했습니다.

그림 7-15 솔루션 공간 시각화

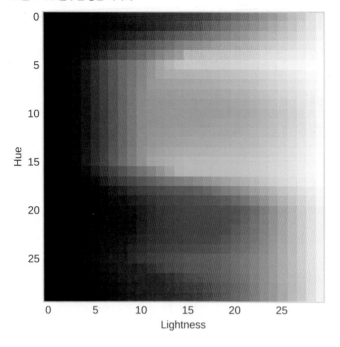

시각화 결과를 보면 컬러 피커로 익숙한 이미지가 나타남을 알 수 있습니다. 이것이 이번 과제 설정에서 탐색할 솔루션 공간의 모습입니다. 이는 HLS 색공간의 채도 100% 부분만 잘라낸 것으로 [그림 7-13] 오른쪽 원기둥의 단면만 잘라서 편 것이 됩니다. 여기에서 이 솔루션 공간에 관한 몇 가지 특징을 알 수 있습니다.

- **검정색과 흰색이 양끝에 넓게 나타난다.**

  HLS 색공간에서는 휘도가 극단적으로 작거나 매우 큰 곳이 검은색 및 흰색으로 수렴합니다. 그 때문에 색상에 관계없이 색공간 왼쪽 끝에 검은색에 가까운 색, 오른쪽 끝에 흰색에 가까운 색이 집중됩니다.

- **빨간색이 위쪽 끝과 아래쪽 끝 양쪽에 나타난다.**

  색상은 각도로 나타내므로 0도와 360도에서 같은 값이 됩니다. 여기에서는 그 주기성을 무시하고 시각화했으므로 멀리 떨어져 있는 위쪽 끝과 아래쪽 끝에 비슷한 색이 배치됩니다.

이 특징들이 탐색에 주는 영향에 관해서도 살펴보도록 합니다.

7.5 GP-UCB 알고리즘

문제를 명확하게 설명했으므로 이제 구체적인 해법을 설명합니다. 7.4절 앞부분에서도 설명한 것처럼 슬롯머신 알고리즘과 베이즈 최적화 해법은 밀접한 관계가 있기 때문에 슬롯머신 알고리즘의 아이디어를 응용할 수 있습니다. 여기에서는 특히 UCB 알고리즘을 응용한 **GP-UCB 알고리즘**Gaussian process upper confidence bound algorithm, **가우스 과정 UCB 알고리즘**을 소개합니다.

GP-UCB 알고리즘은 가우스 과정에 의해 얻어지는 기댓값 함수의 사후 분포의 기댓값과 분산을 기반으로 UCB 값을 산출하고, UCB 값이 최대가 되는 솔루션을 순차적으로 선택하는 알고리즘입니다(참고문헌 [27]). LinUCB 알고리즘의 베이즈 선형 회귀를 가우스 과정으로 대체한 것으로 UCB 값은 6.5절과 마찬가지로 기대치와 표준 편차의 정수배로 산출합니다. 즉, [식 6.12]와 마찬가지로 어떤 솔루션 $\boldsymbol{x}_* \in X$의 UCB 값 $UCB_{\boldsymbol{x}_*}$를 다음과 같이 구할 수 있습니다. 2번째 행 전개 시 [식 7.3]의 결과를 이용했음에 주의합니다.

$$UCB_{\boldsymbol{x}_*} = \mathbb{E}[f_* \mid \boldsymbol{x}_*] + \alpha\sqrt{\mathbb{V}[f_* \mid \boldsymbol{x}_*]}$$
$$= \boldsymbol{k}_*^\top (\sigma^2 I + K)^{-1}\boldsymbol{r} + \alpha\sqrt{k_{**} - \boldsymbol{k}_*^\top(\sigma^2 I + K)^{-1}\boldsymbol{k}_*}$$

[식 7.6]

베이즈 최적화의 맥락에서는 이 UCB 값처럼 선택해야 할 솔루션을 가리키는 함수를 **획득 함수**acquisition function라고 부릅니다. 베이즈 최적화에서는 이 획득 함수가 최대가 되는 솔루션을 순차적으로 선택하면서 탐색을 진행합니다. 따라서 이 획득 함수의 구현이 각각의 베이즈 최적화 기법을 특징짓습니다.

그럼 GP-UCB 알고리즘 구현 예를 확인해봅니다.

```python
X_star = X_im.reshape((N * N, 2)).T

class GPUCBAgent(object):
  def __init__(self):
    self.xs = []
    self.rs = []
    self.gamma = 10
    self.s = 0.5
    self.alpha = 2
    self.Q_starstar = X_star.T.dot(X_star)
    self.K_starstar = np.exp(-self.gamma * (
        np.tile(np.diag(self.Q_starstar), (X_star.shape[1], 1)).T
```

```
            - 2 * self.Q_starstar
            + np.tile(np.diag(self.Q_starstar), (X_star.shape[1], 1))))
        self.mu = np.zeros(self.K_starstar.shape[0])
        self.sigma = self.K_starstar

    def get_arm(self):
        ucb = self.mu + self.alpha * np.diag(self.sigma)
        return X_star[:, np.argmax(ucb)], ucb

    def sample(self, x, r):
        self.xs.append(x)
        self.rs.append(r)
        X = np.array(self.xs).T
        Q = X.T.dot(X)
        Q_star = X.T.dot(X_star)
        K = np.exp(-self.gamma * (np.tile(np.diag(Q), (X.shape[1], 1)).T
            - 2 * Q + np.tile(np.diag(Q), (X.shape[1], 1))))
        K_star = np.exp(-self.gamma * (
            np.tile(np.diag(Q), (X_star.shape[1], 1)).T
            - 2 * Q_star
            + np.tile(np.diag(self.Q_starstar), (X.shape[1], 1))))
        A = np.linalg.inv(self.s + np.identity(K.shape[0]) + K)
        self.mu = K_star.T.dot(A).dot(self.rs)
        self.sigma = self.K_starstar - K_star.T.dot(A).dot(K_star)
```

먼저 앞에서 미지의 입력 포인트의 집합 X_*에 해당하는 X_Star를 정의했습니다. 우리는 솔루션 공간에 포함된 솔루션의 모든 입력 포인트에 흥미가 있으므로 이는 앞에서 정의한 솔루션 공간 X_im을 솔루션의 집합으로 늘어놓은 것에 지나지 않습니다.

에이전트 GPUCBAgent의 대략적인 구조는 6.5절에서 소개한 LinUCBAgent와 다르지 않으며, 생성자 이외에 get_arm과 sample이라는 2개의 클래스 메서드를 가지고 있습니다.

GPUCBAgent의 멤버 변수를 확인해봅니다. 먼저 self.xs는 지금까지 선택한 솔루션의 이력, self.rs는 그에 대응해서 얻은 평갓값의 이력을 저장한 배열입니다. self.gamma는 가우스 커널 $k(\boldsymbol{x}, \boldsymbol{x}') = \exp(-\gamma\|\boldsymbol{x} - \boldsymbol{x}'\|^2)$에 포함된 상수 $\gamma > 0$에 대응합니다. 여기에서는 self.gamma = 10으로 해서 실행합니다.

다음으로 self.s는 평갓값으로 가정한 분산, 즉 [식 7.6]의 σ^2에 해당합니다. 한편 self.alpha는 UCB 값을 산출할 때 표준 편차에 곱하는 상수 α에 대응합니다. 여기에서는 두 값을 각각 self.s = 0.5, self.alpha = 2로 해서 실행합니다.

이번 구현에서는 가우스 과정에 필요한 각 커널 행렬을 7.3.4절에서 소개한 방법을 기준으로 계산합니다. 그중에서도 미지의 입력 포인트 X_*에 대한 커널은 미리 계산할 수 있으므로 생성자 안에서 계산합니다. self.Q_starstar는 [식 7.5]에서의 Q_{x_*, x_*}에 대응하며, 커널 행렬 K_*와 K_{**} 계산에 이용합니다. self.K_starstar는 미지의 입력 포인트끼리의 커널 행렬 K_{**}에 대응합니다.

마지막으로 self.my와 self.sigma는 기댓값 함수의 사후 분포의 기댓값 $\mathbb{E}[f_* \mid X_*]$, 분산 $\mathbb{V}[f_* \mid X_*]$에 해당합니다. 인스턴스 생성 시점에서는 관측된 솔루션이 없으므로 X, K, K_*는 각각 **공행렬**empty matrix입니다. 공행렬이란 행수 및 열수가 0인 행렬을 의미합니다. 따라서 [식 7.2]에 따르면 $K_*^\top (\sigma^2 I + K)^{-1}$도 공행렬이 되므로 기댓값은 $\mathbf{0}$, 분산은 K_{**}로 초기화됩니다.

다음으로 클래스 메서드를 봅니다. get_arm 메서드에서는 기댓값 함수의 사후 분포의 기댓값과 분산으로부터 입력 포인트 x_*의 UCB 값을 [식 7.6]을 이용해 산출하고, 그 UCB 값이 최대가 되는 솔루션을 반환합니다. sample은 제시한 솔루션과 그에 대한 평갓값을 입력으로 하여 [식 7.5]를 이용해 커널 행렬 및 사후 분포를 업데이트합니다.

7.5.1 대화형 최적화를 이용한 동작 확인

구현한 내용을 앞에서 설명한 문제에 대해 적용해봅니다. 실제 웹 최적화에서는 사용자의 반응을 통해 학습하지만 지금은 많은 사용자를 준비하기 어려우므로 필자가 생각하는 색을 정답, 즉 최적 솔루션으로 보고 이를 탐색하는 문제로 바꿔 생각합니다. 즉, 대화형 최적화를 이용해 사람이 생각한 색을 대화를 통해 도출하는 것입니다. 필자는 라임그린처럼 산뜻한 녹색을 떠올렸습니다. 그러므로 여기에서는 산뜻한 녹색을 최적 솔루션으로 하기로 합니다. 독자 여러분이 다음 샘플 코드를 실행할 때는 여러분이 좋아하는 색을 떠올리며 동작을 확인해보는 것도 좋습니다.

머릿속에 색의 대략적인 이미지는 있지만 구체적인 RGB 값은 모릅니다. 베이즈 최적화를 활용한 대화형 최적화를 통해 이를 탐색하는 것입니다. 사람이 에이전트에 주는 평갓값은 −2 (완전히 다름), −1(다소 다름), 0(어느 쪽이라고 말할 수 없음), 1(약간 비슷함), 2(완전히 같음)의 5단계 정수입니다. 이 시도가 잘 이루어지면 피험자(개인)와 컴퓨터의 대화에 따른 최적화가 아닌 사용자와 웹사이트의 대화에 의한 최적화로 바꿔 읽을 수 있으므로 웹 최적화에도 베이즈 최적화를 응용할 수 있을 것이라 생각할 수 있습니다.

먼저 에이전트 내부 상태와 에이전트로부터 제시받은 색을 시각화하기위한 visualize 메서드를 준비합니다. 이 메서드에 의한 시각화 결과의 설명은 실제 이 에이전트를 이용해 탐색을 실행한 후에 하겠습니다.

```python
from mpl_toolkits.axes_grid1 import ImageGrid

def visualize(agent, x, f):
    vmax = 1.6
    vmin = -1.6
    contour_linewidth = 0.6
    contour_fontsize = 6
    contour_levels = np.linspace(-2, 2, 17)
    fig = plt.figure()
    grid = ImageGrid(fig, 211, nrows_ncols=(1, 2), axes_pad=0.1)
    grid[0].imshow(X_rgb)
    cs = grid[0].contour(f.reshape(N, N), levels=contour_levels,
        colors='white', linewidths=contour_linewidth)
    grid[0].clabel(cs, inline=1, fontsize=contour_fontsize)
    grid[0].plot(x[1] * N, x[0] * N, '*', markersize=20, color='yellow',
        markeredgecolor='black')
    grid[0].set_title('Solution space')
    grid[0].set_xticklabels([])
    grid[0].set_yticklabels([])
    grid[1].imshow(np.tile(hl_to_rgb(x), (N, N, 1)))
    grid[1].set_title('Proposed color')
    grid[1].set_xticklabels([])
    grid[1].set_yticklabels([])
    grid = ImageGrid(fig, 212, nrows_ncols=(1, 3), axes_pad=0.2,
        share_all=True, label_mode='L', cbar_location='left',
        cbar_mode='single')
    im = grid[0].imshow(agent.mu.reshape(N, N), vmin=vmin, vmax=vmax)
    cs = grid[0].contour(agent.mu.reshape(N, N), levels=contour_levels,
        colors='white', linewidths=contour_linewidth)
    grid[0].clabel(cs, inline=1, fontsize=contour_fontsize)
    grid[0].set_title(r'$\mu$')
    grid.cbar_axes[0].colorbar(im)
    grid[1].imshow(np.diag(agent.sigma).reshape(N, N),
        vmin=vmin, vmax=vmax)
    cs = grid[1].contour(np.diag(agent.sigma).reshape(N, N),
        levels=contour_levels, colors='white',
        linewidths=contour_linewidth)
    grid[1].set_title(r'$diag(\Sigma)$')
```

```
grid[1].clabel(cs, inline=1, fontsize=contour_fontsize)
grid[2].imshow(f.reshape(N, N), vmin=vmin, vmax=vmax)
cs = grid[2].contour(f.reshape(N, N), levels=contour_levels,
    colors='black', linewidths=contour_linewidth)
grid[2].clabel(cs, inline=1, fontsize=contour_fontsize)
grid[2].set_title('Acquisition function')
plt.show()
```

이제 준비를 마쳤습니다. 에이전트의 인스턴스를 만들고 내부 상태 및 제시된 색을 시각화해봅니다(그림 7-16).

```
agent = GPUCBAgent()
x, ucb = agent.get_arm()
visualize(agent, x, ucb)
```

그림 7-16 GP-UCB 알고리즘에 의해 최초로 제시된 색과 내부 상태

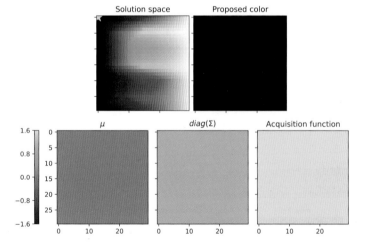

visualize 메서드는 에이전트 agent와 제시된 솔루션 x 및 획득 함수 f를 전달하면 5개의 그래프를 화면에 그립니다. 먼저 상단 왼쪽에 그려진 것은 솔루션 공간과 선택된 솔루션입니다. HLS 색공간에서 채도를 100%로 고정한 채 색상과 휘도를 변경했을 때의 색 변화를 솔루션 공간으로 그렸습니다. 그리고 별 마크를 이용해 GP-UCB 에이전트에 의해 제시된 솔루션 위치를 표시했습니다. 상단 오른쪽에는 제시된 솔루션에 대응한 색을 나타냈습니다.

다음으로 하단 왼쪽에는 기댓값 함수의 사후 분포의 기댓값 $\mathbb{E}[f_* \mid x_*]$, 하단 가운데에는 분산 $\mathbb{V}[f_* \mid x_*]$의 대각 성분, 그리고 하단 오른쪽에는 획득 함수(여기에서는 UCB 값에 해당합니다)를 나타냈습니다. 이 단계에서는 아직 평갓값을 얻지 않은 상태이므로 평면으로 표시되어 있어 알기 어렵지만 에이전트와 대화를 반복하는 과정에서 복잡하게 변화해 갑니다.

가장 처음에 에이전트가 제시한 솔루션을 보면 (색상, 휘도) = (0, 0)에 대응하는 검은색이 제시되었습니다. 필자가 지금 생각한 색은 산뜻한 라임그린이므로 이는 완전히 다른 색이라고 말할 수 있습니다. 그러므로 여기에서는 −2(완전히 다름)를 평갓값으로 주도록 합니다.

```
agent.sample(x, -2)
```

이것으로 최초 평갓값을 얻었습니다. 아직 정보는 적지만 이 단계에서 에이전트가 제시하는 색이 어떻게 변화하는지 다시 한 번 시각화해서 확인해봅니다(그림 7-17).

```
x, ucb = agent.get_arm()
visualize(agent, x, ucb)
```

그림 7-17 GP–UCB 알고리즘에 의해 2번째로 제시된 색과 내부 상태

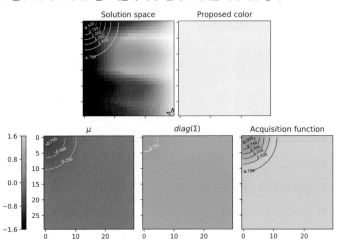

에이전트에 평갓값을 부여함에 따라 시각화 결과도 달라졌습니다. 상단 왼쪽 솔루션 공간에 획득 함수의 등고선을 맞추어 그림으로 표시했습니다. 등고선을 보면 방금 전 −2라는 평가를 부여한 그림 왼쪽 위의 (색상, 휘도) = (0, 0)에 해당하는 포인트의 UCB 값이 다른 영역에 비해 낮아졌음을 알 수 있습니다. 그 결과 그 반대쪽인 오른쪽 아래의 솔루션의 UCB 값이 최대가 되어 다음 솔루션으로서 제시됩니다. 상단 오른쪽의 색을 봐도 앞의 색과는 대조되는 흰색에 가까운 색이 선택된 것을 알 수 있습니다.

하단 왼쪽 기댓값을 보면 여기에서도 앞에서의 평갓값을 부여한 상단 왼쪽의 솔루션 주변의 값이 낮아져 있음을 읽을 수 있습니다. 초기화 시점에서는 모든 영역에 대한 기댓값이 0이었지만 이 영역에선 음의 값이 주어진 것을 알 수 있습니다. 이로부터 앞에서 사후 분포에 음의 피드백 효과가 나타났음을 알 수 있습니다. 하단 가운데의 분산에서도 마찬가지로 상단 왼쪽 주변의 값이 낮아졌습니다. 단, 이것은 피드백이 음의 값이 아닌 평갓값이 주어진 결과 이 영역에 대한 불확실성이 사라졌기 때문입니다. 앞에서 부호가 반대인 평갓값 2를 입력해도 마찬가지 결과를 얻을 수 있습니다. 마지막으로 하단 오른쪽의 획득 함수에 대해서도 상단 왼쪽 솔루션을 중심으로 값이 낮아졌습니다. UCB 값은 사후 분포의 기댓값에 분산의 상수배를 더한 것이므로 이 두 가지 모두 낮아진 것을 생각하면 납득할 수 있는 결과입니다.

이 흰색도 우리가 머릿속에 생각한 라임그린과는 다르므로 평갓값 −2를 주기로 합니다. 이후 계속해서 2번 극단적으로 어두운 색과 밝은 색이 제시되므로 해당 색에 관해서도 평갓값 −2를 줬습니다. 그 결과 에이전트가 도착한 색을 다시 시각화해봅니다(그림 7-18).

```
agent.sample(x, -2)
x, ucb = agent.get_arm()
agent.sample(x, -2)
x, ucb = agent.get_arm()
agent.sample(x, -2)
x, ucb = agent.get_arm()
visualize(agent, x, ucb)
```

그림 7-18 GP–UCB 알고리즘에 의해 5번째로 제시된 색과 내부 상태

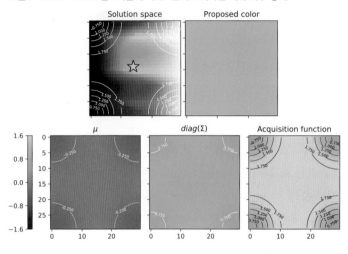

지금까지는 솔루션 공간의 모서리에 위치한 색이 계속 제시되었으므로 가장 낮은 평갓값 −2를 부여했습니다. 획득 함수인 UCB 값의 등고선을 보면 그 결과를 반영해 네 모서리를 중심으로 값이 낮아졌음을 알 수 있습니다. 한편 이번에는 극단적으로 어두운 색이나 밝은 색이 아니라 솔루션 공간의 중심에 있는 선명한 색이 제시되었습니다. 아직 라임그린이라고 할 수는 없지만 지금까지 제시되었던 거의 검은색 혹은 흰색에 비해 괜찮다고 말할 수 있어 보입니다. 여기에서는 평갓값 −1(다소 다르다)을 주기로 합니다. 그 후 다시 우리가 생각한 색과는 다른 색이 계속 이어지므로 평갓값 −2를 줍니다. 이번에 시각화를 생략한 색은 이 실험의 가장 마지막에 이력으로 시각화합니다. 11번째 색이 제시된 시점에서의 상황을 [그림 7-19]에 표시했습니다.

```
agent.sample(x, -1)
x, ucb = agent.get_arm()
agent.sample(x, -2)
x, ucb = agent.get_arm()
agent.sample(x, -2)
x, ucb = agent.get_arm()
agent.sample(x, -2)
x, ucb = agent.get_arm()
agent.sample(x, -2)
x, ucb = agent.get_arm()
agent.sample(x, -2)
x, ucb = agent.get_arm()
visualize(agent, x, ucb)
```

그림 7-19 GP-UCB 알고리즘에 의해 11번째로 제시된 색과 내부 상태

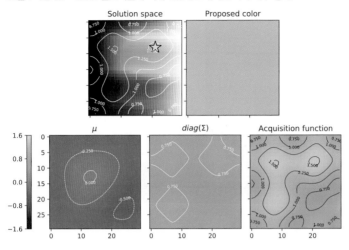

몇 차례의 평갓값을 입력하다 보니 다시 우리가 생각하던 색과 꽤 비슷한 색이 나타났습니다. 그 결과를 반영하여 사후 분포의 기댓값과 분산 그리고 획득 함수의 등고선이 이전보다 복잡하게 되었음을 알 수 있습니다. 이 색에 대해서는 평갓값 −1(다소 다름)을 주도록 합니다. 그 후에 표시된 색에 대해서도 마찬가지로 평갓값을 줬습니다. 다음으로 14번째 제시된 색과 그때의 내부 상태를 [그림 7−20]에 표시했습니다.

```
agent.sample(x, -1)
x, ucb = agent.get_arm()
agent.sample(x, -1)
x, ucb = agent.get_arm()
agent.sample(x, -2)
x, ucb = agent.get_arm()
visualize(agent, x, ucb)
```

그림 7-20 GP-UCB 알고리즘에 의해 14번째로 제시된 색과 내부 상태

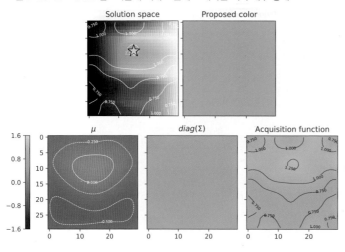

14번째가 되자 우리가 생각한 라임그린과 가까운 선명한 녹색이 나타났습니다! 이 색은 상상했던 색과 비슷하므로 가장 높은 평갓값인 2(완전히 같음)를 주도록 합니다. 그 결과 다시 같은 색이 제시됩니다. 다른 색의 유망함과 불확실성을 감안하더라도 이 색을 능가할 수 있는 색이 없었다는 것입니다. 사후 분포를 봐도 솔루션 영역의 기댓값이 높이 올라간 상태로부터 이 영역의 솔루션이 유망하다는 확신을 강하게 함을 알 수 있습니다. 일단 이 색이 GP-UCB 알고리즘을 이용해 대화형 최적화를 수행한 결과 도달한 솔루션으로 결정하기로 합니다. 물론 이 솔루션에 대한 피드백을 계속주면 이 솔루션에 관한 분산이 작아지고 다른 솔루션의 UCB 값이 이 솔루션의 UCB 값을 상회할 가능성도 있다는 점을 주의하기 바랍니다.

마지막으로 지금까지 에이전트가 지나온 길을 시각화해봅니다(그림 7-21, 그림 7-22).

그림 7-21 GP-UCB 알고리즘이 제시한 색의 이력

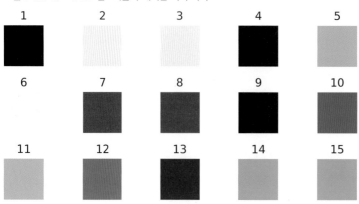

그림 7-22 GP-UCB 알고리즘이 제시한 색의 위치 이력

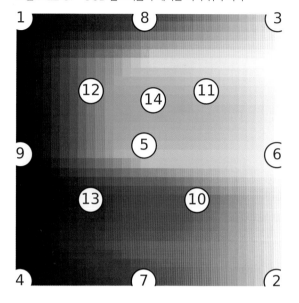

탐색을 시작한 단계에서는 모든 솔루션의 UCB 값이 같으므로 최초의 솔루션으로서 (색상, 휘도) = (0, 0)이 선택되었습니다. 이것은 어디까지나 np.argmax 메서드가 조건을 만족하는 솔루션이 여럿인 경우에는 가장 처음 일치하는 솔루션을 반환하기 때문이며, 무작위로 최초의 솔루션을 선택하도록 구현해도 문제없습니다.

탐색 초기, 특히 네 번째까지는 솔루션 공간의 네 모서리를 탐색하고 그 결과로 검은색이나 흰색 등의 극단적이 색이 제시된 상태를 알 수 있습니다. 7.4.1절의 마지막에서도 설명했지만 이번에 채용한 솔루션 공간에서는 검은색이나 흰색이 솔루션 공간의 왼쪽 끝, 오른쪽 끝의 넓은 영역에 나타나고 있습니다. 이것이 초반에 검은색과 흰색이 계속해서 제시된 원인으로 볼 수 있습니다. 우리가 생각하기에는 가까운 색이지만 솔루션 공간에서는 서로 멀리 떨어져 있는 것입니다.

동일한 문제가 탐색 중반(7, 8번째)에 발생했음을 연속된 빨간색이 제시된 것으로 알 수 있습니다. 이번에 채용한 솔루션 공간에서는 각도로 나타나는 색상 차원을 무리해서 평면으로 펼쳐서 다룬 것이기 때문에 이 색들은 가까운 색으로 보이지만 솔루션 공간상에서는 반대 위치에 있습니다.

전체적으로 탐색 경로를 보면 솔루션 공간의 끝에서 점점 녹색 영역으로 접근함으로써 소위 '바깥 해자^moat를 메우는' 듯한 움직임을 가진 것을 알 수 있습니다. 초기에는 솔루션 공간을 제약 없이 탐색하고, 점점 유망한 솔루션에 가까워짐에 따라 효율이 좋은 탐색이 갖추어야 할 다양화와 집중화를 실현하고 있습니다.

7.6 GP-TS 알고리즘

가우스 과정을 UCB 알고리즘에 적용해서 GP-UCB 알고리즘을 구성한 것과 마찬가지로 가우스 과정을 톰슨 샘플링에 적용해 **GP-TS 알고리즘**^Gaussian process Thompson sampling algorithm, **가우스 과정 톰슨 샘플링 알고리즘**을 구성할 수 있습니다. GP-TS 알고리즘에서는 가우스 과정에 기반해 사후 분포로부터 각 솔루션의 함숫값을 샘플링해서 그것이 최대가 되는 솔루션을 제시합니다.

다음은 GP-TS 알고리즘 구현 예입니다.

```python
class GPTSAgent(object):
    def __init__(self):
        self.xs = []
        self.rs = []
        self.gamma = 10
        self.s = 0.5
        self.Q_starstar = X_star.T.dot(X_star)
        self.K_starstar = np.exp(-self.gamma * (
            np.tile(np.diag(self.Q_starstar), (X_star.shape[1], 1)).T
            - 2 * self.Q_starstar
            + np.tile(np.diag(self.Q_starstar), (X_star.shape[1], 1))))
        self.mu = np.zeros(self.K_starstar.shape[0])
        self.sigma = self.K_starstar

    def get_arm(self):
        f = np.random.multivariate_normal(self.mu, self.sigma)
        return X_star[:, np.argmax(f)], f

    def sample(self, x, r):
        self.xs.append(x)
        self.rs.append(r)
        X = np.array(self.xs).T
```

```
Q = X.T.dot(X)
Q_star = X.T.dot(X_star)
K = np.exp(-self.gamma * (np.tile(np.diag(Q), (X.shape[1], 1)).T
    - 2 * Q + np.tile(np.diag(Q), (X.shape[1], 1))))
K_star = np.exp(-self.gamma * (
    np.tile(np.diag(Q), (X_star.shape[1], 1)).T
    - 2 * Q_star
    + np.tile(np.diag(self.Q_starstar), (X.shape[1], 1))))
A = np.linalg.inv(self.s + np.identity(K.shape[0]) + K)
self.mu = K_star.T.dot(A).dot(self.rs)
self.sigma = self.K_starstar - K_star.T.dot(A).dot(K_star)
```

7.5절에서 소개한 GP-UCB 알고리즘의 구현과 거의 비슷한 구조임을 알 수 있습니다. 다른 부분은 생성자에 self.alpha가 없다는 점과 get_arm 구현뿐입니다. self.alpha는 UCB 알고리즘에서 표준 편차를 더하는 비율의 파라미터였으므로 톰슨 샘플링에서는 필요하지 않습니다.

가장 주목해야 할 부분은 get_arm 구현 부분의 차이입니다. GP-UCB 알고리즘에서는 UCB 값을 계산해서 그 값이 최대가 되는 솔루션을 선택했었지만 GP-TS 알고리즘에서는 먼저 가우스 과정에서 얻은 사후 분포로부터 함숫값 f를 샘플링합니다. 가우스 과정의 사후 분포는 다차원 정규 분포이므로 여기에서는 다차원 정규 분포로부터 난수를 생성하는 메서드 np.multivariate_normal을 이용합니다. 그리고 이 함숫값이 최대가 되는 솔루션 X_star[:, np.argmax(f)]를 반환합니다. 따라서 이 함숫값의 샘플 f가 GP-TS 알고리즘의 획득 함수입니다.

이와 같이 GP-UCB 알고리즘을 약간 변경하는 것만으로 가우스 과정 버전의 톰슨 샘플링을 구성할 수 있음을 알았습니다. 그럼 여기에서도 마찬가지로 대화형 최적화를 통해 동작을 확인해봅니다. 먼저 최초로 제시된 색과 획득 함수를 시각화해서 [그림 7-23]에 표시했습니다.

```
np.random.seed(0)
agent = GPTSAgent()
x, f = agent.get_arm()
visualize(agent, x, f)
```

그림 7-23 GP–TS 알고리즘에 의해 최초로 제시된 색과 내부 상태

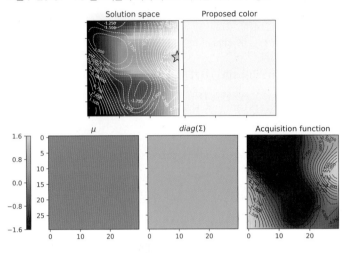

최초 상태에서는 평갓값에 관한 정보가 아무것도 없으므로 기댓값 및 분산이 모두 솔루션에 관해 균일한 다차원 정규 분포로부터 난수가 발생됩니다. 최초 샘플의 결과, 솔루션 공간의 오른쪽 끝에 해당하는 흰색에 가까운 색이 제시되었습니다. 이 색은 우리가 생각한 라임그린과는 다른 색이므로 평갓값 −2(완전히 다름)를 주기로 합니다.

```
agent.sample(x, -2)
x, f = agent.get_arm()
visualize(agent, x, f)
```

그림 7-24 GP–TS 알고리즘에 의해 2번째로 제시된 색과 내부 상태

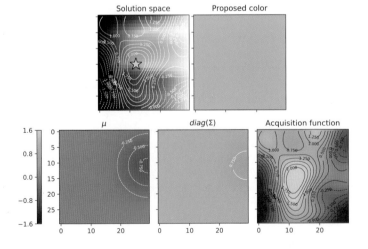

2번째 샘플에서는 솔루션 공간 중심 부근에 위치한 선명한 청록색이 선택되었습니다(그림 7-24). 여기에서 하단 왼쪽에 그려진 사후 분포의 기댓값을 보면 앞에서 평갓값을 준 솔루션 주변을 중심으로 값이 낮아진 상태를 볼 수 있습니다. 그리고 하단 가운데에 그려진 사후 분포의 분산을 보면 솔루션을 중심으로 값이 낮아졌습니다. 이렇게 사후 분포가 업데이트되고 그것을 반영한 다차원 정규 분포, 다시 말해 획득 함수가 샘플링됩니다. 이 색도 예쁜 색이기는 하지만 우리가 생각한 색과는 다르므로 여기에서는 평갓값 −1(다소 다름)을 주기로 합니다. 이런 과정으로 평갓값을 부여한 결과 18번째 솔루션에서 [그림 7-25]와 같은 색이 제시되었습니다.

그림 7-25 GP–TS 알고리즘에 의해 18번째로 제시된 색과 내부 상태

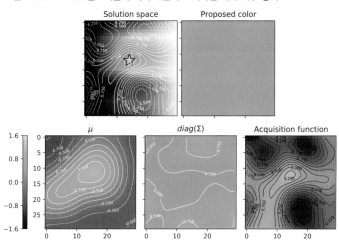

제시된 색은 우리가 생각한 라임그린에 가까운 것이 되었습니다. 하단의 사후 분포의 기댓값 및 분산의 등고선을 보면 지금까지 부여된 평갓값을 반영해 보다 복잡한 지형을 그리고 있음을 알 수 있습니다. 특히 솔루션 공간 중에 하늘색에서 녹색에 걸친 영역은 기댓값의 값이 크게 되어 있습니다. 이것이 샘플링된 획득 함수에도 영향을 주며, 이 영역의 솔루션을 선택하기 쉬워집니다. 따라서 이것이 탐색의 집중화를 실현하는 메커니즘이 됩니다. 한편 이 영역은 분산 값도 비교적 낮음을 알 수 있습니다. 지금까지 그다지 평갓값이 주어지지 않았던 영역은 분산이 큰 상태로 유지되고, 그 결과 샘플링된 값의 편차가 커지게 됩니다. 경우에 따라서는 그것이 큰 획득 함숫값을 만들어내는 데 연결되거나 제시한 솔루션으로 선택되는 기회를 얻을 수 있을지도 모릅니다. 따라서 이것이 탐색의 다양화를 실현하는 메커니즘이 된다고 생각할 수 있습니다. 마지막으로 GP–UCB 알고리즘의 경우와 마찬가지로 탐색 이력을 확인해봅니다(그림 7-26, 그림 7-27).

그림 7-26 GP–TS 알고리즘이 제시한 색의 이력

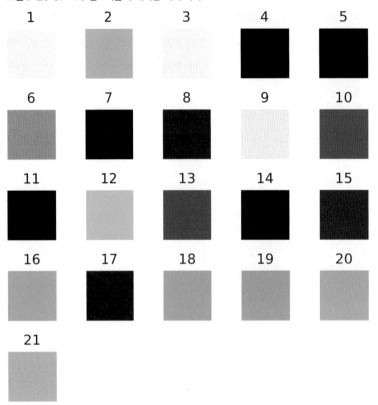

제시된 색의 이력을 보면 초반에는 라임그린과는 전혀 관계없어 보이는 색이 제시되었지만 부여한 평갓값을 힌트로 점점 선명한 녹색에 가까워지는 모습을 알 수 있습니다. 다음으로 솔루션 공간 상에서 각 솔루션의 위치를 보면 초반에는 솔루션 공간에서 거의 무작위로 솔루션을 선택한 것으로 보이지만 탐색이 진행됨에 따라 녹색 영역으로 탐색이 집중되는 모습을 볼 수 있습니다. 이 움직임은 확률적 알고리즘을 바탕으로 하고 있기 때문에 GP–UCB 알고리즘의 규칙적으로 보이는 움직임과는 대조적으로 규칙성이 잘 보이지 않습니다.

그림 7-27 GP-TS 알고리즘이 제시한 색의 위치 이력

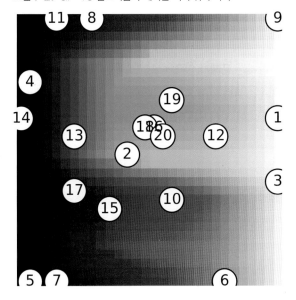

GP-UCB 알고리즘에서는 후반에 가장 유망한 솔루션이 발견되면 그 솔루션을 중심으로 사후 분포의 기댓값이 높아져 획득 함수의 값에 반영되므로 그 근방의 솔루션을 잘 표시하지 못합니다. 실제로 밝은 녹색에도 다양한 그라데이션이 존재하지만 GP-UCB 알고리즘이 제시한 14번째와 15번째 솔루션은 동일했습니다.

한편 GP-TS 알고리즘은 솔루션을 제시하기 위해 난수를 생성하므로 한 번 좋은 솔루션이 발견되어도 그 근방의 솔루션이 선택될 가능성이 충분합니다. GP-TS 알고리즘이 제시한 18번째 이후의 솔루션을 보면 다양한 녹색의 그라데이션이 제시되고 있음을 알 수 있습니다.

7.7 응용 시 주의할 점

마지막으로 가우스 과정에 기반한 베이즈 최적화 알고리즘을 실제 시스템에 응용할 때 주의할 점을 생각해봅니다.

가우스 과정을 응용할 때 병목이 되는 것은 역행렬의 계산입니다. [식 7.2]를 보면 사후 분포의 기댓값과 분산을 산출하는 식에 $(\sigma^2 I + K)^{-1}$의 계산이 포함됩니다. 커널 행렬 K는 $N \times N$

행렬이므로 데이터셋에 포함된 데이터 포인트 수가 증가할수록 커집니다. 따라서 이 역행렬의 계산에 필요한 계산량 또한 데이터 증가에 따라 커짐을 알 수 있습니다. 일반적으로 크기 N인 행렬의 역행렬을 계산하는 데 $O(N^3)$ 차원의 계산이 필요합니다. 웹 최적화나 대화형 최적에 가우스 과정을 응용할 때 평갓값이 적은 초반에는 문제가 없을지도 모르지만 충분한 수의 평갓값이 모이면 계산 비용이 병목이 됩니다. 가우스 과정에서 역행렬의 계산을 둘러싼 계산 비용을 줄이기 위해 다양한 기법이 제안되었습니다. 이에 관해서는 참고문헌 [34] 등을 참조하기 바랍니다.

가우스 과정의 업데이트에는 앞에서 설명한 것과 같은 계산 비용이 발생하므로 평갓값이 주어질 때마다 사후 분포를 업데이트하는 것이 용이하지 않은 경우도 있습니다. 즉, 솔루션을 제시할 때마다 사후 분포를 업데이트하는 것이 아니라 정기적으로 모아서 사후 분포를 업데이트하는 계산을 하는 것입니다. GP-UCB 알고리즘은 결정적 알고리즘이기 때문에 사후 분포를 업데이트하지 않는 한 제시할 솔루션은 하나로 정해집니다. 따라서 사후 분포를 업데이트할 때까지는 계속 같은 솔루션을 제시합니다. 한편 GP-TS 알고리즘은 사후 분포를 업데이트하지 않더라도 매번 난수를 기반으로 솔루션을 제시하는 확률적 알고리즘이므로 비동기적 구현이라 할지라도 보다 다채로운 솔루션의 제시를 기반으로 잘 동작하는 것을 기대할 수 있습니다. GP-UCB 알고리즘 및 GP-TS 알고리즘의 비동기 실행 및 병렬 처리에 의한 성능의 고찰에 관한 자세한 내용은 참고문헌 [13]을 참조하기 바랍니다.

7.8 에렌의 질문

찰리는 이번 텍스트 링크 색상 최적화 보고서를 무사히 마무리하면 회사를 떠날 예정이었습니다. 다양한 색 중에서 웹사이트 광고의 클릭률을 최대화하는 색을 찾아내는 난이도 높은 과제였지만 베이즈 최적화를 응용해 최적의 색을 점찍을 수 있었습니다. 실험 결과 링크 텍스트에 대한 클릭률의 사후 분포의 기댓값은 #0055aa를 중심으로 높아지는 것을 알았습니다. 단지 십여 줄의 머신러닝 소스 코드와 사용자 반응 측정에 따라 이처럼 논리적으로 디자인과 관련된 의사 결정을 할 수 있다는 점에 놀랐습니다.

마침 상사인 에렌이 지나가고 있었습니다. 이번에 얻은 결과에 흥분한 찰리는 테스트 프로세스와 결과를 의기양양하게 에렌에게 설명했습니다. 에렌은 일에 몰입해 기쁜 얼굴로 보고하는 찰리에게 미소와 함께 질문을 던졌습니다.

"그래서 뭘 알게 된 거죠?"

"뭐라니요? ##0055aa가 링크 텍스트에서 최적의 색상이라는 점이죠!"

"음, 제가 물은 것은 왜 그 색이 클릭률을 최대로 하는가라는 거예요. 왜 사용자는 그 색일 때
전보다 많이 클릭을 하는 거죠? 만약 나중에 이 웹사이트를 리뉴얼할 때는 링크 텍스트를
어떤 색으로 하는 것이 좋을까요?"

찰리는 이 질문에 마치 총이라도 맞은 비둘기처럼 그 자리에서 멍해지고 말았습니다. 확실히
지금 이순간의 Foodie Talk의 수익을 최대화하기 위한 대책을 발견하기는 했지만 거기에서
우리는 무엇을 배운 것일까요? 왜 #0055aa가 답일까요? 배경색과의 조합 때문에 눈에 띄어서
일까요? 광고 링크와 리뷰 링크의 색이 비슷해서 구분이 어려워져 링크를 잘못 클릭한 사람이
늘어났기 때문일까요? 그러한 행동의 배경에 다양한 가설을 생각할 수 있었습니다.

그리고 그로부터 우리는 사용자에 대해 무엇을 학습했는지? 그 내용은 현재의 Foodie Talk에
만 사용할 수 있는 것인지? 그렇지 않으면 리뉴얼로 인해 외형이 완전히 달라질 수도 있는 미
래의 Foodie Talk에도 응용할 수 있는 것인지? 에렌은 분명 거기까지 생각하고 있었을 것입
니다.

다음날 아침 주식회사 X의 마케팅부 책상 위에는 이제까지의 실험 데이터가 놓여 있었으며, 찰
리는 웹사이트 디자인을 구석구석 돌아보고 있었습니다. 무엇이 사용자의 행동을 변화시켰는
지 그 이유를 찾기 위해 필사적으로 생각하고 있었습니다. 지금까지 찰리는 간단한 일대일 비
교의 A/B 테스트에서 시작해 베이즈 최적화에 이르기까지 다양한 수리적 기법을 학습해왔습
니다. 하지만 기법이 고도화될수록 그 실험의 배후에 있는 가설의 진정한 이해를 간과하기 쉬
운 것도 사실입니다. 양쪽의 감각을 모두 가진 수완 좋은 마케터가 되기 위한 찰리의 수행은 이
제 막 시작되었을 뿐입니다.

7.9 정리

이 장에서는 연속값으로 정의되는 솔루션 공간에 대해 사용자의 반응으로부터 최적의 솔루션을 찾아내기 위한 프레임으로서 베이즈 최적화를 소개했습니다. 먼저 베이즈 최적화를 지탱하는 가우스 과정을 설명한 뒤 베이즈 선형 회귀의 커널 트릭을 이용한 확장을 소개했습니다. 그리고 지금까지 소개한 슬롯머신 알고리즘과 가우스 과정을 조합해서 베이즈 최적화 기법을 구성할 수 있음을 설명했습니다. 이 해법들의 특징은 가우스 과정에서 얻어진 기댓값 함수의 사후 분포에서 획득 함수를 정의하는 방법의 차이로 설명할 수 있습니다. 마지막으로 베이즈 최적화를 시스템에 내장할 때 주의할 점을 설명하고 기법이 고도화됨에 따라 간과하기 쉬운 가설의 중요성을 다시 한 번 강조했습니다.

7.9.1 더 깊은 학습을 위해

가우스 과정에 관한 더 깊은 학습은 다음 서적을 참고할 수 있습니다.

- 『Gaussian Processes for Machine Learning』(Carl Edward Rasmussen, Christopher K. I. Williams 저, The MIT Press, 2006)

- 『ガウス過程と機械学習(가우스 과정과 머신러닝)』(大地持橋, 成征大羽 저, 講談社, 2019)

베이즈 최적화에 관해서는 난도 데 프라타스Nando de Freitas의 브리티시 컬럼비아 대학의 강의도 큰 도움이 됩니다. 영상과 함께 강의 자료도 공개되어 있습니다.

- https://www.youtube.com/playlist?list=PLE6Wd9FR-EdyJ5lbFl8UuGjecvVw66F6&feature=view_all

- https://www.cs.ubc.ca/~nando/540-2013/lectures.html

베이즈 최적화에 관해 다음 서적이나 논문도 참고할 수 있습니다.

- 『A Tutorial on Bayesian Optimization of Expensive Cost Functions, with Application to Active User Modeling and Hierarchical Reinforcement Learning』(Eric Brochu, Vlad M. Cora, Nando de Freitas 저, arXiv preprint arXiv:1012.2599, 2010)

- 『バンディット問題の理論とアルゴリズム(슬롯머신 문제의 이론과 알고리즘)』(本多淳也, 中村篤祥 저, 講談社, 2016)

칼럼: 베이즈 최적화를 대화형 최적화에 응용하기

이번에는 사용자의 반응을 최적화하는 색을 찾기 위해 베이즈 최적화를 이용했지만 베이즈 최적화는 사람의 감성과 관련된 파라미터를 찾아내는 데 널리 이용되고 있습니다. 재미있는 예로 베이즈 최적화를 이용한 쿠키 레시피 만들기를 소개합니다(참고문헌 [12]). 이 실험에서는 가장 맛있는 초콜릿 쿠키를 만들기 위해 가우스 과정을 이용한 베이즈 최적화를 수행했습니다. 소금, 설탕, 바닐라, 초콜릿 칩 등의 양을 파라미터로 솔루션 공간을 정의하고 피험자들에게 5단계로 점수를 매기도록 해서 최적의 조합을 탐색했습니다. 이 재료들의 모든 조합은 시험하기에 대단히 많지만 베이즈 최적화를 이용함으로써 90번 정도의 개량을 통해 최적이라고 여겨지는 솔루션에 도달할 수 있었다고 보고하고 있습니다. 베이즈 최적화가 사람의 미각 최적화에 도전한 재미있는 사례라고 할 수 있습니다.

이외에도 베이즈 최적화를 3D 그래픽에서의 최적의 텍스처를 탐색하기 위해 사용한 예도 있습니다(참고문헌 [5]). 3D 그래픽에서는 이상적인 질감을 실현하기 위해 다수의 파라미터를 조작해야 합니다. 하지만 그 파라미터들은 서로 밀접하게 연관되어 있기 때문에 숙련되지 않는 한 파라미터와 최종 산출물의 관계를 상상하기 간단하지 않습니다. 이 실험에서는 직접 파라미터를 조작하지 않고 2개의 출력 중 어느 쪽이 상상하는 이미지에 가까운지 질문하고 파라미터를 튜닝할 수 있는 [그림 7-28]과 같은 인터페이스를 개발했습니다. 표시하는 출력을 결정하는 알고리즘으로서 무작위 추출한 경우와 베이즈 최적화를 이용한 경우를 비교했을 때 베이즈 최적화를 이용함으로써 원하는 질감을 얻는 데 필요한 클릭 수가 반으로 줄어든 것으로 보고되었습니다.

4장에서 유전 알고리즘을 이용한 대화형 최적화를 소개했습니다. 베이즈 최적화 역시 사람의 감성을 평가 함수로 하는 최적화 알고리즘으로 기대되고 있습니다. 특히 베이즈 최적화는 기댓값 함수의 사후 분포가 다차원 정규 분포로 얻어지므로 그 동작을 해석하기 쉽다는 점도 장점으로 꼽을 수 있습니다.

그림 7-28 실험에서 이용된 인터페이스 예. 제시된 2개의 렌더링 결과를 보고 원하는 질감에 가까운 쪽을 순서대로 선택함으로써 파라미터를 튜닝할 수 있다. 빨간 사각형은 피험자가 선택한 출력을 의미한다. 그림은 참고문헌 [5]에서 인용

Target

1.

2.

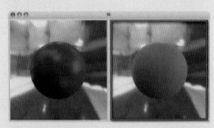

3.

4.

앞으로의 웹 최적화

지금까지 A/B 테스트부터 시작해 다양한 각도에서 웹 최적화를 생각해봤습니다. 알고리즘을 구분해서 사용함으로써 다양한 문제에 대답할 수 있음을 실감할 수 있었을 것입니다. 한편 지금까지의 웹 최적화와 관련된 설명에서는 암묵적으로 다양한 가정을 한 것도 사실입니다. 여기에서는 이러한 가정들을 한 번 더 깊이 들춰내서 그곳에서 새롭게 보이는 문제와 고려할 수 있는 해법을 생각해보고자 합니다.

8.1 단기적인 평가와 장기적인 평가

지금까지 소개한 최적화 알고리즘은 사용자가 웹사이트에 방문했을 때의 즉각적인 반응을 최적화하는 것에 주안점을 두었습니다. 즉각적인 반응이란 버튼의 클릭이나 페이지 체류 시간 등 사용자가 웹사이트를 방문했을 때의 동작에서 측정하는 값입니다. 제품을 소개하는 랜딩 페이지나 소프트웨어 다운로드 페이지 등에서는 그 위치에서 사용자의 행동을 일으키는 것이 중요하므로 지금까지 소개한 웹 최적화 기법과 잘 어울린다고 할 수 있습니다.

그러나 웹사이트에 따라서는 사용자와 보다 장기적인 관계를 맺고자 하는 것들이 있습니다. 예를 들어 검색 서비스나 메일 서비스와 같이 사용자가 일상적으로 이용하는 도구의 측면이 강한 웹사이트를 생각해봅니다. 이런 사이트에서 즉각적인 반응에만 착안한 웹 최적화를 실행하면 예상치 못한 결과가 벌어지는 경우가 있습니다.

여기에서는 검색 서비스를 예로 들어 설명합니다. 검색 서비스는 사용자의 검색 쿼리에 맞춰 적절한 검색 결과를 표시하는 동시에 검색 쿼리와 어울리는 검색 연동형 광고를 표시함으로써 수익을 늘리는 것이 일반적입니다. 어떤 검색 서비스가 현 시점의 수익을 최대화하기로 한 경우 어떤 방책을 취하는 것이 좋을까요? 가장 간단한 방법의 하나로 검색 결과 페이지에 표시할 광고 수를 늘리는 것을 생각해볼 수 있습니다. 표시하는 광고 수가 늘어나면 그만큼 사용자의 눈에 들어오는 광고도 늘어나므로 단기적으로는 광고 클릭 수가 상승할 것이라고 생각할 수 있습니다.

그러나 이는 동시에 사용자 체험을 저하시킬 위험이 있습니다. 광고 표시가 많아지면 지금까지는 쉽게 접근할 수 있었던 정보에 접근하기 어려워질 가능성이 있습니다. 또한 무리하게 광고 수를 늘리면 품질이 낮은 광고가 표시될 확률도 함께 높아집니다. 이런 부정적인 영향이 쌓이면 사용자들은 그 서비스를 더 이상 사용하지 않게 되고, 장기적으로는 수익에 큰 마이너스 영향을 미칠 수도 있습니다. 즉, 사용자의 즉각적인 반응의 최적화를 좇아 단기적인 수익을 최대화한 결과 장기적인 수익을 훼손해버리게 될 위험성이 있는 것입니다. 검색 서비스 구글에서도 표시되는 광고 수가 증가하면 장기적으로 수익이 감소한다고 보고하고 있습니다(참고문헌 [9]).

이런 사태를 방지하기 위해 단기적인 사용자의 반응에 기반한 지표가 아니라 사용자의 반복율이나 이탈율 등 보다 오랜 기간에 걸쳐 측정되는 지표에 주목하는 것이 중요합니다. 하지만 이는 동시에 최적화 속도를 늦추는 것을 의미합니다. 만약 목적했던 지표를 측정하는 데 1주일이 걸렸다면 이는 가설을 확인하는 데 1주일이 걸린다는 의미입니다. 가설 검증에 시간이 걸린다는 것은 어떤 기간 안에 시험할 수 있는 대책의 숫자가 줄어든다는 것을 의미합니다. 빠른 성장이 요구되는 비즈니스에서 이것은 매우 고민되는 문제입니다. 따라서 시험할 솔루션의 업데이트 빈도는 유지하면서 장기적인 수익을 반영한 지표를 최적화하는 것은 중요한 문제입니다.

이 문제를 다루는 접근 방식의 하나로 솔루션의 특징량으로부터 장기간의 지표를 예측하는 머신러닝 모델을 구축하는 것을 생각해볼 수 있습니다. 이 방법은 2015년 구글이 발표한 논문(참고문헌 [9])에 소개되었습니다. 이 논문에서는 앞에서 예제로 다루었던 검색 연동형 광고 표시 방법의 최적화를 다루고 있습니다. 검색 결과에 많은 광고를 표시했을 때 단기적으로 보면 광고의 클릭 수가 증가함에 따라 수익도 증가합니다. 한편 많은 광고를 표시하면 검색할 내용과 관련이 낮은 광고도 표시됩니다. 장기적으로 보면 이는 사용자의 서비스 이탈, 결과적으로 수익 감소를 초래할 수 있습니다.

그래서 논문의 저자들은 과거 100개 이상의 실험 결과를 이용해 단기적으로 측정할 수 있는 지표로부터 장기적인 광고 클릭률을 예측하는 머신러닝 모델을 구축했습니다. 그 머신러닝 모델은 다음과 같습니다.

$$\theta = \alpha + \beta_1 x_{AdRelevance} + \beta_2 x_{LandingPageQuality}$$ [식 8.1]

여기에서 θ는 장기적인 수익성의 예측값, α는 단기적인 수익성의 관측값을 의미합니다. 그리고 $x_{AdRelevance}$는 검색 품질과 표시된 광고의 관련성의 변화, $x_{LandingPageQuality}$는 해당 광고 대상 랜딩 페이지의 품질 변화를 나타냅니다. β_1, β_2는 이 요소들이 가진 효과의 크기를 의미합니다. 이 머신러닝 모델을 도입하면 단기적으로는 수익성이 낮아질지 모르나 장기적으로는 좋은 효과를 가진 대책을 채용할 수 있는 것으로 보고되어 있습니다.

그런데 [식 8.1]에서 나타내는 머신러닝 모델은 3.2절에서 다루었던 선형 모델과 같은 것입니다. 이 논문의 저자들은 보다 복잡한 모델을 적용하는 것을 고려했지만 해석하기 용이함을 우선해 간단한 선형 모델을 채용했다고 설명하고 있습니다. 이런 단순한 머신러닝 모델도 적절하게 이용하면 비즈니스에 큰 영향을 남길 수 있음을 보여준 좋은 예라고 할 수 있습니다. 한편 과거의 실험 데이터의 누적이 모델 학습을 결정하는 주요한 키가 되었음도 잊어서는 안 됩니다.

8.1.1 반복 사용자를 고려한 최적화

이외에도 지금까지 다루었던 알고리즘에는 반복 사용자에 의한 **학습**을 잘 다루지 못하는 문제가 있습니다. 여기에서 학습이란 사용자가 웹사이트에 여러 차례 방문함으로써 습득한 사용법이나 감각을 가리킵니다. 도구로서의 측면이 강한 웹사이트인 경우 특히 이 학습 효과가 중요합니다.

여러분 또한 평소 이용하던 웹 서비스의 인터페이스가 갑자기 바뀌어 새로운 이용 방법에 익숙하지 않아 곤란했던 경험이 있을 것입니다. 한편 새로운 인터페이스로 변경되면서 그 서비스를 이용하기 시작한 신규 사용자는 불필요한 사전 지식이 없기 때문에 비교적 손쉽게 사용법을 습득할 수 있을 것이라고 생각할 수 있습니다. 이처럼 해당 웹사이트에 처음 접근한 신규 사용자와 반복해서 이용하는 반복 사용자는 분명히 다른 상태를 가지고 있을 것입니다. 하지만 지금까지 소개했던 웹 최적화 알고리즘에서는 이런 사용자 상태의 차이를 잘 다룰 수 없습니다.

그래서 한 문헌(참고문헌 [30])에서는 웹 최적화를 **강화학습**^{reinforcement learning}으로 보고, 반복 사용자가 가진 상태를 다루는 기법을 제안하고 있습니다. 강화학습은 각 시각 t에서 어떤 행동 a_t를 일으켜 얻을 수 있는 보상 r_t의 누적을 최대화하는 문제라는 점에서는 슬롯머신 문제와 동일하지만 강화학습은 이에 더해 각 시각에서의 상태 s_t, 그리고 행동 a_t를 얻음으로써 상태 변화 $s_t \to s_{t+1}$도 고려할 수 있는 점이 특징입니다.

강화학습은 로봇이나 게임 AI 개발 등에 활발하게 응용되고 있는 머신러닝의 주제로 연구 또한 열심히 진행되고 있습니다. 사용자의 상태 전이를 다루는 것이 자연스러운 웹 최적화의 정식화인 듯 생각되기도 하지만 웹 최적화에 관한 강화학습 응용은 이제 막 시작되었을 뿐입니다. 강화학습의 이론에 관한 자세한 내용은 참고문헌 [29]를 참조하기 바랍니다.

8.2 솔루션 공간 디자인

이 책에서는 다양한 웹 최적화를 다루었지만 그 방법들은 모두 어떤 디자인안이 솔루션 공간으로 주어졌음을 전제로 했습니다. 즉, 사람이 직접 어떤 웹디자이너나 웹마케터가 최적화할 대상인 웹페이지를 관찰하고, 최적화할 변수를 추출하고, 그 값을 변경해 디자인안을 만들어내는 작업을 암묵적으로 수행한다고 가정했습니다.

어떤 웹페이지로부터 변경할 요소를 추출하는 방법은 수없이 많으므로 거기에 사람의 직감이 개입하는 것은 당연한 것인지도 모릅니다. 하지만 동시에 최적화의 성능이 개인의 상상력에 의존한다고도 말할 수 있습니다. 사람이 상상할 수 있는 범위에 솔루션 공간이 한정됨에 따라 본래 발견했어야 할 최적 솔루션을 놓쳐버리는 일은 없을까요?

이것은 결국 솔루션 공간 디자인의 문제와 이어집니다. 7.4.1절에서 논의한 것을 떠올려봅시다. 솔루션 공간으로 RGB 색공간과 HSV 색공간, HLS 색공간을 검토했습니다. 거기에서 해석과 탐색의 용이성을 고려해 최종적으로 HLS 색공간 중에서도 채도가 100%인 영역을 솔루션 공간으로 채용했습니다. 이 시점에서 '색상에 기반한 색공간이 자연히 색이 매치됨은 물론 최적화에도 용이할 것이다', '최적 솔루션은 채도가 높을 것이다'라는 가정을 두게 되었습니다. 이렇게 문제를 설정하는 시점에서 솔루션 공간에 대한 다양한 제약이 포함되어 있는 것입니다.

한편 4.6.1절에서는 유전 알고리즘을 이용해 아이콘을 생성하는 구조를 소개했습니다. 이는 이미지 하나하나를 최적화함으로써 결정하는 것이므로 표현 가능한 폭이 넓은 솔루션 공간을 채용했다고 할 수 있습니다. 그럼에도 불구하고 용이한 탐색을 위해 '아이콘은 좌우 대칭이다' 라는 제약을 두었습니다. 그리고 고화질 이미지를 대상으로 같은 접근 방식으로 최적화하는 것은 거의 불가능할 것입니다. 예를 들어 1,028px의 정사각형 이미지의 픽셀을 하나하나 최적화하고자 한다면 그 유전자형의 길이가 방대해질 것입니다. 그리고 그 안에 사람이 어떤 의미를 발견할 수 있을 듯한 이미지가 생성될 확률 또한 희박합니다. 즉, 생각지도 못했던 혁신적인 솔루션을 만들어내기 위해서는 폭넓은 솔루션 공간을 채용해야 하지만 한편으로 폭넓은 솔루션 공간을 채용하면 탐색이 곤란하게 되는 트레이드오프 관계가 있습니다.

이 트레이드오프는 오래전부터 인공물 디자인 분야에서 논의되던 주제의 하나입니다. 여기에서는 어떤 기능을 만족하는 인공물을 공학적으로 디자인하는 **구조 최적화**의 문제를 예로 들어보겠습니다. 구조 최적화에서는 솔루션 공간에 포함된 모든 인공물의 솔루션에 대해 역학 시뮬레이션을 적용해 강도나 경고성 등의 목적 함수를 최적으로 하는 솔루션을 탐색합니다. 구조 최적화 접근 방식은 인공물의 솔루션을 표현하는 방법에 따라 크게 길이 최적화, 형태 최적화, 토폴로지 최적화 등 3가지 접근 방식으로 나눠집니다(참고문헌 [33]).

그림 8-1 구조 최적화에서의 솔루션의 표현 방법 차이

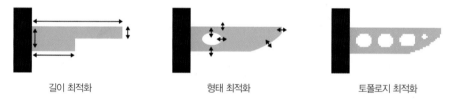

길이 최적화   형태 최적화   토폴로지 최적화

[그림 8-1]에 구조 최적화를 이용해 외접 들보*를 최적화하는 예를 나타냈습니다. 길이 최적화에서는 대상이 되는 인공물의 길이를 변수로 보고 목적에 맞는 최적의 기능을 가진 설계를 구합니다. 길이의 정의는 그 형태에 의존하므로 인공물의 형태가 미리 제약으로 주어져야 합니다. 또한 길이 최적화에서는 크게 형태를 변화시키는 것과 같은 솔루션을 만들어낼 수 없습니다.

한편 형태 최적화에서는 인공물 형태의 경계를 변수로 다룹니다. 길이를 정의할 필요가 없으므로 솔루션 표현을 유연하게 할 수 있고, 이제까지는 생각하지 못했던 설계를 만들어낼 가능성이 있습니다. 한편 변형의 결과 들보의 기능을 전혀 할 수 없는 형태를 만들어낼 여지도 있기 때문에 최적화의 난이도가 높아집니다.

....

* 외접 들보는 한쪽 끝을 벽 등에 고정하고, 다른 한쪽 끝을 자유롭게 한 들보를 의미합니다. 현관 위에 설치된 소형 지붕은 외접 들보의 하나입니다.

마지막으로 토폴로지 최적화에서는 인공물을 픽셀pixel 또는 복셀voxel의 집합으로 표현합니다. 형태 최적화로도 유연한 솔루션 표현은 가능하지만 경계 수를 지정해줘야 합니다. 그 때문에 인공물이 가진 구멍 수를 늘리는 것과 같은, 다시 말해 토폴로지를 바꾸는 것과 같은 조작은 할 수 없었습니다. 한편 토폴로지 최적화에서는 인공물을 작은 요소의 집합으로 표현하기 때문에 경계 수가 변화하는 경우에도 대응할 수 있으며 보다 유연한 솔루션 표현을 할 수 있습니다.

하지만 유연한 솔루션 표현이 가능해지면 실행 불가능한 솔루션이 나타나기도 쉽습니다. 특히 토폴로지 최적화에서는 체커보드checker board 문제라고 불리는 문제가 알려져 있으며, 강도를 최적화하는 인공물을 구한 결과 [그림 8-2]의 왼쪽과 같이 체커보드 모양으로 세세하게 질량을 배치하는 솔루션이 최적 솔루션으로 얻어진 것을 알 수 있습니다. 실제 제조 과정을 생각하면 망사처럼 배치해야 하는 것을 의미하므로 바람직하지 않은 특성입니다. 이처럼 솔루션의 표현력이 커지면 그만큼 현실 문제에 대한 제약을 엄격하게 고려해야 합니다. 적절한 제약을 설정함으로써 얻어진 솔루션을 그림 오른쪽에 표시했습니다.

그림 8-2 체커보드가 발생한 인공물 설계와 적절한 제약을 적용했을 때의 설계. 그림은 참고문헌 [40]에서 인용

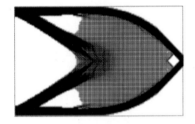 

체커보드가 발생한 최적 솔루션   적절한 제약 조건이 주어졌을 때의 최적 솔루션

넓은 솔루션 공간을 대상으로 현실적인 시간 안에 최적화하려면 어떻게 해야 할까요? 그 방법의 하나로 솔루션 공간을 보다 차원이 적은 특징 공간으로 **압축**하는 것을 생각할 수 있습니다. **가변 오토인코더**variational autoencoder, VAE는 데이터의 차원 압축을 실현하는 기술의 하나입니다. 가변 오토인코더는 뉴럴 네트워크의 하나로, 입력 데이터를 저차원의 특징 공간으로 압축하는 인코더encoder와 특징량으로부터 데이터를 복원하는 디코더decoder로 구성됩니다. 이 인코더와 디코더를 학습 데이터로부터 획득하는 구조를 오토인코더autoencoder라고 부르며, 가변 오토인코더는 이에 더해 특징량이 다차원 정규 분포를 따르는 성질을 가정합니다. 이런 특징으로 인해 학습 결과 얻을 수 있는 특징 공간의 성질이 좋으며, 2개 특징량의 내점에 있는 특징량에서도 유용한 데이터를 만들 수 있는 것으로 알려져 있습니다.

[그림 8-3]에 MNIST*라고 불리는 손 글씨 숫자 이미지 데이터셋을 가변 오토인코더에 입력해서 얻어진 2차원 특징 공간의 예를 나타냈습니다. 여기에서는 특징 공간의 각 점에서 복원된 손 글씨 숫자의 이미지를 시각화했습니다.

그림 8-3 가변 오토인코더를 이용해 학습된 손 글씨 숫자의 2차원 특징 공간 시각화. 부드럽게 숫자 형태가 변화하는 것을 알 수 있다. 그림은 참고문헌 [14]에서 인용

* MNIST database of handwritten digits http://yann.lecun.com/exdb/mnist/

특징 공간을 보면 다양한 숫자가 그라데이션을 그리는 것처럼 형태가 바뀌는 모습을 알 수 있습니다. 그림 아래쪽에는 1에 대응하는 이미지가 모여 있지만 왼쪽으로 이동하면 7, 그리고 위쪽으로 가면 4나 9로 그 형태가 변화하는 모습을 볼 수 있습니다.

MNIST는 28픽셀의 정사각형 이미지 데이터입니다. 만약 $28 \times 28 = 784$개의 픽셀이 각각 흰색 혹은 검은색으로 칠해져 있다면 변이^{variation}는 약 $2^{784} \approx 10^{236}$가지에 이릅니다. 무작위로 784개의 픽셀을 채워서 숫자처럼 보이는 이미지가 만들어지는 경우는 극히 드뭅니다. 이 중에서 어떤 목적의 이미지, 예를 들어 가장 읽기 쉬운 숫자 9를 탐색하는 것은 거의 불가능하다고 말할 수 있습니다.

한편 가변 오토인코더를 이용해 얻어진 특징 공간을 보면 가운데에는 숫자로 보이지 않는 것도 있지만 대부분 적어도 어떤 숫자로는 보입니다. 즉, 이 공간을 대상으로 하면 적어도 필적과 같이 보이는 이미지 안에서 효율적으로 목적한 이미지를 탐색할 수 있게 됩니다. 그리고 그 변화는 연속적이므로 집중화와 다양화를 조합한 방법을 이용해 탐색도 쉬울 것이라고 생각할 수 있습니다. 물론 이렇게 해서 복원된 데이터가 모두 유용하다고 단정할 수는 없지만 적어도 막대한 솔루션 후보를 필터링하는 역할을 할 수 있음은 알 수 있습니다.

가변 오토인코더에서 얻어진 특징 공간과 같은 저차원 공간에 대해서는 베이즈 최적화를 쉽게 응용할 수 있습니다. 데이터를 구성하는 가장 원시적인 요소인 픽셀이나 문자 등을 직접 다루지 않고 특징 공간 안에서의 탐색을 고려하면 충분하기 때문입니다. 대화형 최적화나 웹 최적화의 컨텍스트에서 가변 오토인코더와 베이즈 최적화를 조합한 사례는 거의 없지만 제약 분야 등에서 원하는 솔루션을 찾는 데 효율적으로 이용되고 있는 사례가 있습니다. 예를 들어 분자 구조 데이터베이스를 기반으로 가변 오토인코더를 이용해 특징 공간을 획득하고, 그 특징 공간 상에서 베이즈 최적화를 수행함으로써 치료약으로서의 효과가 뛰어난 분자 구조를 효율적으로 탐색하기도 했습니다(참고문헌 [19]). 그렇게 해서 얻어진 분자 구조의 특징 공간 예를 [그림 8-4]에 표시했습니다.

앞으로 가변 오토인코더와 베이즈 최적화와 같은 머신러닝 기술과, 사람과 컴퓨터의 대화에 의한 디자인 프로세스가 어떻게 어울릴지 매우 기대됩니다.

그림 8-4 가변 오토인코더를 이용해 얻은 분자의 특징 공간. 이 특징 공간 위에서 베이즈 최적화를 수행함으로써 적은 시행 횟수로 효율적으로 약품으로서의 효과가 뛰어난 분자를 찾아낼 수 있다. 그림은 참고문헌 [19]에서 인용

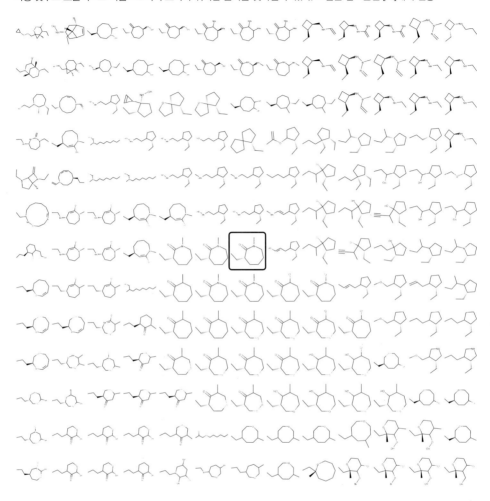

8.3 웹사이트 이외의 응용

마지막으로 이 책에서 소개했던 웹 최적화 방법론을 향후 웹사이트 이외의 분야에서도 응용할 수 있는지 생각해보고자 합니다. 웹 최적화란 서로 다른 소프트웨어의 상태를 여러 사용자에게 제공하여 그 반응에서 정의되는 어떤 평가 함수를 최대(혹은 최소)로 하는 상태를 탐색하는 것

입니다. 사람과의 상호 작용에 따라 최적의 소프트웨어 상태를 찾아낸다는 점에서는 대화형 최적화와 가깝기도 하지만 대화형 최적화에서는 단일 피험자를 고려하는 경우가 많은 것에 비해 웹 최적화에서는 여러 사용자를 대상으로 합니다. 또한 평갓값을 얻는 데 시간이 걸리는 미지의 평가 함수를 다룬다는 의미에서는 블랙박스 함수의 최적화 중 하나라고 말할 수 있지만 웹 최적화에서는 특히 사람의 반응에 주목하는 점이 특징입니다.

이와 같은 최적화 문제를 해결하기 위해서는 사용자 반응에 기반해 가설 검증을 할 수 있는 환경이 필요합니다. 구체적으로는 다음 조건을 만족해야 합니다.

- 제공하는 서비스를 즉시 변경할 수 있을 것
- 서비스에 대한 사용자의 반응을 항상 측정할 수 있을 것

이러한 조건들을 만족한다면 웹사이트 이외에도 이 책에서 설명한 웹 최적화 방법론을 응용할 수 있을 것입니다.

우리 주변의 제품들은 점점 인터넷과 연결되고, 인터넷을 통해 업데이트를 할 수 있게 되었습니다. OTA$^{\text{overt-the-air}}$ 업데이트를 통해 자동차를 수리하는 것은 흔한 일이 되었고, 스마트 스피커에서 이어폰까지 다양한 장치들이 인터넷을 통해 업데이트되고 있습니다. 가전제품이 인터넷과 연결되지 않았던 시대에는 기본적으로 제조자의 손에서 제품이 떠나면 제조자와 소비자를 연결할 수단이 거의 없었습니다. 문제가 발생하면 텔레비전이나 신문 등의 매체를 통해 제품을 회수하거나(리콜) 제품을 들고 수리 센터를 방문해야 했습니다. 그러나 다양한 가전제품이 인터넷에 연결됨에 따라 제조자와 소비자가 항상 연결된 상태를 유지하게 되었습니다. 즉, 우리 주변의 모든 제품이 인터넷에 연결되어 서비스화되고 있습니다.

제조자와 소비자의 연결이 유지된다면 제조자는 보다 좋은 가치를 제공하기 위해 새로운 기능을 시험하거나 그에 대한 반응을 측정함으로써 가설을 검증할 수 있습니다. 그렇게 생각하면 웹 최적화의 방법론은 소프트웨어에 국한되지 않고 하드웨어 세계로도 넓어질 것이라 생각합니다. 이 책에서 설명한 방법론이 웹 서비스 개발에 참여하는 여러분은 물론 그 외의 영역에서 제품을 만드는 분들에게도 도움이 된다면 좋겠습니다.

> **NOTE_** 웹 최적화에 관한 연구와 이 장에서 다룬 문제들에 대한 제안 기법을 필자의 박사 논문(참고문헌 [42])에 모아두었습니다. 웹 최적화에 관해 보다 자세하게 알고 싶다면 논문을 참조하기 바랍니다.

행렬 연산 기초

부록 A에서는 이 책에서 설명한 계산을 이해하기 위해 필요한 최소한의 연산을 모아서 설명합니다.

A.1 행렬 정의

행렬^{matrix}이란 수치를 가로/세로로 나열한 것입니다. 예를 들어 $m \times n$ 행렬 A는 다음과 같이 나타낼 수 있습니다.

$$A = \begin{pmatrix} a_{1,1} & \cdots & a_{1,n} \\ \vdots & \ddots & \vdots \\ a_{m,1} & \cdots & a_{m,n} \end{pmatrix}$$

$m \times n$ 행렬은 세로로 m개, 가로로 n개의 수를 배치합니다. 가로로 나열한 수의 묶음을 **행**, 세로로 나열한 수의 묶음을 **열**이라고 부릅니다. 따라서 이 행렬에는 m개의 행과 n개의 열이 있습니다. 그리고 행렬 A의 i행, j열의 위치에 있는 수를 $a_{i,j}$와 같이 표기합니다. 이것을 행렬 A의 (i, j) 성분이라고 부릅니다. 첨자는 순서대로 행 번호, 열 번호에 해당합니다.

예를 들어 다음은 2행 3열의 2×3 행렬입니다.

$$\begin{pmatrix} 1 & 2 & 3 \\ 4 & 5 & 6 \end{pmatrix}$$

[식 A.1]

행수와 열수가 같은 행렬을 **정방 행렬**이라고 부릅니다. 그리고 정방 행렬의 왼쪽 위와 오른쪽 아래를 연결하는 대각선에 해당하는 부분에 위치하는 성분, 즉 행 번호와 열 번호가 같은 성분을 **대각 성분**이라고 부릅니다. 대각 성분 이외의 값이 모두 0인 행렬을 **대각 행렬**이라고 부릅니다. 특히 대각 성분이 모두 1인 대각 행렬을 **단위행렬** I라고 부릅니다. 그리고 대각 성분을 포함해 모든 성분이 0인 행렬을 **영행렬** O라고 부릅니다.

다음은 3×3 대각 행렬입니다.

$$\begin{pmatrix} 3 & 0 & 0 \\ 0 & 2 & 0 \\ 0 & 0 & 1 \end{pmatrix}$$

넘파이에서는 2차원 배열로 행렬을 표현합니다. 예를 들어 [식 A.1]에 해당하는 행렬은 다음과 같이 정의할 수 있습니다.

```python
import numpy as np

a = np.array([
    [1, 2, 3],
    [4, 5, 6],])

print(a)
# [[1 2 3]
#  [4 5 6]]
```

또한 행렬의 형태(행수와 열수)는 shape 속성으로 확인할 수 있습니다.

```python
print(a.shape)  # (2, 3)
```

단위행렬은 np.identity를 이용해 생성합니다. 인수는 단위행렬의 행수(또는 열수)입니다. 다음은 3×3 단위행렬을 생성하는 코드입니다.

```python
print(np.identity(3))

# [[1. 0. 0.]
#  [0. 1. 0.]
#  [0. 0. 1.]]
```

영행렬은 np.zeros를 이용해 생성합니다. 인수는 행렬의 형태입니다. 4×3의 영행렬을 생성하는 코드입니다.

```
print(np.zeros((4, 3)))

# [[0. 0. 0.]
#  [0. 0. 0.]
#  [0. 0. 0.]
#  [0. 0. 0.]]
```

행렬의 대각 성분은 np.diag 메서드를 이용해 얻습니다.

```
A = np.array([[1, 2, 3],
              [4, 5, 6],
              [7, 8, 9]])
print(np.diag(A))
# [1 5 9]
```

A.2 행렬의 합

2개 행렬에서 행수와 열수가 같으면 그 합을 정의할 수 있습니다. 2개 행렬의 합은 다음과 같이 대응하는 성분끼리 합을 계산해서 구합니다.

$$\begin{pmatrix} 2 & 8 \\ 7 & 4 \end{pmatrix} + \begin{pmatrix} 4 & 2 \\ 3 & 1 \end{pmatrix} = \begin{pmatrix} 6 & 10 \\ 10 & 5 \end{pmatrix}$$

넘파이에서도 넘파이 배열끼리의 합으로 정의됩니다. 파이썬의 일반 배열과 동작이 다르다는 점을 주의하기 바랍니다.

```
A = np.array([[2, 8],
              [7, 4]])
B = np.array([[4, 2],
              [3, 1]])
print(A + B)
# [[ 6 10]
#  [10 5]]
```

```
A = [[2, 8],
     [7, 4]]
B = [[4, 2],
     [3, 1]]
print(A + B)
# [[2, 8], [7, 4], [4, 2], [3, 1]]
# 파이썬 배열에서는 연결 조작이 됨
```

A.3 행렬의 곱

행렬의 곱에 관해서는 성분끼리 곱셈을 하지 않으므로 주의해야 합니다. 다음 2개 행렬 A, B 의 곱을 생각해봅니다. 단 A는 $m \times n$ 행렬, B는 $n \times r$ 행렬입니다.

$$A = \begin{pmatrix} a_{1,1} & \cdots & a_{1,n} \\ \vdots & \ddots & \vdots \\ a_{m,1} & \cdots & a_{m,n} \end{pmatrix}, B = \begin{pmatrix} b_{1,1} & \cdots & b_{1,r} \\ \vdots & \ddots & \vdots \\ b_{n,1} & \cdots & b_{n,r} \end{pmatrix}$$

이 2개를 곱한 행렬 $C = AB$는 $m \times r$ 행렬이며, 그 (i,j) 성분은 $c_{i,j} = \sum_{h=1}^{n} a_{i,h} b_{h,j}$로 나타낼 수 있습니다. 이것은 [그림 A-1]과 같이 행렬 A의 i번째 행의 벡터 $\boldsymbol{a}_i^\top$과 j번째 행의 열의 벡터 $\boldsymbol{b}_j'$의 내적을 구한 것이라고 생각하면 이해하기 쉽습니다.

그림 A-1 행렬의 곱 $C = AB$의 (i,j) 성분은 A의 i 행벡터와 B의 j 열벡터의 내적에 해당한다.

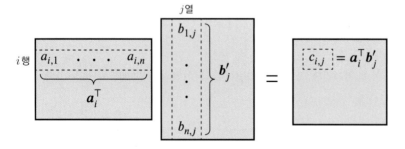

이 정의에서 알 수 있듯이 행렬 사이의 곱셈을 정의하기 위해서는 첫 번째(왼쪽) 행렬의 열수와 두 번째(오른쪽) 행렬의 행수가 일치해야 합니다. 그리고 첫 번째 행렬의 행수와 두 번째 행렬

의 열수가 곱셈을 한 행렬의 행수와 열수에 일치합니다. 이를 그림으로 나타내면 [그림 A−2]와 같습니다.

그림 A-2 행렬의 곱과 각 행렬의 행수와 열수의 관계

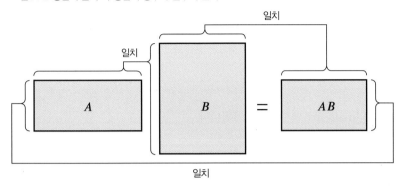

일반적으로 행렬의 곱에는 순서가 있고, 그 순서를 변경할 수 없음에 주의합니다. 즉, $AB = BA$가 성립한다고 단정할 수 없다는 것입니다. $AB = BA = I$가 성립할 때 행렬 B는 A의 **역행렬**이라고 부르며 A^{-1}이라고 표시합니다. 또한 단위행렬은 다른 행렬에 곱하더라도 그 결과를 바꾸지 않습니다. 다시 말해, 임의의 행렬 A에 대해서 곱셈을 정의할 수 있는 한 $A = AI = IA$ 가 성립합니다. 그리고 이 식에 관해서 $A = I$인 경우를 고려하면 분명히 $I^{-1} = I$입니다.

다음에 2×3 행렬과 3×2 행렬의 곱의 예를 나타냈습니다.

$$\begin{pmatrix} 1 & 2 & 3 \\ 4 & 5 & 6 \end{pmatrix} \begin{pmatrix} 1 & 3 \\ 5 & 7 \\ 9 & 11 \end{pmatrix} = \begin{pmatrix} 1 \times 1 + 2 \times 5 + 3 \times 9 & 1 \times 3 + 2 \times 7 + 3 \times 11 \\ 4 \times 1 + 5 \times 5 + 6 \times 9 & 4 \times 3 + 5 \times 7 + 6 \times 11 \end{pmatrix}$$

$$= \begin{pmatrix} 38 & 50 \\ 83 & 113 \end{pmatrix}$$

앞의 계산을 넘파이로 기술해봅니다. 행렬의 곱에는 넘파이 배열의 dot 메서드 혹은 넘파이 모듈의 np.dot 메서드를 이용합니다.

```
A = np.array([[1, 2, 3],
              [4, 5, 6]])
```

```
B = np.array([[1,  3],
              [5,  7],
              [9, 11]])
print(A.dot(B))
# [[ 38  50]
#  [ 83 113]]

print(np.dot(A, B))
# [[ 38  50]
#  [ 83 113]]
```

역행렬을 구할 때는 np.linalg.inv 메서드를 이용합니다.

```
A = np.array([[1, 2],
              [3, 4]])
invA = np.linalg.inv(A)
print(invA)
# [[-2.   1. ]
#  [ 1.5 -0.5]]
```

이 역행렬과 원래 행렬의 곱이 단위행렬이 되는 것은 다음 코드에서 확인할 수 있습니다.
np.allclose는 주어진 2개 배열이 거의 같다는 것을 평가하는 메서드입니다.

```
print(np.allclose(invA.dot(A), np.identity(2)))  # True
```

마찬가지로 행렬과 벡터의 곱을 생각해볼 수 있습니다. n차원 벡터 $x = (x_1, \cdots, x_n)^\top$을 가정
했을 때 $m \times n$ 행렬 A와 벡터 x의 곱은 다음과 같이 나타낼 수 있습니다.

$$
\begin{aligned}
Ax &= \begin{pmatrix} a_{1,1} & \cdots & a_{1,n} \\ \vdots & \ddots & \vdots \\ a_{m,1} & \cdots & a_{m,n} \end{pmatrix} \begin{pmatrix} x_1 \\ \vdots \\ x_n \end{pmatrix} \\
&= \begin{pmatrix} a_{1,1}x_1 + \cdots + a_{1,n}x_n \\ \vdots \\ a_{m,1}x_1 + \cdots + a_{m,n}x_n \end{pmatrix} \\
&= \begin{pmatrix} \sum_{h=1}^{n} a_{1,h}x_h \\ \vdots \\ \sum_{h=1}^{n} a_{m,h}x_h \end{pmatrix}
\end{aligned}
$$

여기에서 곱이 m차원 벡터인 점에 주의합니다. 그러므로 $m \times n$ 행렬을 벡터로 왼쪽부터 곱하는 것은 n차원 벡터를 m차원 벡터로 변환하는 것에 해당합니다.

그리고 곱셈을 정의하기 위해서는 곱셈의 왼쪽에 위치하는 행렬 A의 열수와 곱셈의 오른쪽에 위치하는 벡터 x의 차원수가 일치해야 합니다. 이것은 열벡터 x를 $n \times 1$ 행렬로 보면 [그림 A-2]의 관계로부터 자연스럽게 도출할 수 있습니다.

행렬과 벡터의 곱셈에도 행렬끼리의 곱과 마찬가지로 dot 메서드를 이용합니다. 벡터는 넘파이의 1차원 배열로 기술할 수 있으며, 이를 행렬의 dot 메서드의 인수로 전달해서 그 곱을 계산할 수 있습니다. 이때 반환되는 값도 벡터, 즉 넘파이의 1차원 배열임에 주의합니다.

```python
A = np.array([[1, 2, 3],
              [4, 5, 6]])
x = np.array([2, 4, 5])
print(A.dot(x))  # [25 58]
print(x.shape)   # (3, )
```

경우에 따라서 벡터를 열수가 1인 행렬로 다루고 싶을 때도 있습니다. 그때는 다음과 같이 2차원 배열로 벡터를 기술해서 곱을 구할 수 있습니다. 이때는 반환되는 값도 행렬, 다시 말해 넘파이의 2차원 배열이 됩니다.

```python
x = np.array([[2],
              [4],
              [5]])
print(A.dot(x))
# [[25]
#  [58]]

print(x.shape)
#(3, 1)
```

A.4 행렬의 전치

전치transpose란 행렬의 행과 열을 바꾸는 조작입니다. 행렬 A를 전치한 행렬을 전치행렬 $A^{\top}$이라고 표시합니다. $m \times n$ 행렬 A의 전치행렬 $A^\top$은 $n \times m$ 행렬이 됩니다. 이때 $A^\top$의 (i, j) 성분은 $a_{j,i}$가 됩니다. 그리고 전치행렬이 원행렬과 일치하는, 다시 말해 $A = A^\top$을 만족하는 정방행렬 A를 **대칭행렬**이라고 부릅니다.

두 행렬의 곱의 전치행렬을 생각하면 다음 관계가 성립합니다.

$$(AB)^\top = B^\top A^\top$$

이것은 각 행렬의 (i, j) 성분에 주목하면 확인할 수 있습니다. 행렬의 곱 AB의 (i, j) 성분은 $\sum_{h=1}^{n} a_{i,h} b_{h,j}$로 나타낼 수 있으므로 그 전치행렬 $(AB)^\top$의 (i, j) 성분은 i와 j를 바꾼 $\sum_{h=1}^{n} a_{j,h} b_{h,i}$가 됩니다. 한편 $B^\top$의 i행은 $b_{1,i}, \cdots, b_{n,i}$, $A^\top$의 j열은 $a_{j,1}, \cdots, a_{j,n}$이므로 그 곱 $B^\top A^\top$의 (i, j) 성분은 $\sum_{h=1}^{n} b_{h,i} a_{j,h}$가 됩니다. $\sum_{h=1}^{n} b_{h,i} a_{j,h} = \sum_{h=1}^{n} a_{j,h} b_{h,i}$이므로 $(AB)^\top$과 $B^\top A^\top$의 (i, j) 성분이 같은, 즉 $(AB)^\top = B^\top A^\top$임을 알 수 있습니다.

넘파이에서 전치행렬은 넘파이 배열의 T 속성으로 얻을 수 있습니다.

```
A = np.array([[1, 2, 3],
              [4, 5, 6]])
print(A.T)
# [[1 4]
# [2 5]
# [3 6]]
```

로지스틱 회귀상에서의 톰슨 샘플링

6장에서는 선형 회귀 모델을 가정하고 일련의 계산을 통해 파라미터 w의 사후 분포를 구했습니다. 여기에서는 로지스틱 회귀 모델의 파라미터의 사후 분포를 베이즈 추론해서 슬롯머신 알고리즘, 특히 톰슨 샘플링에 접속하는 방법을 설명합니다.

B.1 베이즈 로지스틱 회귀

먼저 6.4절과 마찬가지로 베이즈 추론에 필요한 컴포넌트, 가능도 함수 및 사전 분포 정리부터 시작합니다. 우선 가능도 함수에 관해 생각해봅니다. 로지스틱 회귀에서는 각 솔루션 x의 보상 기댓값 θ_x에 다음 식의 관계를 가정했습니다.

$$\theta_x = \text{logistic}\left(\phi(x)^\top w\right)$$

그리고 보상 r은 이 기댓값 파라미터 θ_x를 가진 베르누이 분포로부터 생성된다고 생각합니다. 그러므로 가능도 함수 $p(r \mid \theta_x)$는 다음 식과 같이 계산할 수 있습니다.

$$\begin{aligned}
p(r \mid \theta_x) &= \text{Bernoulli}(\theta_x) \\
&= \theta_x^r (1 - \theta_x)^{1-r} \\
&= \left(\text{logistic}\left(\phi(x)^\top w\right)\right)^r \left(1 - \text{logistic}\left(\phi(x)^\top w\right)\right)^{1-r}
\end{aligned}$$

$$= \left(\frac{1}{1 + \exp\left(-\phi(\boldsymbol{x})^\top \boldsymbol{w}\right)} \right)^r \left(\frac{\exp\left(-\phi(\boldsymbol{x})^\top \boldsymbol{w}\right)}{1 + \exp\left(-\phi(\boldsymbol{x})^\top \boldsymbol{w}\right)} \right)^{1-r}$$

$$= \left(\frac{\exp\left(\phi(\boldsymbol{x})^\top \boldsymbol{w}\right)}{\exp\left(\phi(\boldsymbol{x})^\top \boldsymbol{w}\right) + 1} \right)^r \left(\frac{1}{\exp\left(\phi(\boldsymbol{x})^\top \boldsymbol{w}\right) + 1} \right)^{1-r}$$

$$= \frac{\left(\exp\left(\phi(\boldsymbol{x})^\top \boldsymbol{w}\right) \right)^r}{\exp\left(\phi(\boldsymbol{x})^\top \boldsymbol{w}\right) + 1}$$

다음으로 파라미터 $\boldsymbol{w}$의 사전 분포 $p(\boldsymbol{w})$를 생각해봅니다. 6.4절과 마찬가지로 다차원 정규 분포를 설정합니다. 간단하게 다룰 수 있게 하기 위해 평균은 영벡터, 분산은 단위행렬의 정수배로 가정합니다. 즉, $\boldsymbol{\mu}_0 = \boldsymbol{0}$, $\Sigma_0 = \sigma_0^2 I$로 합니다.

$$p(\boldsymbol{w}) = \mathcal{N}(\boldsymbol{\mu}_0, \Sigma_0)$$

$$= \mathcal{N}(\boldsymbol{0}, \sigma_0^2 I)$$

$$= \frac{1}{(\sqrt{2\pi})^m \sigma_0} \exp\left(-\frac{\boldsymbol{w}^\top \boldsymbol{w}}{2\sigma_0^2} \right)$$

이상을 베이즈 정리에 적용하면 파라미터 $\boldsymbol{w}$의 사후 분포는 다음과 같이 나타낼 수 있습니다. 단, D는 시각 T까지 선택한 솔루션과 얻어진 보상의 이력 $\{(\boldsymbol{x}_1, r_1), \cdots, (\boldsymbol{x}_T, r_T)\}$로 합니다.

$$p(\boldsymbol{w} \mid D) \propto p(\boldsymbol{w}) p(D \mid \boldsymbol{w})$$

$$\propto \frac{1}{(\sqrt{2\pi})^m \sigma_0} \exp\left(-\frac{\boldsymbol{w}^\top \boldsymbol{w}}{2\sigma_0^2} \right) \prod_{t=1}^{T} \frac{\left(\exp\left(\phi(\boldsymbol{x}_t)^\top \boldsymbol{w}\right) \right)^{r_t}}{\exp\left(\phi(\boldsymbol{x}_t)^\top \boldsymbol{w}\right) + 1} \qquad \text{[식 B.1]}$$

톰슨 샘플링에 로지스틱 회귀 모델을 응용하기 위해서는 이 사후 분포로부터 파라미터를 샘플링해야 합니다. 그렇기 위해서는 정규 분포 등의 잘 알려진 분포에 의해 이 사후 분포를 근사하는 것으로 수식 계산 라이브러리에 포함된 난수 생성기를 이용해 그 목적을 달성할 수 있습니다. 그리고 확률 분포의 근사를 생각한다면 확률 밀도가 높은 곳에서 근사를 한 쪽이 원래 확률 분포의 특성을 잘 나타냅니다. 이처럼 최빈값을 중심으로 하고 있는 확률 분포를 정해 정규 분포를 이용해 근사하는 것을 **라플라스 근사**^{Laplace Approximation}라고 합니다. 라플라스 근사를 통해 이 사후 분포를 정규 분포를 이용해 근사하면 파라미터의 샘플이 간단해지므로 톰슨 샘플링에 응용할 수 있습니다(그림 B-1).

그림 B-1 라플라스 근사의 이미지. 근사된 확률 분포의 확률 밀도 함수의 대수 $\log p(x)$를 실선, 근사한 정규 분포의 확률 밀도 함수의 대수 $\log q(x)$를 점선으로 나타냈다. 그리고 최빈값에서의 확률 분포가 일치하도록 상수항을 조정했다. 정규 분포는 대수를 취하면 위로 꺾이는 2차 함수가 되므로 이 포물선에 따라 목적한 확률 분포를 최빈값 주변으로 근사한다.

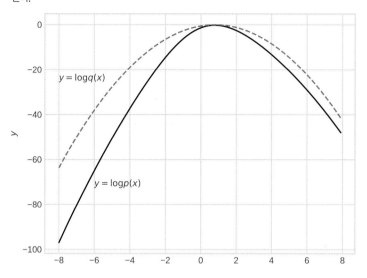

그러기 위해서는 먼저 사후 분포가 극대가 되는 위치를 찾아내야 하나 [식 B.1]에서 극대점을 직접 구하기는 어렵습니다. 대수 함수 $\log x$는 증가함수이므로 사후 분포의 확률 밀도 함수의 대수가 극대가 되는 점은 원래 확률 밀도 함수가 극대가 되는 점과 일치합니다. 또한 함수 전체의 양과 음을 반전시켜도 극솟값을 구하면 동일한 목적을 달성할 수 있습니다. 그러므로 여기에서는 계산을 간단히 하기 위해 사후 분포의 음의 대수 $-\log(p(\boldsymbol{w} \mid D))$가 극소가 되는 점을 찾도록 합니다.

다음에 사후 분포의 음의 대수를 나타냈습니다.

$$-\log(p(\boldsymbol{w} \mid D)) \propto -\log\left(\frac{1}{(\sqrt{2\pi})^m \sigma_0}\right) + \frac{\boldsymbol{w}^{\top}\boldsymbol{w}}{2\sigma_0^2}$$

$$-\sum_{t=1}^{T}\left(r_t\boldsymbol{\phi}(\boldsymbol{x}_t)^{\top}\boldsymbol{w}\right) + \sum_{t=1}^{T}\log\left(\exp\left(\boldsymbol{\phi}(\boldsymbol{x}_t)^{\top}\boldsymbol{w}\right) + 1\right)$$

어떤 함수의 극솟값은 필요조건으로 기울기 0을 가지므로 먼저 그에 해당하는 점을 찾도록 합니다. 이 사후 분포의 음의 대수를 파라미터 $\boldsymbol{w}$에 대해 미분한 기울기 벡터 $\boldsymbol{g}(\boldsymbol{w})$를 생각해봅니다.

$$g(\boldsymbol{w}) = -\nabla_{\boldsymbol{w}} \log\left(p(\boldsymbol{w} \mid D)\right)$$

$$= \frac{\boldsymbol{w}}{\sigma_0^2} - \sum_{t=1}^{T} r_t \phi(\boldsymbol{x}_t) + \sum_{t=1}^{T} \frac{\phi(\boldsymbol{x}_t) \exp\left(\phi(\boldsymbol{x}_t)^{\top} \boldsymbol{w}\right)}{\exp\left(\phi(\boldsymbol{x}_t)^{\top} \boldsymbol{w}\right) + 1} \qquad \text{[식 B.2]}$$

$$= \frac{\boldsymbol{w}}{\sigma_0^2} + \sum_{t=1}^{T} \phi(\boldsymbol{x}_t) \left(\text{logistic}(\phi(\boldsymbol{x}_t)^{\top} \boldsymbol{w}) - r_t\right)$$

파라미터 $\boldsymbol{w}$에 대한 미분이므로 $\boldsymbol{w}$가 포함되지 않는 항은 사라지는 점에 주의합니다.

우리는 $g(\hat{\boldsymbol{w}}) = 0$이 되는 점 $\hat{\boldsymbol{w}}$을 찾고자 하며, 이를 위해 몇 가지 방법을 이용할 수 있습니다. 예를 들어 기울기가 0에 가까운 값이 될 때까지 기울기와 반대 부호의 작은 값을 더해나가는 방법을 널리 이용합니다. 이는 **경사하강법**^{Gradient descent}이라 불리는 아이디어로, 함수의 극솟값을 구하는 데 널리 이용하고 있습니다. 여기에서는 기울기를 한 번 더 미분한 정보를 이용해 효율적인 탐색을 실현하는 **뉴턴법**^{Newton's method}을 이용해 $\hat{\boldsymbol{w}}$을 구하겠습니다.

뉴턴법은 다음 식으로 업데이트를 반복해서 $f(x) = 0$을 만족하는 점 x의 근사 솔루션을 얻는 방법입니다.

$$x_{s+1} = x_s - \frac{f(x_s)}{f'(x_s)} \qquad \text{[식 B.3]}$$

이 업데이트 식에 따라 근사 해를 얻을 수 있는 이유는 [그림 B-2]를 보면 쉽게 알 수 있습니다.

그림 B-2 뉴턴법의 이미지

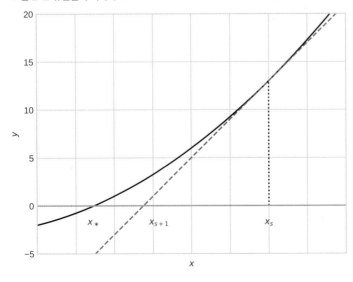

검은 실선으로 나타낸 목적 함수 $y = f(x)$에 대해 어떤 점 x_s에서 접하는 접선을 점선으로 나타냈습니다. 그리고 그 접선과 x축이 교차하는 점을 x_{s+1}로 합니다. 이때 접점 $(x_s, f(x_s))$와 x축 상의 두 점 $(x_s, 0)$, $(x_{s+1}, 0)$으로 만들어지는 삼각형에 주목하면 다음 관계가 성립함을 알 수 있습니다.

$$f'(x_s) \times (x_s - x_{s+1}) = f(s)$$

이 식을 x_{s+1}에 관해 풀면 [식 B.3]을 얻을 수 있습니다.

이 방법을 우리가 생각하는 기울기 벡터에 대해 응용해봅니다. 기울기 벡터의 미분 $\nabla_{\boldsymbol{w}} \boldsymbol{g}(\boldsymbol{w})$를 생각해보면 다음 **헤세 행렬**^{Hessian matrix}을 얻을 수 있습니다.

$$H(\boldsymbol{w}) = \nabla_{\boldsymbol{w}} \boldsymbol{g}(\boldsymbol{w})$$

[식 B.4]

$$= \frac{I}{\sigma_0^2} + \sum_{t=1}^{T} \boldsymbol{\phi}(\boldsymbol{x}_t)\boldsymbol{\phi}(\boldsymbol{x}_t)^{\top} \text{logistic}(\boldsymbol{\phi}(\boldsymbol{x}_t)^{\top}\boldsymbol{w}) \left(1 - \text{logistic}(\boldsymbol{\phi}(\boldsymbol{x}_t)^{\top}\boldsymbol{w})\right)$$

이 결과를 뉴턴법에 대입해 파라미터 $\boldsymbol{w}$의 사후 분포의 음의 대수의 최솟값의 근사값 $\hat{\boldsymbol{w}}$을 주는 업데이트 식을 얻을 수 있습니다.

$$\boldsymbol{w}_{s+1} = \boldsymbol{w}_s - H^{-1}(\boldsymbol{w}_s)\boldsymbol{g}(\boldsymbol{w}_s)$$

[식 B.5]

위 방법으로 $\hat{\boldsymbol{w}}$을 구했다면 마지막으로 이 사후 분포를 라플라스 근사를 이용해 정규 분포로 근사화합니다. 사후 분포의 음의 대수는 극솟값 $\hat{\boldsymbol{w}}$ 주변에서 다음 식과 같이 근사화할 수 있습니다.

$$-\log(p(\boldsymbol{w} \mid D)) = f(\hat{\boldsymbol{w}}) + (\boldsymbol{w} - \hat{\boldsymbol{w}})^{\top}\boldsymbol{g}(\hat{\boldsymbol{w}}) + \frac{1}{2}(\boldsymbol{w} - \hat{\boldsymbol{w}})^{\top}H(\hat{\boldsymbol{w}})(\boldsymbol{w} - \hat{\boldsymbol{w}}) + \cdots$$

$$\approx \frac{1}{2}(\boldsymbol{w} - \hat{\boldsymbol{w}})^{\top}H(\hat{\boldsymbol{w}})(\boldsymbol{w} - \hat{\boldsymbol{w}}) + (\text{상수})$$

이처럼 임의의 관계를 어떤 점 주변의 도함수로 만들어진 항들의 합으로 나타내는 기법을 **테일러 급수**^{Taylor series}라고 부릅니다. 이 합은 무한히 계속되지만 3차항 이후는 무시할 수 있을 정도로 작기 때문에 2차항까지만 계산합니다. 여기에서 1차항은 $\boldsymbol{g}(\hat{\boldsymbol{w}}) = \boldsymbol{0}$이므로 0이 되는 것에 주의합니다. 또한 $\boldsymbol{w}$를 포함하지 않는 항은 상수로 모았습니다.

여기에서 전체에 지수 함수를 걸어 log를 제거하면 다음 식을 얻을 수 있습니다. 이것은 평균 $\hat{\boldsymbol{w}}$ 과 분산 $H^{-1}(\boldsymbol{w})$를 가진 다차원 정규 분포에 해당합니다.

$$p(\boldsymbol{w} \mid D) \approx (\text{상수}) \exp\left(-\frac{1}{2}(\boldsymbol{w} - \hat{\boldsymbol{w}})^{\top} H(\hat{\boldsymbol{w}})(\boldsymbol{w} - \hat{\boldsymbol{w}})\right) = \mathcal{N}(\hat{\boldsymbol{w}}, H^{-1}(\boldsymbol{w})) \quad \text{[식 B.6]}$$

이상으로 로지스틱 회귀에 대한 파라미터 $\boldsymbol{w}$의 사후 분포를 정규 분포로 근사화했습니다. 정규 분포로부터 난수를 생성하는 것은 비교적 쉬우므로 이제 로지스틱 회귀를 톰슨 샘플링에 응용할 준비가 되었다고 볼 수 있습니다.

B.2 로지스틱 회귀 톰슨 샘플링

지금까지의 논의 내용을 바탕으로 로지스틱 회귀를 응용한 톰슨 샘플링, 즉 **로지스틱 회귀 톰슨 샘플링**logistic regression Thompson sampling을 이용해 탐색하는 에이전트를 구현해봅니다. 구현 예제 코드는 다음과 같습니다.

```python
import numpy as np
from matplotlib import pyplot as plt

arms = [[0, 0], [0, 1], [1, 0], [1, 1]]
logistic = lambda x: 0 if x < -500 else 1 / (1 + np.exp(-x))

class Env(object):
  def p(arm):
    p = logistic(arm[0] * 0.2 + arm[1] * 0.8 - 4)
    return p

  def react(arm):
    return 1 if np.random.random() < Env.p(arm) else 0

  def opt():
    return np.argmax([Env.p(arm) for arm in arms])

class LogisticRegressionTSAgent(object):

  def __init__(self):
    self.phis = np.array([[arm[0], arm[1], 1] for arm in arms]).T
```

```python
        self.sigma = 1
        self.hatw = np.zeros((self.phis.shape[0], 1))
        self.invH = None
        self.selected_arms = []
        self.rewards = []

    def get_arm(self):
        if (len(self.selected_arms) % 100 == 0): self.update()
        w = np.random.multivariate_normal(self.hatw[:, 0], self.invH)
        est = self.phis.T.dot(w)
        return np.argmax(est)

    def update(self):
        for i in range(10):
            g = self.get_g()
            self.invH = self.get_invH()
            diff = self.invH.dot(g)
            self.hatw = self.hatw - diff
            if (np.linalg.norm(diff) < 0.0001): break

    def get_g(self):
        g = self.hatw / (self.sigma ** 2)
        for t, arm in enumerate(self.selected_arms):
            phi = self.phis[:, [arm]]
            g += phi * (logistic(phi.T.dot(self.hatw)) - self.rewards[t])
        return g

    def get_invH(self):
        H = np.identity(self.phis.shape[0]) / (self.sigma ** 2)
        for arm in self.selected_arms:
            phi = self.phis[:, [arm]]
            lpw = logistic(phi.T.dot(self.hatw))
            H += phi.dot(phi.T) * lpw * (1 - lpw)
        invH = np.linalg.inv(H)
        return invH

    def sample(self, arm_index, reward):
        self.selected_arms.append(arm_index)
        self.rewards.append(reward)
```

첫 부분에서 선택지 arms와 로지스틱 함수 logistic을 나타내는 logistic을 정의했습니다. 지수 함수 np.exp에 1,000 정도의 큰 값을 전달하면 오버플로가 발생하므로 logistic으로의 입력이 −500보다 작을 때는 출력이 0에 충분히 가까우므로 0을 반환하도록 보완했습니다.

환경 클래스 Env의 구현은 6장의 것과 같습니다. 에이전트 LogisticRegressionTSAgent는 LinUCBAgent와 마찬가지로 특징량 self.phis를 가집니다. 그리고 BernoulliTSAgent와 마찬가지로 선택한 솔루션의 이력 self.selected_arms와 관측한 보상의 이력 self.rewards를 가집니다.

추가로 LogisticRegressionTSAgent는 파라미터 w의 사전 분포의 분산을 나타내는 self.sigma를 멤버 변수로 가집니다. 사전 분포로 밑단의 넓은 분포를 설정하므로 여기에서는 값을 10으로 합니다. 그리고 사후 최대 확률을 부여하는 파라미터의 추정량 $\hat{w}$에 해당하는 self.hatw, 헤세 행렬의 역행렬 $H^{-1}(w)$에 해당하는 self.invH를 멤버 변수로 가집니다.

선택지를 결정하는 get_arm 메서드에서는 [식 B.6]을 이용해 파라미터 w의 사후 분포 $\mathcal{N}(\hat{w}, H^{-1}(w))$로부터 샘플을 생성하고, 추정 기댓값 $\theta_x = \text{logistic}(w^\top \phi(x))$를 최대로 하는 솔루션 x의 인덱스를 반환합니다. logistic은 증가함수이므로 $\text{logistic}(w^\top \phi(x))$가 최대가 되는 솔루션을 선택하는 것과 $w^\top \phi(x)$가 최대가 되는 솔루션을 선택하는 것은 동일합니다. 구현에서는 logistic의 계산을 생략했습니다. 샘플 생성을 위해 필요한 값들을 업데이트하기 위해서는 역행렬 계산을 포함하는 시간이 소요되는 계산을 수행해야 합니다. 그렇기 때문에 여기에서는 100회에 1번만 값의 업데이트를 실행하는 메서드 update를 실행하도록 했습니다.

update 메서드는 파라미터 w의 샘플 생성에 필요한 값 self.hatw와 self.invH를 업데이트합니다. 이것은 [식 B.5]의 뉴턴법을 이용해 업데이트를 구현한 것입니다. np.linalg.norm은 주어진 벡터의 길이 $\|x\|$를 반환하는 함수입니다. 이 구현에서는 업데이트 차가 0.0001보다 작거나 10회 업데이트했을 때 뉴턴법에 따라 업데이트를 중지합니다.

get_g는 기울기 벡터 $b(w)$를 계산하는 메서드로 [식 B.2]를 그대로 코드로 옮겨 적은 것입니다. get_invH는 헤세 행렬의 역행렬 $H^{-1}(w)$를 계산하는 메서드입니다. 이 또한 [식 B.4]를 그대로 코드로 옮겨 적은 형태입니다.

이 알고리즘을 이용해 시뮬레이션해봅니다. 여기에서는 비교 대상 알고리즘으로 솔루션의 특징량을 고려하지 않는 베르누이 분포 상의 톰슨 샘플링인 BernoulliTSAgent를 설정했습니다. 예산은 지금까지와 마찬가지로 $T = 5000$으로 설정하고, 시뮬레이션을 500회 실행한 경우에 최적 솔루션을 선택하는 정답률 추이를 [그림 B-3]에 표시했습니다.

실제 시뮬레이션을 실행해보면 알 수 있지만 이번 알고리즘은 역행렬 계산을 포함하므로 다소 실행에 시간이 걸립니다. 그래서 여기에서는 역행렬 처리를 실행하는 라이브러리 joblib를 이용해 속도를 높였습니다. 이 방법을 이용해서 동시에 다수의 시뮬레이션을 실행할 수 있습니다. 각 시뮬레이션은 독립이므로 병렬 처리한 뒤 마지막에 결과를 종합하면 됩니다.

> **NOTE_** 다음 코드를 실행할 때는 5장의 BernoulliTSAgent 클래스 소스 코드를 복사하여 새로운 셀에 붙여 넣은 뒤 실행하기 바랍니다.

```python
from joblib import Parallel, delayed

n_step = 5000

def sim(Agent):
    agent = Agent()
    selected_arms = []
    earned_rewards = []
    for step in range(n_step):
        arm_index = agent.get_arm()
        reward = Env.react(arms[arm_index])
        agent.sample(arm_index, reward)
        selected_arms.append(arm_index)
        earned_rewards.append(reward)
    return (selected_arms, earned_rewards)

n_arms = len(arms)
n_iter = 500
results = Parallel(n_jobs=-1)([
    delayed(sim)(LogisticRegressionTSAgent) for _ in range(n_iter)])
selected_arms_lr = np.array([i[0] for i in results])
earned_rewards_lr = np.array([i[1] for i in results])
results = Parallel(n_jobs=-1)([
    delayed(sim)(BernoulliTSAgent) for _ in range(n_iter)])
selected_arms_ber = np.array([i[0] for i in results])
earned_rewards_ber = np.array([i[1] for i in results])
plt.plot(np.mean(selected_arms_lr==Env.opt(), axis=0),
    label='Logistic Regression TS')
plt.plot(np.mean(selected_arms_ber==Env.opt(), axis=0),
    label='Bernoulli TS')
plt.xlabel(r'$t$')
plt.ylabel(r'$\mathbb{E}[x(t) = x^*]$')
plt.legend()
plt.show()
```

그림 B-3 로지스틱 회귀 모델 상에 톰슨 샘플링을 이용한 정답률 추이

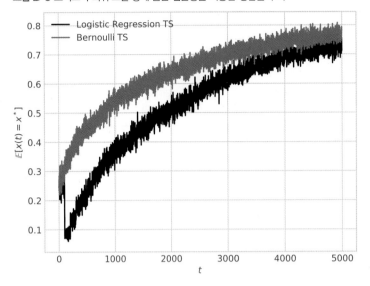

정답률 추이에 따르면 예산을 모두 이용한 시점에서는 같은 정도의 정답률에 도달했지만 로지스틱 회귀 모델 상의 톰슨 샘플링 쪽이 성능이 좋지 않아 보입니다.

마찬가지로 누적 보상에 관해서도 시각화한 결과를 [그림 B-4]에 표시했습니다.

```python
plt.plot(np.mean(np.cumsum(earned_rewards_lr, axis=1), axis=0),
    label='Logistic Regression TS')
plt.plot(np.mean(np.cumsum(earned_rewards_ber, axis=1), axis=0),
    label='Bernoulli TS')
plt.xlabel(r'$t$')
plt.ylabel('Cumulative reward')
plt.legend()
plt.show()
```

그림 B-4 로지스틱 회귀 모델 상의 톰슨 샘플링에 따른 누적 보상 추이

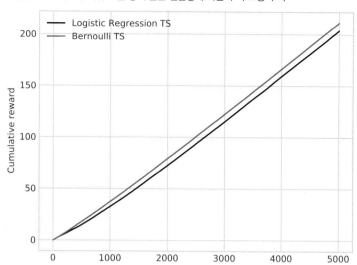

누적 보상 이력에서도 로지스틱 회귀 모델 상의 톰슨 샘플링 쪽이 다소 좋지 않아 보입니다.

이 문제 설정에서는 특징량의 고려 유무와 관계없이 성능에 큰 차이가 없는 것 같습니다. 시험 삼아 솔루션을 구성하는 변수가 하나 증가했을 때를 가정해 시뮬레이션을 해봅니다. 즉, 0 또는 1이라는 2개 값을 갖는 새로운 변수 $x_3 \in \{0, 1\}$을 고려해 솔루션을 $\boldsymbol{x} = (x_1, x_2, x_3)^\top$으로 나타내는 것으로 합니다. 따라서 선택지 수는 $2^3 = 8$이 됩니다. 이 조건에서 환경이 $\theta = \text{logistic}(0.2x_1 + 0.8x_2 - 0.5x_3 - 4)$인 기댓값 기반으로 에이전트에 보상을 주는 문제를 생각해봅니다. x_3의 계수가 마이너스라는 점에 주의하면 $\boldsymbol{x}_* = (1, 1, 0)^\top$이 되는 솔루션이 최적 솔루션이 됩니다.

이 문제 설정에서 같은 시뮬레이션을 실행했을 때의 정답률과 누적 보상의 추이를 [그림 B-5]와 [그림 B-6]에 표시했습니다. 2변수의 경우와 달리 3변수 문제에서는 로지스틱 회귀상의 톰슨 샘플링을 이용할 때 솔루션의 특징량을 고려하지 않는 톰슨 샘플링보다 빠르게 보상을 최대화하는 것을 알 수 있습니다. 솔루션이 보다 많은 변수로 구성된 경우에는 각각의 솔루션을 모두 독립한 것으로 보는 것이 아니라 그 특징량으로 보는 것의 장점이 커진다고 기대할 수 있습니다. 이외에 선형 모델 상에서 슬롯머신 알고리즘을 구성하는 방법에 관한 자세한 내용은 참고문헌 [35]를 참조하기 바랍니다.

그림 B-5 선택지가 많은 환경에서의 로지스틱 회귀 모델 상의 톰슨 샘플링에 따른 정답률 추이

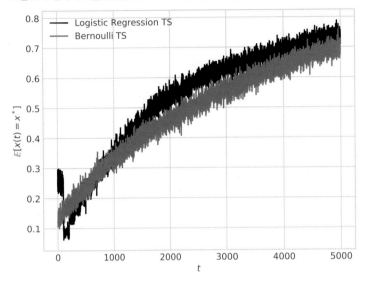

그림 B-6 선택지가 많은 환경에서의 로지스틱 회귀 모델 상의 톰슨 샘플링에 따른 누적 보상 추이

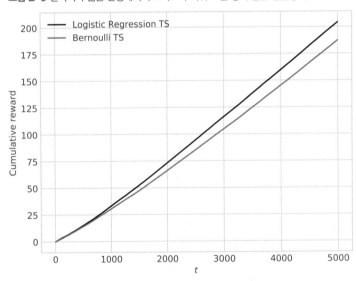

참고문헌

[1] Tim Ash, Maura Ginty, and Rich Page. "Landing Page Optimization: The Definitive Guide to Testing and Tuning for Conversions." Wiley, 2012.

[2] Arben Asllani and Alireza Lari. "Using Genetic Algorithm for Dynamic and Multiple Criteria Web-Site Optimizations." European Journal of Operational Research, 176(3): 1767 – 1777, 2007.

[3] Leonora Bianchi, Marco Dorigo, Luca Maria Gambardella, andWalter J. Gutjahr. "A Survey on Metaheuristics for Stochastic Combinatorial Optimization." Natural Computing, 8(2): 239 – 287, 2009.

[4] Christopher M. Bishop. "Pattern Recognition and Machine Learning." Springer, 2006. [일서] "パターン認識と機械学習" C.M. ビショップ 저／元田浩, 栗田多喜夫, 樋口知之, 松本裕治, 村田昇監 역／丸善出版 (2012)

[5] Eric Brochu, Vlad M. Cora, and Nando de Freitas. "A Tutorial onBayesian Optimization of Expensive Cost Functions, with Applicationto Active User Modeling and Hierarchical Reinforcement Learning." arXiv preprint arXiv:1012.2599, 2010.

[6] Cameron Davidson-Pilon. "Bayesian Methods for Hackers: Probabilistic Programming and Bayesian Inference." Addison-Wesley Professional, 2015. [일서] "Python で体験するベイズ推論PyMCによるMCMC入門" キャメロン・デビッドソン=ピロン 저／玉木徹 역／森北出版 (2017)

[7] Dan Siroker. "How Obama Raised $60 Million by Running a Simple Experiment." https://blog.optimizely.com/2010/11/29/how-obama-raised-60-million-by-running-a-simple-experiment/

[8] Cynthia Dwork, Vitaly Feldman, Moritz Hardt, Toniann Pitassi, Omer Reingold, and Aaron Roth. "The Reusable Holdout: Preserving Validity in Adaptive Data Analysis." Science, 349(6248): 636 – 638. 2015.

[9] Henning Hohnhold, Deirdre O'Brien, and Diane Tang. "Focusing on the Long-Term: It's Good for Users and Business." In Proceedings of the 21st ACM SIGKDD International Conference on Knowledge Discovery and Data Mining, 1849 – 1858. ACM, 2015.

[10] Ryan Holiday. "Growth Hacker Marketing: A Primer on the Future of PR, Marketing, and Advertising." Portfolio Trade, 2013. [일서] "グロースハッカー" ライアン・ホリデイ 저／佐藤由紀子 역／加藤恭輔 감수／日経BP (2013)

[11] Shuhei Iitsuka and Yutaka Matsuo. "Website Optimization Problem and Its Solutions." In Proceedings of the 21st ACM SIGKDD International Conference on Knowledge Discovery and Data Mining, 447 – 456. ACM, 2015.

[12] Greg Kochanski, Daniel Golovin, John Karro, Benjamin Solnik, Subhodeep Moitra, and D. Sculley. "Bayesian Optimization for a Better Dessert." In Proceedings of the 2017 NIPS Workshop on Bayesian Optimization. December 9, 2017, Long Beach, USA, 2017.

[13] Kirthevasan Kandasamy, Akshay Krishnamurthy, Jeff Schneider, and Barnabas Poczos. "Parallelised Bayesian Optimisation via Thompson Sampling." In Proceedings of the 21st International Conference on Artificial Intelligence and Statistics, Volume 84, 133 – 142. 2018.

[14] Diederik P. Kingma and Max Welling. "Auto-Encoding Variational Bayes." arXiv preprint arXiv:1312.6114, 2013.

[15] Ron Kohavi, Roger Longbotham, Dan Sommerfield, and Randal M. Henne. "Controlled Experiments on the Web: Survey and Practical Guide." Data Mining and Knowledge Discovery, 18(1): 140 – 181, 2009.

[16] Ron Kohavi and Roger Longbotham. "Unexpected Results in Online Controlled Experiments." ACM SIGKDD Explorations Newsletter, 12(2): 31 – 35, 2011.

[17] Ron Kohavi, Alex Deng, Roger Longbotham, and Ya Xu. "Seven Rules of Thumb for Web Site Experimenters." In Proceedings of the 20th ACM SIGKDD International Conference on Knowledge Discovery and Data Mining, 1857 – 1866. ACM, 2014.

[18] John K. Kruschke. "Doing Bayesian Data Analysis: A Tutorial with R, JAGS, and Stan. 2nd Edition." Academic Press, 2014. [일서] "ベイズ統計モデリング: R, JAGS, Stanによるチュートリアル" John K. Kruschke 저／前田和寛, 小杉考司監 역／共立出版 (2017)

[19] Matt J. Kusner, Brooks Paige, Jose Miguel Hernandez-Lobato. "Grammar Variational Autoencoder." In Proceedings of the 34th International Conference on Machine Learning, Volume 70, 1945 – 1954. ACM, 2017.

[20] Matthew Lewis. "Aesthetic Evolutionary Design with Data Flow Networks." Generative Art, 2000.

[21] Lihong Li, Wei Chu, John Langford, and Robert E. Schapire. "A Contextual-Bandit Approach to Personalized News Article Recommendation." In Proceedings of the 19th International Conference on World Wide Web, 661 – 670. ACM, 2010.

[22] Derek Lomas, Jodi Forlizzi, Nikhil Poonwala, Nirmal Patel, Sharan Shodhan, Kishan Patel, Ken Koedinger, and Emma Brunskill. "Interface Design Optimization as a Multi-Armed Bandit Problem." In Proceedings of the 2016 CHI Conference on Human Factors in Computing Systems, 4142 – 4153. ACM, 2016.

[23] Eric Ries. "The Lean Startup: How Today's Entrepreneurs Use Continuous Innovation to Create Radically Successful Businesses." Crown Books, 2011. [일서] "リーン・スタートアップムダのない起業プロセスでイノベーションを生みだす" エリック・リース 저／井口耕二 역／伊藤穣一 감수／日経BP (2012)

[24] Juan Romero and Penousal Machado. "The Art of Artificial Evolution: A Handbook on Evolutionary Art and Music." Springer Science & Business Media, 2008.

[25] Guido van Rossum. "Python チュートリアル 第3版." オライリー・ジャパン, 2016.

[26] Carl Edward Rasmussen and Christopher K. I. Williams. "Gaussian Processes for Machine Learning." The MIT Press, 2006.

[27] Niranjan Srinivas, Andreas Krause, Sham M. Kakade, and Matthias Seeger. "Gaussian Process Optimization in the Bandit Setting: No Regret and Experimental Design." In Proceedings of the 27th International Conference on Machine Learning, 1015 – 1022. 2010.

[28] Kenneth O. Stanley and Risto Miikkulainen. "Evolving Neural Networks through Augmenting Topologies." Evolutionary Computation, 10(2): 99 – 127, 2002.

[29] Richard S. Sutton and Andrew G. Barto. "Reinforcement Learning: An Introduction." The MIT Press, 2nd Edition, 2018.

[30] Georgios Theocharous, Philip S. Thomas, and Mohammad Ghavamzadeh. "Personalized Ad Recommendation Systems for Life-Time Value Optimization with Guarantees." In Proceedings of the 24th International Joint Conference on Artificial Intelligence, 1806 - 1812. 2015.

[31] Hideyuki Takagi. "Interactive Evolutionary Computation: Fusion of the Capabilities of EC Optimization and Human Evaluation." Proceedings of the IEEE, 89(9): 1275 - 1296, 2001.

[32] 古川正志, 川上敬, 渡辺美知子, 木下正博, 山本雅人, 鈴木育男. "メタヒューリスティクスとナチュラルコンピューティング(메타휴리스틱과 내추럴 컴퓨팅)." コロナ社, 2012.

[33] 山﨑慎太郎. "トポロジー最適化の概要と新展開(토폴로지 최적화 개요와 신전개)." システム/制御/情報, 61(1): 29 - 34, 2017.

[34] 持橋大地, 大羽成征. "ガウス過程と機械学習(가우스 과정과 머신러닝)." 講談社, 2019.

[35] 本多淳也, 中村篤祥. "バンディット問題の理論とアルゴリズム(슬롯머신 문제의 이론과 알고리즘)." 講談社, 2016.

[36] 柳浦睦憲, 茨木俊秀. "組合せ最適化問題に対するメタ戦略について(조합 최적화 문제에 대한 메타 전략에 관해)." 電子情報通信学会論文誌D, 83(1): 3 - 25, 2000.

[37] 栗原伸一. "入門統計学―検定から多変量解析・実験計画法まで―(입문 통계학~검정에서 다변화 전략, 실험 계획법까지~)." オーム社, 2011.

[38] 牧野貴樹, 澁谷長史, 白川真一, 浅田稔, 麻生英樹, 荒井幸代, 飯間等, 伊藤真, 大倉和博, 黒江康明, 杉本徳和, 坪井祐太, 銅谷賢治, 前田新一, 松井藤五郎, 南泰浩, 宮崎和光, 目黒豊美, 森村哲郎, 森本淳, 保田俊行, 吉本潤一郎. "これからの強化学習(이제부터의 머신러닝)." 森北出版, 2016.

[39] 田口玄一. "品質工学の定義とタグチメソッド (품질 공학의 정의와 타구치 메서드)." 品質工学, 1(2): 2 – 7, 1993.

[40] 藤井大地, 鈴木克幸, 大坪英臣. "ボクセル有限要素法を用いた構造物の位相最適化 (복셀 유한 요소법을 이용한 구조물 위상 최적화)." 日本計算工学会論文集, 2000.

[41] 飯塚修平, 松尾豊. "ウェブページ最適化問題の定式化と最適化手法の提案 (웹페이지 최적화의 정식화와 최적화 기법 제안)." 人工知能学会論文誌, 29(5): 460 – 468, 2014.

[42] 飯塚修平. "ウェブサイト最適化問題の定式化と解法に関する研究 (웹페이지 최적화 문제의 정식화화 해법에 관한 연구)." 博士論文, 東京大学大学院工学系研究科技術経営戦略学専攻, 2017.

INDEX

INDEX

INDEX

INDEX

INDEX